무관의 눈으로 본

중국, 중국사회

무관의 눈으로 본

중국, 중국사회

한울

무관의 눈으로 본 중국, 중국사회

초판1쇄 인쇄 2008년 5월 16일
초판1쇄 발행 2008년 5월 20일

저자와의
협의하에
인지생략

지은이 최 경 식
펴낸이 임 순 재

펴낸곳 **한올출판사**
등 록 제11-403호
주 소 서울특별시 마포구 성산동 133-3 한올빌딩 3층
전 화 (02)376-4298(대표)
팩 스 (02)302-8073
홈페이지 www.hanol.co.kr
e-메일 hanol@hanol.co.kr

값 13,000원 **ISBN** 978-89-8325-979-0

머·리·말

나는 중국(中國)을 사랑한다. 과거의 중국과 현재의 중국, 중화인민공화국(中華人民共和國)과 중화민국(中華民國), 거기에 살고 있는 사람과 그들이 형성한 모든 인문적인 것, 그리고 모든 자연을. 나는 또한 이에 대해 깊은 관심을 가지고 연구하고 있다.

나는 육군사관학교에서 중국어를 배운 것을 계기로 대만의 삼군대학(三軍大學)에 유학했고, 주중 한국대사관에서 국방무관을 했으며, 중국 중앙민족대학(中央民族大學)에서 수학했고 거기서 법학박사학위를 받았다. 그것이 인연이 되어 극동대학교(極東大學校)에서 중국학(中國學)을 강의하고 있다.

나의 가족은 나를 따라 대만에서 잠깐 산 적이 있고, 북경에서 꽤나 긴 세월을 보냈다. 나의 아이들은 아주 어릴 때 대북(臺北)의 한 유치원에 다녔고, 북경에서 대학을 나왔다. 아내는 '당구삼년음풍월(堂狗三年吟風月)'의 고사대로 '시장 중국어'에 능숙하다. 우리 가족 모두가 '중국'과 관련되는 일을 해서 호구(糊口)하고 있다. 내가 어찌 중국을 사랑하지 않고, 중국에 대해서 관심을 안 가질 수 있으랴!

호구문제를 떠나서도 중국은 나에게 아주 넓고, 깊으며, 다양한 존재다. 그래서 학구적인 흥취를 더욱 갖게 한다. 워낙 흥미로운 것이 많은 지라 이것저것 닥치는 대로 섭렵하다 보니 깊이 있는 것은 하나도 없다. 그저 두루 뭉실

할 뿐이다. 그러다보니 소위 얘기꺼리는 무궁무진하나 깊이 있는 연구나 분석은 잘하지 못한다.

이번에 주중 국방무관(國防武官)이라는 독특한 직을 경험하면서 "무관의 눈으로 본 중국, 중국사회"를 단행본으로 펴내고자 한다. 그 직을 떠난 지 이미 6년이란 시간이 흘렀기 때문에 당시의 감각은 많이 무디어졌지만 일반 외교관이 아닌 무관의 시각과 무관질(?) 했던 시각으로 당시와 현재의 중국을 재조명하려 한다. 그러나 이 글은 정말 중국이라는 거대한 빙산(氷山)의 아주 작은 일각(一角)을 소개해주는 것에 불과하다.

부언하지만 나는 중국을 사랑하는 각도에서 중국을 보고 중국사회를 비판하거나 이야기하려 한다. 어떤 면에서는 지나친 친중(親中)이라는 비판을 들어도 할 수 없다. 그러나 나는 내 글을 읽고 난 독자들로부터 '지중(知中)' 이라는 평가를 기대한다.

차 · 례

제 3 장 … 중화인민공화국(中華人民共和國)

제 4 장 … 중국인민해방군(中國人民解放軍)

제 5 장 … 중국에서 본 북녘 땅

제 6 장 … 무관(武官)의 세계

제 7 장

… 중국사회의 편견(偏見), 상식(常識)

제 1 장

1993년과 1998년의 차이

▲ 1992년 천안문광장과 자금성의 전경

▲ 2000년 경산공원에서 내려다 본 지안문(地安門)

*1.

1997년 말과 1998년 초의 북경 풍경

● 금융위기 속에서 주중 국방무관으로 부임

1997년 12월 30일, 나는 제2대 중국주재 국방무관으로 발령을 받고 북경으로 부임했다. 서울에서 북경 가는 직항노선(直航路線)이 체결되어, 1993년 중국방문 때 제주도를 거쳐 상해-천진으로 들어갈 때보다 비행시간은 반으로 줄었다.

상공에서 내려다보이는 북경외곽은 희뿌연 안개에 뒤덮여 있었고, 겨울인데도 눈 덮인 들판은 보이지 않고, 단지 회색과 갈색 일변도였다.

기장고속공로(機場高速公路: 북경-수도공항 간 고속도로)를 타고 삼원교(三元橋)에 이르러 삼환로(三環路)[1]로 들어서니 4년 전 보다 차량은 배로 늘어났다. 정오를 조금 지난 무렵이었는데도 거리는 붐볐다.

대형 트럭은 느릿느릿, 소형 미엔빠오(麵包: 찐빵) 차는 아장아장, 그 사이를 비집고 한국 중고차, 러시아제 고물차, 최신형 벤츠, 중국산 홍기(紅旗: 당시 중국에서 권력자가 타던 고급 승용차)가 차선 없는 도로를 질주했다. 한결같이 새카만 연기를 내뿜으면서. 내가 탄 차는 이들 차에 걸려 주춤거렸다.

메케한 연탄 냄새와 그을음과 같은 매연이 건조하고 찬 공기와 함께 차 안으로 밀려들었고, 거리의 가로수 가지마다 흰 꽃이 너풀대었다. 크리스

---

1) 북경시가지는 시 중앙에 위치한 천안문을 중심에 두고 도시 순환도로가 만들어져 있다. 일환로는 과거 북경내성 안쪽에 위치했으나 현재는 순환도로의 기능을 상실한 상태며, 이환로(二環路)는 과거 북경의 내성을 허물고 그 자리에 건설한 순환도로이며, 그 후 도시가 발전함에 따라 삼환로, 사환로, 오환로(2003년 개통)가 차례로 건설되었고, 현재는 육환로까지 건설되었다.

마스도 지난 지 얼마 안 되었고, 곧 신년도 다가오고 있으니 '추리'로 생각했으나 그것은 비닐이었다. 바람 따라 공중에서도 비닐과 쓰레기가 이리저리 연처럼 너풀대었다. 도시의 골목이나 허허들판에도 잔설처럼 깔린 이들 비닐들을 중국 사람들은 '백색공포(白色恐怖)'라고 표현했다.

당시 한국 대사관은 장안가(長安街)에서 동으로 연결된 건국문대가(建國門大街)와 동삼환로가 교차하는 곳에 위치한 국무(國貿)[2]빌딩의 3층 일부와 4층에 세 들어있었다. 국무빌딩은 반짝이는 흑갈색 40층짜리 건물과 중국대반점(中國大飯店), 아파트 등 여러 부속 건물을 거느린 작은 타운이었다. 택시를 잡아타고 '궈마오[國貿: 국제무역이란 뜻]'로 가자면, 어느 택시 운전사라도 더 묻지 않고 가는 유명한 곳이었다. 지금은 똑 같은 빌딩을 하나 더 지어 쌍둥이로 만들어 그 위용이 더욱 빛나고 있다.

빌딩 앞에서 차를 내리니 회색 하늘에서 불어 내리는 건조하고 차가운 바람이 흙먼지를 말아 올리고, 이것이 다시 빌딩 숲 사이를 덮쳐 노즐현상이 일어나면서 흙먼지는 사정없이 얼굴을 때렸다.

이때부터 나는 북경의 겨울날씨 하면, 차고 건조하고 먼지와 바람이 많은 것으로 뇌리에 깊이 새겨지게 되었다. 워낙 건조하여 실내 · 외를 막론하고 문을 열 때나, 자동차에 키를 꽂을 때마다 정전기가 일어나고 심할 때는 불꽃까지 튀며, 악수할 때도 손에 불꽃이 튀어 서로가 깜짝 놀랄 때도 있다.

12월 30일, 세밑인데도 건물은 특별한 장식이나 연말연시를 보내는 들뜸 같은 것은 어디에도 없었다. 더욱이 크리스마스의 여흥은 눈 씻고도 찾아볼 수 없었다. 단지 군청색의 두터운 오버코트를 차려 입은 경찰 같기도 하고 군인 같기도 한 사람들이 건물 앞에서 차량을 정리하고 있었다. 차분하다 못해 오히려 가라앉은 분위기였다.

이것은 크리스마스와 연말연시가 되면, 온 나라가 술로 떠들썩하고, 선물 주고받기로 분주한 반면, 군인들은 예외 없이 긴장해야 하는 한국적 분

---

2) 국무(國貿)는 국제무역을 줄여 부르는 말임.

위기와는 다른, 내가 중국에서 부딪친 첫 번째 문화적 이질성이었다. 그런데 이런 분위기는 불과 한 달 뒤에 오는 춘절(春節: 설날)이 되면 확연히 바뀌어 진다. 이때는 온 나라가 들 끓는다. 중국 사람들의 최대 명절이 바로 춘절이기 때문이다.

1997년 말, 한국은 비참했었다. 금융위기를 겪고 있는 한국경제는 침몰 직전이었다. 나의 국방무관 부임 신고를 받던 상관들–정보본부장, 합참의장, 국방부 장관–은 모두 한결같이 "예산 아껴 쓰라. 당분간 숨만 쉬고 있어라"는 말이 우선이었고, 국방무관으로 근무할 지침은 그 다음이었다.

바닥 모르게 떨어지기만 하는 한화(韓貨)의 가치는 달러를 기준으로 예산을 편성 사용하는 해외 공무원에게는 숨통을 죄어오는 올가미였고, 이를 지원해주는 책임자들의 입장에서는 더 할 나위 없는 고충이었을 것이다. 한국에서는 어떻게든 배겨낸다손 치더라도, 절반으로 줄어든 예산으로 활동해야할 해외 주재관의 입장을 배려한 마음이었으리라.

당시 한국뿐만 아니라 전 아시아가 금융위기를 겪고 있는데, 유독 중국만이 1,000억 달러 이상의 외환을 보유하면서 7%에 달하는 경제성장을 하였다. 이런 분위기 속에서 "망가져가고 있는 나라의 한 외교관"이 "쾌속으로 전진하는 나라"에 부임했다. 그 기분은 정말 묘했다.

국무빌딩 내는 북경의 또 다른 세계였다. 한국과 이스라엘 대사관이 입주 해있는가 하면, 외국 상사와 중국 진출 주재사무소 등이 입주했고, 상가에는 북경의 일반 시민으로서는 도저히 엄두도 못 낼 고급 상품이 진열되었으며, 당시 한국에서도 비싼 가격으로만 먹을 수 있는 각국의 일류 음식점이 들어차 있었다. 또한 북경의 특급 호텔 중 하나인 중국대반점이 하나의 통로로 연결되어 있고, 지하에는 표준 규격의 수영장을 갖춘 헬스클럽이 구비되어 있었다. 그야말로 중국주재 외국인들을 위한 작은 타운 이었다.

그곳 아파트 입주비도 엄청 비쌌다. 40~50평 기준으로 월세가 무려

6,000달러에 달했다. 당시 서울 이태원동 동일 평수의 외국인 아파트 월세가 2,000달러 수준이었으니. 중국 사람들의 연평균 개인소득과 비교하면 실로 엄청난 '바가지' 인 셈이다.

중국정부에서는 외국인의 주거지를 특정지역으로 한정시켰고, 입주비를 세계 어느 도시보다 비싸게 책정했다.

"시장경제는 용납되지 않는다. 중국에 진출하려면 이 정도의 불이익은 감수해야지."

"제(齊)나라에 가면 제(齊)나라 풍습을 따르라."

● 천안문(天安門)광장

한국대사관은 1998년 1월 1일과 2일을 공휴일로 정하고 쉬었다. 대사관에 출근할 일도 없으니 자연 나도 할 일이 없었다. 가족도 지인(知人)도 없는 이국땅에서 할 일 없이 보내는 날 만큼 쓸쓸할 때도 없다. 전임자와는 아직 합동근무 중이었기 때문에 공용차를 쓰지 못했고, 또 자가용도 준비하지 못했던 관계로 발이 묶여 호텔에서 연휴를 보내게 될 참이었다.

지도를 보니 국무빌딩에서 건국문대가(建國門大街)-장안가(長安街)를 따라 서쪽으로 대략 4km 남짓 걸으면 천안문 광장에 도달할 것으로 생각되었다. 4km의 거리, 왕복 8km, 군인인 내겐 별 것 아니었다. 이참에 운동 겸, 거리 구경 겸, 천안문 일대도 둘러 볼 심산으로 두툼한 오리털 파카를 걸치고 거리를 나섰다.

나는 곧 후회했다.

몇 백 미터를 가지 않아 코가 매움을 느꼈다. 조금 있으니 눈까지 따가웠다. 새해, 중국도 공휴일로 지정되어 쉬는 날이라, 차도 사람도 왕래가 그리 많지 않았는데 그렇게 매연이 심했다. 돌아갈까 아니다. 북경사람 대부분이 아무렇지도 않는데 너만 유독 사치스럽게 구느냐.

동단(東單)을 지나면서 도시의 번화함이 조금씩 느껴지기 시작했고 코의 메움도 어느 정도 익숙해졌다. 기차 버스(일반버스 크기의 객차 두량을 연결한 버스)와 전기 버스가 느릿느릿 지나가고 가끔가다 우마차도 지나갔다. 삼륜 자전거, 인력거도 지나갔다. 왕푸징[王府井]에는 차와 사람이 범벅이 된 채로 호객하는 소리, 빵빵거리는 소리…, 동안시장(東安市場: 당시 왕푸징에서 가장 컸던 고급 상가) 부근은 밀려드는 사람으로 발 디딜 틈이 없었다.

아! 사람 참 많구나! '인산인해(人山人海)' 라는 것이 바로 이런 것이구나.

천안문(天安門)에 걸린 커다란 모택동의 초상화 밑으로 자전거의 물결, 사람의 물결이 끊임없이 밀려가고 밀려왔다. 천안문 광장 북단, 천안문 성루 남쪽 편에 높다란 국기 게양대에서 홍기(紅旗)가 펄럭이고 있었다. 게양대 주변에는 장방형으로 붉은 카펫을 깔았고 녹색 군복을 빳빳하게 다려 입은 무경(武警)[3]이 지키고 있었고 그 주위에 사람들이 떼를 지어 모여 있었다.

무슨 보초 교대 행사나 의식(儀式)이 있는 것도 아니고, 보초만이 그저 꼿꼿이 서있을 따름인데, 내 눈에는 지극히 일상적인 일인데, 그 사람들은 그 보초를 넋을 놓고 보고 있었다.

중국 사람들은 아무 곳에서나 그렇게 조그만 구경거리만 있어도 잘들 모여 있었다. 그리고 위엄 있어 보이는 그 자세 하나만으로도 무경은 라오바이싱[老百姓: 서민]들로부터 존경의 대상이 되고 있다.

천안문(天安門) 광장은 중국공산당 정권 10주년을 기념하기 위해서 명(明) · 청조(淸朝) 시대의 육조(六曹)가 있던 곳을 모두 헐어내고, 조성한 광장이다. 광장의 서쪽은 우리의 국회격인 인민대회당(人民大會堂), 동쪽은 중국혁명역사박물관(中國革命歷史博物館)이 쌍둥이 건물처럼 지어졌

---

3) 무경(武警)은 무장경찰을 줄인 말이며, 중국 인민해방군의 편제이면서 동시에 공안부의 통제를 받는 한국의 전투경찰과 같은 조직이다.

다. 중국정부는 모택동(毛澤東) 사후(死後) 천안문 광장 남쪽에 '모주석기념당(毛主席紀念堂)'을 새로 지어 여기에 모택동의 시신을 방부 처리하여 영구 보관하고 있다.

천안문 광장에는 연 날리는 사람, 조그만 가판대에 필름과 음료수를 파는 사람, 탕궈[糖果: 사탕 크기의 사과표면에 설탕 녹인 것을 입힌 것]파는 사람, 중앙에 우뚝 솟은 무명용사의 탑을 오르락내리락 하는 사람, 군데군데 그냥 옹기종기 모여 있는 사람, 모두 한결같이 군청색 또는 국방색 솜바지에 외투를 걸치고는 성시를 이루고 있었다. 옷들을 껴입고 또 껴입어 굵은 통나무와 같은 모습으로.

▲ 천안문 광장의 국기게양대

바닥은 회색의 벽돌을 깔았는데 그 위에 새카만 딱지가 여기 저기 붙어있었다. 껌이려니 했으나, 껌은 아니었다. 중국사람 들은 껌 씹는 습관이 없다. 가래침이었다. 얼은 가래침 위에 먼지가 붙어 까맣게 변했을 뿐이다. 그 위에 연신 새로운 가래침이 보태지고, 다시 까맣게 되고. 밟아 먼지가 닦이면 반짝거려, 바닥에 까만 조약돌을 깐 것 같았다.

밤의 장안가는 그래도 화려했다. 장안가 주변의 건물 지붕에는 모두 전구를 달아 불을 켬으로써 도시의 스카이라인을 밝혔고, 가로등과 가로수에 색색의 반짝이 전구를 달아 크리스마스 추리를 연상케 했다. 낮의 우중충함을 어둠이 가려주었다. 그러나 그것도 잠시뿐, 밤 11시가 되면서 거대한 도시는 정적에 빠져들었다. 택시 외 대중교통수단은 끊어지고, 고층빌딩의 승강기는 멈춰서고, 일반가정집의 전기는 나갔다. 의무적으로 자야했다. 내일을 위해서.

북경에는 소위 '밤 문화'가 없었다. 제일 번화했던 왕푸징거리 조차도.

● '들키면 장난'

중국은 우리와는 달리 빌딩 또는 아파트 내 세 들어 사는 사람이라도 별도의 주차비를 받는다. 당시 국무빌딩의 주차비가 차당 한 달에 200달러였던 것으로 기억된다. 바깥에 세워 둘 수도 없었던 것이, 사람의 눈만 피하면 좀도둑이 본 네트 위에 있는 차량 표지나 거울 등을 빼가거나, 차 안을 들여다보고 물건이 있으면 돌로 유리창을 깨고 그 물건을 들고 간다. 특히 차안에 동전을 놓아두어서는 안 된다. 그래서 중국의 차량은 대부분 내부를 들여다 볼 수 없도록 새카맣게 코팅되어 있다.

우리 무관도 소위 '빽치기' 를 당했다.

어느 일요일, 해군무관이 '21세기 반점' 에서 가족과 함께 예배를 보고, 연사우의상장(燕莎友誼商場: 당시 가장 고급스러운 백화점 중의 하나) 부근 도로 변에 차를 세워두고, 바로 그 앞에 있는 음식점에서 가족, 교인들과 함께 점심을 먹었다.

느긋한 시간을 보내고 차를 타려고 나와 보니, 차의 왼쪽 앞문 유리창이 파손되어 있고 차 안에 있던 가방이 없어진 것을 발견하였다. 유리창은 돌로 찢겨진 형태였다. 앞바퀴 밑에 진득한 차 유리 파편이 묻어있는 돌이 발견되었기 때문이었다. 다행히 가방 속에는 성경과 휴대폰만이 있었다나. 공안(公安)에 신고했지만 찾았다는 연락은 없었다.

사람의 왕래가 잦은 대로변인데도 불구하고 기회만 있으면 훔치고 가져간다. 행인들이 보아도 자기 일이 아니면 못 본채 한다. 자전거, 소형 오토바이 등은 길가에 세워두면 이미 자기 것이 못된다. 체인으로 나무에 묶어두면 나무까지 뽑든지, 톱으로 베어 싣고 간다. "들키면 장난이다."

중국의 한국교민들은 자가운전도 하지만 어지간하면 운전사를 고용한다. 운전사 고용이 안전하며 비용도 적게 들기 때문이다. 또한 지하 주차장 비용 200달러도 절약할 수 있었다. 당시 운전사 한 달 고용 비용은 150달러 정도였다.

"남의 물건 가져가기"는 가난이 주원인이기는 하지만 사회주의 사회의 "모든 재산의 사회화"의 영향도 크다고 한다. 소위 "내 것 네 것"이 명확하지 않은 탓이다.

● 훠궈[火鍋]

주중 한국대사관은 우리나라에서 세 번째로 큰 해외 공관으로 직원도 매머드다. 대사관 직원은 외교부 직원과 다른 행정부서에서 파견 나온 주재관으로 대별된다. 주재관은 주재관끼리 잘 어울렸다. 점심때가 되면 주재관들은 삼삼오오 짝을 지어 이곳저곳 기웃거리면서 싸고 맛있는 음식을 찾아다녔다. 민정시찰도 겸해서.

한식이나 양식은 빌딩 내 카페 같은 곳에서 먹어도 일인당 50~60원이었다. 당시 50~60원은 모두에게 부담되는 액수였다. 국무빌딩을 벗어나 한 골목만 돌아서면 각양각색의 중국 음식점들이 즐비했다. 서너 명이 요리 대여섯 개를 시켜 먹어도 절대 100원[4]을 넘지 않았다. 그러나 위생과 청결 문제만은 보장이 되지 않는다.

당시 국무빌딩에서 근무하면서 가장 즐겼던 음식은 '훠궈'[5]이었다. '훠궈'는 큰 냄비에 육수를 넣어 끓이고, 육수가 끓을 때, 즉석에서 각종 먹거리를 넣어 익혀 먹는 요리이기 때문에 위생 면에서 그래도 안전했다. 또한 '훠궈'는 중국음식의 느끼한 맛에 질린 사람들에게는 자신의 구미에 맞

4) 중국 인민폐와 한화의 비율은 현재 약 1:150 정도이나 1998년 초 1:180정도였음. 따라서 중국 인민폐 100원은 현재 한화로 1만 5천원 정도임.

5) 훠궈(火鍋, hotpot): 한국의 신선로와 비슷하나 신선로라는 이름을 붙이기에는 너무 고상하여 그냥 중국식 발음대로 '훠궈'라고 부르는 것이 가장 적합할 것 같다.

는 담백한 야채나 고기, 생선 등을 시켜 먹을 수 있어, 음식의 엉뚱한 맛 때문에 기분상할 염려도 없었다.

우리가 즐겨 찾던 음식점은 국무빌딩에서 한 불럭 북쪽에 있는 광화로(光華路) 도로변에 있었다. 지금은 가리중심(嘉里中心)이라는 초현대식 주상복합건물이 들어서있지만 당시는 60년대 지은 중국인 거주의 아파트가 연탄 냄새를 풀풀 풍기면서 석탄과 먼지에 까맣게 절어있었다.

그 음식점은 외부와 마찬가지로 내부도 허술했다. 그러나 설설 끓는 물에 얇게 썬 양고기와 쇠고기, 각종 해산물, 버섯, 야채를 넣고는 살짝 익힌 뒤, 그 음식점 특색의 소스에 찍어 먹으면 맛도 맛이지만, 배부르기 전에 먼저 어한(禦寒)이 된다. 간간히 '이과두(二鍋頭: 북경시민들이 가장 즐기는 대중적인 술. 무려 56도나 된다.)'를 한잔 걸치면 더욱 좋다.

중국의 술병은 대개가 그렇지만 1근, 즉 500ml가 표준이다. 먹다가 남은 술을 보관시킬라치면 그러라고 한다. 며칠 지난 뒤 다시 와서 그때 먹다 남은 술병을 찾아 마시거나, 그 술병이 없으면 종업원이 다른 사람이 먹다 남긴 술을 들고 오기도 한다. 잘 하면 술 한 병으로 몇 번을 나눠 마실 수 있다. 주인이나 종업원이나 모두 인심이 후하다. 북경사람들 자체도 자질구레한 일에 크게 구속받지 않고 생각 또한 대범하다.

1998년 3월이 되면서 나는 그 음식점에 발을 끊었다. 서비스가 나빴거나 음식의 질이 떨어져서가 아니다.

그 식당 한쪽 모서리에 수도꼭지 하나에 도기 세면대가 있고, 그 옆에 호스로 연결하여 물을 받아 걸레도 빨고, 허드레 물도 쓸 수 있도록 된 큰 물받이가 있었다.

어느 날 모처럼 가족을 데리고 그 음식점에서 '훠꿔'를 먹는데, 한 종업원은 큰 물받이에서 걸레를 빨고, 다른 종업원은 세면대에서 열심히 세수를 하고 있었다. 이른 저녁시간이라 손님이 많지 않았지만, 손님이 있건 없건 아랑곳 않고, 걸레 빨아 열심히 바닥을 닦고, 또한 푸푸거리며 열심히 낯을 닦고 있었다. 거기까지는 이해가 되는 데 세수하든 한 종업원이 갑자기 목젖을 세우드니, '캭' 하면서 걸쭉한 가래침을 세면대 위에다 탁 뱉는 것이 아닌가. 손님의 기분은 전혀 고려도 않고.

우리 가족은 순간 서로를 쳐다봤다. 약간의 결벽증이 있는 아내는 얼굴까지 변색이 되었다. 우리는 두 말 않고 그 음식점을 나왔다. 그리고 그 후론 발길을 끊었다. 아내는 한동안 다른 '훠꿔' 음식점도 출입하지 않았다.

사실 이것도 문화의 차이라 해야 하나. 왜냐하면 서양인들은 식탁에서 예사로 코를 팽팽 푼다. 우리는 이에 질겁한다. 우리는 음식을 먹으면서 의식하지 않고 '끅' 하고 트림한다. 이에 서양인은 행커치프로 코를 가린다.

당시 이런 일은 비일비재했다. 북경의 깔끔한 음식점에서는 그래도 덜하지만, 시골로 가면 식당에서 식사를 하면서 연신 바닥에 침 뱉는 사람, 종이, 음식물 찌꺼기 등을 함부로 버리는 사람, 음식을 먹으면서 줄 담배를 피우는 사람, 웃고 떠들고 '화췐[劃拳]'[6]을 하는 사람 등, 그야말로 "호떡집에 불난 것"처럼 시끌벅적하다. 너무 시끄러워 바로 옆 사람들과도 이야기를 나눌 수 없을 정도다. 먹고 난 자리는 폭격 맞은 것과 같다.

담배 얘긴데, 골초들은 음식 먹으면서 담배를 피우고 심지어 수영장에서조차 피운다. 음식에 재가 떨어지는 것은 약과고, 그곳에 꽁초를 비벼 끈다.

이런 일에 익숙하지 않으면, 중국에서 아무 일도 못한다.

1998년 초 북경의 거리는 그랬다.

6) '화췐[劃拳]은 한국의 가위 바위 보와 같은 놀이이나 훨씬 다양하며, 주로 술자리에서 흥을 돋우기 위해서 두 사람이 동시에 손가락을 내밀면서 각기 한 숫자를 말하는 데, 말하는 숫자와 쌍방이 내미는 손가락의 총수가 서로 부합되면 이기는 것으로, 여기서 지는 사람이 벌주를 마시는 놀이이다.

1993년 8월의 북경풍경

● 사회주의 국가의 대형(大兄)

나는 1993년 8월에도 중국을 다녀간 적이 있다.

국방부는 그해 말, 북경에 주중 한국무관부(韓國武官部)를 개설할 계획이었다. 그 일환으로 국방정보본부가 주축이 된 중국시찰단은 일반 관광객으로 신분을 위장하고, 여행사를 통해서'약 2주간 북경을 포함한 동북3성과 백두산, 서안(西安), 상해 등지를 시찰하였다.

당시 서울에서 북경을 가는 직항로가 개설되지 않아, 우리일행은 서울-제주도 남단-상해를 거쳐 천진공항에 도착했다.

천진공항은 들판 가운데 서있는 우리의 고속버스 대합실과 같은 규모였다. 까다로운 입국 심사를 기대했었는데, X-ray 검사대의 컨베이어 벨트가 고장 나는 바람에 입국심사는 이외로 간단히 끝났다.

공항은 에어컨 설비가 되어 있지 않아 후끈거리는 가운데 웃통 벗은 서양인들이 낡은 청바지 바람으로 옹기중기 모여 있었다. 꼭 무전여행 하는 서유럽이나 미국의 히피 몰골이었다. 그런데 대합실에서 화물이 나오자 그들은 그것을 하나씩 울러 메고 나와 밖에 대기하고 있는 화물차에 싣고 있었다. 삐죽삐죽 흘러내리는 땀을 옆구리에 찬 수건으로 연신 훔치면서.

가이드가 말했다. "쟤들 로스케예요."

그랬다. 그들은 사회주의 종주국, 구소련의 '대형(大兄)' 들이었다. 나라가 망하자 체면 따위는 팽개치고, 한때 '떼거지' 사회주의 국가로 멸시했던 "아우의 국가"에서 그들은 품을 팔고 있었다.

우리 일행은 천진공항에서 버스를 타고, 한가한 경진(京津)고속도로를 달려 북경에 입성하였다. 고속도로 좌우는 끝없는 옥수수 밭이 펼쳐져 있었고, 도로변에는 백양나무가 8월의 폭염에 잎을 늘어트리고 서있었다.

그날 우리 일행은 바로 백두산을 가야 했기에 북경의 한복판인 천안문 광장만 잠간 보고 북경에서 심양 가는 비행기를 탔다. 그 비행기도 러시아 비행기였다. 러시아는 비행기에다 조종사, 안내양까지 세트로 중국에 빌려주고 세를 받아먹고 있었다. 삼십대 초반의 여승무원이 큰 젖통을 흔들고 와서는 스낵봉지 하나와 물 한 컵을 주고는 비행기가 목적지에 도착할 때까지 자기네들끼리 시시덕거리고 있었다.

● 따궈판[大鍋飯: 큰 솥밥]과 차부둬[差不多: 비슷하다.]

우리는 심양-집안-백두산-연길의 일정을 소화하고 다시 심양을 거쳐 북경으로 돌아왔다.

북경공항에서 우리일행은 중국의 그 급할 것 없는 기질과 사회주의 체제의 병폐를 뼈저리게 맛볼 수 있었다.

8월 17일 12시 20분, 비행기는 예정된 시간에 북경공항에 안착하였다. 비행기가 활주로에서 속력을 늦추자 승객들은 자리에서 일어나 짐들을 챙겨들고 내릴 준비를 하였고, 일부 성급한 승객은 출구 쪽으로 몰렸다. 비행기는 멎었고, 자리에서 일어난 승객들은 통로에 길게 줄 지어 서있었다. 그런데 그러기를 30분, 출구는 열리지 않고, 통로에 섰던 승객 일부는 지쳐 도로 제자리에 앉았다. 40분 쯤 지나서야 기내방송으로 계류장에 선착한 비행기가 많아 대기 중이니 모두 자리에 앉으라고 했다. 비행 중과는 달리 정지 중에는 에어컨이 제대로 작동되지 않아 기내는 서서히 찜통처럼 되어가고 있었다. 이윽고 한 시간 넉넉히 좁은 기내에서 '찜질' 을 하고서는 겨우 공항으로 빠져 나왔는데, 공항의 후덥지근한 공기가 그렇게 시원할 수 없었다. 특이하게도 중국 승객들은 불평하지 않았다. 이런 일을 항다반사(恒茶飯事)로 겪기 때문이었다.

이번에는 짐이 나오지 않았다. 다시 기다리기를 10여분, 화물 컨베이어 벨트가 돌아가기 시작했다. 모두들 입들이 부었고, 말할 기운도 없이 각자의 짐들을 챙겼다. 문제는 그 다음에 벌어졌다. 우리 일행 중 한명의 짐이 덜 나왔다. 누군가 마지막 남은 짐을 찾아가고 난 뒤, 컨베이어 벨트는 몇 번 공회전을 하드니 멎었다.

"솥 속의 개미" 모양 분실자만 조급해 질 수 밖에 없었다. 하는 수 없이 나는 관리사무소를 찾아 화물 분실신고를 하려는 데, 공교롭게도 그 시간이 점심시간(12:00~14:00까지 점심 및 오침)이라 모두 오수를 즐기러 가고 근무자는 없었다.

오후 2시가 지나 나온 근무자에게 자초지종을 설명했더니 몇 군데 전화를 걸어보고는 비행기에서 화물은 분명 모두 내렸단다. 하는 수 없이 한편으로 복잡한 양식의 분실물 신고서를 작성하고, 한편으로는 일행 중 한명이 혹시나 해서 화물이 나오는 구멍으로 기어 내려갔다.

화물을 상적(上積)하는 곳에 도착하자 문제의 그 가방이 컨베이어 벨트 밑에 떨어져 있었다. 아마도 '工作人員[일꾼]' 들이 점심시간에 비행기가 도착했다면서 투덜거리며 화물을 '대충' 적재하는 바람에 하나가 떨어지는 것도 모르고 그냥 지나간 것 같았다. 명색이 '수도공항' 인데 그때는 그랬다. 그 많은 짐 중에서 하나 떨어진 건 데, 차부둬[差不多]지 뭐.

짐은 찾았다. 그러나 공항관계자 누구도 미안하다는 말을 하지 않았다. 서로가 책임이 없기 때문이었다. 당시 중국 사람들의 입에서는 여간해서 '뙤이뿌치[對不起: 미안하다]' 라는 말을 들을 수 없었다. 특히 기관(機關)[7]

7) 기관(機關): 중국에서는 당 · 정 · 군 및 공공사업단위, 정부 산하 기업체 모두를 총칭해서 기관이라 한다. 이곳에 근무하는 사람들은 소위 철밥통[鐵飯碗]들이기 때문에 관료주의에 철저히 물들어 있다.

일 경우는. 나중에야 그 연유를 알게 되었다. 바로 사회주의와 '문화대혁명' 으로 인한 소치였다.

어쨌든 마음은 무거웠다. 짐 나르는 사람 따로, 컨베이어 벨트에 올려놓는 사람 따로, 분실신고 받는 사람 따로, 찾는 사람 따로, 모두가 '따로'다. 그 '따로' 와 '따로' 사이의 연결고리는 확실하지 않았다. 그런 일가지고는 '따궈판[大鍋飯: 큰솥 밥]' 을 먹는 '철밥통[鐵飯碗]' 들을 어쩌지 못하니까.

그때 우리 일행이 인류의 이상향(理想鄕)으로 가는 사회주의 국가에서 부딪친 벽은 높고도 단단했다. 그러나 당시 중국은 그 벽을 허물고자 부단히 노력하고 있던 개혁개방 초기였으며, 결국 그들은 이 단단한 것들을 허물고 "위대한 중국"으로 나아가고 있다.

그날 오후에 계획된 일정은 엉망이 되었음은 부연할 필요가 없다.

● 객기를 부리다가

1993년의 북경시내는 온통 뒤집혀져 있었다. 중국은 1990년 북경 아시안 게임 개최에 이어 2000년 하계올림픽 개최를 목표로 도시정비에 한창이었다. 그중 새로 만드는 동삼환로 변에 중국 안전부(安全部)가 운영하던 곤륜반점(崑崙飯店)[8]이 있었다. 지금도 그렇지만 곤륜반점(崑崙飯店)은 그 시절 북경의 일류호텔 중의 하나였다. 우리는 이 호텔에서 묵기로 했다.

집안(集安)과 연길 등 시골구석을 다니느라 온통 모기에 뜯기고 더워 잠을 못 자다가 일류호텔에 들게 되었으니 얼마나 좋으랴? 객실을 배당받고

8) 1998년 국무원과 중앙군사위원회의 지시인 〈군대(軍隊) 및 정법(政法) 계통의 경상활동(經商活動) 금지〉에 의거 군대와 정법 기관에서 운영하던 기업체들은 모두 민간에게 불하되고, 예외적으로 몇 개의 기업은 위장하여 군대나 정법 기관에서 운영되면서 주로 정보활동의 근거지로 활용되었다. 곤륜반점은 지금도 중국의 안전부에서 운영하는 호텔이다.

승강기를 타니 승강기도 상큼했고, 쭉 빠진 금발의 서양 미녀가 동승해서 기분은 한결 고조되었다.

"헬로! 굿 모닝! 니 하오!"

그녀는 단지 생긋 웃기만 했다. 미소가 예뻤다. 우리도 더 이상 말을 않고 부드럽게 웃음으로 답했다.

객실방향도 우리와 같았다.

"와! 행운이다." 처음에는 그렇게 생각했다. 그런데 그녀는 우리를 따라 객실까지 따라왔다. 말이 통하지 않아 웃음만 주고받았든 그녀는 '나타샤'였고, 우리의 미소를 그것(?)으로 받아들였던 것이다. '헬로'와 '미소'가 바로 거래수단이 되다니.

"아하! 그렇구나!" 남자는 품을 팔고, 여자는 몸을 파는구나. 천진 공항에서 본 청바지 입고 짐 나르던 친구, 호텔 승강기에서 인사 한마디 하고, 미소를 주고받았다고 객실까지 스스럼없이 따라오는 여자, 나라가 망하니 남자는 품을 팔고, 여자는 몸을 팔았다. 사회주의가 망하니 그 국민은 철저한 '공인(工人: 육체노동자)'으로 전락하게 되었고, 진정 '공인(工人)'의 맛을 체험하고 있었다.

북경에 머무는 마지막 하루! '추억 만들기'에 나섰다. 가이드가 위험하니 밤거리를 나서지 말라고 신신당부했는데도, 나는 중국을 잘 아는 양 객기를 부리면서 객실 동료와 함께 무조건 택시를 타고는 운전사에게 좀 조용하게 술 마실 수 있는 곳을 안내하라고 했다. 그가 우리를 데려다 준 곳은 지금 생각해도 도무지 기억이 나지 않는 어떤 개발지구 같았다. 곤륜반점에서 그리 멀지 않은.

한쪽에는 우마차가 다니고, 난전에 형형색색의 물건을 늘어놓고, 포장마차 같은 곳에서는 양 꼬치를 구어 팔고 있었다. 길은 포장되지 않아 먼지가 폴폴 났다. 어둑해지면서 낮의 열기가 어느 정도 가시자, 슬리퍼에 반바지, 웃통을 벗어젖힌 사람들이 술집 앞에서 호객하고 있었다. 지금도 중국은 공개적으로 술집 앞에서 호객행위를 할 경우 제재를 받는데 당시 어떻게 그랬을까 하고 의심이 들만큼 그렇게 개방적이었다.

우리는 안내 받아 소위 바가지 쓰지 않을 "싸고 조용한 집"으로 찾아 들었다. 호텔을 나서기 전에 우리는 혹시 하는 생각에서 술 마실 돈만을 가지고 나왔다.

짧은 치마를 입은 중키의 오동통한 '꾸냥(姑娘)'이 우리를 반색했다. 짧은 중국어 몇 마디가 통하고 나자 이후부터 횡설수설이었다. "애라! 말도 잘 통하지 않는데 처음부터 보디랭귀지로 하자."

이름 모를 술들이 꾸역꾸역 차려지고, 필요하지 않을 것 같은 음료수도 잔뜩 벌려 놓았다. '꾸냥(姑娘)'들은 나한테 저녁을 먹지 않았다면서 이것저것 시켜 먹어도 괜찮으냐고 물었다. 술도 한잔 들어간지라 한국남자의 호기가 모든 걸 다 허락했다. 되지도 않는 말을 지껄인 만큼, 어떻게 제조된 지도 모른 술을 무턱대고 마셨다.

후일담이지만, 1998년 초, 사회적으로 큰 물의를 일으킨 사건이 있었으니, 그것은 산서성(山西省) 어느 지역에서 밀주(密酒)를 제조하여 유통시켰는데 이 술을 마신 사람들은 눈이 멀고 일부는 사망했다. 당시 당 총서기 겸 국가주석이었던 강택민(江澤民)까지 직접 나서 밀주 제조자를 일망타진하라고 지시했다.

요즘도 나는 중국에서 술을 살 때면 꼭 백화점이나 면세점에 가서 산다. 일반 상점에서 파는 술은 믿을 수 없기 때문이다. 특히 한국사람들이 즐기는 모태주(茅台酒), 오량액(五糧液) 등 고급술은 일반 상점에서 사면 100%가 가짜다. 이런 판국이었는데 무슨 배짱으로 가짜일 지도 모르는 술을 그렇게 마셨는지…, 확실히 모르는 게 약이었다.

시간도 얼추 자정이 가까워 호텔로 갈 시간도 되었고, 머리도 아프고 하여 술값을 계산하러 카운터로 갔다. 나온 계산서를 몽롱한 눈으로 훑어보았더니 웬걸 거의 1,000원에 가까운 액수가 적혀 있지 않은가. 1,000원이 얼마나 큰돈인데 당시 그 돈은 일반노동자 세달 치 월급에 해당하였다. 순간 정신이 번쩍 들었다. "야! 이거 당했구나!" 이제 젊은 주인 녀석하고 술값 흥정이 시작되었다. 서로가 상대방이 알아들을 수 없는 말을 한참이나 지껄이고 난 뒤 차츰 냉정해지기 시작했다.

나는 "바가지를 썼다. 이렇게 많은 돈이 없다. 중국 공안에 신고하겠다"는 말을 반복했고, 그 녀석은 "돈도 없이 술을 마시느냐. 주머니 있는 것 다 내놔라!" 대개 이런 요지였다. 어딘지도 모르는 곳에 갇혀 술 값 때문에 추궁을 당하고 있으니 우리의 신세가 처량하기 그지없었다. 결국 주머니에 있는 것 모두를 털렸다. 모두 합해서 근 100달러 정도. 그 녀석들도 모처럼 '봉'을 잡았다고 생각했는데 털어봐야 별 것 없으니 결국 우리를 석방(?)했다.

지금도 그렇지만 중국 사람들은 외국인을 대상으로 흉악한 범죄를 잘 저지르지 않는다. 외국인 대상의 범죄가 무거울 경우 중국 공안은 가만두지 않고 기필코 해결한다. 우리도 아마 그 덕을 보았지 않았나 생각한다.

지독한 녀석들! 택시비도 안 주고 추방시키다니, 인정머리라고는…, 화도 나고 우습기도 해서, 연신 "중국○들, 뙤○들" 푸념하면서 택시를 타고 호텔로 돌아왔다. 택시 운전사에게 지금 돈이 없으니 방에 들러 가져오겠다고 했더니 좋다면서 아무 보증도 없이 돈 가지고 나올 때까지 그냥 기다리고 있었다.

"바가지 씌우는 놈"에 "여유 있는 운전사" 그게 중국이었다.

이 이후 나는 중국에 근무하면서 아무데나 가서 술을 마시지 않았다. 특히 중국 술집은 꼭 지인(知人)과 동반하고, 같이 여러 번 가서 라오반[老板: 가게주인 또는 사기업의 소유주]의 얼굴을 익힌 후에야 비로소 혼자도 간다. 대가를 치르고 얻은 귀중한 경험(?)인 것이다.

지금도 그렇지만 중국에 가면 단체 관광객이 꼭 들려야 되는 상점이나 약방이 있다. 이들은 모두 관광업체와 이면 계약이 되어 있어 의무적으로 들러야 되고, 관광객들이 물건을 적게 사면 가이드는 얼굴을 찡그린다.

우리 일행은 다른 한국관광객들과 함께 가이드가 소개하는 유명한 중의대학(中醫大學)이란 곳으로 갔다. 관광버스가 들어오니 그때까지 여기저기 모여 잡담을 하던 사람들이 갑자기 흰 가운을 하나씩 걸치더니 자신들의 위치로 신속히 들어가고 있었다. 마치 비상 걸린 군인들이 군장을 챙겨 들고 신속히 자기 진지로 뛰어가듯이.

중년의 조선족이 나와 마이크를 들고 소개하기 시작했다. "선생님들! 여기는 북경에서 유명한 중의대학 침구(鍼灸) 진료소입니다."

'만병통치' 의 약이 선전되고, 멀쩡한 사람을 눕히거나 엎드리게 하고는 대바늘 같은 침으로 찔러대었다.

사실 한국사람 만큼 자신의 건강에 대해 관심을 가지는 사람도 드물 것이다. 또 중년에 들어서면서 자신이 어디 이상하다고 느끼지 않는 사람도 없을 것이다. 한국 사람들은 한약을 좋아하고 침 맞기를 좋아한다. 공짜로 맥을 짚어주고 어디가 안 좋다는 데야 처방해주는 약을 안사고 배기랴. 우리 일행 중 일부도 적지 않은 외화를 투자하여 많은 약을 샀다. 그러나 한국에 돌아가서 그 약을 다 먹었다거나, 먹고 효험을 봤다는 사람은 아직까지 없다.

*3. 2004년 여름의 북경 풍경

● 서민과 함께

나는 중국에서 2002년 3월 말 부로 소위 '무관 질'[9]을 그만두고, 귀국을 했고, 육군정보학교에서 '교장선생님'을 잠시 하다가, 2003년 5월 말, 전역을 2개월 남겨두고 다시 북경으로 갔다. 중국 중앙민족대학에서 박사과정을 마무리하기 위해서였다. 순수한 민간인 신분으로, 학생의 신분으로 유학생 비자를 받아 일 년 남짓한 기간에 졸업논문을 준비했고, 2004년 7월, 어렵게 학위 논문이 통과되어 만학도(晩學徒)로서 법학박사 학위를 취득하게 되었다.

그때 나는 북경의 대학가로 유명한 오도구(五道口)에 조그만 아파트를 세내어 아내와 같이 라오바이싱[老百姓]들과 부대끼면서 북경의 서민생활을 시작했었다. 무관(武官)이요, 외교관(外交官)이었던 신분을 벗어나 일반인의 한 사람으로 중국생활을 접해보는 것도 내 생애에 있어서 크나 큰 보람이었다.

무관시절 때도 되도록이면 중국의 서민생활을 많이 체험하려고 노력했지만 신분상 제약이 있어 여의치 못했었다. 유학생활을 통해 그때 느껴보지 못했던 많은 것들이 새삼 가슴에 와 닿았고, 중국을 조금이나마 더 이해하는 계기가 되었다. 중국에서 살아가는 보통의 외국인이 겪는 문화적 갈등, 일상에서의 불편함도 절실히 체험했다.

외교관여권과 일반여권의 차이, 외교관비자와 학생비자 간의 차이도 엄청났다. 제일 먼저 지정된 병원에 가서 건강검진을 받고, 이를 첨부하여 파출소에 가서 거류민 신고를 하고, 거류증을 발급받았다. 또한 자전거를 타거나 지하철을 이용하면서 북경시 공안국(公安局) 외사처(外事處)를 수시로 들락날락거렸고, 아내의 비자 만기 기일을 넘겨 엄청난 벌금도 물었다.

중국친구가 아무 조건 없이 차를 한대 빌려주는 바람에 중국 운전면허증을 따야했다. 중국에서는 국제운전면허증이 통하지 않는 나라다. 중국

9) '무관 질'이란, 중국 조선족 동포들이 직책 뒤에 붙이는 일종의 어미사로서 우리는 그 직책을 비하시킬 때, 자주 사용하나, 그들은 일상적인 말투이다. 흔히 '선생 질', '국장 질', '군인 질' 등, 갖가지 직책의 수행을 표시할 때 사용하는 말이다.

에서 운전하려면 반드시 지방정부가 발행한 운전면허증이 있어야만 했다.

나는 운전면허시험서류를 접수시키기 위해 북경차량관리소(北京車輛管理所)를 세 번이나 왔다 갔다 했다. 그곳은 택시나 자가용만이 닿을 수 있는 편벽한 곳이었다. 한번은 구비서류를 가지러, 또 한 번은 한국 운전면허증을 지정한 번역사무소에 가서 번역하고 지정병원의 신체검사결과(거류민 신고를 할 때 받은 병원의 신체검사 결과는 여기서 통용되지 않음)를 첨부한 서류를 들고, 나머지 한번은 운전시험을 보고 그 결과를 제출하러 갔다. 우편이나 인터넷으로 처리하는 행정은 없었다. 모두 현장에서 기관원이 민원인과 대면해서 처리하는 관계로 뒷문으로 통하는 줄이 창구의 앞줄보다 길었고, 위탁처리 브로커들이 악다구니처럼 달라붙었다. "악어와 악어새의 공생"이 여기서도 판을 쳤다.

쓸데없는 곳에는 좀체 돈을 쓰지 않는 중국 사람들은 약간의 불편을 감내하고도 줄을 섰다. 그러다 보니 서류접수 창구에도 예외 없이 사람들이 바글바글 거렸다. 새치기, 큰 소리 들이 난무했다. 이에 질겁한 외국인들은 브로커를 통하거나 중국인 고용인을 시키지 직접 하는 사람은 없었다. 돈을 들이면 시간도 절약되고 수고로움도 덜 수 있었다. 그러나 아내와 나는 이 모든 것을 충분히 감내하기로 했다.

운전면허시험은 외국인에 한해서 필기시험을 면제해주고 실기시험만을 봤다. 시험차량은 매뉴얼 기어를 사용하는 일제 구형 크라운 승용차였다. 시험관이 앞좌석에 선탑하고 수험생 네 명이 교대로 운전하면서 각종 코스를 통과하는 것이었다. 일인당 운전 거리는 대략 200m 정도인데 사실 한국에서 운전면허 시험을 보는 것보다 더 떨렸다. 만약 떨어지면 그 복잡한 수속을 또 반복해야 한다는 생각에서. 다행히 첫 번에 합격하여 합격증을 들고 북경차량관리소로 갔고, 정식 운전면허증은 일주일 후에 나왔다. 이를 찾아오기 위해 그 지긋지긋한 곳을 또 다시 들렀음은 말 할 것도 없다. 그러나 기분은 '과거'에 붙은것 같았다.

다음은 차량관리에도 허다한 문제점이 있었다.

자동차세의 일종인 양로비(養路費)를 내러 갔다가 차주의 운전사가 양로비(養路費)를 들어먹고는 가짜 영수증을 끊어놓은 것이 창구 직원에 의해 발견되어 창피 당하고 밀린 양로비에 벌금까지 물었던 일, '그' 가 교통위반 스티커를 발부받고도 범칙금을 내지 않았었는데 정기차량검사 시에 들통이 나 역시 벌금+범칙금을 냈던 일, 범칙금 납부가 전산처리가 되지 않아 소위 딱지 뗀 경찰서까지 물어물어 찾아가서 낸 일, 복잡하고 우여곡절이 많은 자동차 정기검사 등등, 복잡한 일들을 한국식으로 "빨리 빨리"로는 통하지 않음을 절실히도 느꼈다.

이때 진정한 중국친구도 사귀었다. 무관이라는 프리미엄 없이 인간 대 인간으로 사귄 친구들이었다. 중국친구 이야기는 잠시 덮어두고, 2004년 7월 중국을 떠나기 전까지 북경에 대한 감상을 조금 더 언급하겠다.

● 2008년 올림픽, 북경 유치

2008년 올림픽의 북경 유치는 분명 중국에 있어서 "중화민족의 위대한 대부흥"을 이룩하는 큰 계기가 되고 있다.

2008년 북경올림픽을 유치하기 위한 중국정부의 노력은 가히 눈물겨웠다. 올림픽 개최도시 평가단이 북경으로 올 무렵, 그것도 겨울이었음에도, 그 바람 많고, 먼지 많은 북경거리를 쓸고 또 쓸었고, 도로 중앙분리대 펜스에 흰 페인트칠을 하고, 큰 도로 주변에 보기 싫은 곳에도 어김없이 붉은 벽돌로 담장을 쌓고는 페인트칠을 해댔다. 회색의 낡은 아파트 외벽에도 밝은 색 페인트로 포장하였다. 그리고는 철거할 곳은 담 벽에 흰 원을 그리고 그 속에 커다랗게 '절(折)' 이라는 검정 글씨를 써넣었다. '양갈보 화장' 은 옛날 우리 군대만이 아니고, 여기 현대의 중국에도 엄연히 존재하고 있었다.

거리의 불량배나, 거지, 삼배녀(三陪女)[10] 등은 모두 강제로 귀향조치 되었고, 인공강우와 강설을 실시하여 북경하늘의 자욱한 스모그를 제거하였다. 그리고 과장 섞인 북경 정비계획과 올림픽타운 조성 조감도를 제시하여 2001년 겨울, 스위스 로잔에서 드디어 북경올림픽 개최권을 획득하였다. '신주대지(神州大地: 중국 일컫는 별칭)' 가 또 한번 들썩했음은 말 할 필요가 없다.

그리고 2004년 11월, 중국은 2008년 북경올림픽 개막일을 확정했다.

"2008년 8월8일 오후8시" 로.

왕기산(王岐山) 베이징 시장은 11월4일 중국과학원에서 개최한 "중국과학과 인문 포럼"에 참석하여, "베이징 올림픽을 8월 하순에 개막하려고 했으나, 미국과 유럽의 여름 휴가철과 겹치고 미국의 메이저리그 야구시즌과도 겹쳐 8월 초순 개막하기로 했다"며 이같이 밝혔다. 그러나 올림픽 개막 시각을 굳이 8월 8일 오후 8시로 결정한 것은 중국인의 숫자에 대한 미신도 작용한 것으로 보인다. 8은 중국어로 '바' 로 발음되는데, 특히 광동어로 '파차이[發財 · 돈을 벌다]' 의 '파[發]' 와 발음이 비슷하기 때문에 중국인들이 가장 좋아하는 숫자다. 중국 사람들 입장에서는 2008년 8월 8일은 엄청난 길일(吉日)이다. 정말 중국다운 발상이다.

올림픽 주경기장은 시 중심에서 30km 떨어진 북사환로와 북오환로 사이의 허허벌판에 건설되고 있다. 중국정부는 이 올림픽 주경기장을 기념비적인 세계조형물로 만들기 위해서 중국의 자존심을 걸고 있다. 그 규모면에서 88서울올림픽과는 비교할 수 없이 방대하고 현대적이며, 역대 어느 올림픽규모보다 더 화려하게 치를 준비를 하고 있다.

---

10) 삼배녀(三倍女): 술집에서 손님과 같이 술 마시고, 같이 노래하며, 같이 춤추는 여자를 말함. 즉 우리말의 접대부를 통칭함.

● "십년대변오년소변(十年大變五年小變)"

북경은 급속도로 변했다.

2001년 사환로(四環路)에 이어 2004년 초에는 오환로(五環路)가 완성이 되어 북경의 시 중심은 종전의 삼환로에서 사환로까지 확대되었다. 외곽에서 보면, 북경은 800년의 고도(古都)다운 맛을 전혀 느낄 수 없는 현대식으로 구획화(區劃化) 된 도시로 탈바꿈하였다.

북경의 옛 시가지는 동서남북으로 바둑판처럼 짜여졌었다. '바둑판' 식 도시설계는 북경을 수도로 정한 역대 왕조가 나름대로 고심하여 짜낸 기능성 있는 설계였으리라.

중국 사람들만큼 방위(方位) 개념에 투철한 사람들도 없다. 중국 사람들은 외지인이나 외국인이 길을 물으면 대개가 "앞으로 얼마쯤 가다가 오른쪽으로 돌아서…"라는 말 대신에 "북쪽으로 얼마쯤 가다가 동쪽으로 돌아서…"라고 말한다. 낯선 도시에서 동서남북도 구분되지 않는 데, 북쪽이 어디고 동쪽이 어딘 줄 알랴. 그러나 중국 사람들, 특히 북경사람들은 이런 길 안내에 아주 익숙해져 있다. 거의 모든 길이 동서남북으로 뻗어있기 때문이다. 바로 '바둑판' 식 도시 설계의 영향이다.

북경의 옛 거리는 건설할 당시는 우마차와 인력거, 사람이 통행하기에는 꽤나 넓었으리라, 그러나 지금은 자동차가 교행하기에는 아주 좁은 교통 상습 정체지역으로 변모하였다. 북경시는 이런 지역을 한 블록씩 몽땅 철거하고는 편도 4차선의 대로를 만들고, 여백에는 상가와 공원 등을 조성하고 있다. 또한 입체교차로를 개설하여 시 중심을 관통하는 데 애로가 없도록 하였다.

중국에서는 불필요한 건물을 철거할 때, 철거비용이 들지 않는다. 벽돌 하나하나에서부터 철근, 가재도구 등은 어디에서 왔는지 농촌의 우마차가 떼로 몰려와 바리바리 싣고 간다. 단지 이들이 저녁 무렵 왔다가 새벽녘

이면 썰물 빠지듯 하는 것이 90년대 말, 말똥을 찍찍 갈기며 대낮에 대로 한가운데로 우마차를 몰고 오가던 때와는 달라졌다면 달라졌다고 할 수 있다.

2006년 2월, 북경을 방문했을 때, 서삼환로에서 일을 보고 동삼환로로 급히 돌아와야 할 일이 있었다. 다른 약속시간이 임박해서 그야말로 한 시각이 아쉬울 때였다. 러시아워 시간이라 서삼환로에서 북삼환로를 거쳐 동삼환로로 가려면 족히 한 시간은 걸릴 것이라 예상했다.

택시를 타고 잠간 한 눈 파는 사이에 차는 어느 듯 동삼환로의 목적지로 다가가고 있었다. 동삼환로로 가는 중앙 관통도로가 고가로 건설되어 불과 20분 만에 도달했다. 분명 2004년 여름까지는 건설되지 않았던 도로였다. 진실로 북경은 "십년대변오년소변(十年大變五年小變: 십년마다 크게, 5년마다 작게 변하다)"하고 있었다.

전형적인 북경의 거리인 호동(胡同)도 동성구(東城區)의 교도구(交道口), 북신교(北新橋), 동사(東四), 경산(景山), 조양문(朝陽門) 등지의 문화재 보존구역을 제외하고는 모두 철거되었고, 그 '보존구역' 도 현대식 정비를 가하였다.

거리 구석구석에 설치되어 있는 '측소(厠所: 변소, 칙간이란 뜻)' 도 칸막이를 하고 반개형의 문을 달았으며, 외형도 회색 페인트칠을 하였다. 아무리 그래도 변소 바닥 아무데나 침 · 가래 뱉는 버릇은 여전했다. 그러나 매 장소마다 청소부를 배치시켜 청소를 하고 있는 덕에 그나마 청결이 유지되고 있었다. 일설에 중국은 화장실 문화를 개선하기 위해 한국의 고속도로 휴게소 화장실을 모범으로 삼았다고 한다.

중국은 외형을 무척 중시한다. 북경시에 건설되는 건물은 층수와 외형의 조건을 엄격히 규제한다. 동일한 형태의 건물이 같은 블록 내에 건설될 수 없다. 그리고 지붕은 중국의 전통 양식인 기와를 얹는다. 건물을 짓는 중에는 반드시 외부를 튼튼한 벽돌담으로 둘러싸고, 곧 다른 용도로 개발

▲ 화려한 왕푸징거리와 그 뒷골목 사합원의 한 주택

될 자투리땅에도 잔디를 입히고 나무를 심는다. 이런 화려함을 좋아하는 행태는 실속을 따지는 라오바이싱[老百姓]의 관습과는 상치되는 중국의 이중성(二重性)이라 할 수 있다.

또 한 가지 '괄목상대(刮目相對)' 해야 될 것은 북경의 유명한 문화유산의 입장료가 엄청 올랐다는 것이다. 소위 고궁박물관이라 일컫는 자금성(紫禁城)과 만리장성(萬里長城), 이화원(頤和園), 원명원(圓明園), 천단(天壇) 등 해내·외로 널리 알려진 유적들의 입장료가 과거 8~10원에서 이제는 30~80원으로 뛰었고, 만리장성 같은 곳은 관광객들이 거의 반강제적으로 리프트를 타게 되어 있어, 리프트 값과 관람료를 이중으로 부담하게 되었다. 이렇게 값을 올려도 밀려드는 관광객을 중국당국은 주체를 못한다.

중국 사람들은 이화원 덕을 많이 보면서도 무소불위의 권력을 휘둘렀던 자희태후(慈禧太后: 한국에서는 서태후라 칭함)를 정말 막말로 욕한다. 청나라 말기에 자희태후가 해군 전력 건설에 투자할 돈으로 이화원을 중축하고 곤명호(昆明湖)를 파서 개인의 사치와 향락에 이용하였고, 이로 인해 갑오전쟁(甲午戰爭: 한국에서는 청일전쟁이라 칭함)에서 중국해군이 일본해군에 패했다고 한다. 억지 춘향이긴 하지만 중국 사람들이 그토록 미워하는 자희태후가 지금에 와서는 '효자' 노릇할 줄이야. 그 아름다운 여름

궁전 이화원이 바로 외화 획득의 중요한 원천 역할을 하고 있기 때문이다.

유명한 명승고적에 대한 관람료의 대폭 인상! 그것도 종전과 달라진 북경의 모습이었다.

출퇴근 시, 큰 네거리에서 제복 입은 타공(打工: 임시고용, 아르바이트)이 자전거와 행인이 신호를 준수토록 강제하고, 큰 길 한가운데 쇠창살을 설치하여 도로 무단횡단이나, 차량의 무단 U턴을 막고, 매표소에서 정리원이 나와 줄서기를 강요하는 것 모두가 달라진 북경 풍경 중에 하나이다.

2002년 겨울과 2003년 여름까지 중국 전역에 번진 사스는 중국 사람들에 위생이란 무엇일까 하는 명제를 안겨주었다. 사스는 그 원인균이 사향고양이에서 발견되었고, 이를 식용하는 광동과 홍콩에서 발생해서 중국 전역에 번진 소위 '괴질(怪疾)'이었다. 사스의 창궐은 비 위생, 불결과 직결되었다.

중국의 여러 민족 가운데 조선족만 유독 이 전염병에 걸리지 않았는데 중국조선족이 중국 내의 다른 민족보다 위생관념이 투철하고, 또 김치를 즐겨먹기 때문이라는 분석이 나와 중국의 다른 민족들은 또 한 번 청결의 중요성을 인식했고, 덩달아 한국의 김치가 건강식품으로 각광 받았다.

"위생관념을 새로이 하자"는 구호가 곳곳에 붙고, TV나 방송을 통해서 위생에 관한 계몽교육을 하고 있다. 일주일에 한 번도 안 씻던 몸을 두 번 씻고, 공중목욕탕이 늘어나고, 식사할 때나 화장실을 다녀와서 손 씻고, 식당에서는 소독저가 나오고, 머리에 까치집을 짓고 다니는 사람이 줄어들고, 한 여름 웃통을 벗은 채 길거리를 활보하거나, 반바지만 입고 그늘에서 연경맥주(燕京麥酒)를 마시거나 마작을 하는 사람도 줄어들고, 아무 곳에

▲ 현대화된 국무대하(國貿大廈) 부근 전경(2006년)

서나 낮잠 자는 사람도 줄어들고, 가판대의 가짜 술과 담배도 줄어들고…

그랬다. 2004년 여름의 북경은 1997년 겨울의 북경과는 천양지차(天壤之差)였다.

제 2 장

중국공산당
(中國共産黨)

▲ 중국공산당 제15차 전국대표대회 광경

2007년 10월 들어 전 세계가 주목하는 국제적 뉴스는 단연 중국 북경에서 열린 중국공산당 제17차 전국대표대회 개최 소식이다. 중국의 부상이 괄목(刮目)할만한 일이기는 하나, 혹자는 선거를 통해 정권을 교체하는 것도 아닌 일개 국가의 당 대회가 왜 이렇게 요란하냐고 반문할 것이다. 그러나 중국의 공산당 대회는 바로 중국의 권력 서열의 변동뿐만 아니라 향후 5년간 중국의 전반적 정책방향을 결정하는 중요한 대회이기 때문이다.

바로 이런 의미에서 우리는 중국을 말할 때, 중국공산당을 빼고는 말할 수 없다. 중국공산당은 중화인민공화국의 시작이요 끝이다. 중국과 외교를 하거나, 사업을 하거나, 공부를 하거나, 문화를 이해하려고 할 때, 중국공산당을 간과하면 반드시 실패한다. 지금부터 중국공산당의 이야기를 해야겠다.

*1. 중국에서 공산당이란?

● 어릴 적 공포의 대상 '중공(中共)', '중공군(中共軍)'

내가 '중공군'을 처음 인지하게 된 것은 아마도 초등학교 5학년 때쯤인 1959년이 아닌가 생각한다.

'사회생활' 과목에 한국전쟁을 소개하면서 용감한 국군과 유엔군이 압록강까지 진격해서 국토통일을 눈앞에 두고 있었는데, 중공군이 침략하여 인해전술로 국군과 유엔군을 삼팔선 이남으로 밀어내어 국토가 다시 분단되었다고 기술되어 있었다.

이때부터 중공군은 나의 뇌리에 실체가 뚜렷하지 않은 공포의 대상으로,

조국통일의 꿈을 무너뜨린 방해꾼으로, 인해전술을 사용하는 호전광(好戰狂)으로 각인되었고, 곁따라 '중공(中共)'은 공산화를 위해서는 어떠한 짓도 서슴없이 하는 세계에서 가장 잔인무도한 집단으로 알고 지내왔었다.

중·고등학교 시절, 매년 6월 25일이면 학교교정에 세워진 충혼비를 참배했었다. 당시 학도병으로 참전했던 선배들도 참석하여 먼저 간 학우를 추모하면서 통곡했고, 우리도 곁따라 분노의 눈물을 흘렸다. 어린 가슴에 '북괴', '인민군', '중공군'은 언젠가 반드시 극복하고 타도해야 할 대상이었다. 그러면서도 가슴속에는 늘 '공포'로 남아있었다.

나는 육사를 졸업하고, 소대장 시절 그 유명한 백마고지에서 GP장을 하였다. 백마고지 주변에 흩어진, 실은 아군인지 중공군인지 모를 이름 없는 유골, 미처 흙으로 다 돌아가지 못한 한스런 그 유체들을 정리하면서 전쟁의 참화를 간접으로 체험하였다. 반으로 잘린 그 비옥한 철원평야, 허리 잘린 우리의 국토, 그 격렬한 전쟁을 겪고서도 아직 끝나지 않은 전쟁…

그래 모든 게 '중공군' 때문이야! 분노는 '중공'을 향했다.

1981년, 대만의 삼군대학(三軍大學)에 유학하면서 국부군(國府軍)으로부터 학습을 받아 '공비(共匪)'[11]에 대해 좀더 "논리적이고 깊이 있는 증오심"을 키웠다. '대륙'을 잃고 '섬'으로 내려온 사연을 이해했고, 같이 '대륙수복작전' 군사연습에 동참했었다.

국방정보본부 근무시절인 1983년 5월 5일, 중국민항기가 춘천 군용비행장에 불시착한 것을 계기로 신문단(訊問團)에 참가하게 되어 중국대륙사람들을 처음 접했고, 이어 32사단(충청남도 향토사단) 정보참모 근무시절인 1986년 8월, 길이5m짜리 목선을 타고 산동(山東) 연태(煙台)에서 출발하여 만리포로 밀입국을 시도하던 중국인 19명을 체포하여 기초 신문한 것을 계기로 '중공'의 실체에 조금씩 접근하게 되었다.

---

11) 국민당은 중국공산당을 '공비(共匪)'라 호칭하고 있다. 즉 공산당 비적(匪賊)이라는 뜻이다.

1992년 8월을 계기로 한국과 중국의 관계가 '남조선' 에서 '대한민국' 으로, '중공' 에서 '중화인민공화국' 으로 변환됨에 따라 나도 자연 '중공', '중공군' 에 대한 '증오심' 이 '이해' 로 바뀌게 되었다. 언젠가 나도 중국대륙을 대상으로 할 날이 있을 것을 기대하면서.

1997년 주중 국방무관으로 발령을 받고서, 현지 무관의 보고를 포함한 중국관계 자료를 보고 폐쇄적인 국가에서 무관활동을 하는 것이 결코 쉽지만은 아닐 것이라는 예감이 들었다.

나는 고정관념부터 바꿨다. 주중 국방무관은 '중공군' 과 적대관계에 있어서는 절대로 안 된다. 적어도 우호적으로 이해해야 본연의 임무를 달성할 수 있다는 것을.

중국이해의 첫걸음은 '중공' 과 '중공군' 을 자연스럽게 '중국공산당(中國共産黨)', '중국인민해방군(中國人民解放軍)' 으로 부르는 데서부터 출발한다.

이전의 '중공' 은 '중국공산당' 이면서 '중국', '중국정부' 그 자체였다. 또 국가로 인정하지 않은 '패거리', 그리고 비하의 의미도 있었다. '중공군' 은 단순한 '중국공산당의 군대' 라는 의미 외에 '무자비하고, 무질서한 군대' 라는 인식도 있었다. '중국공산당', '중국인민해방군' 이란 정식 명칭의 사용은 바로 상대를 존중하고 우호화로 나아간다는 뜻이다.

주한 중국무관을 지낸 양석련장군으로부터도 한소리 들었다. '중공' 과 '중공군' 이란 말을 중국사람들은 싫어하니 사용하지 않는 것이 좋다고. '중공 16大' 라든지, '중공중앙' 등 뒷말을 수식할 때는 상관없으나, 단독으로 사용하면 듣기가 거북하단다.

● 한국대사관 내 중국공산당 조직

한국대사관 내에도 중국공산당 조직이 존재하는가?

대답은 '예스' 다.

주중 한국대사관에 근무하는 현지 고용인, 즉 중국인은 채용방법에 따라 두 가지가 있다.

하나는 중국 외교부 산하에 있는 외교복무공사(外交服務公司:외교부 산하의 인력 용역업체)에 의뢰하여 필요한 요원을 채용하는 경우와 다른 하나는 주재관 또는 부서가 개별적으로 채용하는 경우가 있다. 주재관들은 한족(漢族)보다는 말이 통하는 조선족(朝鮮族)을 선호한다.

외교복무공사를 통할 경우, 고용원의 임금은 개별 고용보다 2배차이가 난다. 공사(公司) 소속 고용원들은 자신이 받은 임금 가운데 40%를 공사에 낸다. 공사는 대신 이들에게 의료 · 주택 · 교육 등 사회복지 혜택과 실업 시 일정한도의 실업수당을 지불해준다.

외국기관이 외교복무공사를 통하는 가장 큰 이유는 임금이 비싸더라도 신원이 보장된다는 이점 때문이다. 채용된 인원 중에서 문제가 발생할 경우 외교복무공사가 책임을 진다. 다음으로 외국기관은 중국의 노동시장에 밝지 못한 이유도 있다.

주중 무관부도 같은 입장이었다. 초기에는 필요한 현지인을 외교복무공사를 통해서 고용했다. 그런데 내가 부임할 당시는 소위 '금융위기' 를 겪고 있던 때라 어떻게 하면 지출을 줄이느냐에 온통 신경을 쓰고 있었다. 가장 가시적인 방법이 인력을 감축하든지 인건비를 줄이는 것이다. 치사했지만 대상은 중국 여비서와 운전수였다. 사실 돈은 얼마 되지 않지만 조금이라도 절약하고 인원을 감축했다는 실적이 필요해서다.

이참에 새로운 사실에 주목하기 시작했다.

무관부 창설 초기부터 무관부에 고용된 중국인 여비서는 조그만 키에 날씬하고 목소리가 매혹적인, 대학을 갓 졸업한 꾸냥[姑娘: 아가씨라는 의미이나 처녀의 순진함과 아름다움이 내포되어 있음]이었다. 싹싹하고 눈치 빠르며 애교도 있어 무관들의 귀여움을 독차지하였다. 그런데 무관부에 고용되어 있는 운전사들은 그 꾸냥만 보면 그냥 고양이 앞의 쥐였다. 특히 내 차를 몰던 운전사는 40대 후반으로 '홍위병(紅衛兵)' 출신이었다. 소년 시절 완장차고 무리지어 때려 부수는 일만하여 무식했고 성격이 거칠었다. 자신의 얘기로는 사람도 여럿 죽였다고 한다. 그런데 이 친구조차 그 꾸냥을 경원시 하는 눈치였다. 나중에 알고 보니 그 꾸냥은 한국대사관 중국공산당 위원회의 '서기(書記)' 였다.

그녀는 매주 한 두 번 씩, 대사관 내의 공사 소속 인원들을 집합시켜 당의 지시와 방침을 하달하고, 각기 부서에서 있었던 일을 보고토록하며, 당기(黨紀)에 위반되는 일에 대해서는 자아비판을 했다. 소위 총화(總和)라는 것을 정기적으로 했다. 이 결과가 '인사' 에 반영되기 때문에 공사 소속 고용인들은 "그녀 앞에만 서면 한없이 작아졌다."

그 여비서는 얼마 안 있어 스스로 퇴직했고, 한국에서 대학원을 다니겠다면서 연세대 한국어학당에 입학했다. 이때부터 여비서를 포함한 운전사까지 외교복무공사 요원을 일체 쓰지 않았다. 필요 시 무관부 자체에서 개별 모집하여 자력(資歷)을 검토하고 면담을 통해 신원과 능력을 확인한 후 채용했다. 특히 한국말을 전혀 알아듣지 못하는 인원으로 충당했다.

그들이 공산당원이라 해서 소위 '세작(細作: 간첩의 옛말)' 노릇을 하는 것은 아니다. 공사의 당 위원회에서 위법(違法)할 일을 지시하지도 않는다. 중국의 공산당은 우리가 생각하는 "해방전쟁과 계급투쟁" 시절의 그 '공산당' 이 아니다. 이제는 민중 속에 녹아있는 아주 자연스런 조직이다.

그런데도 무관부 내에 중공조직! 이 얼마나 부자연스러운 일인가?

부자연스럽다는 것은 일찍부터 세뇌되어온 "공산당 거부반응"이 상당히 작용한 소치다.

중국에서는 공산당원 세 사람만 모여도 당 조직이 결성된다는데,

● 중국공산당의 존재를 이해해야

오래도록 대북정보(對北情報) 부서에 근무했고, 어느 정도 지중(知中)이라고 자부했던 내가 '중국공산당'에 대해서는 "알레르기 반응"을 일으키다니.

현재 중국사람들은 공산당에 입당하기 위해 버둥거리지 않는다. "사회주의 시장경제 체제" 하에서는 당원이든 비당원이든 살아가는 데 큰 불편이 없기 때문이다. 중국 대학생들의 입당 경쟁이 심하지 않는 이유도 여기에 기인한다. 그러나 큰 기업을 운영하거나, '기관(機關)'에 근무하면서 입신양명을 꾀하려면 반드시 공산당원이 되어야 한다. 공산당은 특히 인재를 발굴하고 육성하는 데 일가견이 있다. 국가나 지방의 지도급 인사는 모두 공산당이 발탁하고 육성한 사람들이다. 당원일 경우 신원은 보증된다. 따라서 중국에서는 당원을 고용하는 것이 일단 안전하다. 그들은 "작풍(作風)이 우량(優良)"하다. 이제는 우리가 생각하는 소위 '혁명'을 수출한다든지, '조직화'하는 것과는 거리가 멀다. 더욱이 한국의 '전교조'나 '민노총', 또는 '전'자 돌림의 '전○협'과는 판이하다. 적어도 개혁개방 된지 30년, 이데올로기가 "민이식위천(民以食爲天)"에 조금도 도움이 되지 않는 현재의 중국에서는.

나의 공산당에 대한 알레르기 반응은 중국사회를 경험하면서 서서히 순화되기 시작했다. 나도 덩달아 그들과 같이 초기 공산당의 영웅적인 활동에 찬사도 보내고, 실패에 대해 비판도 가한다. 그래서 나는 "중국에서는 중국방식이 최선"임을 인정한다.

다음은 중국공산당에 대한 나의 생각이다.

세계에서 중국공산당처럼 절대적인 힘을 가지고 한 국가를 지배하는 정당이 있을까?

북한의 조선노동당은 일인 지배하의 꼭두각시 정당이다. 그들은 당보다는 군대가 더 권력이 있으며, 군대 위에는 김정일(金正日)이 있다. 이른 바 선군정치(先軍政治)다. 리비아는 완전한 일인지배국가로 당 자체가 없으며, 쿠바도 일인 지배하의 국가로 당의 역할은 독재자의 의도를 뒷받침하기 위한 하나의 조직에 불과하다.

그러나 중국공산당은 일인(一人)에 의해 지배되지 않는다. 과거 모택동 시대 때도 모택동은 말년이 되어서야 신격화되어 당을 쥐락펴락했다. 모택동 사후(死後) 공산당 지도부는 일인독재에 신물을 내고 집단지도체제를 만들었으며, 이후 어느 누구도 당을 모택동 시대 때처럼 한사람이 그렇게 완벽하게 지배한 적은 없다. 당주석(黨主席)이란 이름도 이제는 모택동을 위하여 영원히 비어두었다. 현재는 당의 최고 우두머리를 총서기(總書記)라 부른다. 총서기는 중앙당 서기처(書記處)의 여러 서기(書記)들 중에서 우두머리라는 뜻이다. 오래 전부터, 총서기라 불린 사람치고 당권을 자신에게 집중시켜본 사람은 없다.

중국공산당은 국가 속의 정당이 아니고, 국가 위에 군림하는 정당이다. 모든 정책은 당에서 결정하고 국가조직은 이를 시행할 뿐이다. 그러면 중국공산당의 힘의 근원은 어디에서 나오는가? 그것은 국민당과 피나는 투쟁을 거치면서 민중을 끌어안았고, 독자적인 당의 군대, 즉 홍군(紅軍)을 창설하여, 결국에는 국민당을 대륙에서 축출함으로써 중국 천하를 공산당의 천하로 만든 데서 왔다고 할 수 있다.

중화인민공화국은 공산당이 세웠고, 이 힘은 紅軍(인민해방군의 전신)으로부터 나왔으며, 이를 지도한 사람은 모택동과 모택동주의를 따르는 소수의 공산당 엘리트들이었다.

사실 중화인민공화국이 탄생되고 난 뒤에도 얼마간은 중국공산당이 다수라 할 수 없었다. 그래서 모택동은 '신민주주의론(新民主主義論)'을 내세워 공산당과 목소리가 다른 모든 정파를 끌어안았다. 그 이후 모택동의 목소리가 점점 높아지면서 중국공산당은 모택동 일인에 의해서 장악되고 모택동이 중국의 모든 것을 대변했다.

아직도 천안문 성루에는 모택동의 초상화가 높이 걸려 있고, 천안문 광장의 모택동 기념관에는 모택동의 시신이 미라가 된 채 보관되어 있으며, 중국의 모든 지폐에 모택동의 초상이 새겨져 있어, 모택동의 영혼은 일상을 중국인민과 호흡하고, 국가의 대소사를 관장하고 있다. 그러나 이제 공산당도 서서히 변하고 있다.

본래 모택동은 인민(人民)을 "공인계급(工人階級), 농민계급, 도시 소자본계급, 민족자본계급"[12]이라고 정의했다. 따라서 '인민'의 범주는 아주 제한될 수밖에 없으며, 국체(國體)는 이 '인민'에 의한 '인민민주독재(人民民主獨裁)'다. 즉 '인민'에 대해서는 민주주의를 시행하고, 기타 인민의 범주에 들지 못하는 공민에 대해서는 무자비한 탄압을 가한다. 중국공산당은 인민 외의 공민을 "한 줌도 되지 않는 반동분자(反動分子)"라고 표현하면서도 이 "한 줌도 되지 않는 반동분자"와 오랜 세월을 투쟁했다.

'모택동사상', '등소평이론'에 부가하여, 강택민의 '삼개대표(三個代表) 중요사상'과 호금도의 '과학발전관'이 공산당의 지도이념이 되면서 공산당의 문호는 자산계급에게 까지 활짝 개방되었다. "사회주의 시장경제 체제"에 적응하기 위해서다. 중국공산당의 생명력은 바로 시대의 변화에 적절히 적응하는 끊임없는 자기 혁신에 있지 않나 생각한다.

중국공산당은 이제 더 이상 공인계급(工人階級)이 지배하는 정당이 아니다. 공산당의 정치국 상무위원, 정치국 위원, 더 확대하여 공산당 중앙위원에 순수한 공인계급 즉, 노동자 출신이 있는 가?

"없다."

---

12) 인민(人民)이란? 모택동은 1949년 6월 30일 발표한 논문인 〈인민민주주의 독재론〉에서 중화인민공화국의 성질 즉 국체를 "공농연맹(工農聯盟)을 기초로 하되 공인계급이 영도하는 인민민주 독재"라고 정의하면서 인민의 정의를 위의 4계급에 한정했었다.
중국에서 흔히 자본계급 또는 자산계급은 바로 부르주아지를 말한다.

그러면 '階級' 의 문제에서 완전히 탈피했는가?

"아직은 아니다."

이를 이해하기 위해서는 먼저 중국공산당의 탄생과 변천과정을 먼저 살펴보자.

2 중공의 탄생, 그리고 국민당과 합작 및 투쟁

● 중공, 국제공산당의 도움으로 탄생되다.

1920년과 1921년, 국제공산당(Komintern)은 각각 보이틴스키(Voitinsky)와 마링(Maring) 두 사람을 중국으로 파견하여 중국에서 공산당의 조직을 돕도록 했다. 당시 중국에서는 진독수(陳獨秀)와 이대쇠(李大釗) 등이 진보적인 사상가로서 공산주의의 대표적인 이론가였다. 이들은 보이틴스키와 마링을 만나면서 이론이 체계화되고 단체를 조직화하기 시작했다. 그들은 공산당을 창당하기 위해, 먼저 가능한 지방부터 조직을 건설하여, 차차 전국 규모로 조직을 확대해나갔다.

우여곡절 끝에, 1921년 7월 23일 상해의 프랑스 조계지 이한준(李漢俊)의 형 이서성(李書城)의 집에서 제1차 중국공산당 대표대회가 열리나, 초기 공산주의 이론의 대표적 인물인 진독수와 이대쇠 2명은 공교롭게도 복잡한 현행 업무로 인해 불참했다.

제1차 중국공산당 대표대회라 했지만 당시의 당원은 57명에 불과했고 대표대회에 참가한 사람의 숫자도 겨우 7개 조직을 대표하는 13명이었다. 초미니 창당대회인 셈이다.

회의 참가자는 모택동(毛澤東), 하숙형(何叔衡), 동필무(董必武), 진담추(陳潭秋), 왕진미(王盡美), 등은명(鄧恩銘), 이달(李達), 이한준(李漢俊), 장국도(張國燾), 유인정(劉仁靜), 진공박(陳公博), 주불해(周佛海) 등 12명의 대표와 배석한 인원은 진독수가 개인적으로 파견한 포혜승(包惠僧), 국제공산당 대표인 마링, 니콜스키(Nikolsky)였다. 장국도가 회의를 주재했고, 마링과 니콜스키가 개막식에서 중국공산당의 성립을 축하하는 치사를 했다.

▲ 중공 제1차 당대회가 열렸던 상해 망지로(望志路) 106호 이서성, 이한준 형제의 거소 전경

회의가 종료될 즈음인 7월 30일, 프랑스 조계지의 중국인 밀정이 이 사실이 탐지했고, 프랑스 경찰이 회의장을 급습하는 바람에 대회는 풍비박산(風飛雹散) 났다. 위기를 겨우 모면한 대표들은 7월 31일, 절강성의 가흥 남호(南湖)의 유람선으로 옮겨 회의를 계속하고는 폐막했다. 중국공산당은 창당과정부터가 험악했다.

대회는 중앙의 지도기관으로 중앙국을 두고, 진독수를 총서기, 장국도를 조직주임, 이달을 선전주임으로 선출하였다.

현재 중국공산당은 창당 기념일을 7월 1일을 잡고 있다. 중공의 2만5천리 장정이 끝나고, 연안에서 공산당 창당 기념일을 정하는 문제가 대두되었다. 공산당은 당시 프랑스 경찰뿐만 아니라, 북양정부에서도 추적의 대상이었기 때문에 도피하기에 바빠 회의에 대한 기록을 남기지 못했고, 창당대회에 참가한 사람 중에서도 2만5천리 장정 끝에 연안에 도착한 사람은 모택동과 동필무 두 사람뿐이었다. 나머지는 전쟁 중에 희생되거나 변절 또는 중공을 이탈하였다.

이 둘은 서로의 기억을 더듬으며 대개 7월 말이라는 것까지는 추적했지만, 정확한 날짜를 기억할 수가 없었다. 이때 모택동이 "7월에 창당대회가 열린 것만은 확실하니 7월 1일을 기념일로 정하자"라고 하여 그 날 자로 기념일이 굳어졌다. 이때가 1938년 5월이었으며, 1940년부터 공식적으로 이날을 기념하였다. 그 보다 훨씬 뒤에 가서야 여러 가지 문헌과 정황을 종합하여 창당대회 개최일자가 7월 23일이었음을 정확히 집어내었다.

중국공산당이 비록 국제공산당의 도움으로 창당은 되었으나 그 조직은 허약했고, 당국에 의해 탄압됨으로써 양적 · 질적으로 성장하기에는 많은 한계가 있었다. 당시 중국 내 프롤레타리아트는 소수에 불과했고 대다수를 차지하는 농민은 혁명에 대한 어떤 의식도 가지고 있지 않았으며, 구락부 수준이었던 공산당 자체 내에서도 내부 갈등이 항상 발생하고 있었다.

이런 곤경을 헤어나기 위한 방법이 국민당과의 합작(合作)이었다. 국민당에 기대서 합법성을 취득하고 자신의 역량을 키우는 '기생전략(寄生戰略)' 이었다. 마링이 이 전략을 제안했고, 국제공산당이 승인하여, 진독수는 중공내의 반대파를 설득한 후에 비로소 합작을 실행할 수 있었다.

당시 손문(孫文)이 이끄는 국민당도 두 차례에 걸친 북벌(北伐)에 실패했고, 국민정부의 근거지인 광주도 진형명(陳炯明)이 이끄는 군벌(軍閥)에게 점령당했으며, 영국과 미국, 일본 등의 열강에게도 배척됨으로써, 고립무원에 처해 있었다. 그 곤경을 헤쳐 나가는 방법은 공산당과의 합작을 통해 소련으로부터 원조를 받고, 광주(廣州)를 되찾아 이를 근거지로 하는 것이었다. 북벌과 중국통일은 그 다음이었다.

두 당의 이해관계가 맞아 떨어짐으로써 1924년 1월 말, 국민당은 자체를 개조하고, 제1차 전국대표대회를 소집하여 "연아(聯俄), 연공(聯共), 농공부조(農工扶助)"라는 3대 정책을 채택한다. 소위 '신 삼민주의' 다. 이것으로 공산당을 수용하는 여건이 마련되어, 국민당은 공산당을 받아들여 제1차 국공합작을 마무리한다.

이 합작은 당 대 당의 합작이 아니라 코민테른의 지시에 따라 공산당원은 모두 개인 자격으로 국민당에 입당하고, 공산당은 공식적으로 해체된다. 이때부터 당원 개개는 국제공산당원의 신분만 유지한 채, 국민당의 조직을 이용하여 공산당의 세력을 합법적으로 확장하기 시작한다.

● 제1차 국공합작

제1차 국공합작은 1924년부터 시작하여 남창무장폭동이 일어나는 1927년까지 지속된다. 공산당 당원이 국민당에 입당하였다 하여 국민당 당원으로서 역할을 하는 것이 아니라 공산당의 세력을 확장하는 것이 주목적이었기 때문에 그들은 조직 건설과 당권 장악에 관심을 집중했고, 특히 농업부와 노동부는 하부까지 공산당원 또는 친공인사(親共人士)로 조직하였다.

이 기간 동안 손문이 이끄는 광주의 국민정부는 소련의 도움을 받아 황포군관학교(黃捕軍官學校)를 창설하여 진정한 자신의 군대를 만들어 나간다.

손문은 "과거 혁명의 실패를 혁명당의 분투만 있었지 혁명군의 분투가 없었기 때문에 군벌이 민국(民國)을 장악하게 되었다"면서 혁명군이 있으면 혁명은 성공할 수 있다는 결론을 얻게 된다. 따라서 군관학교의 설립문제가 제기되어 추진된다. 그것이 바로 황포군관학교였으며, 1926년에는 중앙군사정치학교로 개칭되었다. 북벌이 재개되면서 황포군관학교는 해체되지만 그 정신은 계속 이어져 국민정부가 대만으로 쫓겨 간 뒤에도 대만의 대중(臺中)에 황포군관학교를 재건하여 현재도 국부군 간부를 양성하고 있다.

이 황포군관학교 교장에는 장개석(蔣介石), 정치위원에는 료중개(廖仲愷), 정치부 주임에는 주은래(周恩來) 등이 임명되고, 소련의 군사 · 정치교관이 파견되어 소련식의 군사조직과 훈련이 실시된다. 이 역사적인 유산은 인민해방군은 물론이요, 대만의 국부군에게도 남아있다. 즉 군대의 각 조직마다 정치부 설치가 그것이다.

황포군관학교는 국민당과 공산당의 합작에 의해 설립되었기 때문에 구조도 두 당의 혼혈아적인 형태였고, 중공의 당내합작 목적을 효과적으로 수행하는 기관이 된 셈이다. 어찌 보면 이후의 국공내전도 황포군관학교 출신 간의 투쟁이라 할 수 있다. 어찌되었든 장개석은 이를 디딤돌로 하여 그의 세력을 크게 확충하는 계기가 된다.

1924년 11월, 국민회의 소집을 주장하면서 북경으로 간 손문은 1925년 3월 12일 "삼민주의(三民主義)에 의한 공화정(共和政)과 의회주의, 중국통일"이라는 염원을 이루지 못한 체 북경에서 서거한다.

1925년 7월 손문의 유훈을 받들어 국민당은 광주에서 중화민국 국민정부 성립을 선포하고, 황포군관학교 졸업생과 일부 지방군벌을 편제 내로 흡수하여 국민혁명군(國民革命軍)을 건설한다. 이로서 국민정부 관할 하의 각 지방 군벌은 모두 국민정부군(國民政府軍: 약칭 國府軍)으로 편입된다. 1926년 초까지 광동과 해남도, 귀주, 운남 지역은 기본적으로 광주 국민정부의 통치 하에 들어가게 되며, 군사력도 아울러 팽창한다.

장개석은 '중산함 사건(1926년 3월 20일)' 을 계기로 당내 공산당원을 축출하고 스스로 중앙군사위원회 주석에 올라 군권을 장악하고, 이어 5월, 〈당무 정리 안〉 결의와 함께 중앙상무위원회 주석에 올라 당권도 장악한다.

1926년 봄이 되면서 국민정부는 북벌을 위한 만반의 준비를 갖추고, 이어 5월부터 먼저 중원지역의 군벌 오패부(吳佩孚) 군대를 목표로 진공을 개시한다. 전쟁은 순조롭게 진행되어 1927년 초까지 장강(長江) 이북까지 점령함으로써 오패부의 주력을 섬멸하고 장강 동남의 군벌 손전방(孫傳芳)을 소멸한다.

국민당에 오래도록 기생하던 공산당은 북벌군이 상해를 탈취할 즈음인 1927년 3월 21일, 주은래가 주동이 된 상해 노동자 조직이 무장폭동을 일으키고 상해전역을 점령한다. 이어 중공 강절위(江浙委: 강소성 · 절강성 위원회)는 "상해 특별시 임시정부 위원회"를 구성하고 상해를 적색 통치로 전환한다.

장개석은 상해가 적색 통치로 들어가자 더 이상 공산당을 방치할 경우 국민당이 뿌리까지 흔들릴 것으로 보고 '상해폭동'을 무력으로 진압하고, 계속해서 동년 4월, 남경사건(南京事件)을 일으켜 본격적으로 공산당 숙청 작업에 들어간다.

● 제1차 국공합작(國共合作)의 결렬과 남창무장폭동

"쥐도 궁지에 몰리면 고양이를 문다."

공산당에 대한 대대적인 숙청작업은 공산당으로 하여금 최후의 발악을 하게 한다.

중국공산당은 '중산함사건' 이후 위기에 빠진 당을 재건하기 위해 1927년 4월 27일부터 5월 10일까지 무한(武漢)에서 제5차 전당대회를 열어 타협파인 진독수를 '우경기회주의자'로 몰아 낙마시키고 새로운 지도부를 구성한다. 이어 코민테른의 지시에 따라, 동년 7월 12일 한구(漢口)에서 중앙임시정치국회의를 소집하고는 "무장으로 국민당에 반항", "독립적으로 농촌 토지혁명 인도", "중앙 긴급회의를 소집, 실패의 경험과 교훈 도출" 등을 결의하고, '남창 무장봉기 계획'을 통과시킨다.

국공합작 초기부터 국부군 내에 부식하기 시작한 공산당 조직은 1927년에 이르러 무장폭동을 일으킬 정도로 커진다. 당시 공산당이 장악한 부대는 하룡(賀龍)이 지휘하는 제20군과 엽정(葉政)이 지휘하는 제11군 24사단 등 다수 부대가 있었다.

주은래, 운대영, 이립삼, 팽배 등은 남창(南昌)에서 전적위원회(前敵委員會)를 구성하고 위의 폭동군을 지휘하여 1927년 8월 1일 새벽 무장폭동을 일으킨다. 폭동군은 일시적으로 남창시를 점령하였으나 곧 이어 벌어진 국부군의 소탕작전에서 지리멸렬 흩어진다.

이것이 유명한 남창무장폭동(중국은 南昌起義라고 칭함)이며, 이를 계기로 제1차 국공합작은 완전히 결렬되어 국공 간에 내전이 일어나며, 장개석은 공산당 섬멸전에 올인하게 된다.

이때부터 중국공산당은 자신의 장악 하에 있는 군대를 공농홍군(工農紅軍), 줄여서 홍군이라 불렀다. 중국은 8월 1일 남창폭동을 기념하여 중국인민해방군의 날로 정하였다. 현재 중국인민해방군의 별칭은 '팔일(八一)' 부대이다. '八一' 은 바로 '8월 1일' 에서 유래한다.

● 제1차 국공내전, 초공전(剿共戰)[13], 2만5천리 장정

1928년 6월 4일, 일본은 만주지역을 장악하는데 가장 걸림돌이 되는 봉계군벌 총수 장작림을 제거하기 위해, 북경에서 심양으로 전용열차를 타고 돌아가는 장작림(張作霖)을 황고둔(皇姑屯)에서 폭사시킨다. 장개석의 북벌군과 대치하던 장학량(張學良: 장작림의 아들)은 일본의 음모를 눈치 차리고는 변장을 하고 급히 봉천(오늘날의 심양)으로 돌아와 반대세력을 제거하고는 봉계군벌을 완전히 자신의 수중에 장악한다. 그해 12월 29일 자신의 장악 하에 있는 동북군(東北軍)과 동북삼성(東北三省), 열하성(熱河省)에 일제히 국민정부의 깃발인 '청천백일기(青天白日旗)' 를 달도록 하고, 국민정부에 투항한다. 이것이 바로 유명한 동북역치(東北易幟)다.

장개석은 이로써 중국을 통일하게 된다. 이 사건이 장개석에게는 얼마

---

13) 초공전(剿共戰): 우리는 흔히 공산당을 소탕한다는 뜻으로 소공전(掃共戰)이란 용어를 사용하고 있으나, 중국에서는 '초공전(剿共戰)' 이란 용어를 사용한다.

나 크고 신선한 충격이었던지 장개석은 즉각 장학량과 '금란지교(金蘭之交)'를 맺고 장학량에게 중앙군사위원회 부위원장(장개석: 중앙군사위원회 위원장)이란 자리를 내어준다. 장학량의 귀속은 바로 장개석의 중국통일에 일정한 지분이 있음을 의미했음으로, 국부군 내에서 장학량의 발언권은 강화된다.

이어 장개석은 풍옥상 및 염석산 사이에 있었던 중원대전(中原大戰)을 승리로 마감하고, 잔여 대소 군벌의 반란을 손쉽게 평정한다. 동북군벌 장학량이 장개석에게 자신의 지역과 군대를 송두리째 넘겨준 결과로 얻어진 것이다. 그러나 그 "쉽게 얻어진 戰果"가 장개석에게는 숨겨진 복병이었고, 이로 말미암아 중국이 공산화되는 전기가 될 줄이야!

호사다마(好事多魔)!

이러한 괄목할 만한 성과에도 불구하고, 장개석에게는 내부적으로 가장 큰 화근이 있었으니, 그것은 바로 날로 그 위세가 날로 더해가는 공산당의 발호였다.

장개석은 1930년 10월부터 1934년 10월까지 5차례에 걸친 초공전을 전개한다. 이 초공전도 국부군의 치밀하지 못하고, 또 완전히 해소되지 않은 군벌적인 습성으로 인해 보안이 유출되고 작전은 번번이 실패로 돌아간다.

홍군도 내부 노선을 확정하지 못해 갈등이 일어나 작전의 통일을 기하지 못하고, 국부군에 의해 정강산(井岡山)근거지가 피탈되면서, 1934년 10월 17일부터 소위 '2만5천리 장정'[14]에 들어간다.

---

14) 2만5천리 장정이란? 국민정부가 본격적으로 초공작전을 준비하고 있을 때, 중공은 코민테른의 지시에 따라 전략적 후퇴를 준비하고 있었다. 장정이 시작되기 전 약 6개월 동안, 중공은 백구(白區: 국민정부 관할지역)에서 비밀활동을 할 사람과 각 지방정부에서 공작할 사람, 근거지에 잔류할 사람들을 제외하고, 모두 중앙 종대(縱隊)로 편성했고, 근거지에서 전략적 이동에 필요한 물자와 장비를 적극 생산하였다. 준비가 완료되고 중앙 본대가 강서성(江西省) 서금(瑞金)을 빠져나간 것이 1934년 10월 중순이었다.
장정의 목적은 당 중앙의 안전과 홍군의 힘을 보존하고, 새로운 지역에서 혁명근거지를 마련하기 위한 것이었다.

홍군은 쫓기면서 1935년 1월 15일 귀주성(貴州省)의 준의(遵義)에 도착하여 중공의 노선에 대한 회의를 개최한다. 이 회의에서 격렬한 토론이 일어나고, 모택동은 현 지도부의 전략적 착오를 신랄히 비판하여 다수의 지지를 받는다. 이로써 모택동은 당 지도부에서 소련파를 몰아내고 모택동을 정점으로 하는 중공 중앙의 기구를 재구성한다. 이때부터 모택동은 자신의 지도노선 대로 전쟁을 지휘하게 되고, 진정한 중국공산당의 영수가 되어 죽을 때까지 당과 군대를 장악한다.

모택동의 경호부대 명칭이 8341부대다. 모택동은 이 부대의 명칭을 자신이 직접 지었고, 부대의 명칭대로 모택동은 83세까지 살았고, 41년간 권력을 잡았다. 권력을 잡은 기간 41년이란 1935년 '준의회의(遵義會議)' 부터 그가 사망한 1976년 9월 9일까지로 따지면 그렇다.

중국사람들에게 있어서 '9' 자는 숫자 중에서 가장 크다. 모택동은 1949년 초 북경을 점령했지만, 자신은 북경외곽 서북쪽에 있는 향산(香山)에 진을 치고 있다가 가장 큰 숫자인 '9' 자, 즉 1949년 9월 9일을 택하여 북경에 입성하였고, 10월 1일 중화인민공화국을 선포하였다.

북경입성을 9월 9일로 잡은 것은 인위적으로 얼마든지 가능한 일이지만 과연 죽는 날까지 9월 9일로 잡다니!

각설하고,

쫓기던 홍군은 악전고투 끝에 국부군의 추격을 따돌리고 1935년 11월

장정 도중에도 중공은 여평회의와 준의회의, 모아개회의 등 중공의 진로를 결정짓는 회의를 연다. 특히 준의회의(遵義會議)로 인하여 모택동은 당권과 군권을 장악하고 '모택동사상' 이 초보적으로 형성되며, 코민테른으로부터 독립되어 자주적으로 중국혁명 문제를 해결하는 계기가 된다.

장정은 이듬해 1935년 10월 19일 목적지인 섬북(陝北)의 오기진(吳起鎭)에 도착함으로써 막을 내렸다. 장정의 대열은 선두에서부터 후미까지 길이가 도보로 7일이 소요되고, 이들은 18개의 산맥, 17개의 강을 건너면서 매일 80~90km를 행군했다. 이들이 지난 성(省)은 12개성이었으며, 6개의 소수민족 지역과 62개의 시와 현을 경유하여 모두 12,000km, 2만5천리를 행군했다.

현재의 섬서성(陝西省) 서북쪽에 드디어 자리를 잡는다. 장정 출발 시 8만 6천명이었던 홍군 주력 第1方面軍이 陝北에 도착할 때는 겨우 8천명뿐이었고, 산지사방으로 흩어진 홍군의 전체 병력도 30만에 3만 여명으로 줄어들었다.

장개석은 막다른 골목에 몰린 공산당을 철저히 소탕하기 위하여 다시 한번 대규모 초공전을 발동한다. 제6차 초공전이다. 그러나 역사는 장개석에게 등을 돌리고 모택동의 손을 들어준다.

바로 서안사변(西安事變)의 발생이다.

▲ 섬북 오기진(吳起鎭)에 도착한 후의 중공중앙 영도. 우로부터 모택동(毛澤東), 주덕(朱德), 주은래(周恩來), 박고(博古)

● 서안사변(西安事變)과 제2차 국공합작

홍군은 쫓기면서도 줄기차게 통일전선공작(統一戰線工作)을 전개한다.

"지금은 반공(反共)할 때가 아니라 전 역량을 결집하여 반일(反日)할 때다." 이것은 중국민중과 지도층들에게 보내는 단순한 메시지였다. 그러나 이 "단순한 메시지"가 중국민중의 가슴에 '반일' 의 불을 지피고, 사회지도급 인사들의 '애국심' 을 충동하게 된다. 중국민중은 서서히 중공 편으로 돌아서기 시작한다.

이에 반해 당시 장개석은 '안내필선양외(安內必先攘外)' 라는 기치를 걸고 공산당을 끝까지 추격하여 소멸한 후 대일항전에 나서겠다는 전략을 세운다. 중국인민의 눈에는 장개석은 "동족을 핍박하는 압제자(壓制者)"로 비쳐지기 시작한다.

중국공산당은 쫓기면서도 국민당 좌파와 대화의 통로를 개척한다. 모택동과 주은래 등은 본래 국민당 좌파 인사인 송경령(宋慶齡: 손문의 부인), 손과(孫科: 손문의 장자) 등에게 서신을 보내, 초공보다는 항일이 우선임을 강조하여 배후에서 장개석에게 공동항일 하도록 설득한다. 이는 이후 서안사변으로 제2차 국공합작이 성립될 시, 합작의 조건을 유리하게 하는 데 상당한 도움이 된다. 동시에 그들을 직접 포위하여 압박하고 있는 양호성(楊虎誠)의 서북군과 장학량의 동북군에 대한 통전공작을 적극 진행함으로써 직접 압박을 해소하고 중요 전쟁 물자까지 지원받아 원기를 회복한다.

장학량의 복안은 장개석과 연합하여 일본을 구축하고 자신의 근거지인 만주지역을 수복하겠다는 의도뿐이었다. 당시 만주지역은 1931년 「9 · 18 사변」으로 이미 일본에 점령당한 상태로 장학량에게는 돌아갈 '집'이 없었다. 그는 연합하여 '항일'만 할 수 있다면 그 대상이 공산당이든 국민당이든, 어떤 다른 군벌이든 상관 안했다.

이런 그의 심사를 알아챈 중공은 1936년 1월 정치국 안에 주은래를 서기로 하는 백군공작위원회(白軍工作委員會: 여기서 백군은 국민정부군을 칭함)를 설치하여 장학량과 양호성을 적극 포섭하고, 동북군 및 서북군 간에 비밀리에 서북대연합을 결성하였다.

구호도 이제까지 반장항일(反蔣抗日)[15]에서 핍장항일(逼蔣抗日), 즉 "장개석을 축출하고 항일 한다"는 방침에서 "장개석을 핍박하여 항일 한다"는 방침으로 전환한다. 이는 장학량이 주은래와 접촉하면서 '항일민족통일전선'은 모든 사람이 참여할 수 있어야 하며 장개석도 포함되어야 한다는 주장이 반영된 것이다. 동시에 장학량은 산서군벌 출신인 염석산(閻錫

---

15) '反蔣抗日'은 장학량이 절대 반대하여 중공은 하는 수 없이 '逼蔣抗日'로 구호를 변경하였다. 장개석과 의형제 사이로 있는 장학량으로서는 '反蔣'은 어불성설(語不成說)이었다.

山)을 설득하여 항일연합에 끌어들이고, 장개석에게도 모든 세력을 연합하여 즉각 항일할 것을 주장한다.

그러나 장개석은 활발하게 대두된 '일치항일(一致抗日)'의 분위기와는 상관없이 '안내필선양외' 방침을 고수한다. 그리고는 50만 대군을 일으켜 제6차 초공전을 전개하여 섬북(陝北)의 한 구석에 몰려있는 '공산당 잔당'을 섬멸하려 한다.

장개석은 1936년 12월 4일 서안으로 와서 장학량과 양호성을 독전하는 한편, 공산당과 협상을 주장할 경우 군권을 박탈하겠다고 위협한다. 당시 서안의 분위기는 공산당의 선동으로 '항일' 일색이었다. 곳곳에 초공을 반대하고 '연합항일' 하자는 시민 · 학생들의 시위가 연달아 일어났다. 공산당에 포섭되어 있던 장학량은 이에 더욱 고무되어 '곡간(哭諫)'과 함께 '병간(兵諫)'을 준비하면서 장개석을 압박하나 채납되지 않자, 최후로 '병간(兵諫: 쿠데타)'을 결행하기로 한다.

1936년 12월 12일 새벽, 장학량은 서안 화청지의 오간청(五間廳)[16]에 머물고 있는 장개석을 체포한다. 동시에 장개석을 수행했던 군정(軍政)의 요인들도 체포한다. 이것이 유명한 서안사변이다.

연안에서 서안의 동태를 예의 주시하고 있던 중공지도자들은 서안으로부터 "장개석 체포"라는 전문을 받자, 환호작약(歡呼雀躍)했고, 1936년 12월 17일, 주은래 등 중공대표단은 장학량이 보내준 비행기를 타고 서안에 도착하여 장학량 및 남경정부 대표단과 협상한다. 사실 공산당은 장학량의 주변인물을 포섭하고 또 공작원을 파견했던 관계로 서안의 동정을 손바닥 들여다보듯이 보고 있었다. 여기서 결정된 것이 "국공 간 정전, 남경정부 개조, 정치범의 석방, 홍군과 연합항일하는 것"이었다. 이것이 제2차 국공합작 기본 요건이 된다.

---

16) 화청지(華淸池)의 오간청(五間廳): 화청지(華淸池)는 당 시대 때 현종과 양귀비가 이용했던 별궁이며, 오간청은 화청지 내에 5간짜리 조그마한 건물임. 현재도 당시의 유물은 잘 보존되어 있음.

이후 장학량은 장개석을 수행하여 남경까지 갔다가 구금되어, 이때부터 평생 연금(軟禁) 상태로 있게 된다. 양호성도 군권이 박탈당하고, 장개석이 대륙에서 철수하기 전에 교통사고로 위장되어 피살된다.

양호성의 서북군은 즉시에 해체되고, 장학량의 동북군도 장학량이 연금되면서 와해되어, 동북으로 돌아가 자신의 근거지를 구축하겠다던 그의 군벌적인 발상도 서안사변과 더불어 날아간다. 서안사변의 진정한 수혜자는 중국공산당이었고, 그 '과실' 을 송두리째 차지하였다.

제2차 국공합작은 당 대 당의 합작이고, 중공이 자신의 근거지, 즉 변구정부(邊區政府)와 군대를 가지고 국민정부, 국부군과 연합하여 항일했다는 데 중요한 의의가 있다.

1937년 7월 7일 노구교(蘆溝橋)사변으로 촉발된 중일전쟁 8년 기간 동안 중국공산당은 줄곧 "일분(一分) 항일(抗日), 이분(二分) 응부(應府), 칠분(七分) 자강(自强)"에 두었다. 즉 항일에 자신의 역량을 10%, 국민정부와의 대응에 20%, 자체의 힘을 기르는 데 70%를 할애하였다.

홍군은 최초 국민정부군의 제8로(路) 군(軍)으로 편제되어 3개 사단만 보유하도록 강제되었다. 중공군을 팔로군(八路軍)이라 부르는 이유가 여기에 있다. 이후 남방에서 유격전을 하던 홍군을 1937년 12월 신사군(新四軍)으로 개편하였고, 1945년 종전이 되었을 때는 공산당의 힘은 이미 국민당과 대등하게 겨룰 수 있을 정도로 성장하였다.

홍군의 항일전쟁 방식은 유격전을 전개하여 일본군의 배후를 교란하는 한편, 종전(終戰)되었을 때 국공내전에 대비하여 국민당 내부에 꾸준한 통전공작을 계속하여 국민당을 내부로부터 허무는 것이었다.

항일전쟁[17]이 끝났을 때, 국민당의 상당한 인사가 좌경화 되었고, 국부군 내에서도 공산당에 포섭된 요원이 요직에 자리 잡고 있음으로써, 작전

17) 항일전쟁(抗日戰爭)이란 바로 중일전쟁(中日戰爭)을 뜻하며, '중화인민공화국' 이나 '중화민국' 모두 이 용어를 사용한다.

의 주요 기밀은 바로 바로 홍군으로 넘어갔다. 또한 국민당의 부패로 민심이 이반되었고, 전투의 무능은 맹방이었던 미국마저 등을 돌리게 하였다.

● 해방전쟁(解放戰爭)[18]과 중공정권의 수립

1945년 8월 15일 중일전쟁이 종료된 후, 국공 간에 일본군의 항복을 접수하는 데서부터 갈등이 일어난다. 장개석은 일본군에게 팔로군이나 신사군에게 투항해서는 안 된다는 성명을 낸다. 그러나 홍군은 후방에서 실시한 유격전의 이점을 이용하여 국부군이 내륙으로 진주하기 전에 재빨리 일본군을 무장해제하기 시작한다. 특히 소련의 참전을 계기로 중공은 10만 명의 군대와 공산당원을 경무장시켜, 신속히 동북지역에 투입시킴으로써, 국민당의 힘이 미치기 전에 동북삼성을 완전히 공산당의 세력권으로 편입한다. 이는 소련이 대일전(對日戰)에 참가하여 만주 일대를 점령하고, 소련군대가 국민당이 미군 함정을 이용하여 군대를 상륙시키려는 것을 막은 데서 힘입은 바 크다.

공산당은 항일전쟁 기간에 자신의 힘을 키우는데 주력한다. 그 세력의 발전은 가히 비약적이었다. 중공은 1937년에 약 3만 에이커에 150만 인구를 지배하고 약 10만의 군대를 보유하고 있었으나, 1943년에 15만 에이커 5,400만의 인구 91만의 군대, 1945년 4월에는 전국 19개 지역에 항일근거지 건설로 전국인구의 21%인 9,900만 인구 91만 홍군 220만의 민병, 국공내전이 시작될 무렵에는 120만의 군대를 보유하게 될 정도로 커진다.

1947년 가을부터 인민해방군은 국공내전에서 전략적 공세로 이전한다. 1947년 10월 10일 모택동은 〈중국인민해방군 선언〉을 발표하여 장개석 타도와 신중국(新中國) 건설의 구호를 제기한다.

---

18) 해방전쟁(解放戰爭)이란 제2차 국공내전을 말한다. 중국은 '인민을 압제로부터 해방시킨 전쟁' 이라하여 이렇게 부른다.

▲ 인민해방군 북평(北平: 중공정권 수립 전까지 북경을 북평으로 호칭) 입성식('49. 2. 3)

모택동은 "향북발전(向北發展), 향남방어(向南防禦)"라는 전략을 채택하고, 이 전략에 의해서 인민해방군은 1948년 가을부터 1949년 1월까지 국공내전의 3대 전역이라 할 수 있는 요심전역(遼沈戰域)과 회해전역(淮海戰域), 평진전역(平津戰域)에서 차례로 대첩을 거두고, 국부군의 주력을 장강 이북에서 섬멸하고는 1949년 말까지 전국을 대체로 장악한다. 당시 3대 전역에서 소멸된 국부군은 173개 사단, 154만 명이나 된다.

중국공산당의 대반격에 장개석은 광동(廣東)과 중경(重慶)지역을 중심으로 새로운 전단 구축에 안간힘을 쓰지만 기울어진 대세를 어쩌지는 못한다. 1950년 12월 10일, 장개석은 대만으로 철수하고, 뒤이어 국민정부도 12월 27일 성도(成都)를 떠나 대만으로 옮긴다. 장개석은 이 이후 한 번도 대륙의 땅을 밟아보지 못하고 그곳에서 세상을 떠난다.

한편 중국공산당은 1949년 6월 새로운 정권을 창출하기 위해 정치협상회의 주비(籌備)회의를 소집한다. 이 회의에 참가한 사람은 중국공산당을 위시하여 소위 각 민주당파, 각 인민단체, 민주인사로 통칭되는 좌경인사와 소수민족대표, 해외화교 등 23개 단체의 134명이었다. 이들 인사 가운데 중공이 가장 공을 들인 사람이 다름 아닌 송경령이었다.

송경령은 종전 당시 상해에 은거하고 있었으며, 중공은 그녀를 포섭하기 위해 주은래 부인 등영초를 동원한다. 그녀가 북경정권에 참여한다는 것은 곧 손문의 맥과 신해혁명의 정신을 잇는 것이 되며 전국적으로, 그리고 대외적으로 정권의 정통성을 과시할 수 있는 길이 열리기 때문이다. 송경령은 신중국 건설에 참여했고, 지금도 중국의 국모로 추앙되고 있다. 그 혼란스러웠던 정치적 동란시기인 '문화대혁명' 시절에도 송경령에 대한 비판은 엄격히 금지되고, 그가 칩거하는 장소는 철저히 보호받았다.

1949년 9월 21일, 중국인민정치협상회의(中國人民政治協商會議: 이후부터 정협으로 약칭) 제1차 회의가 북경에서 개최되어, 중화인민공화국의 탄생을 위한 법적 기초를 마련하였다. 정협은 바로 중화인민공화국이 탄생하는 데 산파 역할을 하였다.

1949년 10월 1일 3시 정각, 천안문 광장에서 30만 명의 군중이 운집한 가운데 모택동은 공산당 정권인 중화인민공화국이 성립되었음을 세계에 선포한다.

중국공산당은 창당된 지 28년 만에 중국대륙을 지배하게 된다. 유구한 역사를 가진 중국은 봉건체제에서 자본주의와 민주주의를 경험하지 않고 곧 바로 사회주의 체제로 이행된다. 비록 모택동이 과도기 형태인 '신민주주의'란 미명을 붙이기는 했지만.

손문의 입장에서 보면 공산당은 소련에서 데려온 자식이요, 국민당은 자신의 유지를 이어가는 적자(嫡子)다. 그런데 중국이란 거대한 재산을 두고 다툼이 일어났을 때, 데려온 자식이 적자를 몰아내고 전 재산을 송두리째 차지한 셈이다.

"굴러온 돌이 박힌 돌을 뺐다."

● 공산당의 존재를 모르고 무엇을 하려는가?

중국공산당의 창당 및 성장과 중공정권인 중화인민공화국 건국 과정을 상세히 설명한 것은 중국공산당의 본질을 이해함으로써 현 중국의 이해를 돕는 데 있다.

중국공산당은 1949년부터 중국을 영도하는 집권 정당이 된다.

중국공산당은 세계에서 가장 큰 정당이다. 1921년 창당 시 57명에 불과했던 당원이 1978년에는 3천5백여 만 명이었고, 2000년에는 6천 4백 5십여 만 명에 달했다. 당원은 전국 인구비례로 볼 때, 5.2%이며, 도시인구 중에 차지하는 비율은 1/10, 농촌인구 중에 차지하는 비율은 1/40 이다. 당의 기층조직은 약 352만 개로, 중국공산당은 각급 행정구역에 모두 지방 당위원회를 설치하고, 도시의 주요 업종과 모든 집체소유(集體所有) 기업체 또는 사업체, 일부 비공유제(非公有制) 기업 · 사업체, 모든 인민단체, 문화단체, 도시의 동(洞)[19] 단위, 시골의 촌(村) 단위 마다, 심지어 시장, 학생회 등 구석구석에 모두 당 조직을 결성하고 있다.

인민해방군의 각급 제대에도 당 조직이 결성되어 있다. 중대 조직이 기층조직이고, 지휘관인 중대장과 함께 중대정치지도원이 편성되어 있으며, 직급은 동일하다. 각급 제대의 참모부 내에도 당위원회가 구성되어 있고 이 위원회를 영도하는 서기(書記)가 있다.

중앙행정부서에도 당위원회가 편성된다.

외교부의 예를 들면, 외교부 당위원회가 선거를 통해 선출되며, 당위의 서기에는 통상 외교부장이 선출되나 그렇지 않는 경우도 있다.

지방정부에는 당 위원회가 반드시 별도로 구성된다.

북경시의 경우, 북경시 당위원회가 있다. 서기는 중앙당 정치국 위원을 겸하여 권력이 막강하다. 북경시장은 물론 명의상으로 행정의 제일인자이나 통상 당위원회 제1부서기 또는 제2부서기로 선출되고 당위원회의 지시를 받는다. 따라서 북경시의 제일인자는 북경시 당위원회 서기이다. 이 당위원회는 중앙당의 지시를 접수 · 하달하고 실천하며, 시(市) 정책을 계획하고 실행을 감독도 한다. 모든 인사권은 이 당위원회에서 관장한다.

---

19) 중국의 말단 행정단위: 한국의 동(洞)에 해당하는 중국의 행정단위는 가도(街道), 통 · 반에 해당하는 것은 사구(社區)라 부르며, 농촌지역에서는 면에 해당하는 것이 향(鄕), 리(里)에 해당하는 것이 촌(村)이다.

모든 기업체도 마찬가지다. 따라서 상담을 할 때는 반드시 당 조직을 통하는 것이 안전을 보장 받는다.

당 조직의 임무는 당의 정책과 방침을 이행하며, 비당원(非黨員)들과 단결을 도모하고, 기관 당 조직의 업무를 지도한다. 그리고 모든 인사와 각 조직에 필요한 인재를 육성한다.

한국인들은 이런 당 조직에 익숙해 있지 않다. 심지어 중국이 공산당 일당독재 국가이며, 사회주의 국가라는 것을 종종 망각한다.

"서기를 찾아라!"

중국에 와서 무언가 하려면.

*3. 결국 중국공산당이란?

● 공산당원이 되려면

중국공산당은 권력의 실체이기 때문에 지금은 그 열기가 식었지만 아직도 대다수의 사람들이 당에 가입하려고 한다. 그러나 "열기가 가셨다"고 해서 당에 가입한다는 것이 아주 용이한 일이 아니다.

가입하고자 하는 사람은 우선 소속 단위(單位)[20]에 입당신청서를 제출한다. 그러면 핵심당원이 그와 면담을 한다. 만약 입당하고자 하는 동기가

20) 단위(單位): 중국에서 활동하다 보면 "어느 단위냐"라는 질문을 종종 받는다. 우리가 생각하는 '단위'는 길이나 면적, 화폐 등을 수치로 나타내기 위한 기준을 의미하는 데, 중국은 자신이 소속된 기관, 단체 등을 일컫는다. 중국사람들은 평생을 어떤 '단위'에 소속된다. 대인관계 시 '단위'가 국가기관이면 목에 힘을 주고, 별 볼 일없는 '단위'면 주눅이 든다.

순수하고 평소 그의 언행에 문제점이 없다면 우선 '발전대상(發展對象)' 후보로 분류된다. 일정한 기간 계속적인 관찰과 조사가 진행되며 이 기간 동안 당 조직은 핵심당원을 파견하여 신청자에 대해 교육을 실시하고 조언을 준다.

입당조건에 부합되면 그 핵심당원은 입당 소개자의 신분이 되어 그에게 입당신청서를 작성하게 한다. 이 단계에서 입당 신청자는 예비당원의 신분을 갖게 된다. 예비당원도 물론 공산당원이지만 일 년 혹은 그 이상의 테스트 기간을 거친다. 아무런 문제점이 발생되지 않으면, 당 지부(黨支部) 또는 총 지부(總支部)의 표결을 거쳐 해당 당위원회에 비준을 상신하고, 허가가 떨어지면 그제야 비로소 정식당원이 된다.

청소년 시절, 공청단(共青團: 공산주의 청년단)에 가입하여 활동할 경우, 더욱 용이하게 공산당원이 될 수 있다.

● 중국공산당의 성격

이렇게 어렵게 공산당원을 선발하는 공산당은 도대체 어떤 조직일까?

중국공산당의 성격을 한마디로 말한다면 "국가 속의 정당이 아니고, 국가 위에 군림(君臨)하는 정당"이다. 모든 정책은 당에서 결정하고 국가조직은 오직 이를 시행할 따름이다.

중국공산당의 성격은 당장(黨章)에 다음과 같이 규정하고 있다.

"중국공산당은 중국노동자 계급의 선봉대임과 동시에 중화인민과 중화민족의 선봉대이며, 중국 특색의 사회주의 사업의 영도적(領導的) 핵심(核心)이다."

"선진생산력(先進生産力)의 발전요구와 중국 선진문화(先進文化)의 전진방향 및 중국 최대 다수 인민의 근본이익(根本利益)을 대표한다."

"당의 최고 이상(理想)과 최종 목표는 공산주의의 실현이다."

중국공산당은 당 중앙에서부터 기층 당지부에 이르기까지 모든 당 조직은 위원회제도를 시행한다. 중국공산당의 최기층(最基層) 조직은 지부(支部)이고 지부의 상부조직은 총지(總支)다. 통상 당원이 3인 이상이면 지부가 구성되고 30인 이상이면 총지, 100인 이상이면 당위(黨委), 즉 당위원회가 구성된다. 현(縣) 급 이상 당위원회에는 중앙위원회(中央委員會), 정치국(政治局), 상무위원회(常務委員會)가 구성된다.

중국 속언에 "마작수소오장구전(麻雀雖小五臟俱全: 참새가 비록 작아도 오장육부는 다 갖추고 있다"는 말이 있다. 현 급 이상만 되면 중앙에 있는 조직을 모두 흉내를 내어 갖추는 데 이를 비꼬는 말이다. 그러다 보니 조직의 비대(肥大)와 부유(浮游) 인원의 양산은 불문가지(不問可知)다.

중국공산당의 조직은 다음 두 가지 특징을 지닌다.

첫째가 중국공산당은 반드시 집정당(執政黨)의 지위에 있어야 하고, 비록 국가가 소멸되더라도 당은 유지되어 국가를 재창출해야 한다. 따라서 이를 보장하는 기구를 갖추고 있다.

둘째가 당 기구는 근본적으로 국가기구화 되어있다. 즉 당 조직의 국가화이다. 당 간부는 곧 국가기관 간부이며, 당원이 겸직을 통해 국가를 지배 또는 통제한다. 당원의 활동비는 국가재정에서 지출된다. 비록 당비를 거두고 있으나 이는 형식에 불과하다.

중국공산당은 1942년부터 1982년까지 중앙지도체제로 주석(主席)[21]제도를 시행했고, 중공 제11차 당 대회 이후부터 총서기(總書記)제도를 시행하고 있다. 총서기 제도는 소위 '영도집체(領導集體: 집단지도체제)' 의 특징을 더욱 선명하게 부각시킨 것이라 할 수 있다.

중국공산당이 창당 이후 두 차례에 걸쳐 중대한 역사적인 전환을 겪는

---

21) 당 주석은 제7차 당 대회부터 모택동이 당 주석을 담임했고, 모택동 사후 그의 공식 후계자인 화국봉(華國峰)이 1976년부터 실각되기 전(1982년)까지 잠시 당 주석 직에 앉았었다. 그러나 그는 1978년 11전 3중 전회를 계기로 이미 정치적 식물인간이 되었다. 이후 당 주석은 모택동을 위해 영원히 비워두고 '총서기' 체제로 나아가고 있다.

다. 그 하나는 중화인민공화국을 수립함으로써 집정당(執政黨)의 지위에 오른 것과 또 다른 하나는 1978년 개혁개방이 실시되면서 “계급투쟁에서 경제건설”로 전환한 것이다. 이 두 전환점은 바로 모택동과 등소평으로 대표된다.

● 통상 당 대회(黨 大會)로 불리어 지는 당 전국대표대회(黨 全國代表大會)

우리에게 전당대회(全黨大會)로 더 익숙해진 중국공산당 전국대표대회(약칭: 당 대회)와 이 대회에서 생성되는 중앙위원회는 중국공산당의 최고의결기관이다. 중공이 창립된 지 86년(2007년까지), 매 대회마다 시대적 배경에 따른 특색을 가지고 있다. 중공정권 탄생이전에 열렸던 7차례의 전국대표대회는 그 개최 간격이 일정하지 않았다. 그중 1大, 2大, 4大는 상해에서 개최되었다. 모택동 사후에 열린 1977년 8월의 제11차 당 대회부터 매 5년마다 정기적으로 개최되며, 당 중앙위원회가 이를 소집한다.

1921년 중국공산당 창립대회 이후, 이듬해 2大가 열렸고 3大는 1923년 광주(廣州)에 거행되었으며, 이 이후 제1차 국공합작이 이루어졌었다. 5大 이후에는 2년 간격으로 열렸으며, 6大는 국공내전이 한창이던 1928년 코민테른이 회의를 소집하여 모스크바에서 열리는 촌극도 빚었었다. 이후 17년이 흐른 뒤, 중일전쟁 종식 직전 연안에서 열린 7大에서 중공은 모택동사상을 당의 지도사상으로 당장(黨章)에 삽입했다.

중공정권이 들어선 이후 1956년에야 8大가 열렸으며, 이 대회를 통하여 모택동은 자신이 내세웠던 〈신민주주의론〉을 스스로 파기하고 사회주의 건설의 정치노선, 사상노선, 조직노선, 경제건설의 방침을 제기하고는 성급한 ‘공산화(共産化)’의 길로 들어섰다가 “3천만 명 아사(餓死)”라는 비극을 연출한다. 9大와 10大는 중국이 ‘문화대혁명’의 열기로 가득한 시기에 개최되고, 1977년 소집된 11大에서 '문화대혁명'의 종결을 선언한다. 이듬 해 열린 11기 3중 전회에서 개혁개방이 선언되고 등소평이 전면으로 부상하는 계기가 된다. 12大는 등소평에 의해 "당의 제7차 전국대표대회 이래의 일차 중요한 회의"라고 불리어지고, 여기서 경제발전의 전략목표를 설정한다. 13大에서는 "사회주의 초급단계" 이론과 "한개 중심, 양개 기본점"이라는 기본노선과 정치체제 개혁의 방향을 제시한다. 12大와 13大는 등소평이 주재했다.

강택민이 '영도핵심(領導核心)'이 되어 주재한 대회는 14~16大까지이며, 14大에서는 중국 경제체제 개혁의 목표를 "사회주의 시장경제체제, 중국특색의 사회주의 건설"에 두고, 15大는 '등소평 이론'을 중국공산당의 지도사상으로 당장에 삽입하며, 2002년 11월에 열린 16大에서는 '삼개대표(三個代表) 중요사상(重要思想)'이 역시 당장에 삽입된다.

2007년 10월 15일부터 일주일간 소집된 17大에서 호금도가 제4대 '영도핵심'으로 등장한다. 그는 '과학발전관'을 실천하고 '조화[和諧]사회'를 수립하여, "복지사회를 전면적으로 건설하자"고 주장하며, 이것 역시 당장에 수록된다.

당대표는 약 2,000명(15大 2,048명, 16大 2,114명)을 상회한다. 대표는 중앙 당 기관과 지방의 각급 대표대회에서 간선(間選)으로 선발된다.

당 대회의 기능은 당의 중요정책을 토의하고 결정하며, 필요시 당장을 개정한다. 또한 중앙위원회와 중앙기율검사위원회의 보고를 청취하고, 주요 안건을 심의하고 위원을 선출한다.

특이한 것은 한국이나 미국의 경우 군대는 정치적으로 엄정 중립을 유지해야 하는 반면, 중국인민해방군은 당의 군대이기 때문에 간부는 반드시 공산당원 이어야 하고, 각 제대별 당위에서 군대 대표를 선발하여 당대회에 참가시킨다. 즉 중앙 당기관의 일원으로서.

●●● 중공중앙조직기구도

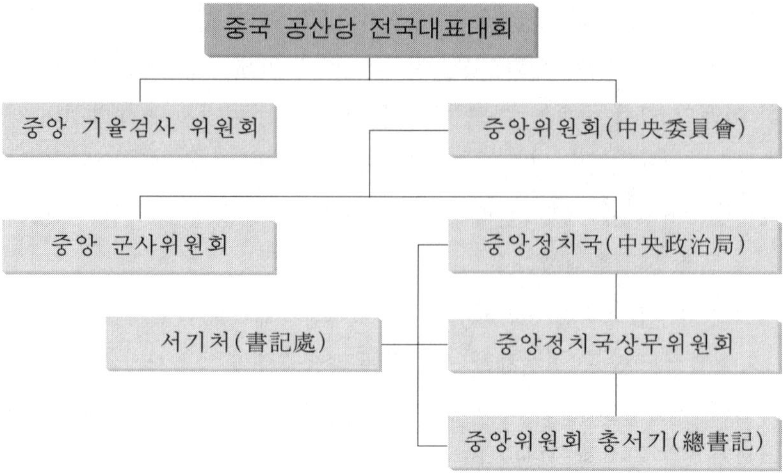
중국 공산당 전국대표대회
중앙 기율검사 위원회
중앙위원회(中央委員會)
중앙 군사위원회
중앙정치국(中央政治局)
서기처(書記處)
중앙정치국상무위원회
중앙위원회 총서기(總書記)

●●● 중국의 권력기구도

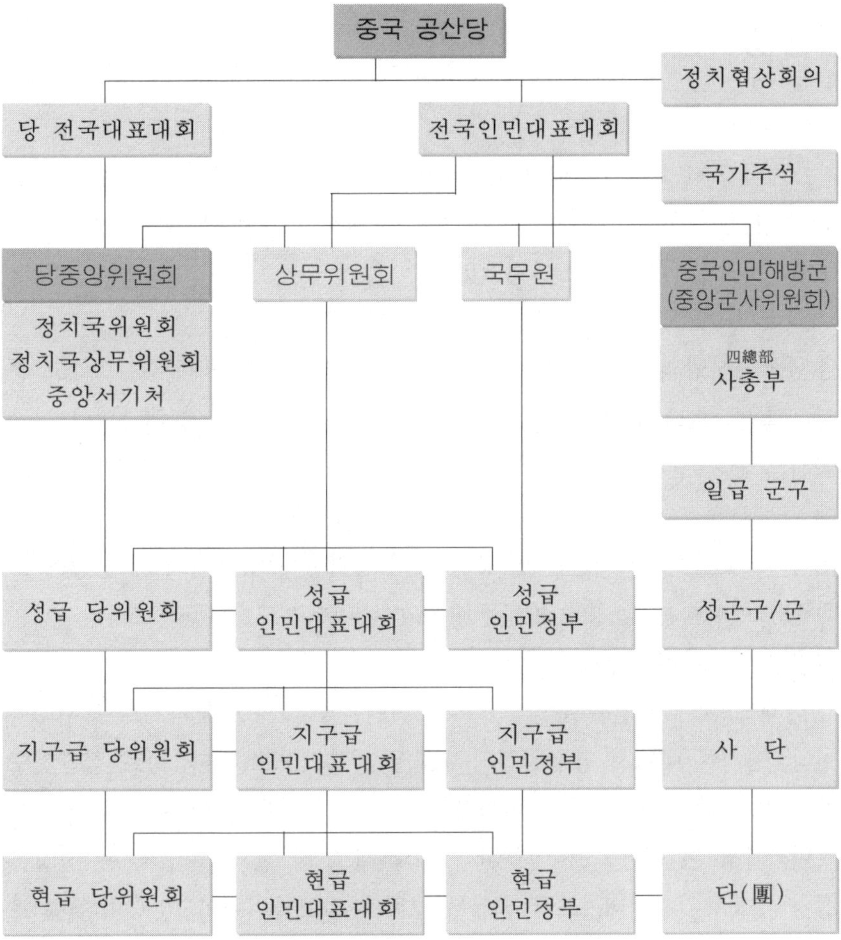

* 해방군에 대한 당의 통제는 당 중앙위원회에서 중앙군사위원회에 대한 통제만 실시하고, 중앙군위 하급기관은 총정치부를 통해서 실시한다.

*4.

당 중앙(黨 中央)을 아는가?

공산당이나 노동당, 또는 사회당이 지배하는 국가에서는 종종 '당 중앙' 이란 말을 한다. 김정일도 김일성의 후계자가 되어 권력의 전면에 나설 무렵 한때 '당 중앙' 으로 불려졌었다.

그러면 이 '당 중앙' 이란 도대체 무엇인가?

중국공산당의 중앙조직은 중앙위원회, 중앙기율검사위원회, 그리고 중앙군사위원회로 구성된다. 광의로는 이 모두가 당 중앙에 해당되나 그중에서도 중공(中共) 중앙위원회(中央委員會)가 핵심이다. 중공의 당장(黨章)에 "당의 최고 영도기관은 당의 전국대표대회와 거기서 생성된 중앙위원회다"라고 명시하고 있다. 또 중앙 중의 중앙은 중앙위원회 폐회 중에 그 직권을 행사하는 당 중앙정치국(中央政治局)이고 그 중에서도 노른자위는 정치국 상무위원(常務委員)이다.

현재 17大에서 선출된 정치국 상무위원은 16大와 마찬가지로 모두 9명이다. 정치국 내에서 상무위원의 비중은 기본적으로 같다. 바로 집단지도체제이며, 중앙서기처에서 이들을 보좌하고, 중남해(中南海)에 집무실을 두며, 출장 시 전용기를 이용한다. 따라서 가장 협의(狹義)의 당 중앙은 정치국 상무위원이며, 조금 범위를 넓히면 정치국위원이고, 광의(廣義)로는 당 중앙위원회, 더 넓히면 중앙기율위원회 및 중앙군사위원회를 포함한다.

여기에서 연유해서인지 몰라도 인민해방군은 자신을 '중앙(中央)' 이라 하고, 기타 행정관서와 기업, 민간 기구를 '지방(地方)' 이라 부른다. 중국 군인들이 '띠팡[地方]' 이라 하면 그것은 틀림없이 일반 행정관서를 지칭하는 말이다.

● 당 중앙위원회

당 중앙위원회 위원은 전국대표대회에서 선출이 되며, 임기는 당 대회와 마찬가지로 5년이다. 인원은 정위원(正委員) 200명 내외(제15기 193명, 제16기 198명, 제17기 204명), 후보위원(候補委員) 160명 내외(제15기 151명, 제16기 158명, 제17기 167명)이다.

중앙위원회는 전국대표대회 폐회기간 중에 전국대표대회의 결의 사항을 집행하고, 당의 전 업무를 영도하며, 중국공산당을 대표한다.

당 대회가 끝난 직후 열리는 일중전회(一中全會: 제1차 중앙위원회 전체회의)는 통상 중앙영도기구를 선출한다. 물론 핵심 영도들 사이에 충분한 의견 조율을 거친다. 그 대표적인 것이 '북대하(北戴河) 회의' 이고, 이후 정치국 주관의 중앙공작회의를 거쳐 중앙위원회에 제출할 안건을 확정한다. 중국공산당은 이 '사전조율' 을 아주 중시한다.

북대하는 북경에서 북쪽으로 300km 떨어진 발해만의 유명한 여름 피서지이며, 공산당 핵심 간부들의 별장이 있다. 당 원로와 영도들은 여름 한철을 가족들과 함께 이곳에서 보내며, 휴양도 하고 회의도 한다. 모택동과 등소평이 이곳에서 물놀이 하는 장면이 더러 사진으로 공개되어 있다. 대개 오전에 회의를 하고 오후에는 휴식을 취하는 형태이며, 당과 국가 운영에 관한 전반적인 문제가 충분히 토론된다. 때론 고성이 오가고, 파가 나뉘어 심각한 권력투쟁이 발생하고, 심지어 정치생명을 건 도박까지 일어나지만 이 회의가 끝나면 "소수는 다수에 절대 복종한다"는 원칙하에 결정된 사항은 정치국 공작회의나 다음의 전회(全會)에 붙여져 당론이 되고 국가 정책이 된다. 보안이 철저하여 '북대하 회의' 에서 무엇이 토론되고 무엇이 결정되었는지를 알 수 없다. 단지 호사가(好事家)들이 유추할 뿐이다. 그런데 그 유추가 기가 막히게 들어맞곤 한다.

1중 전회 이후 회의는 대략 6~9개월에 한 번씩 열리며 매번 회기마다 중요한 문제가 토론되고 결정된다. 예를 들어 11기 3중 전회는 등소평이 개혁개방을 시행하는 중요 전환점이 된 회의이다. 그리고 마지막 전회는 다음의 당 대회 준비를 위한 회의가 된다. 통상 차기 중앙위원회 인선이 여기서 개략적으로 윤곽이 잡힌다. 물론 정확한 인선은 정치국 회의를 통해서 결정되지만.

당의 권력 핵심이라 할 수 있는 중앙정치국과 거기서 선출되는 정치국 상무위원회, 중앙서기처(中央書記處), 총서기(總書記)는 모두 중앙위원회에서 선출된다.

중앙위원과 후보위원은 모두 당 중앙과 국가기관의 영도이며, 각 성급 지방과 부위(部委: 중앙정부의 부서)급 당정기관의 주요 책임자이거나, 각 인민단체 전국영도기관의 주요 책임자와 일부 대표성을 가진 당원이다.

일례로 한국의 장관에 해당하는 국무원 예하의 부장(部長)이나 위원회 주임(主任)도 당 중앙위원회의 정위원 못 되고 후보위원으로 되는 경우가 있다. 어떤 때는 부부장(副部長)이 정위원이 되고 부장이 후보위원이 되는 경우가 있는데 부장의 입장으로서는 체면 구기는 일이 된다. 그 부서의 당 위원회가 개최되면 부부장이 서기가 되어 해 부서의 전반적인 업무를 통제하게 되니까.

어찌되었던 중앙위원은 정위원이건 후보위원이건 "가문의 영광"이다.

13억 인구 중에 350명!

정말 엘리트 중의 엘리트가 아닌가?

모택동이 그의 후계자로 지명했던 화국봉(華國峰) 당 주석은 1978년 11기 3중 전회에서 호되게 비판받았으나 12大 때까지 당 주석직을 유지하다가, 13大에서는 부주석으로 강등되어 정치적으로 실각되었고, 14대까지는 그런대로 중앙위원에 선출되었으나, 15대에는 중앙위원 대열에서 조차 오르지 못해 비로소 역사의 뒤안길로 사라졌다.

● 중공 중앙정치국과 정치국 상무위원회

중공 중앙정치국과 정치국 상무위원회는 중앙위원회 전체회의 폐회 기간에 중앙위원회의 직권을 대행한다.

중앙정치국(中央政治局)이란 공산당이나 유사한 성격을 가진 정당에서만 있는 독특한 권력기관으로, 당과 국가의 정책을 결정하고 책임지며 집행한다. 다른 나라의 정당에도 '중앙집행위원회'란 조직이 있는데 이와는 차이가 난다. 최고의 정치적 지위와 특권을 누리며, 당과 국가의 중대 문제를 결정한다.

1987년부터 정치국은 대개 한 달에 한번 회의를 개최한다. 정치국위원은 통상 20여 명이다.(15대: 22명, 16대: 24명, 17대: 24명)

정치국(政治局) 상무위원회(常務委員會)는 정치국의 핵심이며, 그의 임무는 정치국과 같으나, 더욱 빈번히 당과 국가의 중대사를 집중적으로 연구하고 토의하며, 정치국회의 개최를 준비한다. 상무위원회는 찬반투표 시 가부(可否) 동수(同數)를 방지하기 위하여 홀수로 운영하며, 7명 또는 9명 선을 유지한다.(15대: 7명, 16: 9명, 17대 9명)

전체 정치국 상무위원회는 중남해(中南海)[22]에서 사무를 보며, 정치국위원의 대부분도 북경에서 사무를 보거나 지방의 영도일 경우 북경에 사무실을 별도 준비하고 있다.

▲ 중공 제15기 중앙위원회 정치국상무위원 좌로부터 강택민(江澤民), 이붕(李鵬), 주용기(朱鎔基), 이서환(李瑞環), 호금도(胡錦濤), 위건행(尉健行), 이남청(李嵐淸)

중국인들은 상무위원회를 영도핵심(領導核心)이라 부른다. 7명이든 9명이든 집단지도체제를 갖추고 있으며, 이들 중에서 국가권력의 핵심인 국가주석, 인민대표대회 상무위원장, 국무원총리, 중앙군사위원회 주석, 정치협상회의 주석, 국가부주석(중앙당학교 교장 겸직), 국무원부총리, 중앙기율검사위원회 서기, 정법위원회 서기 등이 나온다.

총서기는 중앙정치국회의와 정치국상무위원회 회의를 소집할 책임이 있으며, 중앙 서기처의 업무를 관장하고 있다.

중앙 서기처는 중앙 정치국과 상무위원회의 영도 하에, 중앙의 일상 업무, 특히 정치국 상무위원의 업무를 처리하고 조율한다. 서기처에는 약간의 서기가 있으며, 이들은 어떤 특정 분야를 전문적으로 책임진다.

제4대 영도집단이 들어서기 전에 권력의 핵심인물은 강택민이었다. 중국정부에서 그를 부르는 공식 호칭은 총서기(總書記), 국가주석(國家主席), 중앙군사위원회주석(中央軍事委員會主席)의 순으로 부른다. 그만큼 당의 직위가 국가의 직위보다 앞선다는 얘기다.

제4대 영도체제 출범 초기에 호금도(胡錦濤)는 총서기와 국가주석이라는 두 개의 모자만 썼다. 군사부문에서 호금도는 중앙군위 상무부주석이라는 직함만 가졌고, 강택민이 중앙군위주석 직을 고수한 채 군권(軍權)을 장악했었다. 2004년 9월(16기 4중 전회), 약 2년간의 '섭정(攝政)' 끝에 강택민은 '총구(銃口)' 마저 호금도에게 이양하고 '뒷방 늙은이' 로 돌아섰다.

강택민은 등소평의 '섭정' 을 흉내 내긴 했으나 그처럼 능란하게 막후정치를 펴는 능력도 카리스마도 부족한 데다, 세월 따라 중국의 사회도 변하여 그런 방식은 더 이상 통하지 않았다. 아마도 제18大에서 호금도가 다음 세대에게 권력을 넘길 때 쯤 '섭정' 기간은 없을 것으로 생각된다.

---

22) 중남해(中南海): 천안문 광장 서북쪽에 세 개의 인공호수가 있으며, 각각 북해, 중해, 남해라고 칭한다. 그 중 중해와 남해에 중국공산당의 총본산인 중앙당이 위치하고 있어 이를 '중남해' 라 칭한다. 북해는 일반인에게 관광지로 개방되어 있다. '중남해' 는 이미 고유명사화 된 곳이다.

● 중앙군사위원회는 '총구(銃口)', 당 중앙위원회에서 선출

"권력은 총구로부터 나온다."

모택동이 한 말이다. 중국공산당은 이 '진리'에 의해서 중국대륙을 통치하고 있다. 적어도 초기에는 그랬다. 그 '총구'는 바로 중국인민해방군이다. 모택동과 등소평이 '총구'를 장악하여 명실상부한 최고지도자로서 카리스마를 유지했고 무소불위(無所不爲)의 권력을 휘둘렀던 반면, 문화대혁명 초기 유소기(劉少奇)는 비록 국가주석이었지만 '총구'를 장악하지 못해 모택동에게 숙청되었고, 모택동이 지명한 후계자 화국봉도 당주석이란 자리에 있었지만 군대를 완전히 장악하지 못해 등소평에게 실각되었다. '6·4 천안문 사태' 때 당 총서기 조자양(趙紫陽)도 군부의 지지를 받지 못해 실각되어 연금 상태로 있다가 사망했다. 이와 대조되게 강택민은 군대 경력은 전무했지만 교묘히 군대를 장악하여 권력의 탄탄대로를 걸었다.

그러면 중국인민해방군의 통수권(統帥權)은 누가 가지고 있는가?

한국사람들 대부분은 국가주석(國家主席)이라고 답할 것이다. 중국의 국가주석은 곧 한국의 대통령이나 미국의 대통령과 같은 것으로 해석하기 때문이다. 한국 대통령은 국군에 대한 통수권을 가지고 있다. 쉽게 이야기해서 "육·해·공군 총사령관"이다. 미국 대통령도 마찬가지다.

유소기는 국가주석이었는데 '총구'를 장악하지 못했고, 화국봉은 당 주석이었는데 군권을 가지지 못했고, 조자양은 총서기였는데 군부의 지지를 받지 못했다.

그러면 도대체 누가 '총구'를 장악하고 있는가?

답은 "중앙군사위원회(中央軍事委員會) 주석(主席)"이다.

국가주석은 인민해방군에 대한 통수권이 없다. 하물며 국무원 총리에게는 더 더욱 그런 권한이 없다.

현재는 누가 군대에 대해 통수권을 행사하느냐?

호금도(胡錦濤)다.

그가 현재 중앙군사위원회 주석이기 때문이다. 국가주석으로서가 아니라.

그러면 중앙군사위원회란 어떤 조직인가?

당(黨) 중앙군사위원회(中央軍事委員會): 약칭 중앙군위

당 중앙위원회에서 선출하는 기구 중에는 위에 언급한 정치국과 서기처 외에 중앙군사위원회와 중앙 기율검사위원회가 있다.

중앙군사위원회는 중국공산당 중앙군사위원회이며 동시에 중화인민공화국 중앙군사위원회이기도 하다. 그 구성요원은 당과 국가라는 두 개의 모자를 쓰고 있으며, 당 중앙위원회에서 선출된 후, 전국인민대표대회에서 형식적으로 승인된다.[23)]

따라서 그 특징의 하나는 국가의 기관이라 할 수 없고 당의 기관이다. 둘째는 이로 인해 철저히 당의 통제를 받는다. 인민해방군편에서 자세히 설명하겠지만 군위의 정치업무 기관은 인민해방군의 총정치부(總政治部)이며, 총정치부는 군의 당 관련업무와 정치업무를 책임 관리한다. 셋째 당의 통제 외에는 아무 곳에도 귀속되지 않는 별도의 기관이다. 국무원 산하에 국방부라는 것이 편제되어 있으나, 이것은 어디까지나 행정적인 면, 즉 국방건설과 군사외교를 위한 상호지원과 협조 차원에서 군위에서 국무원으로 파견한 연락기구에 불과하다. 동시에 인민해방군은 자신의 대표를 선출하여 전국인대(全國人大)에 출석시킨다.

인민해방군에 관한 포고, 선언, 법령 등 정부의 행위는 국방부 부장 또는 총리, 국가주석이 아니고 오로지 중앙군위 주석의 명의로만 가능하다. 따라서 중국정부가 국가 중앙군사위원회라고 호칭하는 것은 어디까지나

---

23) 중앙군위의 두 개의 모자를 중국에서는 "一個班子, 兩塊牌子" 기구라 칭한다.

국가의 군대도 있다는 것을 호도하기 위한 대외용일 뿐이다.

중앙군위는 주석 책임제이다. 군위주석은 군위의 직권 범위 내에서 최종 결정권을 가지며, 전군은 군위주석의 명령과 지시에 절대 복종한다.

한마디로 중국인민해방군은 독립적인 기구다.

중국인민해방군은 당 중앙위원회와 당 중앙 기율검사위원회, 중앙서기처와 함께 소위 '중앙(中央)'을 형성하고 있다.

제17大에서 선출된 중앙군사위원회는 다음과 같다.

주석: 호금도(胡錦濤)

부주석: 곽백웅(郭伯雄), 서재후(徐才厚)

위원: 양광렬(梁光烈), 진병덕(陳炳德), 이계내(李繼耐), 료석용(廖錫龍), 상만전(常萬全), 정지원(靖志遠), 오승리(吳勝利), 허기량(許其亮)

중앙군사위원들은 호금도를 제외하고는 모두 현역 장성들이며, 부주석 중 1명은 국내문제, 다른 1명은 국방부장(國防部長)이 되어 군사외교를 전담한다. 위원들은 사총부장(四總部長)과 해 · 공군사령관, 제2포병사령관, 무장경찰부대사령관 등으로 구성된다.

● 당 중앙기율검사위원회라는 것

중국은 나라가 크고 사람도 많은 데다 사회주의의 '큰 솥 밥'을 먹다가 갑자기 각자의 '작은 부엌'[24]을 별도로 만들어 한상 차려 먹게 되니 돈에 대한 욕심이 왕성해졌다. 특히 권력형 부패가 중국사회에 만연하고 있다.

부조리와 부패는 장마철 곰팡이와 같아서 잠간 눈을 돌리면 창궐한다.

---

24) '작은 부엌'은 중국어로 '샤오자오[소조(小竈)]'라 하는데 이 말에는 단체식사에서 따로 떼어 특별히 만든 식사, 즉 개별식사라는 뜻임. 이전의 '큰 솥 밥[대과반(大鍋飯)]'과 대비되는 말임.

건국초기 중공중앙은 '삼반(三反) · 오반(五反)'[25]과 같은 운동을 전개하여 사회정화에 나선다.

삼반운동은 그야말로 집정당인 공산당 내부에 있는 탐관오리와 낭비 · 관료주의를 청산하고자 한 것이다. 사실 공산당 제1세대는 말 그대로 무산계급이었다. 그들은 혁명의 정열에 불탔으며, 청렴결백했다. 그들은 지식인이었고, 혁명가였고 군인이었다. 이들의 정열에 물불을 가리지 않는 농민의 우직함이 더해져 그들의 나라를 세웠다. 그러나 치국(治國)의 근본은 경제며, 경제는 투쟁으로 얻어지지 않는다. 또 일부 개인 기업들이 부(富)를 이용하여 정치권에 마수를 뻗친다. 오랜 집권과 견제 세력이 없는 관계로 '그들'은 점점 과거 정권의 못된 습성에 물들기 시작한다. 경제를 부흥시키기 전에 먼저 이를 척결하고 깨끗한 사회주의를 만들기 위해 이 운동을 전개한다. 그러나 그 과정에서 드러난 부정부패는 상상을 초월하여, 청렴한 중국공산당의 이미지를 크게 손상시킨다. 따라서 이 운동이 전개된 지 일년도 안 되어 서둘러 마무리 된다.

오반운동은 1952년 1월 26일, 〈도시에서 시한부 대규모 '오반(五反)' 투쟁에 관한 지시〉를 내림으로써 시작되어 1952년 6월 종료되었다. 이 운동은 주로 자산계급들의 부정부패를 문제 삼아 이들을 타격하면서 사회주의 기반을 넓혔다고 볼 수 있다. 초기 신생 중국의 경제를 책임진 자산계급은 "돈에 눈이 어두워" 불량제품을 만들곤 했다. 심지어 '항미원조(抗美援朝)'에 참가하고 있는 '지원군(志願軍)'에 보급되는 페니실린이 조악(粗惡)하여 수많은 장병들의 상처가 곪고 악화되어 생명을 잃는 사태가 발생했다. 전선에서 불평이 쏟아져 나오고 군의 사기는 심각할 정도로 떨어졌다. 또 자산계급들은 자신의 활로를 열기 위해 '뇌물공세'를 써, 당과 정부를 오염시켰다.

---

25) '三反 · 五反' 운동: 三反이란 1951년 12월부터 1952년 10월까지 전개한 反貪污, 反浪費, 反官僚主義 운동을 말하며 이를 통해 중국공산당원들의 자체 정화에 기여하였다. 五反이란 뇌물 · 탈세 · 국가재산의 도용 · 원자재 사취 · 국가경제 기밀의 절취를 五毒으로 규정하고, 이에 대한 반대가 바로 '五反'이다.

이 오반운동은 북경시에서 먼저 시작되었으며 주로 도시지역에서 전개된다. 문제는 치밀한 준비나 조사 없이 군중을 동원하다 보니 불법이 판을 치고, 극좌로 흘러 공산당이 통일전선을 형성했던 선량한 '도시소자산계급' 까지 타도된다. 이로 인해 중국경제는 심각한 타격을 입고 일찍 종료하지 않을 수 없게 된다.

이외에도 신생 중국은 순수하게 또는 정치적 목적에 결부시킨 '부정부패 척결' 을 위해 많은 시행착오를 겪는다. 그런 연후에 얻어진 산물 중의 하나로 공산당 내에 중앙기율검사위원회(中央紀律檢查委員會, 이하 중기위로 약칭)를 설치한다.

중기위(中紀委)는 12大부터 중앙위원회와 마찬가지로 당 전국대표대회에서 선출된다. 중앙위원회에서는 단지 중기위 제1차 전체회의에서 선출된 서기와 부서기, 상무위원에 대해 비준할 뿐이다. 형식상으로는 당 전국대표대회에 대해서만 책임을 지는 중앙위원회와 쌍벽을 이루는 권력기관이다. 그러나 실제로는 정치국의 통제를 받고, 정치국에서 결정된 대로 처리한다.

중국에서 권력을 가진 자는 공산당원이고, 이들이 저지르는 '못된 짓' 은 국가사법기관에서 어쩌지를 못한다. 따라서 중기위에서 먼저 이들을 조사할 수밖에 없고, 이후 국가 사법기관으로 이첩하는 형태다. '고관(高官)' 에 대해서 국가의 사법기관이 먼저 조사한 적은 없다. 특히 당 중앙위원급 이상에서는. 말하자면 중기위는 중국의 최고 사법기관인 셈이다.

중기위의 주요 임무는 당장과 기타 중요한 규정 제도를 보호하며, 당 중앙과 협조하여 당풍(黨風)을 정돈하고, 당의 노선과 방침, 정책 및 결의에 관한 집행상황을 검사하는 것이다. 중기위는 자신의 하급기관을 가지고 있으며, 하급 기율검사위원회의 업무를 통제 감독한다. 따라서 하급 당기위(黨紀委)는 해당 당위원회와 중기위의 이중 통제와 감독을 받게 된다. 당 조직은 앞에서 언급했듯이 국가조직뿐만 아니라, 기업 · 사업체, 인민단체에까지 구성되어 있기 때문에 그 장악 면은 대단하다 할 수 있다.

죄질이 엄중한 '고관'을 처리하는 데는 맨 먼저 당적(黨籍)을 박탈한다. 당적의 박탈은 곧 정치적 사망이며, 이제까지 향유했던 모든 권리와 혜택의 박탈을 의미한다. 이는 가족과 친지에 까지 영향을 미친다. 죄질이 나쁜 고관이 중기위가 열려 당적이 박탈당할 때 그렇게 슬피 울고 상심한다. 정작 법정에서 사형선고를 받을 때는 담담한 태도를 보이면서.

*5. 공산주의 청년단이란?

중국공산당 총서기 호금도의 정치적 배경이 공산주의청년단(共産主義青年團, 약칭: 공청단)[26]이라 하여, 공청단이 갑자기 각광을 받고 있으나, 대부분의 사람들이 공청단을 잘 모르는 것 같아, 공청단의 조직과 성격에 대해서 잠간 언급하고자 한다.

공청단은 중국공산당의 지도를 받는 기관으로 당의 정책을 결정하는 데 참여하는 것이 아니라 당의 결정을 군중에게 전달하여 집행하는 인전대(引轉帶: Transmission Belt) 역할을 하고 있다. 공청단은 어떤 이익을 표출하기 위해 조직된 것이 아니라 중공정치체제의 투입기능으로서 청·소년에 대한 정치교육과 충원, 정치참여 기능을 심어주기 위해 조직되었다. 한마디로 공산당의 전위조직이요 손발이다.

26) 공산주의 청년단은 7~15세 사이에 가입하는 소년선봉대, 14~28세 사이에 가입하는 공산주의청년단으로 대별된다.

● 공청단의 연혁 및 기능

공청단은 1920년 여름 중국공산당 발기조(發起組)가 상해에서 창립될 때, 상해사회주의청년단으로 출발하였다. 이것을 계기로 각 지역에서 공산주의 소조 건립과 함께 각 지역의 사회주의청년단도 계속해서 조직되었다.

1922년 5월 중국공산당의 지도 하에 제1차 중국 사회주의청년단 전국대표대회가 개최되었고, 이후 시대와 상황에 따라 중국 공산주의청년단, 항일구국청년단체, 중국 신민주주의청년단 등으로 그 이름이 바뀌다가 1957년 5월 다시 중국 공산주의청년단으로 개칭된 후 현재까지 그 명칭을 계속 사용하고 있다.

문화대혁명 기간에 공청단은 유소기, 등소평 등 당권파와 실용주의 노선을 지지하다가 마르크스 · 레닌주의와 모택동사상 노선을 배척하고 수정주의노선을 추구했다는 신랄한 비판과 함께 활동이 중단되고, 사무실은 홍위병의 사무실로, 주요 간부들은 노동개조(勞動改造)를 받았다. 당시 공청단 제1서기가 문혁 뒤에 중공 중앙당 총서기가 되는 호요방(胡耀邦)이었다. 그는 문혁기간 내내 하방(下放)되었다가 모택동이 죽은 뒤 복권되었다.

1970년부터 공청단 조직이 재건되기 시작했고, 1978년 10월, 공청단 10전 대회를 계기로 오늘날 중국공산당의 실행기관으로서 면모를 갖추게 되었다.

공청단 중앙은 자신의 성격과 목표를 다음과 같이 규정하고 있다. ① 중국에 공산주의 사회제도를 실현을 목표로, ② 공산당의 지도를 받는 선진청년의 군중조직이다. ③ 공청단은 청년이 실천으로 공산주의를 배우는 학교이다. ④ 공청단은 중국공산당의 조수이고 예비군이다. 즉 당의 조수로서 자신의 역량을 발휘해야함은 물론 우수단원을 배양하여 당에 흡수시킴으로써 당의 후비대(後備隊) 역할을 충분히 발휘해야 한다는 것이다.

공청단의 조직은 공산당의 조직과 유사하게 전국적으로, 각 단위 별로 모두 조직되어 있고, 지역 공청단위원회는 해 지역 당위원회의 지도를 받고, 서기는 당위원회 회의에 필수요원으로 참석한다.

공청단은 군대 내에도 조직되어 있고, 소학교와 중학교 1학년을 기준으로 조직되는 소년선봉대(少年先鋒隊)를 포함한다.

● 학교조직과 공청단

공청단 조직은 중국의 청년과 소년을 대상으로 하고 있다. 청 · 소년 시기의 대부분은 학교에서 보낸다. 따라서 각급 학교 내의 공청단 조직은 전체 공청단 조직 중에서 가장 비중이 크다.

청 · 소년 학생에 대한 정치교육은 교실에서 이루어진다. 이론교육이다. 그러나 공청단과 소년선봉대의 정치교육은 주로 과외활동(課外活動)이나 교외활동(校外活動)을 통해서 한다. 얼핏 보면 취미활동과 사회봉사활동으로 보이나, 어디까지나 몸으로, 행동으로, 공산주의 이론을 실천하는 과정이다.

사회정치활동: 정치시사보고회나 선배혁명가 방문, 혁명기념일 경축활동 등에 동원되고, 예술방면과 체육활동에도 공청단의 이름으로 참여한다. 시가지나 학교의 녹화운동과 교통정리, 열사나 군인가족을 돕는 사회봉사활동도 공청단의 몫이다.

군중성(群衆性) 활동: 무슨 환영회나 공익노동이란 이름이 붙는 곳에 전교 또는 전반이 동원된다. 가장 비근한 예가 1999년 10월 1일은 중화인민공화국 성립 50주년 행사다. 중국정부는 천안문광장에 대규모 경축식장을 마련하고 군사퍼레이드를 비롯한 각종 행사를 계획했다. 이때 천안문광장에 동원된 인원이 무려 50만 명이나 되었다. 50주년에 50만 명! 그런데 이 50만 명의 대부분이 학생들이었고, 공청단의 이름으로 동원되었다. 이 행사를 치르기 위해 학생들은 6개월 전부터 학교별로 예행연습을 했고, 2

개월 전부터는 일주일에 한 두 번씩 도보로 천안문광장에 집결하여 전체적인 보조를 맞추었다. 천안문광장에서 멀리 떨어진 학교는 십수km씩 걸어서.

학교 공청단은 학교의 등급에 따라 고등학교(한국의 전문대학 이상)공청단, 중학교(한국의 중 · 고등학교)공청단, 소학교의 소년선봉대로 나뉜다.

고등학교공청단은 공청단 중앙에서 학교 규모에 따라 전문 간부 몇 명을 파견하여 운영하며, 이들은 정식 학교 직원으로 활동한다. 공청단에 가입한 대학생의 수는 대개 80%에 이른다.

중학교공청단과 소년선봉대는 학교와 상급단체로부터 이중 지도를 받으며, 학교의 행정편제 내로 들어가 있다. 소위 의무적이다. 중국공산당은 정권 수립 이래 공청단의 강력한 조직체계를 이용하여 청소년들에게 정치교육을 강화한 결과, 그들이 당원이든 아니든 자연 공산당을 몸으로 받아들이고 공산당의 이념에 녹아있다.

중국에서 공산당은 곧 공기요 물이다.

● 공청단이 하는 정말 중요한 일은?

공청단이 중국공산당의 직속 하급기관으로서 청 · 소년에게 정치교육을 담당하는 것 외에 당 · 정 각 부문에 많은 인재를 제공해준다. 우리의 귀에 익은 호요방(胡耀邦), 오학겸(吳學謙), 이서환(李瑞煥), 호계립(胡啓立) 등 당 원로들이 있고, 현재 당과 중국정부의 요직에 있는 호금도, 왕조국(王兆國), 송덕복(宋德福), 이극강(李克强) 등이 있다.

1997년 중공 제15대부터 당 중앙위원회 가운데 50%가량이 공청단 출신이라고 한다. 중국공산당이든 공청단이든 모두 공산당 조직의 일환이라 "그 나물에 그 밥"이지만 굳이 놀던 물이 어디냐를 따지면 그렇다는 얘기다. 이로 미루어 볼 때, 공청단은 중국의 인재를 배양하는 요람이다.

공청단의 인재배양 방식은 한국과는 다르다.

한국에서는 모든 것을 시험으로 해결한다. 사법고시에 합격해야 법관으로, 행정고시에 합격해야 행정관료로, 외무고시에 합격해야 외교관으로 나아간다. 현대판 과거제도다. 물론 학생시절에 진보주의에 물들어 이적행위(利敵行爲)로 형무소를 들락날락하다가 풀려나오면 '민주투사(民主鬪士)' 가 되어 정계로 진출하는 방법이 있기는 하지만.

그런데 공청단은 학력과 지면(紙面)상의 성적을 그리 중요시 하지 않고, 실제 업무능력을 중시한다. 일단 "괜찮다. 싹수가 있다"고 여기는 묘목이 발견되면 각 지방의 당 · 정 부문에 보내져 단련을 받게 한 후, 경험이 충분히 누적되면 중앙이나 지방의 각급 지도자 위치로 발탁한다. 우리처럼 1~2년 사이에 몇 계단을 뛰는 그런 승진은 없다. 한자리에서 적어도 5년은 시험한다. 즉 먼저 업무능력과 조직능력을 점검한 다음에 그 사람이 가지고 있는 재질을 본다.

공청단은 전국적인 조직망을 가지고 있고 그 조직은 최상층 권력에서부터 최하층의 동 단위까지 뻗어있고, 당 조직의 직접 지휘를 받기 때문에 각 행정부문은 공청단의 업무를 간섭할 수가 없다. 이런 방식이 각 기관의 입김이 작용하지 않아 인재양성과 발탁 방면에서 공정성을 보장할 수 있다.

'전(專)' 보다 '홍(紅)' 이 우선시 될 수 있는 우려가 있기는 하지만.

● 호금도(胡錦濤)의 황태자 이극강(李克强)

2007년 10월 15일 개최된 중국공산당 제17차 전국대표대회에서 주된 관심은 중공의 제5세대로 누가 부상하느냐 이었다. 첫 반열에 오른 인물이 정치국상무위원의 자리에 오른 상해시(上海市) 당 서기인 습근평(習近平 시진핑 56세)과 요녕성(遼寧省) 당 서기인 이극강(李克强 리커창 52세)이다. 습근평은 소위 태자당(太子黨)으로 분류되고 이극강은 공청단파(共青

團派)로 분류된다. 최초 이극강이 습근평보다 정치국상무위원 서열이 앞설 것으로 추정했으나, 결과는 습근평이 앞섰다. 호사가들은 호금도를 이어 차기 중공 총서기로 습근평이 될 것이라고 점치고 있으나 이는 성급한 추측이다. 5년이란 세월은 결코 짧지 않을 뿐만 아니라 정치권력이 그렇게 순조롭게 진행되지 않기 때문이다. 아무튼 호금도와 이극강의 관계가 주로 회자되고 있다.

이극강이 호금도를 처음 만난 것은 1983년 호금도가 공청단의 서기로 재직 때 같이 근무했으며, 호금도가 공청단 제1서기가 되었을 때 서기로 승진했다. 호금도가 14大에서 정치국상무위원이 되어 공청단과 노동조합을 관리 감독할 때, 1993년 자신이 신임하던 당시 38세인 이극강을 공청단 제1서기로 발탁했다. 이극강은 이후 5년간 공청단을 명실공히 중국공산당의 전위부대(前衛部隊)로 만들었다.

이극강의 고향은 호금도와 같은 안휘성(安徽省)이다. 그는 1982년 북경대(北京大) 법학과를 졸업했고, 호계립(胡啓立) 공청단 서기에 발탁되어 공청단 중앙에서 근무했다. 1998년 당시 44세인 그는 하남성(河南省) 성장(省長) 겸 제2서기로 임명되었으며, 중국 역사상 최연소 성장 및 첫 박사학위 보유 성장이 된 그는 이때부터 중앙정계의 주목을 끌었다. 2004년 이극강은 국유기업 개혁의 후유증이 아직도 남아있는 요녕성 서기로 임명되었으며, 이 지역의 가장 골칫거리였던 붕호(棚戶) 지역 정비에 나섰다. 붕호지역은 광부와 그 가족의 임시 거처를 위한 판자촌이었으나, 이후 빈민가로 변하였다. 이극강은 국가개발은행으로부터 500억원을 대출 받아 120만 명에게 새집을 지어주는 실적을 내었다. 호금도는 이극강의 이런 실적을 크게 칭찬하였다.

이극강이 호금도의 후계자로 부상하면서 두 사람의 지지기반인 공청단 출신들도 중국의 권력핵심에 포진하기 시작했다. 공청단파는 지역연고인 상해방을 제치고 중국의 최고 권력 인맥을 본격 형성하기 시작했다.

공청단파는 호요방(胡耀邦, 총서기 재임: 1981~1987년) 집권 당시 태동했으며, 1992년 호금도가 정치국상무위원에 오르고 강택민의 후계자로 지목받으면서 주목받기 시작했다.

공청단파로 핵심에 오른 인물을 보면, 이극강을 비롯하여, 이원조(李源潮) 강소성 당서기, 왕조국(王兆國) 전국인대 부위원장, 주강(周强) 호남성 성장, 원순청(袁純淸) 섬서성 성장, 장보순(張寶順) 산서성 당서기, 왕양(汪洋) 중경시 당서기, 호춘화(胡春華) 공청단 제1서기 등이 있다. 31개 성 · 자치구 · 직할시의 서열 1.2위인 당 서기와 성장 62명 중 22명이 현재 공청단 출신으로 채워져 있다. 2005년 10명에서 불과 2년 만에 배 이상 늘었다.

중국 권력의 핵심으로 부상한 공청단파 출신을 두고 '삼다삼소(三多三少)' 라는 평가가 있다. 재경부문이 아닌 곳에 진출한 인물은 많은데[多] 재경부문 인물은 적고[少], 지방정부 출신 지도자는 여럿인데[多] 중앙요직 근무자는 드물며[少], 학력높은 사람은 많지만[多] 실무경력자는 적다[少]는 뜻이다. 그럼에도 불구하고 이들은 "당이 요구하면 단은 행동한다"는 공청단의 슬로건처럼 강력한 추진력을 가지고 있다.

최근 떠오르는 공청단파들 중에는 북경대(北京大) 출신들이 많이 눈에 띈다. "북경대 출신은 사상가가 많고, 청화대 출신은 관료가 많다"는 말이 있을 정도로 제4세대 이전까지 정치지도자는 이공계 출신이 주류를 이루었다. 이제 제5세대 지도자들 중에는 북경대를 비롯한 인문 · 사회계열 출신이 대거 약진할 것으로 보인다. 이 때문에 공청단 출신이면서 북경대를 졸업한 사람을 '진골' 이라 부르기도 한다.

어쨌든 호요방-호금도-이극강으로 이어지는 공청단 인맥은 다른 어떤 조직보다는 공(公)적인 성격이 강하다는 의미에서 중국정계의 주류를 형성할 것임에 틀림없다.

*6. 공산당은 아직도 무산계급의 정당인가?

1949년 6월 30일 모택동은 그의 저서 「인민민주독재론」에서 중화인민공화국의 성질, 즉 국체(國體)를 "공농연맹(工農聯盟)을 기초로 공인계급(工人階級)이 영도하는 하는 인민민주독재(人民民主獨裁)"라 규정했다. 진일보하여 그는 '인민' 을 "공인계급[27], 농민계급, 도시 소자본계급, 민족자본계급"이라 한정했으며, "이들 계급은 공인계급과 공산당의 영도 하에 단결하여, 자신의 국가를 만들고, 자신의 정부를 선거하며…"라고 했다. 여기서 우리는 중국에서의 공인계급의 지위는 바로 중국의 지배계급이라는 것을 알 수 있다. 또 실제로 문화혁명 때까지는 공인계급이 그런 자부심을 가지고 있었다.

모택동이 지칭한 공인계급은 도시 산업노동자, 즉 도시 육체노동자를 뜻하는 것으로, 오늘날 중국의 신지도체제가 말하는 정신노동자나 사무노동자, 독립노동자(자영업자) 등 광의의 노동자는 아니다. 특히 문혁 시에는 정신노동자, 즉 지식인을 '취노구(臭老九: 아홉 번째로 냄새나는 놈)' 라 하여 멸시했다.

● 외면된 공인계급(工人階級)

1998년부터 국제무역타운 북쪽 광화로(光華路)일대에는 낡은 주택단지를 헐어내고 주상복합단지를 조성하는 대대적인 공사가 진행되고 있었다. 수 만 명의 공인(工人)들이 동원되었다. 대우가 좀 나은 곳은 공사장 내의

---

27) 중국에서는 일반 노동자를 工人이라 부른다. 물론 노동자라는 용어도 사용하나 단지 학술적으로 사용된다. 육체노동자를 體力工人, 정신노동자를腦力工人이라 한다.

가건물에서 기숙하고, 형편이 닿지 않는 곳은 물 공사가 갓 끝난 건물 내로 들어가 시멘트 냄새와 먼지가 범벅된 곳에서 지냈다. 건국문대가(建國門大街)와 동삼환로(東三環路)가 교차하는 육교 밑 공터에도 기숙시설을 마련했다. 소음과 먼지, 추위와 더위는 가히 상상도 할 수 없을 지경이다. 공사는 하루 삼교대로 밤낮없이 진행되었다.

겨울, 공인들은 해도 들지 않는 곳에서 일하다 점심때가 되면 도시락 하나씩 받아 들고 전부 거리로 나선다. 그들은 식성에 따라 밥이나 만두를 받아 그 위에 반찬 1~2개를 얹어 길거리에 쭈그리고 앉아 먹는다. 차가 지나다니면서 내뿜는 매연, 우중충한 하늘에서 내려 쏘거나 또는 거리를 쓸고 가는 차고도 건조한 바람, 오가는 사람들이 일으키는 흙먼지, 이 모든 것을 전혀 아랑곳하지 않는다. 먹고는 바람만 피하는 곳이면 어디든지 드러누워 잔다. 오수(午睡)를 즐긴다. 길거리가 차고 눅눅하고 냄새나는 '기숙사' 보다 낫기 때문이다. 그 치열했던 국공내전(國共內戰) 중에서도 점심시간 만 되면 상호 암묵 하에 임시휴전을 하고는 솥을 걸고 요리해먹고, 한숨씩 눈을 붙였다는 일화가 있듯이 그만큼 오수는 중국사람들에게 생활 그 자체다.

그들은 숙식을 제공 받고 하루20원(당시 한국 돈 3,500원 가량)을 받는다. 숙식이래야 별 것 아니다. 단지 먹고 자는 것만 갖추었을 뿐이다. 배설장소는 사방에 널려 있다. 목욕이나 난방시설은 사치스러운 일이다. 입고 있는 옷은 공사장에서는 작업복이요, 잘 때는 잠옷이다. 어쩌다 거리구경을 할라치면 외출복이다. 그들은 사천(四川)에서 왔고, 동북(東北)에서 왔고, 산서(山西)에서 왔다. 개혁개방으로 농촌에서도 자기 땅이 생겨 전보다는 나아졌으나, 도시의 공사장에서 하루 20원을 받는 것이 더 낫기 때문이다. 그리고 고향으로 가져갈 돈을 모은다. 그 돈은 결혼자금도 되고, 학자금도 되고, 도박으로 날린 집을 되찾는 데도 쓰인다. 그러나 그들은 "가진 자"에 대해서 질시의 눈길을 보내지는 않는다. 자신들의 운명이라 생각하고 악착같이 돈을 모은다.

그 호화스러운 주상 복합단지는 2000년도에 완공되어 상가와 아파트 입주가 시작되었다. 한국평수로 60평 규모의 아파트 월세가 무려 9천 달러나 하는.

북경시가 현대도시의 면모를 갖추는데 공인계급은 주역이었다. 과연 인민의 첫 번째 계급인 공인계급의 피와 땀으로 북경, 중국의 현대화는 급속도로 진척되고 있다. 한국의 명동이라 할 수 있는 왕푸징[王府井]거리의 동남쪽에 있는 그 유명한 동방광장(東方廣場)도 이렇게 조성되었다.

붕어빵 속에는 붕어가 없다. 모양 만 붕어고 이름 만 붕어빵이지 진짜 붕어는 없다.

이제 중국공산당은 이름 만 '공산당' 이다. 공인계급이 영도하지도 않으며, 농민이 주력을 이루지도 않는다. 지식분자와 테크노라트, 관료들이 지배한다. 그 증거로 중국 권력의 최 핵심이라 할 수 있는 중국공산당 정치국 상무위원 9명의 면면을 보면 알 수 있다. 더 확대해서 정치국 위원 24명 중 2명의 군인을 제외하고는 모두가 테크노라트요, 관료출신이다. 사실 16大 국방부장 조강천(曺剛川)만 해도 그는 소련의 포병군사공정학원을 수료했음으로 역시 테크노라트라 할 수 있다.

제 16대 정치국 상무위원의 개인 자료는 다음과 같다.

성명/직책	생년 · 월	학 력
호금도(胡錦濤)/총서기, 국가주석, 중앙군사위원회 주석	1942. 12	청화대학 수리공정학과
오방국(吳邦國)/전국인민대표대회 상무위원장	1941. 7	청화대학 무선전자학과
온가보(溫家寶)/국무원 총리	1942. 9	북경지질대학 지질구조학과
가경림(賈慶林)/정치협상회의주석	1940. 3	하북공과대학 전력학과
증경홍(曾慶紅)/국가부주석	1939. 7	북경공업대학 자동통제학과
황국(黃菊)/국무원 부총리	1938. 9	청화대학 전기공정학과

오관정(吳官正)/국무원 부총리	1938. 8	청화대학 동력학과
이장춘(李長春)/정치국상무위원	1944. 2	할빈공업대학 전기학과
나간(羅干)/정치국 상무위원	1935. 7	동독공대 광산야금학과

2007년 10월 22일 선출된 제 17대 정치국 상무위원의 개인 자료는 다음과 같다.

성명/직책	생년 · 월	학 력
호금도(胡錦濤)/총서기,국가주석, 중앙군사위원회 주석	1942. 12	청화대학 수리공정학과
오방국(吳邦國)/전국인민대표대회 상무위원장	1941. 7	청화대학 무선전자학과
온가보(溫家寶)/국무원 총리	1942. 9	북경지질대학 지질구조학과
가경림(賈慶林)/정치협상회의주석	1940. 3	하북공과대학 전력학과
이장춘(李長春)/선전 사상담당	1944. 2	하얼빈공업대학 전기학과
습근평(習近平)/국가부주석	1953. 6	청화대학 정치교육학과
이극강(李克强)/국무원부총리	1955. 7	북경대학 경제학과
하국강(賀國强)/중앙기위 서기	1943.10	북경화공대학 무기화학과
주영강(周永康)/정치국상무위원	1942.12	북경석유대학 탐사과

제3대 영도체제의 당 정치국 상무위원 7명 가운데는 순수한 공인계급 출신으로는 이서환(李瑞煥) 정치협상회의 주석이 있었다. 그는 1959년에 준공된 인민대회당을 지을 때, 목공으로 참여했었으며, 생김새에서도 노동자의 순박함이 물씬 베어났었다. 그러나 제4대에 들어와서는 전부가 고학력, 인기 기술학과, 거기다 명문대학의 간판이 붙어있는 지식분자에다 테크노라트요, 일부는 정통관료 출신이다. 그들의 차림새도 말쑥하다. 인민복 입은 모택동이나 등소평과는 거리가 멀다.

1997년 이전까지만 해도 학생들은 공부만 잘하면 누구라도 대학 진학이 가능했다. 특히 성분이 공인이거나 농민일 경우 그 혜택은 컸다. 또 중국대학은 모두 공립인데다 교육 또한 완전 무료로 진행되었기 때문에 집안의 '부'와 대학진학과는 상관이 없었다. 매년 7월에 실시하는 대학 수학능력 시험에 고득점을 얻으면 북경대학(北京大學), 청화대학(靑華大學) 등 일류대학을 마음대로 들어갈 수 있었고, 대학에서 공부만 잘하면, 좋은 직장을 가질 수 있었다. 즉 대학 졸업 후, 직장도 전부 국가에서 '분배(分配)' 해주기 때문이었다.

1997년부터 대학에서 학비와 기숙사비를 받더니, 1998년을 거쳐 2000년도에 들어와서는 학비가 거의 현실화 되어 기숙사비를 포함하여 일인당/연 7천원에서 만원 수준으로 되었다. 도시지역에서 일반 공인 한사람이 받는 월급은 천원(한화 15만원) 꼴이며, 부부 수입을 합쳐도 2천원 규모다. 연 학비 1만원은 부부의 임금 5개월 치에 해당되는 큰 돈이다. 또 중국은 구조적으로 대학생들이 아르바이트를 할 수 없게 되어 있어, 학생들은 용돈까지 전부 부모에게 의존할 수밖에 없다. 이것 때문에 대학사회에서 빚어지는 양극화와 '왕따' 는 심각하다.

신 중국이 탄생된 지 60년 가까이, 그렇게도 열심히 '계급투쟁' 을 했음에도 불구하고, 중국의 계급은 서서히 분화되기 시작했다. 혁명원로들의 후대들은 태자당(太子黨), 즉 귀족이 되어 이미 중국의 상층부를 점령하였고, 개혁개방 이후 신흥 자산계급들은 돈으로 시장경제를 좌지우지하면서 졸부층(猝富層)을 형성하였으며, 지식인들은 나름대로의 전문영역을 개척하여 문벌(門閥)을 만들었고, 광대로 천시하던 연예인들은 매스컴을 타고 '우상' 으로 등장하였으며, IT산업 쪽의 테크노라트들도 신 전문 계급으로 부상하고 있다. 자신이 공인계급이거나 농민계급임을 드러내놓고 말하는 것이 이제는 수치스러운 일이 되어가고 있다. 치열한 계급투쟁은 계급을 없앤 것이 아니라 계급을 더욱 분화시켰다.

2004년 5월 1일, 국제 노동절인 이날이 공교롭게도 토요일이 되는 바람에 1일부터 9일까지 중국은 '황금주간' 이란 이름을 붙여 쉬었고, 내수진작을 위하여 대대적인 관광 붐을 일으켰다. 그러나 유명한 유적지 관광명소에 공인을 위한 요금할인이나 어떤 혜택도 없었다. 오히려 이 기간에 교통요금과 관광명소의 입장료는 평소보다 30%가량 올랐다.

관광지마다 들어찬 관광객은 대부분 기업이나 회사에서 단체로 온 경우이며, 공인이나 농민이 자비로 가족끼리 온 사람은 드물었다. 단지 신종 고소득층의 마이카만 도로와 관광지에 새로운 교통난을 일으켰다.

공인은 옛날부터 그 위치의 그 공인이었는데 이제는 상대적인 박탈감이 더해져 한없이 낮아진 가운데 "공인계급 영도 운운"은 공허한 메아리가 되어가고 있다.

제 3 장

중화인민공화국 (中華人民共和國)

▲ 천안문 성루에서 모택동의 중화인민공화국 성립 선포(1949년 10월 1일)

*1.

무언가 독특한 중국정부

'중국정부!' 글쎄. 중국에도 정부가 있는가?

굉장히 실례가 되는 말이지만 과거에는 당과 정부가 구분되지 않았고, 당 속에 정부가 있었고 심지어 당이 정부를 대신했다. 그것 때문에 "중국에도 정부가 있다"는 말이 반어법(反語法)으로 들린다. 그것이 이제는 당과 정부가 대등한 관계로 나아가려 노력하고 있다. 중국은 '인치(人治)'에서 '법치(法治)'로, '관례(慣例)'에서 '제도(制度)'로 바뀌어 가고 있다.

● 중화인민공화국(中華人民共和國) 정부의 특수성

중국정부는 통상적인 국가와는 다른 특수성을 지니고 있다.

첫번째는 정부와 당 사이의 문제다. 건국 이후 대부분 시간은 당 · 정의 구분이 불분명했고, 당이 정부를 대신하는 체제였다. 현재도 중국에서 당과 정부를 확연히 구분한다는 것은 불가능하다. 중국의 정계나 학계도 주안점을 당정의 명확한 구분이 아니라, 당과 당의 영도를 받는 정부기관과의 관계를 어떻게 하면 매끄럽게 관리하느냐에 두고 있다.

둘째, 중국은 단일체제 국가다. 사람도 많고, 땅도 넓고, 지역 간의 차이도 현저한데 "한 덩어리"로 있다는 것은 세계에서 찾아보기 힘들다. 중앙집권체제 하에서 각 지방정부에 권한을 얼마나 위임해주느냐, 중앙의 통일된 전략 · 명령 · 결정 등을 어떻게 말단까지 통일되게 집행 하느냐가 중요하다. 그런데 지방과 지방 사이의 차이가 너무 크다.

셋째, 자연적 또는 역사적인 원인으로 하여 중국정부를 구성하는 과정이 너무 복잡하다. 예를 들어 '시(市)'라는 말에는 성급(省級)의 국무원직할시(예:북경시 등), 부성급(副省級)의 계획단열시(計劃單列市), 성 직할시, 지급시(地級市), 현급시(縣級市), 시 직할시, 특구시(特區市) 등이 있다. '局' 만해도 그렇다. 부부급(副部級; 우리의 독립청과 유사)이 있는가 하면 각 部 내에 설치된 局, 성 정부 내의 局, 성직할시 또는 지구행정 직능 내의 局, 縣 政府 내의 局도 있다. '국장(局長)' 이라 호칭했을 때 어느 단위의 국장인가가 헷갈릴 때가 많다.

넷째, 중국에는 우리나라나 일반 서방국가에서는 없는 단위(單位)라는 것이 있다. 일반적인 민주국가의 정부과정은 "개인-이익단체-정당-정부" 순이다. 그런데 중국은 당과 정부의 직능(職能) 대부분이 도시의 노동과 생활 근거지인 '단위' 라는 것을 통해서 실현된다. 최근에는 가도거민위원회(街道居民委員會)와 농촌위원회(農村委員會)라는 거민자치조직, 즉 말단 행정조직도 힘을 발하고 있긴 하지만. 결국 중국의 당과 정부는 형형색색의 '單位' 및 거민자치조직과의 연계를 통해서, 전체 인민에게 강력한 영향력을 행사한다. 따라서 중국정부의 과정은 "개인-중국공산당-정부-단위"순이다. 그러나 이 '단위' 가 정치적으로 '압력' 을 행사하지는 못한다. 현 중국에서 '단위' 를 이해하지 못하고서는 중국의 정치를 진정으로 이해할 수 없다.

다섯째, 중국정부의 기구는 주기적으로 "팽창-감축-팽창"의 악순환을 거듭하고 있다. 현재 중앙의 권한 일부를 지방으로 이전하여 일부 '小政府' 체제를 지향하고 있다. 예를 들어 市가 縣을 관리하는 체제, 特區의 '소정부' 체제, 경제기술개발구와 상해포동신구(上海浦東新區)의 관리위원회 체제 등이다.

중국의 국가정치권력과 국가구조는 고도로 중앙집권적이다. 외부에 '북경' 으로 대변되는 이 구조는 강력한 응집력(凝集力)과 강력한 투사력(投射力)을 가진 정치중심이다. 시시각각 사면팔방으로부터 정보가 모여져 중앙당정기관으로 전해지고, 시시각각 수많은 지령이 이곳에서부터 전국 각지로 전파된다. 중앙 당 · 정기관은 중국의 심장이요, 두뇌요, 중추다.

여담이지만,

북경에는 중국에 있는 모든 것이 다 있다. 중국의 정치 · 경제 · 역사 · 교육 · 문화와 각종 민족, 각 지방정부의 판사처(辦事處: 연락사무소) 등. 하다못해 과일만 해도 그렇다. 북경의 과일가게에는 남방지역의 열대성 과일, 서북지역의 사막기후의 과일 등 중국에서 출산되는 모든 것이 다 있다. 북경과 대비되며 "중국의 경제"로 상징되는 상해에는 정치와 역사가 빠져있다. 상해는 역사가 없고 정치가 빈약하다. 그래서 나는 중국에 진출하는 기업들에게도 먼저 북경을 점령하라고 권한다.

현재 중국의 국가정치권력의 구조는 중공중앙을 핵심으로 하는 '6+1+2체제'로 이해해야 한다. '6'은 '6대영도 그룹'으로 중공중앙위원회, 중공중앙기율검사위원회, 전국인민대표대회, 국무원, 중앙군사위원회와 중국인민정치협상회의이다. '1'은 국가주석을 지칭하며, '2'는 최고인민법원과 최고인민검찰원을 지칭한다. 이들은 "당 · 정 · 군 · 법"의 네 분야를 고루 망라하고 있다. 중국공산당이 국가의 초법적(超法的) 지위에 있다는 것을 이미 언급했기 때문에 여기서는 생략하고 '6+1+2체제' 중에서 당 부문과 군사부문을 제외한 국가기관의 기능에 대해서 특징적인 것만 언급하겠다.

*2. '거수기(擧手機)', 전국인민대표대회(全國人民代表大會)

매년 2월 말부터 3월 초순까지 북경에 있는 좀 반반한 호텔은 거의 예약하기가 힘들고, 북경거리는 갑자기 깨끗해진다. 군데군데 정·사복 공안(公安)이 검은 안경을 낀 채, 준엄한 얼굴로 '빅 브라더'가 된다. 간간히 경찰차가 인도하는 대형버스들이 줄지어 지나간다. 춘절(春節)을 쇠고 온 기분이 채 가시지 않았는데 북경은 아연 긴장해지기 시작한다. 바로 양회(兩會)가 시작되고 있음을 알리는 징조다. 양회는 전국인민대표대회와 중국인민정치협상회의를 일컫는다.

이 시기가 북경에서 치안이 가장 잘 확립 될 때다. 술집에는 삼배녀(三陪女)가 단속되고, 거리에는 거지와 소매치기, 잡상인이 사라지고, 외지인의 입경(入京)도 제한된다. 북경에서 막 노동을 하던 공인들은 춘절 전에 귀향한 후 대개 이 시기를 넘기고 3월 중순쯤부터 북경으로 모여든다.

이 양회는 일 년에 한 번씩 열리는 중국 국내 정치행사 중 가장 큰 행사다. 양회가 끝나갈 무렵 국무원총리가 내·외신 기자를 상대로 일 년간 중국정부의 대내외 정책을 비롯하여 시정계획을 밝힌다. 연초 가장 큰 뉴스거리가 된다. 중국 전 매스컴은 이 양회의 동정을 소상히 보도하고, 당 서열에 따라 주요인물의 활동에 대한 방영순서와 시간을 정확히 조정한다.

그러면 매년 연초 중국의 가장 중요한 정치일정인 전국인민대표대회란 무엇인가?

● 全國人民代表大會라는 것?

전국인민대표대회(全國人民代表大會)!

말 그대로라면 전국 '인민'의 대표들의 큰 모임이다. 여기서 '인민'은 이미 중국의 국체(國體)와 모택동의 '인민민주독재론'을 설명할 때 말한 그 '인민'이다. '인민'의 4가지 범주에 들어가지 않는 중국공민은 대표를 선거할 권리도, 대표가 될 자격도 없다.

전국인민대표대회의 성질은, 중국의 헌법 제57조에 “중화인민공화국의 전국인민대표대회(이하 全國人大로 칭함)는 최고 국가권력기관이며, 입법기관이다”라고 명시되어 있다.

전국인민대표대회의 법적지위를 보면,

수직적인 권력관계에서 전국인대가 확정한 헌법과 법률, 결의는 전국의 각급기관과 각 정당, 각 사회단체, 각 국영기업체 및 전국 공민이 모두 엄격히 준수해야 한다. 다음으로 수평적인 관계에서 중앙인민정부(국무원), 중앙군사위원회, 최고인민법원, 최고인민검찰원 등은 모두 전국인대에 의해 탄생되고 전국인대에 대해 책임을 지며, 또 그의 감독을 받는다. 즉 모두 전국인대에 종속되어 있다. 중국정부의 모든 권력기관 상층부에 전국인대가 있다.

법을 만들고, 국가의 모든 권력이 “인민의 대표”로부터 선출되고 인준되기 때문에 “최고 국가권력기관”이란 말이 맞다. 이런 구조적인 면에서 삼권분립이 된 한국이나 서방국가의 국회와는 그 성질에서 많이 틀린다. 즉 “최고권력+국회”이며, 의회기구로써 국제의원연맹에도 가입되어 있다.

전국인대(全國人大)의 대표는 각 성과 직할시, 자치구, 특별행정구(特別行政區), 인민해방군이 간접선거와 다수경선을 통해 선출된다. 전국 각급 인민대표 총수는 대개 350~360만 명 사이로 유지된다. 선거방식은 최하급 행정단위인 향(鄕)과 진(鎭), 그리고 그의 상급 행정기관인 시(市)와 현(縣)까지는 공민의 직접선거에 의해 각급 인민대표를 선발하고, 지급시(地級市)부터는 간접선거에 의해 각급 인민대표를 선출한다. 현급 인민대표는 지급시 인민대표들과 성급 인민대표를 선출한다. 성 인민대표(직할시, 자치구, 인민해방군 포함)는 전국인민대표를 선출한다. 즉 전국인대(全國人代)는 1차례의 직접선거와 2차례의 간접선거를 통해 선출된다.

전국인민대표의 정원은 3,000명을 초과하지 못한다. 40만 명 당 1명씩 선출되는 셈이다. 도시 전국인대와 농촌 전국인대의 비율은 1:4정도, 소수민족은 13~15%(소수민족은 총인구의 8% 점유), 인민해방군은 8~9%(현 정원 250만 명을 계산했을 때, 만 명 당 1명 꼴 선출) 정도이며, 이중 공산당 당원이 70% 이상을 차지하고 있다. 당 전국대표대회와 별 다른 게 없다. 소수민족 대표, 비당원을 더 추가한 것에 불과하다. 그들의 임기는 5년이고, 매년 한 차례의 전체회의를 하고, 회의 기간은 2주 정도이다.

전국인대의 법적 권한

헌법과 관련 법률에 규정된 전국인대의 권한은 막강하다.

첫째 최고입법권을 가지며, 둘째 최고임면권을 가진다. 국가주석 및 부주석, 중앙군사위원회주석(추후 승인 형식), 최고인민법원 원장, 최고인민검찰원 검찰장, 전국인대 상무위원장 및 부위원장, 각 위원회주임과 비서실장을 선출한다. 국가주석의 지명에 따라 국무원총리(國務院總理 중국은 '국무총리' 라 부르지 않음)를 인선하고, 국무원총리의 지명에 따라 국무원 부총리와 국무위원, 각부 부장, 각 위원회 주임 등을 인선한다. 중앙군사위원회 주석의 지명에 따라 중앙군사위원회의 구성원을 인선한다. 또한 선거 및 결정에 의해 임명된 자에 대한 파면권과 사직의 접수권을 갖는다. 셋째 예산심의와 비준, 전쟁과 평화의 문제에 대한 결정 등 최고결정권을 가진다. 넷째 국가 전 기관에 대한 최고감독권을 가진다.

이상에서 보면 전국인대는 무소불위이나, 전장(前章)에서 언급했듯이 당 중앙위원회에서 결정된 사항을 전국인대가 법적으로 보장하는 것에 불과하다.

여기서 몇 가지 서구적인 의회 제도를 유지하고 있는 국가의 의원들과 중국의 전국인대 간의 차이는:

첫째, 바로 전국인대가 비 상설기구라는 점이다. 일 년에 한 번씩 모여 당이 결정한 중요정책, 정부가 제안한 의안 또는 지방정부가 제출한 건의 등을 통과시키는 '거수기(擧手機)' 다. 단지 법적 요식행위를 가지는 데 의의가 있다. 대표들은 의회 내 발언과 표결에 대한 면책권과 신체 특별 보호권을 가지고 있어 발언에 대한 자유를 보장하고, 대표법에 의하지 않고 체포, 구금되지는 않는다. 그러나 모두 합숙훈련을 받고 나온 대표들이 대부분 당원이기 때문에 공산당의 방침을 위배하고 돌출적인 발언을 할 리가 없다.

둘째, 인민대표는 모두 원 소속 단위가 있으며, 평소에는 거기서 근무를 하다가, 일 년에 한 번 소집되어 상경한다. 따라서 일부 소수민족의 인민대표를 제외하고는 한국처럼 국회의원 세비(歲費)라는 것이 없다. 원 소속 단위에서 봉급을 지불한다. 상설기구인 상무위원회 주임이나 위원들도 원 소속 단위에서 봉급을 수령한다. 물론 회의기간에 필요한 활동경비는 인민대표대회에서 지불한다.

셋째, 상설기구인 상무위원회라는 것이 별도 설치되어있다. 결국은 전국인대가 3단계 선거를 통해서 선출된 것이라면, 상무위원회는 4단계 선거를 통해 생성된 대표단이다. 상무위원회는 150명 좌우로 구성되며 2개월에 한번 정도 7~10일 간 상무위원회 회의를 갖는다. 평소에는 각 분과위원회가 활동한다.

넷째, 대표로써의 사명감이 부족하다. 중국 관료들의 관료생활 주기는 먼저 당과 행정기관에서 팔팔하게 일하다가 정년 무렵 인민대표로, 정년퇴직 후 정치협상회의로 옮기고, 마지막에는 원 소속 단위의 고문을 끝으로 공직생활을 마감한다. 따라서 대표에 당선되기 위한 치열한 민주적 경쟁도 치르지 않고, 여론의 향배에 관심을 가질 필요도 없어, 민심이 지향하는 바를 잘 파악하지 못한다.

다섯째, 법 제정에 적시성(適時性)을 상실할 경우가 많다. 중국은 중앙집권제이다. 국토는 넓고, 인구는 많으며, 온갖 것이 혼재해있는 이 신주대지(神州大地)를 북경에 앉아서 통일된 법을 만들어 전국에 시행하려 하니 항상 뒷북을 칠 수밖에 없다. 열심히 연구하여 새로운 법을 만들어 놓으면 세태는 저만큼 앞서 가고 있다.

*3. "빛 좋은 개살구", 국가주석(國家主席)

중화인민공화국주석을 줄여서 '국가주석'이라 부른다. 헌법에 국가주석은 "중화인민공화국을 대표하며, 국사활동(國事活動)을 진행하고, 외국사절을 접수한다. 전국인민대표대회 상무위원회의 결정에 의거하여, 주외(駐外) 전권대사(全權大使)를 파견하거나 소환하며, 외국과 체결된 조약이나 중요한 협정을 비준하거나 폐지한다"[28]라고 명시되어 있다. 국무활동 중, 호명 순서는 전국인대 상무위원장이나 국무원 총리 보다 앞이며, 외국원수들과 동등한 직함이다.

그러나 중국의 헌법 어디에도 국가주석이 국가원수(國家元首)라는 조항은 없다. 헌법상으로 전국인대 상무위원장과 공동으로 국가원수의 권한을 행사하도록 되어있다. 이것이 우리가 생각하는 상식을 넘어선다.

국가부주석 자리가 하나 더 있다. 국가부주석도 일반 국가의 부통령 역할 보다 더 상징적이다. 국가부주석은 통상 중앙당교(中央黨校: 중국공산당 중앙당 학교의 약칭)의 교장을 겸하고 있다. 그는 정치국상무위원이기 때문에 중남해로 통칭되는 중공 중앙당본부에 집무실이 있고, 중앙당교에도 집무실이 있다. 중앙당교의 위상이 얼마만큼 큰 것인가를 알려주는 대목이다.

---

28) 2004년 3월 14일 개정된 〈중화인민공화국헌법〉 제81조.

● 국가주석에 대한 사연(事緣)

국가주석은 1954년 9월 개최된 제1기 전국인대에서부터 그 연원을 찾아볼 수 있다. 초대 국가주석은 모택동이다. 말하자면 처음으로 '국회' 가 소집되고 간접선거를 통해 뽑은 '대통령' 이 모택동인 셈이다.

1949년 신중국 탄생 시에도 '주석(主席)' 은 있었다. 역시 모택동이 담임했다. 그런데 그 '주석' 은 중앙인민정부주석이다. 말 그대로 중앙인민정부위원회의 '의장' 이지 단독의 국가기관이 아니었다. 당시 국가원수 권한은 중앙인민정부위원회가 집단으로 행사했다. '주석' 은 단지 법률을 공포하고, 외국사절을 접수하는 등 국가원수의 일부 직권을 행사했을 뿐이다.

1954년 헌법에 '중화인민공화국주석' 을 설정한다고 규정하면서 국가주석은 단독의 국가기관이 되었다. 당시 유소기(劉少奇)는 헌법초안을 보고하는 중에 "우리의 국가원수 직권은 전국인민대표대회에서 선출된 전국인민대표대회 상무위원장과 중화인민공화국주석이 결합되어 행사한다. 우리의 국가원수는 집단의 국가원수다" 라고 언급했다. 쉽게 말해서 국가원수는 '국회의장' 과 '대통령' 이 공동으로 행사한다는 말이다.

제2대 국가주석은 유소기(1959~1969년)다. 그는 문화대혁명 때인 1969년 어떤 법률적인 절차도 밟지 않은 체 불법적으로 구금되고 박해를 받아 사망했으며, 이후 중국의 국가주석 직위는 계속 공석으로 남아있었다. 당시 정치투쟁의 주 표적이 그였기 때문이다.

▲ 60년대 초 중국의 권력 핵심 들 좌로부터 주덕(朱德), 주은래(周恩來), 모택동(毛澤東), 유소기(劉少奇)

1970년 8월 중공 제9기 2중 전회는 제4기 전국인대

소집을 위해 헌법 수정안 초안을 준비할 때 모택동의 의견을 받들어 "국가주석 직을 설치하지 않기로" 했고, 1975년 중국의 헌법상에서 주석제도가 소멸되었다. '국가주석'을 만들어 포스트 모택동을 획책하던 임표는 모택동에게 그의 야심이 간파당한 후, 도망가다 죽었다.

여기에는 "여자의 恨"도 작용했다. 유소기가 국가주석이 되자 그의 부인인 왕광미(王光美)[29]도 부창부수(夫唱婦隨), 외국의 귀빈을 접대하거나, 국빈으로 부부함께 외국을 방문하는 사례가 늘고, 또 언론의 스포트라이트를 받자, 자연 옷차림이나 장식품에 신경 쓰게 되었다.

모택동의 네 번째 부인인 강청(江青)[30]은 전직이 배우로 천출(賤出)이나, 화려하고 허영심이 많은 여자였다. 자신은 당주석의 부인인데다 미모도 누구에게 빠지지 않는다고 자부하는 있는데, "정치에 간여하지 말라"는 정치국의 조치에 따라, 여자답게 전혀 꾸미지 못하고 인민복이나 입고, 늘 모택동의 그늘에 가려있는 것에 불만을 가지고 있었다.

왕광미는 그녀보다 지적으로나 나이로나 모두 우월했고, 옷도 우아하게 차려입고 무엇보다도 세련되었다. 남편의 대중적 인기도 경제정책에 실패한 모택동을 능가하려고 했다. 질투와 시기심이 발동한 강청은 왕광미에게 "너무 사치하지 말 것"을 정중하게 권고했다. 왕광미는 강청의 충고를

---

29) 王光美(1921년생): 북경태생, 카톨릭 재단이 설립한 보인대학(輔仁大學)을 졸업했으며, 1946년 중국공산당 영어통역관이 되어 연안으로 갔다. 1948년 劉少奇와 결혼(유소기는 재혼)하였고, 문화대혁명 시절에 엄청난 박해를 받았으나 살아남아 사회과학원의 부원장이 되었고, 당 원로로 중국인민의 추앙을 받다가 2000년 10월 13일 85세의 나이로 서거했다.

30) 江青(1914~91년): 산동성 諸城 태생. 1932년대 18세 나이로 황경(黃敬)의 내연의 처가 되었고, 1930년 중반부터 상해의 영화사에서 배우로 활동하였다. 1936년 극작가 당납(唐納)과 결혼한 후, 1937년 8월 연안으로 갔었고, 1938년 11월 20일 모택동의 네 번째 부인이 되었다. 중공정치국은 강청이 모택동의 부인으로 대중 앞에 나타나지 않고, 정치에 간여하지 않는다는 조건으로 그들의 결혼을 승낙하였다. 모택동과의 사이에 딸 이눌(李訥)을 두고 있다. 문혁기간에 四人幇 우두머리로 악행을 저지르다가 모택동 사후 체포되어 사형판결을 받았으나 무기징역으로 감형되었다. 이후 1991년 자살하였다.

귓전으로 흘렸다. "천출인 주제에", "모주석의 신화도 깨져가고 있는데"라면서. 이것이 "여자의 한"이 되어 그녀의 가슴에 못으로 남았다.

문혁 때 유소기가 비판을 받자, "언젠가 이런 날이 오기를 기다렸던" 강청은 홍위병을 시켜 왕광미를 끌어낸 후, 그녀의 목에 탁구공으로 엮은 '진주목걸이'를 걸고, 하이힐을 신게 한 후, 대중 앞에 끌어내어 "자본주의 병폐"를 신랄히 비판했고, "대통령 가족"을 중남해에서 추방했다. 통쾌한 복수인 셈이다. 결국 유소기의 "개 같은 죽음"도 그것과 관련이 없지 않다. 강청이 홍위병을 실제 조종했으니까.

1982년 12월 제5기 전국인대에서 통과한 헌법, 즉 「82헌법」에 비로소 이전보다 권한이 많이 축소된 국가주석을 회복하고는 국가운영을 정상화시켰다. 문혁 당시, 특히 「75헌법」에는 전국인대에 국무원총리 제청도 당중앙위원회에서 하고, 중국의 전 무장역량의 주석인 중앙군위주석 제청도 당주석이 행사하도록 되어 있었다. 대외관계에서도 누가 국가를 대표하는지 불명확했다. 어디가 당이고 어디가 정부인지 정말 혼돈의 세월이었다. 「82헌법」에서 이러한 왜곡된 점을 시정했다고 볼 수 있다.

「82헌법」 이후 중국의 국가주석은 이선념(李先念), 양상곤(楊尙昆)을 거쳤다. 당시 당 총서기는 호요방, 조자양이었고, 중앙군사위 주석은 등소평이었으니, 국가주석은 정말 국가원로가 상징적인 지위만 유지하고 있었던 셈이다. 강택민 이후부터 당 총서기, 국가주석, 중앙군사위주석 등 세 개의 모자를 한꺼번에 쓰고 명실상부한 중국의 최고 권력자가 된다. 덩달아 '국가주석'이 중국의 최고 권력인 것처럼 세상에 비쳐진다. 중국의 일부 언론도 국가주석을 '국가원수'로 호칭하는 지경에 이르렀다.

국가주석은 꼭 당 중앙위원이 아니어도 된다. 헌법상으로 만 45세 이상 중국공민이고, 선거권과 피선거권을 가지며 정치적 권리를 박탈당하지 않았으면 된다.

● 국가주석의 실상

중국은 국가의 권력을 철저히 분산시켜 놓았다. 오로지 당에서만 이를 조정, 통제할 수 있도록 되어있다. 국가주석은 국무원이 하는 일에 대해 보고조차 받지 않는다. 국무원 예하의 장관 하나 임명하거나 경질하지 못한다.

중국의 국가주석은 다른 국가의 대통령과는 많이 다르다. 청와대나 백악관과 같이 국가주석의 사무실이 별도 없고 보좌진도 없다. 또한 군대에 대해서 일본천황이나 영국 왕이 행사하는 형식적인 통수행위도 없다. 군대에 대한 통수는 오로지 중앙군위 주석의 고유권한이다.

"정수불범하수(井水不犯河水: 우물물은 강물을 침범하지 않는다)." 각자의 고유 영역이 있다.

우리나라 만해도 대통령은 대통령 개인뿐만 아니라 대통령 자체가 기관이다. 소위 청와대가 그것이다. 백악관, 크레믈린궁 등도 바로 대통령 개인뿐만 아니라 대통령을 보좌하는 무수한 보좌진을 포함한 하나의 기관을 연상한다. 그런데 중국의 주석은 오직 한사람, 즉 개인뿐이다. 한사람이 기관역할도 하고 있다.

현재 중국의 국가주석은 호금도다. 그가 단지 국가주석이라는 직만 가졌다면, "빛 좋은 개살구"가 되었을 것이다. 그러나 그는 공산당의 총서기를 겸하고 있다. 그래서 그는 힘이 있고, 외국원수와 만나서도 회담하고 국가 간의 현안에 대해서도 힘 있게 말할 수 있다. 그의 집무실은 공산당 총본부인 중남해에 있고, 그에 대한 의전은 전부 중앙당 서기처에서 준비한다. 중앙당 서기처가 바로 그의 비서실이요 보좌진이다.

중화인민공화국 주석과 부주석은 전국인대에서 선출한다. 동시에 전국인대는 주석과 부주석에 대한 파면권을 가지고 있다. 따라서 주석의 법률적 지위는 전국인대를 능가할 수 없다.

주석은 국무원 총리를 지명하고 전국인대에서 승인한다. 그러나 국무원은 주석에게 책임지거나 업무보고를 하지 않는다. 주석은 일체의 국무원 업무에 대해서 간섭하지 않으며, 행정에 대해서 책임을 지지 않는다.

국가주석은 대외적으로 중화인민공화국을 대표할 뿐이다.

'바지사장', 그것이 중화인민공화국의 '국가주석'이다.

*4. '화룡점정(畵龍點睛)'이 필요한 국무원

외국원수가 중국을 방문했을 때, 그 동정을 지켜보면 우리와는 사뭇 다른 현상을 발견할 것이다. 첫 날 의전행사는 국가주석의 주관 하에 인민대회당에서 거행되고 이어 공식회담과 국빈만찬이 이어진다. 국가주석 행사에 전국인대 상무위원장과 국무원총리는 물론이요 정치국 상무위원 누구도 참가하지 않는다. 그 이후의 공식행사도 전국인대상무위원장, 국무원총리, 중앙군사위주석(겸직하지 않을 경우) 등의 예방이 별도로 계획되어 있다.

2004년 4월, 북한의 김정일이 중국을 방문했을 때, 당 총서기인 호금도를 만나 정상회담을 했고, 오방국(吳邦國) 전국인대상무위원장과 온가보(溫家寶) 국무원총리를 예방했으며, 이어 강택민 중앙군사위원회 주석을 국방위원장의 자격으로 만났다.

외국원수 특히 대통령이 국무원총리를 만나고, 심지어 '정상회담'이란 명칭을 붙여 회담까지 하는 것은 국무원총리가 진정한 중화인민공화국정부의 수반이기 때문이다. 국무원총리는 전국인대와 그 상무위원회에 대해서만 책임을 진다. 국무원은 다른 국가가 정부행위를 하는 것과 꼭 같은 행위를 하는 정부이며, 총리는 최고의 책임자이다. 중국의 국무원 총리는 내각제 하의 총리와 같은 권한을 가진다. 다만 병권(兵權)을 제외하고.

중국의 현행 헌법 제85조에 "중화인민공화국 국무원은 중앙인민정부이며, 최고 국가권력기관의 집행기관이며, 최고 국가행정기관이다"라고 명시되어 있다.

여기서 중앙인민정부라는 것은 국제사회의 어떤 독립 주권국가와도 정부 간의 접촉과 왕래를 함으로써 외교관계와 중대한 외교 업무를 처리한다는 의미이다. 따라서 국무원은 대외업무에서 중화인민공화국정부가 된다. 또한 국내업무에서 보면, 각급 지방정부는 모두 국무원의 영도를 받고 이에 복종해야 한다. 중국은 중앙집권 국가이다. 따라서 국무원은 유일한 중앙인민정부이다. 다시 말하면 국무원은 대외적으로는 중화인민공화국정부요, 대내적으로는 지방정부를 영도하는 중앙인민정부이다.

국무원은 당 다음으로 힘이 세다. 국무원총리 온가보는 당 서열이 전국인대 상무위원장 다음인 3위로, 대내적으로 공안부(公安部)와 국가안전부(國家安全部)를 지휘하여 치안과 안전을 보장하고 13억 인구의 살림을 도맡으며, 대외적으로는 외교부를 지휘하여 정상외교를 전개하고 있다.

● 역대 국무원총리(國務院總理)는 중국의 최고 덕망가

중국의 국무원총리하면 떠오르는 사람은 주은래(周恩來)다. 그는 중국인민의 가슴에 영원히 살아있는 사람이다. 중국사람들이 그를 말할 때, "우리의 영원한 총리"라 하면서 항상 애틋한 정을 가지고있다.

중화인민공화국정부인 국무원도 파란만장의 역사를 지니고 있다.

1954년 이전 국무원 전신(前身)은 정무원(政務院)이다. '國務'가 '政務'보다 더 포괄적이다.

정무원은 위원회제[31]를 채택하고, 총리와 약간 명의 부총리, 비서장과

▲ 중국 최고의 총리 주은래, 그는 항상 제2인자의 위치에 있었다. 청(淸)의 마지막 황제 부의(溥儀)를 맞고 있는 주은래 (1959년 12월)

약간 명의 정무위원으로 하여, 집단토론, 집단결정, 집단책임을 지는 집단지도체제였다. 총리는 정무원의 전체 업무를 총괄하고 부총리와 비서장이 총리를 보조했다. 총리가 정무회의를 소집하고, 정무원의 결의와 명령에 서명했다.

1954년 이후 국무원은 조직상에서 부장회의제를 채택하고 있다. 여전히 집단지도체제이나 수장제(首長制)를 가미함으로써 각부의 부장이나 위원회의 주임들에 대한 권한이 강화되었고, 국가적으로 중대한 문제는 정치국에서 논의되나 이를 제외하고는 총리가 모든 결정권을 가지게 되었다.

1982년부터, 국무원의 조직은 부장제와 위원회제의 장점을 가미하여 시행하고 있다. 총리의 권한은 1982년 이전보다 더욱 강화되고, 부총리의 숫자를 2명 선으로 제한하는 대신 일정수의 국무위원을 두어 일정분야를 책임지게 했다. 우리나라의 경우 부(部)의 장관은 무조건 국무위원이 되나 중국은 부장이나 주임이라도 특정인을 제외하고는 국무위원이 되지 못한다.

중국국방부 부장으로써 최초로 한국을 방문한 지호전(遲浩田)은 세 개의 모자를 쓰고 있었다. 호명 순서는 중앙군사위원회 부주석, 국무위원, 국방부장이다. 전기침이나 당가선은 외교부장을 물러난 뒤에 국무위원으로 직책이 상향조정되어 중국의 외교업무를 총괄했다. 통상 국가주

31) 위원회제와 부장회의제: 중국에서는 위원회제를 '集體領導[집단지도체제]'로, 部長會議制를 '一長制[지휘권행사]'로 구분하고 있다.

석이 외국 나들이를 할 경우 외교부장보다는 외교담당 국무위원이 수행한다.

중국에서 가장 오래도록 총리를 한 사람은 앞에서 언급한 주은래다. 그는 1949년 정부수립과 동시 총리를 맡은 이래 1976년 사망할 때까지 무려 27년간을 담임했다. 그는 모택동의 그늘에서 만년 2인자 역할을 했으며, 문혁의 와중에서도 흔들리지 않고 한가정의 주부처럼 정부의 제반 업무를 총괄했으나, 말년에는 사인방(四人幇)이 전개한 '비림비공(批林批孔)' 운동으로부터 거의 퇴진당할 뻔 했다. 문혁 시, 홍위병이 철도 등 국가기간산업을 점령하고 중국의 문화유적을 무작정 파괴하자 군대를 동원하여 이를 지켰다. 그나마 문화유산의 일부가 남아 있는 것은 그 덕분이다. 그는 1976년 1월 8일 방광암으로 사망했고, 그해 4월 5일 청명절에 대규모 군중들이 천안문광장에 운집하여 그를 추모하고, 모택동을 비난하는 구호를 외쳤다. 군대가 동원되어 해산되긴 했으나, 이것이 중국 민주화 운동의 상징이 되었다. '제1차 천안문사태' 라는 이름이 붙은 사건이다. 그가 사망시에 남긴 재산은 우리 돈으로 26만원이었고, 화장되어 뼈 가루를 바다에 뿌렸으니 진정한 '무산계급' 이었다. 그는 멸사봉공과 청렴결백의 상징으로 중국인들의 마음속에 남아 계속 회자되고 있다.

그 다음이 모택동에 의해 후계자로 지명된 화국봉(華國峰)이다. 화국봉은 소위 '3 · 8간부' 였다. 제2차 국공합작 이후 공산당에 입당하여 항일전쟁에 참가했기 때문에 그렇게 불리며 중공의 원로들과 비교했을 때 한 세대가 뒤지는 편이다. 그는 '임표(林彪)사건' 으로 중앙무대에 진출하였고, 1973년 중공 10大 중앙정치국위원, 1975년 국무원 부총리 겸 공안부장, 1976년 2월 사망한 주은래의 뒤를 이어 국무원총리를 대행하다가 그해 4월 당 제1부주석 겸 국무원총리가 되었다. 동년 10월 강청 등 사인방의 체포에 협조하고는 당 주석, 중앙군위주석, 국무원총리가 되었다. 모택동의 유지를 받들어 문화대혁명을 지지하는 '양개범시(兩個凡是)' [32]를 견지하다가, 등소평 등의 실용파에게 비판을 받아 실권을 빼앗기고 당 · 정 · 군의 최고위직에서 물러났다. 그는 1992년 당 14대에서 중앙위원에 탈락되면서 영원히 중국의 정단(政壇)에서 사라졌다. 그는 아직도 생존해있다. 단지 정치적 발언만 못할 뿐 퇴직한 국가간부의 대우를 받고 있다.

화국봉의 실각과 더불어 그의 총리직을 이어받은 사람이 조자양이다. 그도 화국봉과 같이 '3 · 8간부' 에 속하며, 문혁기간에 숙청되었다가 1971년 복권되어 중공 10大 중앙위원으로 선출되었다. 1979년 당 중앙정치국 위원을 거쳐 1980년 국무원총리로 발탁되었다. 이어 호요방의 뒤를 이어 1987년 당 총서기가 되었으나, 개혁을 요구하는 학생들의 시위에 동조했다가, '6 · 4천안문사건' 으로 실각했다. 그는 현대 중국의 정단에 호요방과 같이 급진적인 개혁성향의 인물로 치부된다. 북경교외에 있는 명(明)13릉(陵) 골프클럽에서 골프를 치면서 만년을 보내다가 2006년 사망했다. 지금 그의 유족들이 중국공산당에 그의 복권을 탄원하고 있다.

조자양의 뒤를 이어 국무원총리에 발탁된 사람이 이붕(李鵬)이다. 그는 사천성 성도(成都) 출생으로, 부모가 모두 초기 공산당원으로 1927년 남창폭동에 참가하였고, 1931년 해남도에서 국민당에게 체포되어 처형당했다. 1939년 주은래가 이붕을 열사의 아들로 지정하고 자신의 양자로 삼았다. 이붕은 주은래의 후광으로 1948년 모스크바 동력대학에 유학했고, 1981년 전력부 부장이 되면서 중앙정계로 진출했다. 1982년 당 중앙위원, 1985년 정치국 위원이 되었으며, 1987년 정치국 상무위원, 1988년 4월 국무원총리로 피선되었으며, 1998년 주용기에게 국무원총리를 인계하고는 전국인대 상무위원장(당내 서열 2위)으로 자리를 옮겨 2003년 퇴직 시까지 중국의 제3대 영도집단의 핵심인물로 활동했다. 중국사람들의 이붕

---

32) 양개범시(兩個凡是)란? 凡是毛主席作出的決策, 我們都要堅決擁護. 凡是毛主席的指示, 我們都要始終不渝地遵循.(무릇 모주석이 행한 결책은 우리가 굳건히 옹호해야하며, 무릇 모주석의 지시는 우리는 시종 변함없이 따라야 한다.)

에 대한 평가는 냉혹하다. 유능했다기보다는 '태자당'으로 고생 없이 관운이 좋았다. 또는 너무 부패했다는 등. 그가 남긴 일화는 부인의 정치개입과 일가족의 부패에 관한 얘기밖에 없다.

이붕의 뒤를 이은 주용기(朱鎔基)는 이름 그대로 "쇠를 녹이는" 사람이었고, 전임자와는 대별되었다. 호남성 장사(長沙)에서 유복자(遺腹子)로 태어난 그는 10세 때 어머니마저 여의고 큰 아버지 집에서 자랐다. 어릴 때부터 신동(神童)소리를 들은 그는 1947년 청화대학에 입학하였고, 졸업 후 동북인민정부 공업부에서 공직을 맡았다가 1957년 '반(反) 우파투쟁(右派鬪爭)' 때 당적(黨籍)을 박탈당하고 직위해제 당했으며, 문혁 때도 우파로 몰려 1970년부터 5년 동안 돼지사육에 종사하는 등 고초를 겪었다. 총리 당시 지인(知人)들이 문혁기간에 겪었던 일화를 이야기해달라면 손사래를 친다. 그만큼 기억하고 싶지도 않다는 뜻이다. 문혁이후, 마홍(馬洪) 사회과학원 공업경제연구실 주임에게 발탁되면서 다시 관계로 나왔고, 1987년 상해시장이 되었다. 1989년 천안문사건 시 상해의 동요를 군대투입 없이 텔레비전 연설로 학생들을 자제시켜 무혈해산시킴으로써 지도력을 인정받았다. 1991년 상해를 방문한 등소평에게 개혁구상을 보고한 뒤 그로부터 "경제를 아는 사람"으로 인정받아 그해 국무원부총리로 발탁되면서 중국의 고질적인 '국유기업, 금융기구, 정부기구'의 개혁에 착수하였다.

그는 '철완(鐵腕)'이라는 별명이 있는 만큼 뚝심세기로 유명했다. 길거리에는 '하강(下崗:정리해고)' 인원이 넘쳐흘러 인심이 흉흉해도 확실한 중국의 장래를 보고 그대로 밀어붙였다. 그의 불도저식 개혁에 대항하는 사람들이 많아지자 "100개의 관을 준비해라. 99개는 그들의 것이고 나머지 하나는 내 것이다"라 한 말은 지금도 유명하다. 오늘 중국의 경제개혁은 그의 추진력에서 나왔고, 그의 행동은 그대로 멸사봉공의 표본이 되어 주은래 이후의 '최고의 총리'로 칭송되고 있다. 공직을 물러난 뒤에는 일체의 공식석상에 얼굴을 나타내지 않고 있는 것으로 또한 유명하다.

"흘러간 물은 물레방아를 돌리지 못한다."

내가 온가보를 처음 인식한 것은 1998년 '장강(長江) 대홍수' 때였다. 그는 정치국위원이며 국무원부총리의 신분인데도 장대같이 쏟아지는 비속에서 허름한 T샤스를 입고 제방을 쌓고 있는 병사들과 꼭 같이 행동하고 있었다. 비 맞아 추레하고 땀 냄새가 물씬 날 것 같은 그의 몰골에서 무한한 성실함이 베어있었다. 그는 '장강 대홍수'가 마무리될 때까지 현장을 떠나지 않았다. "아! 저 사람이 중국의 장래를 짊어지겠구나!"했더니 결국에는 총리로 발탁되었다.

그는 1942년 천진 태생이다. 1967년 북경지질대학 광산학과를 졸업하고 북경지질연구원으로 있던 중, 하방(下放)되어 감숙성 지질역학 기술원으로 있었다. 1976년 당산(唐山)대지진 이후 예보 전문가를 찾던 중앙정부에 의해 1982년 중앙으로 발탁되었다. 1986년 중앙당 판공청 주임, 1987년 중공 13대에서 중앙위원 겸 서기처 후보 서기로 승진되었다. 1989년 천안문사건 시 조자양과 같이 행동했음에도 쫓겨나지 않고, 1992년 정치국 후보위원 겸 서기처 서기로 영전하였다. 1998년 3월 국무원부총리 겸 당 중앙농업영도소조 조장, 2002년 11월 정치국 상무위원이 되었고, 2003년 3월 호금도, 오방국에 이어 당 서열 3위인 국무원총리로 선출되었다. 온가보는 중국 최대의 고민인 '삼농문제(三農問題)'[33] 해결에 전력투구하고 있다. 중국사람들은 그를 빈민의 고통을 아는 사람으로 꼽고 있다. 요즘도 온가보의 '운동화'와 '점퍼'는 유명하다.

중국은 정말 '총리'를 잘 뽑는다.

---

33) 三農이란, 농업(農業)과 농가(農家)·농민(農民)을 말하며, 중국 인구의 75%가 농민으로 이들은 개혁개방으로 이전의 인민공사 시절보다 절대적 소득은 나아졌으나, 도시지역에 비해서 상대적인 소득 격차는 갈수록 심해지고 있어, 제반 사회문제의 핵심이 되고 있다.

● 국무원총리가 하는 일

국무원은 총리책임제이다.

총리는 국무원의 전체 인원을 지휘하며, 국무원상무회의와 전체회의를 소집하고 주재한다. 이 회의는 위원회제가 아니며 토론할 문제에 대해서 광범하게 토론하여 의견을 종합한 후 최종적으로 총리가 결정한다.

헌법에 규정된 총리의 직권(職權)은 무려 18개 항목(중화인민공화국 헌법 제3장 제3절 제89조)에 달하나 다음 다섯 가지로 요약된다.

① 행정집법(行政執法) 방면의 권력이다. 즉 각 部·委의 업무와 각 部·委에 속하지 않는 전국적인 업무를 포함하여, 지방의 각급 행정기관의 업무를 통일 관장한다.

② 행정입법(行政立法) 방면의 권력이다. 즉 행정법규를 제정하고, 위임입법을 시행한다. 여기에는 전국인대와 상무위원회의 수권(授權)사항으로 어떤 부분에서 법률 효력이 행정법규보다 높은 법률문건을 제정을 포함한다. 전국인대 또는 상무위원회에 법안을 제출한다.

③ 경제관리(經濟管理) 방면의 권력이다. 국민경제와 사회발전계획, 국가예산을 제정하고 집행한다. 각 방면의 경제관계를 협조하고, 국가의 중점 건설 사항을 계획한다. 경제법규와 산업정책, 국가금융·세수·보험정책 등을 제정한다.

④ 사회관리(社會管理) 방면의 권력이다. 국방건설사업, 교육·과학·문화·위생사업을 관장한다. 민정·공안·사법행정·감찰 등 분야와 민족사무와 민족자치지방업무를 관장한다. 화교와 그 권속(眷屬)의 합법적 권익을 보호한다. 사회질서를 침해하는 엄중한 사태가 발생했을 시, 국무원은 각성·자치구·직할시 등 부분 지구에 계엄을 실시할 권한을 가진다.

⑤ 대외사무(對外事務) 방면의 권력을 가진다. 국무원은 대외적으로 정

부를 대표하며 대외업무를 관리한다. 외교 · 담판과 외국정부와 조약과 협정을 체결하는 것은 모두 국무원의 직권 범위 내에 있다.

부총리와 국무위원은 총리가 위임하는 분야를 책임지고 업무를 수행하며, 업무 수행 중 중요한 문제에 대해서는 반드시 총리에게 보고한다.

결론적으로 국무원은 국가최고행정기관으로써 현 중국정치권력 구조 가운데 집행부분이며, 그는 전면적인 집법활동과 중앙에서부터 지방까지 국가행정활동의 관장을 통해서 국가의 법령과 정령의 통일을 보장한다.

● 국무원에는 어떤 기구가 있는가?

국무원의 기구도 수차례의 개혁을 겪었다. 2008년 3월 18일 제11기 전국인대가 종료된 후, 현재 국무원의 행정기구는 다음과 같다.

총리(1), 부총리(4), 국무위원(5), 비서장(1, 국무위원 겸임)

판공청, 부위(部委)(27), 직속특설기구(1), 직속기구(15), 판사기구(4), 직속 사업단위(14), 부위가 관리하는 국가국(國家局)(13) 등이다.

국무원의 27개 부 · 위원회 등 구성부서는 다음과 같다.

외교부, 국방부, 발전개혁위원회, 교육부, 과학기술부, 공업 및 신식[정보화]부, 국가민족사무위원회, 공안부, 안전부, 감찰부, 민정부, 사법부, 재정부, 인사자원 및 사회보장부, 국토자원부, 환경보호부, 주택 및 도시건설부, 교통운수부, 철도부, 수리부(水利部), 농업부, 상무부, 문화부, 위생부, 인구 · 계획생육위원회, 중국인민은행, 심계서(審計署)

이외에도 국무원 직속 특설기구 1개(국유자산감독관리위원회), 국무원 직속기구 15개, 국무원 판사기구(辦事機構) 4개, 국무원 직속 사업단위 14개 등이 있다.

국무원 직속기구 및 국무원 판사기구, 국무원 직속 사업단위는 다음과 같다.

■ **국무원 직속기구(15개)**

해관총서, 세무총국, 공상총국, 질검총국(質檢總局), 방송 · TV총국, 신문출판총국, 체육총국, 안전감독총국, 통계국, 임업국, 지식산권국, 여유국(旅遊局), 종교국, 참사실, 국관국(國管局)

■ **국무원 판사기구(4개)**

교판(僑辦 : 화교사무소), 홍콩 · 마카오사무소, 법제사무소, 국연실(國研室)

■ **국무원 직속 사업단위(14개)**

신화사, 중국과학권, 사회과학원, 공정원(工程院), 발전연구중심, 행정학원, 지진국(地震局), 기상국, 은행회, 증감회(證監會), 보감회(保監會), 전감회(電監會), 사보기금회(社保基金會), 자연과학기금회

하기야 우리나라 같이 좁은 나라에도 수많은 '위원회' 가 있는데, 사람이 많고, 땅이 넓고, 구성도 다양한데, 기구가 많고 복잡한 것은 당연하다. 그러나 이 기구는 최근에 와서 '정간(精簡)' 되어가는 추세다.

*5. '박수부대' 중국인민정치협상회의

중화인민공화국의 성립과정에서 우리는 통상 두 가지 오해에 빠진다. 하나는 공산당정권이기 때문에 중국이 바로 사회주의나 공산주의로 이행

했다는 오해요, 다른 하나는 정권 탄생 당시 대륙은 이미 중국공산당에 의해서 장악되었다는 오해다.

첫 번째, 중국대륙에 비록 공산당이 주도하는 정권이 탄생하기는 했지만 사회주의로 바로 이행하지 못하고 그 중간 단계인 '신민주주의'라는 과도기를 거친다. 즉 정부조직에 있어서 공산당의 지분은 대략 1/3정도만 차지하고, 공산당에 협조하는 민주제정파(民主諸政派)가 참여하고, 사회제도도 자본주의의 색채를 완전히 지우지 않은 상태에서 사회주의를 접목하는 그런 체제였다. 이른바 「신민주주의론」에 입각한 정치제도다.

두 번째는 국공(國共) 사이의 내전은 국민당정부가 대만으로 철수한 뒤에도 계속되어 1951년 6월에 가서야 종결이 된다. 이 이후에도 국민당 잔당과 부분적 전투는 거의 60년대 중반까지 계속된다.

중국에만 있는 독특한 조직이 있다. 그것이 중국인민정치협상회의이다. 이 조직은 국민당과의 대결 시에 공산당이 연합항일을 위해서 이용했고, 항일전쟁이 끝난 뒤에는 바로 연합정부 구성을 정치적 구호로 내세울 때 이용했던 통일전선 공작을 위한 조직이다.

현재는 정협이 매년 2월 전국인대가 열리기 전, '양회(兩會)'라는 명칭으로 중국 정치일정에서 딱 한번 각광을 받고, 중국의 관료들이 당과 행정, 인민대표, 정협 순으로 공직생활을 마감하는 끝순서의 양로원 신세를 못 면하고, 정협 스스로도 '박수부대'라 칭하고 있지만, 한때는 공산당정권을 탄생시키는 산파 역할을 한 중요한 정치단체다.

● 중국인민정치협상회의란? 그 함의와 창립

정협(政協)제도는 중국공산당 영도 하에 각 정당, 각 인민단체, 각 소수민족과 사회각계의 대표가 중국인민정치협상회의라는 조직을 통해, 국가의 대정방침(大政方針)에 대해 "민주적인 협상"으로 진행하는 제도이다.

이 제도는 중국의 혁명역사와 국정에 기초하여 탄생한 정치적 산물이며, 현 중국의 기본정치제도의 하나다.

항일전쟁이 종결된 후, 중국공산당이 당면한 문제는 여하히 건국하느냐는 것이었다. 중국공산당은 먼저 '연합정부(聯合政府)' 구성을 제의했다. 1946년 1월 10일부터 31일까지 국민당, 공산당, 기타 당파, 무당파(無黨派) 인사의 대표 38명이 중경(重慶)에 모여 정치협상회의[舊政協]를 진행했다. 이 회의는 5개항의 결의안[34]을 통과시키고, 국민당정부가 일시적으로 이를 수용하고 공산당도 만족하지만 곧 국공(國共)간에 마찰이 일어나 쌍방 모두 이 결의안을 파기한다.

곧 이어 제2차 국공내전이 발생하고, 중국공산당은 전략적 방어에서 전략적 공세로 전환하는 시점인 1948년 5월 1일, 각 민주당파와 각 인민단체 및 사회 저명인사로 구성된 새로운 정치협상회의[新政協]를 소집하여 민주연합정부를 구성하자고 호소하였다. 이것이 '5 · 1 호소(號召)' 였다.

이 호소에 부응하여 1948년 8월부터 각계 대표들(대부분 좌경인사)이 하북성(河北省)의 평산(平山)에 집결하기 시작했고, 1949년 3월 모택동은 중공 제7기 2중 전회에서 "새로운 정치협상회의 개막과 민주연합정부의 성립을 위한 모든 조건이 성숙되었다"고 선포했다.

1949년 6월 15~20일까지 북경에서 신정협주비회를 개최하였고, 9월 17일부터 열린 제2차 주비회의에서 신정치협상회의를 '중국인민정치협상회의' 로 개칭하였다.

1949년 9월 21~30일까지 소집된 제1차 회의는 전국인대의 직권을 대신하여 신 중국의 국가명칭과, 국체 및 정체를 확정했고, 임시 헌법의 역할을 한 「중국인민정치협상회의 공동강령」과 「중화인민공화국 중앙인민정부 조직법」, 「중국인민정치협상회의 조직법」을 통과시켰으며, 모택동

---

34) 舊政協이 통과시킨 5개항 결의사항: 정부조직문제에 관한 협의, 평화건국 강령, 국민대회에 관한 문제, 헌법초안 문제에 관한 협의, 군사문제에 관한 협의

을 주석으로 하는 중앙인민정부를 선출했다. 1954년 제1기 전국인대가 소집되고 헌법이 발효되어서도 정협은 통전(統戰)조직으로서 계속 존재해 왔다.

● 발전의 경과(화려한 출발과 존속의 현재)

중국의 정치협상제도가 생긴지 60년, 이 제도는 대개 4단계로 구분된다.

제1기는 1949년 9월부터 1954년 9월까지이다. 정협은 그 성질상 비록 국가기관에 속하지는 않지만 건국 초기 특수한 역사적 조건으로 인하여, 전국인민대표대회가 구성되기 전까지 전국인대의 역할을 대신했다. 바로 이때가 "정협의 전성시대"였다.

제2기는 1954년 10월부터 1966년 5월까지이다. 전국인대가 구성되어 더 이상 전국인대의 역할을 할 필요가 없어지고 단순히 공산당이 영도하는 통일전선조직으로서만 역할을 계속했다. 당시 제정된 「중국인민정치협상회의 장정(章程)」에 "금후 중국인민정치협상회의는 전국 각 족 인민, 각 민주계급, 각 민주당파, 각 인민단체, 국외화교 및 기타 애국민주인사를 단결시키는 인민민주통일전선의 조직으로 여전히 존재할 필요가 있다"라고 규정했다. 이때까지는 과거의 '후광(後光)'이 아직 남아있을 때이다.

제3기는 1966년 6월부터 1976년 10월까지이다. 문혁기간에 정협의 정책은 '투항주의'로 매도되고, 통전부는 '계급투항부'라고 불렸다. 이에 따라 정협의 활동은 1966년 8월 30일부로 정지되었다. 그나마 남아있던 '정치협상'의 싹이 뿌리 채 잘려나간 시절이었다.

제4기는 1977년 이후부터 현재까지이다. 1978년 2월 정협 제5기 전국위원회 제1차 회의를 개최하여 이전의 10년 동안 중단했던 정치협상제도를 정식으로 회복했다. 새로운 개념의 '정치협상' 제도라 할 수 있다.

재미있는 사실은 제3기와 제4기 정협 전국위원회주석에 주은래가 당선되었고, 주은래 사후, 문혁이 종식된 후 열린 제5기 정협 전국위원회주석에는 등소평, 1983년 거행된 제6기 정협 전국위원회주석에는 주은래의 부인인 등영초(鄧穎超)가 당선되었다. 주은래 부부가 모두 이 정협과 아주 밀접한 관계가 있음을 나타낸다. 중국공산당이 손문의 부인인 송경령을 신중국 건설에 끌어들이기 위해 등영초를 상해로 파견하여 송경령에게 신정치협상회의에 참여해 줄 것을 읍소한 일화는 유명하다.

주은래와 등영초는 정협의 뿌리요 역사인 셈이다.

● 정협의 성질 및 임무

중국헌법의 서언에 보면, "중국인민정치협상회의는 광범한 대표성을 가진 통일전선 조직이다"라고 명시되어 있다. 즉, 정협의 성질은 첫째로 중국의 통일전선은 중국공산당이 영도하며, 각 민주당파와 인민단체가 참가하고, 노동자와 사회주의를 찬성하는 자들로 구성된 정치연맹이다. 둘째로 정치협상과 민주적인 감독을 하는 기관이다. 정협은 국가기관이 아니며, 국가의 기구체계도 아니며, 국가의 기관이 가지는 강제력도 없다. 전국인대가 놓치기 쉬운 인민들의 여론을 수렴하는 기관의 역할을 하고 있다.

정협의 주요 직능으로 정치협상과 민주감독, 의정참여로 규정되어 있으나 정협 자체가 무엇을 결정하거나 실행하는 기관이 아니기 때문에 결국 정협의 성질은 한마디로 중국공산당의 외곽단체이며, 임무는 공산당 반대세력이 발생치 않도록 하는 것이며, 정부가 정책을 수행하는 과정에서 일어날 수 있는 반대여론을 사전 차단하고 민심의 동향을 파악하여 공산당과 정부에 전달하는 역할이다.

중국인민정치협상회의 주석은 현재 당 서열 4위로 굳어지고 있다. 전(前) 주석인 이서환(李瑞煥)이 그렇고, 현재의 주석인 가경림(賈慶林)이 그렇다. 정협은 비록 속빈 강정일지라도 중국의 정치기구 중에서 아직 중요한 위치를 차지하고 있음을 반증하는 것이다.

최근 정협은 외사활동을 하면서, 다른 국가의 상원(上院) 또는 참의원(參議院)을 상대하는 역할을 하기도 한다. 1993년 전국정협주석 이서환이 인도를 방문했을 때, 정협의 지위에 대해서 다음과 같이 말했다. "官을 말할 때는 관이오, 民을 말할 때는 민이 된다. 관이라면 관이고, 민이라면 민인데, 관도 아니고 민도 아니다." 관도 아니고 민도 아닌 독특한 기관이 바로 정치협상회의이다.

*6. '이름뿐인' 국가중앙군사위원회(國家中央軍事委員會)

중국군대에 대한 일반적인 오해 중의 하나는 국가주석이 중국군대에 대한 통수권을 가지고 있고, 중국군대가 중화인민공화국의 군대라는 데 있다. 현실적으로 1/3만 맞다. 앞에서 설명했지만 국가주석은 군통수권이 없다. 중앙군사위원회 주석이 가지고 있다. 중국군대는 우선은 당의 군대요, 그 다음이 국가의 군대다.

요즘 '국가중앙군사위원회' 라는 말을 많이 쓴다. 그런데 적절히 사용하지 않으면 틀린다.

국가중앙군사위원회는 국가 기관이다. 즉 전국인민대표대회와 그 상무위원회에서 선거를 통해 탄생된다는 뜻이다.

본래는 '당중앙군사위원회' 만 있었다. 그런데 지금은 그저 '중앙군사위원회' 라고 만 한다.

현재의 '중앙군사위원회(中央軍事委員會)' 는 당과 국가라는 두 개의 모자를 쓰고 있다. '당중앙군사위원회' 란 중국인민해방군이 중국공산당의 군대라는 뜻인데, 이는 이미지상 국제사회에서 기형으로 받아들여지고, 각국과의 군사교류에서도 문제가 발생한다. 때문에 '중앙군사위원회' 앞에 '당' 이라든지 '국가' 라는 명칭을 아예 제거하고 대외적으로 그저 '중앙군사위원회' 로 부른다. 그러나 당 중앙위원회에서 선출하는 중앙군사위원회를 여전히 '당중앙군사위원회' 로, 전국인대에서 선출하는 중앙군사위원회를 '국가중앙군사위원회' 로 부르고 있다.

전국인대와 그 상무위원회는 '당중앙군사위원회 주석' 을 형식적인 선거를 통해 '국가중앙군사위원회 주석' 으로 재 선출하고, 중앙군위주석이 추천한 부주석과 위원 전원을 부결 없이 재 선출한다. 이로써 "중화인민공화국의 군대"라는 형식을 유지하고 있다. 형식적으로 전국인대가 국가중앙군위의 주석과 부주석, 위원의 파면권을 가지고 있고, 중국인민해방군도 자신의 대표를 전국인대에 보낸다. 역사적으로 중앙군위가 전국인대에 대해서 책임진 적은 한 번도 없다.

*7. '독립' 이 요원한 사법(司法)

2001년으로 기억된다. 당시 한국의 대법원장이 중국의 최고인민법원 원장의 초청을 받아 중국을 공식 방문했다. 북경일정을 마치고 주중한국대사 주최로 오찬이 있었다. 대법원장을 수행한 한 판사가 중국법원을 견학한 소감을 말했다.

"판례가 정리되어 있지 않아요. 중요 법률에 대한 판례도 많지 않아요. 한국과는 공유할 자료가 없어요."

한마디로 재판의 역사와 그 기록이 없다는 말이다. 중국 인민법원은 이것을 한국적 시각이라 할 것이다.

중국의 법원은 사회주의라는 특수성과 정치적 파동 등으로 사법부의 독자적 재량이 없고, 재판 자체가 정치에 종속되어 있다. 우리의 시각에서는 도저히 이해할 수 없는 부분이다. 헌법의 기본원칙이 다르기 때문이다.

한국과 같은 자본주의 국가에서는 '삼권분립(三權分立)'의 원칙을 적용하고 있으나, 중국과 같은 사회주의 국가에서는 '의행합일(議行合一: 의회와 행정이 하나)'의 원칙을 적용하고 있다. '의행합일'은 무산계급독재의 '정수(精髓)'다. 중국의 국가기관 체계는 파리콤뮨 의행합일[35]의 전통을 이어받고 있다.

사회주의 헌법의 의행합일원칙과 자본주의 국가의 삼권분립원칙을 비교하면 두 가지 면에서 현저한 차이가 난다.

첫째 이론의 출발에서 보면, 삼권분립의 이론 기초는 유심주의(唯心主義)이며 분권과 견제에 중점을 두며, 의행합일은 유물주의(唯物主義)이며, 국가의 운용 패턴과 본질을 하나로 묶었다고 할 수 있다.

둘째 실제 운용면에서 보면 삼권분립은 말 그대로 입법 · 행정 · 사법이 분리 독립되고 상호견제가 견제가 이루어지나, 국민의 대의기관인 의회가 국가의 주권을 완전히 행사하지 못하는 면이 있다. 반면 의행합일은 의회가 국가의 최고 권력기관이 되어 다른 기관의 견제를 받지 않고 국가권력을 행사한다.

문제는 의회가 국민의 대표로 구성되어 민의를 반영하는 것이 아니라,

---

35) 의행합일은 파리콤뮨(Paris Commune: 1871년 파리노동자들이 창립한 단체)이 맨 먼저 만든 원칙이다. 콤뮨의 조직과 활동의 원칙: 콤뮨은 파리 각 지역에서 보통선거로 선출된 대표(대부분 노동자)로 구성하고, 콤뮨은 행정부문의 공직자를 임명하며, 법관을 선거로 선출하고, 모두가 오로지 선민에 대해서만 책임진다. 모든 사회생활업무의 창의권(創議權)은 콤뮨에 귀속되고, 사회공직은 모두 공사의 官吏에 의해서 집행되며 콤뮨의 감독하에 있다. 결국 공사는 입법과 행정의 겸하는 기관, 바로 의행합일의 기관이다.

공산당이 국가권력기관에 파견한 출장소 역할을 하며, 의회는 공산당의 정책을 시행하기 위한 전달자 역할만 한다는 데 있다. 결국 '의행합일' 은 일당독재를 순탄하게 시행하기 위한 원칙으로 전락하고 있다.

결국 이러한 속내를 모르면 왜 중국의 최고인민법원과 최고인민검찰원이 동등한 자격으로 있고, 다른 국가기관보다 한 단계 아래인가에 대해 계속 의구심을 가질 수밖에 없다.

● 중국 사법계통의 성질

중국의 중앙사법계통은 최고인민법원과 최고인민검찰원으로 구성되어 있다. 이 두 기관은 국무원이나 중앙군위 보다 격이 하나 떨어진다. 최고인민법원 원장과 최고인민검찰원 검찰장은 국무원부총리에 상당한다. 그러나 이 양대 기구 역시 전국인대에서 선출되는 독립된 기관이다. 또한 국무원과 같이 '일부양원(一府兩院)' 으로 호칭되는 동등한 기관이다. 이 둘은 '협의의 사법기관' 이다.

'협의' 와 상대되는 '광의의 사법기관' 이 있다. 이들 기관은 최고인민법원과 최고인민검찰원 외에 행정기관인 공안기관, 국가안전기관, 사법행정기관, 노동개조와 노동교양기관 등이 포함된다.

또 '협의' 와 '광의' 를 모두 지휘하는 정법위원회라는 것이 있다. 중국공산당의 집정(執政) 절차에 기준하여 중공중앙과 지방의 각급 당위원회 산하에는 모두 정법위원회(政法委員會)가 설치되어 각종 사법기능을 가진 기관들의 업무를 통일지휘하고 협조시킨다.

최근에 와서 중국은 '법치주의' 라는 말과 '법대로' 라는 말을 자주 사용한다. 이 말이 자주 등장하는 이면에는 곧 이전에 법이 없었다는 의미로 해석된다. 건국 초기에 중공의 지도자들은 최고인민법원과 최고인민검찰서, 공안부와 사법부라는 것을 설립하여 '법대로' 뭔가 해보려 했으나 워낙 '법대로' 하지 않던 습성이 있어 '법대로' 하기에는 많은 무리가 따랐다.

사실 법대로 하려면 불편을 참는 인내와 정서적 안정, 합리적 사고, 제도화 등이 따라야 하는데, 마르크스주의와 모택동사상은 이전 중국의 어떤 사상보다도 판이했고, 모든 것을 혁명이란 수단으로 해결했으며, 갖은 선전과 모략, 피나는 투쟁이 전통으로 자리 잡고 있어, '법대로' 하다가도 잘 통하지 않으면 옛날의 '마음대로' 가 나오곤 했다.

중국은 한동안 법이 통하지 않던 시기가 있었다. 1950년대 후기부터 시작해서 중국에 나타난 극좌의 사조는 '법 경시' 로 발전한다. 법 앞에 평등이라든지 법원이 독립적으로 재판을 진행한다는 원칙은 부정되고 법을 지키려는 사람은 '우파분자' 로 몰려 박해를 받는다. 1958년 대약진 시기에는 공안 · 검찰 · 법원을 하나로 합쳐 '공안정법부(公安政法部)' 라는 것을 만든다. 각 기관은 상호 배합과 협력 · 견제기능 가운데서 상호지지(相互支持)를 첫 번째, 상호견제(相互牽制)를 다음으로 하다가, 나중에는 아예 견제기능 자체를 없애버리고, 공안부장이 세 가지 기능을 모두 가지게 된다. 문화혁명이 시작되면서 홍위병의 천지가 되어, 법원은 무실화(無實化) 되고 도처에 소위 '인민재판' 이 성행한다.

중공 제11기 3중 전회를 거쳐, 1979년 제5기 전국인대에서 비로소 '무법천지' 가 해소되고 사법부의 기능이 회복된다. 1983년 4월, 중공중앙과 국무원은 공안부가 관리하던 감옥과 노동개조, 노동교양업무를 사법부로 이관하기로 결정한다. 동년 6월 국가안전과 대 간첩공작을 위하여 국가안전부를 설치한다. 즉 우리식으로 하면 '교정(矯正) 업무' 가 '법무부' 로 옮겨가고, '대공업무(對共業務)' 가 '국정원' 으로 옮겨간 셈이다.

현재도 공안부의 권한은 막강하다. 무장경찰은 비록 중앙군위의 소속으로 되어있으나 공안부의 지휘도 받는다. 전 공안부장 주영강(周永康)은 당중앙위원이며 국방부장과 마찬가지로 국무위원을 겸했다. 2007년 개최된 당 17대에서 주영강은 정치국상무위원으로 선출되었고, 맹건주(孟建柱)가 후임으로 선임되었으며, 그 역시 국무위원을 겸하고 있다.

● 최고인민법원(最高人民法院)

최고인민법원은 중국 최고국가심판기관이다.(중국에서는 재판이란 말 대신 심판이란 용어를 사용한다.)

주요 기능은,

전국적으로 중대한 민사와 형사안건을 심리하고, 법률과 법령 규정을 심판한다. 고법이나 전문법원의 판결, 또는 상소안건 · 항소안건을 이심(二審)한다. 최고인민검찰원이 제출한 항소안건을 심판한다. 최고인민법원의 일심과 이심 판결(判決) · 재정(裁定)은 모두 최종심(最終審)이다. 예를 들어 1981년 1월 25일 최고인민법원 특별법정은 강청 등 10명의 '임표 · 강청 반혁명집단' 주범에 대한 판결을 했다. 단지 한 차례 열린 판결이었지만 최종판결이 되었다. 어쩌면 군사재판과 같은 성격을 띠고 있다.

최고인민법원 원장은 전국인대에서 선출되며, 전국인대에 책임을 지고, 전국인대에 업무보고를 하고, 임기는 전국인대와 동일하다. 원장 외에 약간명의 부원장이 있고, 입안(立案) · 형1 · 형2 · 민1 · 민2 · 민3 · 민4 · 행정 · 심감(審監) 등 9개의 심판정이 있으며 80명의 심판원이 있다.

전문인민법원은 군사법원, 해사법원, 철로운수법원 등이 있고, 삼림이나 석유, 농간(農墾: 황무지 개간지) 등에서도 실정에 따라 전문인민법원이 설치되어있다.

군사법원(軍事法院)은 전문인민법원 가운데서 특수한 위치에 있다. 군사법원은 중국의 법률 및 법정소송 절차를 적용하고 있는 중국심판체계 중의 하나이나, 군사법원의 설치와 취소, 인원편제는 모두 중앙군위에서 결정한다. 각급 군사법원은 군내의 조직 계통에 따라 설치되어 있다. 군사법원은 인민해방군의 건제이며, 심판원은 모두 현역군관이 담당한다. 편제는 동급의 정치부 계열에 소속된다. 각급 군사법원의 관할 범위는 군대체제로 제한된다. 예를 들어 중국인민해방군 군사법원 원장이 전국인대 상무위원회에서 임명되는 것을 제외하고, 각급 군사법원의 원장은 모두 군대에서 임면권을 가지고 있으며, 군대 정치기관의 영도 하에서 업무를 수행한다.

한마디로 군 사법권은 부대의 사령원이 아니라 정치주임이 가지고 있다. 중공중앙은 총정치부를 통해서 군대를 영도하기 때문에 곧 군 사법권은 넓게 말해서 당에서 가지고 있는 셈이다.

● 최고인민검찰원(最高人民檢察院)

최고인민검찰원은 중국의 법률 감독기관이다.

주요 기능은,

전국과 관련된 중대 형사안건을 최고인민법원에 공소제기하고, 각급 인민법원의 판결과 재정에 대해서 항소권을 가진다. 법원계통과는 다르게 검찰원은 이중 지휘를 받는다. 즉, 차하급 검찰원은 동급의 인민대표대회와 그 상무위원회 및 차상급 검찰원의 지휘를 받는다.

최고인민검찰장은 전국인대에서 선출되며, 부검찰장과 검찰원 약간 명을 둔다. 최고인민법원과 유사하게 최고인민검찰원은 검찰위원회를 설치한다. 검찰위원회의 구성요원은 검찰장이 구성요원의 명단을 제출하면 전국인대 상무위원회에서 임명한다. 검찰위원회 회의는 검찰장이 주재하며 민주집중제(民主集中制: 집단토론, 다수결 결정) 방식으로 토론하고 결정한다.

중국의 검찰은 수사상 공안을 지휘할 권한도 없고, 한국의 검사와 같이 검사 개인이 독립기관이 될 수 없다. 중국의 검찰은 늘 공안의 뒷북만 치고 다닌다.

● 중국에서 '사법독립(司法獨立)' 이란?

최고인민법원이나 최고인민검찰원은 헌법상의 지위는 평등하다. 각자 독립적으로 심판권과 검찰권을 행사한다. 그들의 상호관계는 책임분담, 상호배합, 상호견제의 원칙이다.

사법권의 독립적 행사는 중국의 헌법상에는 "행정기관이나 사회단체 및 개인의 간섭을 받지 않는다"라고 명시되어 있다. 그러나 이 '사법독립' 에 관해서 한국 등 서방국가와는 몇 가지 다른 점이 있다.

① 한국이나 서방국가의 사법독립은 사법권이 '민의' 를 위해서 부여됨으로 행정기관이나 대의기관(代議機關)으로부터의 독립이다. 중국의 사법권은 전국인대가 부여하는 것임으로 대의기관에 종속되어 있다.

② 한국은 입법 · 사법 · 행정의 삼권이 평등하나, 중국의 사법권은 입법권의 하위 이다.

③ 중국의 사법독립은 법원과 검찰원이 특정집단으로 심판권과 검찰권을 독립 행사하는 것이지, 한국이나 서방국가의 법관이나 검사처럼 특정 공직 개인이 독립적으로 권력을 행사하는 것은 아니다.

④ 중국의 법관은 서방의 일부국가처럼 법관 종신제가 아니다.

⑤ 중국공산당이 국가사법기관을 통제한다. 즉 당의 정법위원회가 각 사법기관의 관계를 조율하고 중대한 사법업무를 조직하며, 사법기관의 당 조직을 통하여 사법업무 요원의 사상정치공작을 실시함으로써 법관이 '초당적' 이 되거나 또는 검찰이 '중립' 을 도모하지 못하도록 한다.

● 당 정법위원회, 중국의 사법기관 위에 군림

광의의 사법기관에 인민법원과 인민검찰원 외에 공안부와 국가안전부,

사법부(司法部: 한국의 법무부)[36]가 있다고 언급하였다.

중국헌법 제135조에 "인민법원, 인민검찰원과 공안기관은 형사안건을 처리하는데 있어, 업무분담, 상호배합, 상호견제 함으로써 법률을 유효적절하게 집행하도록 한다"라고 명시되어 있다.

공안은 형사사건에 있어서 한국의 경찰 역할과 비슷하나 한국처럼 검찰의 지휘를 받지 않는다. 단지 독자적인 수사를 한 후 검찰에 이첩할 뿐이다. 공안은 형사사건 피의자를 체포할 경우 형식적으로 검찰의 승인을 얻는다.

중국은 다민족국가인 관계로 기소나 소송, 재판의 진행, 판결 등을 요청에 따라 소수민족의 언어로 진행할 권리가 있다. 예를 들어 조선족이 피의자가 되어 법정에 서면, 조선족 변호인을 고용할 수 있고, 심문이나 법정진술을 모두 조선족어로 하며, 법정 기록도 한어(漢語)와 조선족어로 한다. 통역이 필요하면 통역을 지원해준다.

광의의 사법기관 사이의 조율과 통제는 중공중앙정법위원회를 통해서 이루어진다. 특히 정치적 사건일 경우 정법위원회와 그 상위의 정치국에서 처리 방향에 대한 지침이 내려지면 사법기관은 그 지침에 합당한 조서와 법조문을 적용하기만 하면 된다. 법 적용이 잘되었느니, 재판이 공정하였느니 하는 문제가 제기될 수 없다. 검사나 판사가 편하다. 그러나 책임감과 전문성은 결여되어 있다.

정법위원회의 전횡이 심해져 사법기관의 판결에 상당한 영향을 미치게 되자, 1983년 2월 26일, 팽진(彭眞)[37]은 '정법 각 부문 책임자 회의'에서

---

36) 사법부는 중국의 사법행정기관으로, 국가의 사법행정사무를 주관하고, 변호사조직과 공정기관, 노동개조 및 노동교양기관(교정업무) 등을 지휘하는 책임이 있다.

37) 팽진(彭眞)은 중국공산당의 원로 중에서 법치주의를 지향한 인물이다. 그는 1902년 10월 12일 산서성에서 태어났고, 1924년 산서성 중공조직을 건설하였으며, 1949년 중앙인민정부위원, 1953년 정무원 정치법률위원회 중공당조 서기를 담임하면서 중국의 헌법을 기초하는 책임을 졌으며, 1969년 문혁 시 반당집단으로 몰려 구금되기도 했다.

"헌법은 인민의 의지와 중국공산당의 정확한 주장을 구현했음으로, 각급 정부부문은 반드시 헌법정신을 수호해야 한다"라고 말했다. 당에서 판결에 너무 간섭하지 말라는 뜻이다.

현재 중국공산당의 사법업무에 대한 영향력은 단지 법 집행에 관한 방침, 노선, 정책의 지도와 감독에 대해서 함으로써 업무의 협조 · 통일, 법 집행 가운데서 정체성(正體性)문제를 해결하는데 중점을 두고 있다. 구체적인 판결에 관한 사안은 법원의 판단에 맡기자는 방향으로 추진되고 있다.

어쨌든 중국의 사법기관의 '사법독립' 이란 말은 아직 요원하며, 당의 영향력은 상당기간 지속될 전망이다.

결국 중국에서의 '법적' 인 문제의 최종 귀착점은 중국공산당임을 알아야 한다. 그래야 중국에서 '법적' 인 문제가 대두되었을 때, '왕도(王道)' 를 찾을 수 있다.

중국에서는 법도 당에서 출발하여 당으로 귀착된다.

● 중국에도 율사(律師: 변호사)가 있다.

'법치주의', '인권', '시장경제', 'WTO가입', '시장개방' 에 따른 부산물 중의 하나는 송사(訟事)가 많아진다는 것이다. '사회적 통념' 이나 '말' 로 해결할 수 없는 것은 송사로 해결할 수밖에 없다. 송사에는 기존의 법적 권력인 공안이나 검찰, 법원만으로 해결되지 않는다. 바로 신종은 아니지만 신종으로 취급받고 있는 '율사(律師)' 가 필요하게 된다.

서방과 같은 율사제도! 중국 내에서는 요원한 것처럼 보였다. 그러나 지

1979년 제5기 전국인대상위회 법제위원회 주임, 1980년 중앙정법위원회 서기, 1983년 제6기 전국인대 상무위원장으로 선출되는 등 중국 법제방면에서 최고 직위에 올랐고 또 그 방면의 권위자라 할 수 있다. 그는 1997년 4월 26일 95세의 일기로 서거했다.

금 우후죽순처럼 늘어나는 것이 중국의 율사다. 외국의 로-펌같은 기구도 생겨나고 있다.

중국에서 현행 율사제도는 1996년 5월 15일 전국인대 상무위원회에서 통과된 「중화인민공화국 율사법(1997년 1월 1일부터 시행)」을 토대로 하고 있다. 율사법에 따르면, 율사는 법에 따라 율사 영업증서를 취득하고 사회적으로 법률서비스를 제공하는 업무에 종사하는 자를 말한다. 율사는 반드시 율사자격과 영업증서를 취득한 이후에만 율사 업무에 종사할 수 있다.

중국의 율사자격은 국가자격고시제도를 통해 자격을 획득한다. 율사자격고시에 응시할 수 있는 자격은 대학에서 법학을 전공하거나 기타 법률전문학과 졸업 이상의 학력을 구비한 자로 한정되어 있다. 고시에 합격하면 자격은 국무원에서 부여한다.

국가자격고시제도 이외에 대학의 법과 졸업 이상의 학력을 갖추고 법학연구 등 전문 업무에 종사하거나, 기타 법률관련 고급직종에 종사하는 자는 국무원이 별도로 정한 자격 조건의 규정에 따라 율사자격을 취득할 수도 있다. 뒷문이 열려있는 셈이다.

율사자격을 취득한 이후, 율사사무소에서 만 1년 이상의 실습을 거친 자는 율사 영업증서의 취득을 신청할 수 있다. 영업증서가 왜 중요하냐 하면 중국에는 한국처럼 사법연수원이란 곳이 없다. 율사가 율사업무를 수련할 수 있는 곳은 바로 율사사무소 밖에 없게 때문에 반드시 이곳에서 수련을 거쳐야 한다.

중국에는 한국처럼 사법고시라는 것이 없다. 인민법원이나 검찰 예하에 특수목적 대학을 졸업하거나, 일반대학의 법과를 졸업한 후에 법원과 검찰원에 보직되어 말단 공무원에서부터 업무를 익혀 법관이 되고 검찰이 된다. 또한 공안이나 해방군에서 제대로 자리를 못 찾은 사람들 또는 전역하는 사람이 자리를 옮기는 곳이 법원이요 검찰원이기도 하다. 따라서 사법계통은 개방(?)되어 있다고 말할 수 있다.

중국의 율사가 종사할 수 있는 업무분야, 권리와 의무는 한국과 별 차이가 없다.

어느 젊은 여류 율사의 씀씀이

중국의 율사는 고소득 신흥계급이라고 이미 말했다.

나는 그것을 눈으로 확인했다.

2000년 여름휴가 시, 우리 전 가족은 중국청년여행사를 통해 중국인들과 함께 유럽 투어를 한 적이 있다. 지역은 이태리-스위스-프랑스를 거치는 코스였다.

북경 수도공항 출국장 로비에 집결하고 보니 일행은 대략 35명 정도, 북경뿐만 아니라 대련(大連) 등 동북지역에서도 왔다. 지역별 인원수는 비슷했다. 9박 10일간 일정에 여행비용은 일인당 2,000달러, 만만찮은 비용이었다.

일행의 성분은, 퇴직간부 출신 노부부를 제외하고는 대부분 30~40대의 젊은 사람들이었고, 이들은 자영업 또는 공사(公司)의 총경리(總經理: 사장 또는 지배인), 율사, 부동산업자들이었다. 동료끼리, 부부동반, 우리처럼 가족이 함께하는 팀이 대부분이었고, 혼자 온 사람도 있었다. 아이들은 초등학생 둘, 중학생 셋이었던 것으로 기억된다. 내 아들과 딸은 대학생이었으니 이 아이들과는 여러 면에서 차이가 났다.

중국사람들은 대개 처음 만나면 선뜻 통성명을 잘 하지 않는다. 단체를 이끌어갈 지도자도 얼른 생기지 않는다. 조심스러워 하는 것이 몸에 배서 그렇다. 서로 얼마간 분위기도 파악하고 서먹함이 가신 후, 대화가 될성부른 사람들부터 서로 이야기하기 시작한다. 통하는 사람끼리 식탁도 같이 한다. 한번 말문이 트이면 그 다음부터 끝이 없다. 떠들기 시작하면 "호떡집에 불난 것" 같다.

대화의 순서는 대개 나이가 얼마냐 부터 시작한다. '長幼有序' 를 따지기 위해서다. 중국사람을 만나 초면에 그 사람이 당신의 나이를 묻는다고 기분나빠할 필요가 없다. 그것이 낯선 사람과 대면하는 중국사람들의 습관이기 때문이다. 다음이 단위를 묻는다. 얼마만큼 끗발 있는데서 근무하느냐다. 순서대로라면 보수를 묻는다. 얼마라고 하면 곧 속으로 자신의 수입과 비교한다. 수입의 정도도 역시 신분의 위치를 정하는데 쓰인다. 과장된 말투와 몸짓이 일상화되어 있음으로, 들을 때는 50% 정도는 감해야 한다. 산동사람과 동북사람은 누가 묻지도 않는데도 자신의 고향을 자랑스럽게 밝힌다. 동향이면 금방 친구가 된다. 마지막으로 자신에게 불리한 사항은 절대 말하지 않는다. 예를 들어 '문혁' 때 홍위병으로 무슨 짓을 했는지, 무슨 수로 돈을 벌었는지, 또는 출신성분이 나쁜 집안의 내력이라든지, 사업이 파산지경에 이르렀다든지 등등.

'보안' 도 잘 지킨다. 예를 들어 총정치부 소속 현역군관이 민간기구에 근무하면 자신의 입으로 자신이 현역이라는 것을 결코 밝히지 않는다. 안전부요원도 마찬가지다. 물론 예외적으로 자신의 신분을 은근히 노출시키는 사람도 있기는 하지만. 내 중국친구 중에 한사람이 현역으로 대외연락기구에 근무하고 있다. 그가 현역이라는 사실을 아는 사람은 다 아는데 자신의 입으로 현역이라고 말한 적이 없다. 그래서 아직도 나는 그를 그냥 '기관원' 으로 대우하고 있다.

각설하고,

일행 중에 대련 출신으로 얼굴은 약간 길쭉하고 키가 늘씬한 30대 초반의 여자가 있었다. 그녀의 이름은 이려(李麗). 이름만큼 예쁘지는 않았지만, 북방여자의 특징인 히프가 작고 다리가 길고, 성격이 활달했다. 이려의 직업이 바로 율사였다. 대련에서 꽤나 큰 율사사무소에 적을 두고 있다고 했다. 개발 붐을 타고 눈 먼 돈을 꽤나 챙긴 것 같았다. 차림새가 모두 명품으로 휩싸여져 있었고, 옷차림이 매번 바뀌었다. 그녀를 제외하고는 모두 유럽여행이 초행인데 그녀는 이번이 세 번째라고 했다. 그것도 거의 같은 코스로. 로마의 현지 가이드도 그녀를 알아보았다.

버스를 타고 이동할 때, 가이드(화교 출신) 옆에 찰싹 붙어 앉아 큰 소리로 농탕쳤다. 주위사람을 의식하지 않았고, 옆 사람이 약간은 민망할 정도로. 내 아이들 보기가 부끄러웠다. 그 유명한 명승고적지를 관광할 때면 그녀는 어디론가 사라졌다가 모이는 시간보다 통상 10~20분 정도 늦게 나타났다. 손에는 어김없이 쇼핑한 명품들이 가득 든 가방을 들고서. 생각해보라! 이태리와 스위스, 프랑스를 여행하는데, 얼마나 많은 명품들이 있겠는가? 자주 와서 그런지 명품점을 꽤 뚫고 있었다.

성격이 서글서글하니 누구와도 말을 주고받았고, 무엇을 물을라치면 시원스레 응답했다. 내가 농담 삼아 물어보았다.

"이려, 매번 그 많은 물건을 사서 어떻게 처리하지?"

"되팔아요. 여행비가 빠져요."

"요즘 율사 수임료가 엄청날 텐데?"

"벌 수 있는 데까지 벌어야죠. 쓸 곳도 투자할 곳도 많아요."

내친김에 중국율사들 행태에 대해 물어보았다.

"맡은 사안에 대해서 승소 비율이 높은가 보지?"

"대부분 적절한 선에서 중재하는 경우가 많아요. 누구 한사람이 완전히 이기거나 지는 경우는 드물어요."

"꼭 이겨야 할 경우는 어떻게 하지요?" 이 질문에는 '조호먼[走后門:뒷문]'의 답을 예상했는데 의외로 솔직했다.

"전방위(全方位)지요."

"자주 여행 다닐 여유가 있는가? 일이 많지 않은가?"

"큰 거 한건하면, 의뢰인이나 단위에서 보내줘요. 수고했다면서."

'전방위'는 말 그대로다. '굴비상자', '생화(生花)', '후순(後循: 빽)' 등 모두가 동원된다는 뜻이다.

그녀는 대가성이라면 여행을 택한다고 했다. "꿩 먹고 알 먹고 이니까."

보따리 장사가 본업인지, 율사가 본업인지 구분이 가지 않았다. 그러나 역시 "돈이 돈을 벌수 있다", "人心不足蛇呑象(사람마음은 뱀이 코끼리를 삼켜도 시원찮을 만큼 부족하다)"라는 진리는 한국이나 중국이나 꼭 같았다.

여행의 마지막 날은 파리 시가지의 상가를 구경하고 쇼핑하는 것으로 끝을 맺었다. 개선문과 연결되는 샹젤리제 거리는 세계 유행의 첨단을 달리는 곳이다. 카페가 있고 고급상점이 있고. 광고에서 보던 명품이 거리 좌우로 즐비했다.

아내는 물건을 보고는 들었다 놨다만 했다. 가격표를 보고 우리 돈으로, 달러로 환산하고… 그러고는 자신이 들고 있는 '짝퉁' 을 쳐다보고 다른 곳으로 눈길을 돌렸다. "저 포도는 틀림없이 실거야."

거리 관광이 끝나면 곧 바로 공항으로 가야했기에, 우리일행은 개선문이 바라보이는 지정된 버스정류장으로 갔다. 그곳은 버스가 주차하지 못하는 곳으로 버스가 일정한 코스를 맴돌면서 일행이 도착하는 족족 태우고 있었다.

버스가 두 바퀴쯤 돌았을 때 한 명을 빼고는 모두 탔다. 그 한 명이 이려였다. 버스는 그녀를 위해 같은 곳을 세 번이나 더 돌았다. 가이드는 "가마솥 속의 개미"였다. 공항 갈 시간은 이미 넘었고, 연락할 방도는 없고.

네 바퀴를 돌때 쯤, 버스 속에서 드디어 불평이 터져 나왔다.

"그 여자는 늘 저모양이야."

"한국친구도 있는데 중국사람 망신은 그녀가 다해."

"관광은 하지 않고 물건만 사고 있어."

"방도 혼자 쓰고, 혼자 잘난 체해."

"놔두고 그냥 가지 그래."

중국사람들은 체면[面子]을 중시하기 때문에 공개적으로 남을 비판하지 않는다. 체면은 때론 목숨과 직결되기도 하기 때문이다. 한 사람에 대한 공개적인 비난은 나도 처음 들었다.

공항에서 탑승 수속을 하기도 빠듯할 즈음, 그녀는 '한 보따리' 안고 헐레벌떡 버스에 올라탔다. 분위기상으로는 누군가 그녀에게 삿대질을 해야 했는데, 이상한 일이 벌어졌다. 박수가 터져 나왔던 것이다. 분위기는 반전되었다. 그녀에 대한 비난은 언제 있었냐는 듯 했다. 한국 정서로는 도저히 있을 수 없는 그런 장면. 대면해서 하는 비난은 역시 '체면'을 중시해서일까, 하지 않았다.

공항에서 탑승수속을 할 때 우리 가족은 이려와 같은 줄에 서지 않았다. 그녀 뒤에 설 경우 분명히 수속이 길어질 게 뻔했기 때문이다. 나의 예측은 들어맞았다. 그녀는 다른 사람이 다 탑승하고 난 뒤에 추가 운임료를 내고서야 겨우 탑승할 수 있었다. 다행히 그 비행기는 '중국민항'이었다.

일행 중에 중국 아이들이 있다고 소개했다. 스위스는 영세중립국이기 때문에 EU국가가 아니다. 이태리에서 스위스로 가는 국경의 세관에서 수속을 밟고 있을 때, 대련에서 온 중학교 2학년짜리 딸아이가 군것질을 하겠다고 하자, 아버지는 서슴없이 가지고 있던 전 유로화를 뽑아 딸에게 주었다. 백유로가 포함되어 있었으니 꽤나 큰 액수인데도. 스위스에서는 스위스 프랑화만 사용하니 모두 소비하란다. 스위스 다음이 프랑스인데 거기서 사용하면 될 것을. 다음은 그 딸아이의 행동이었다. 돈 대로 갖가지 먹거리를 사가지고 와서는 온통 버스바닥에 풀어헤쳤다.

내 아이들은 대학을 다니고 있었지만 한번에 100달러를 용돈으로 줘 본 적이 없었는데.

대조적인 것은 퇴직간부 부부였다. 그들은 "절에 온 새색시마냥" 고분고분했다. 말도 조용조용했고, 절대 옆으로 새지 않고 가이드만 따라 다니면서, 사진 찍는 것이 고작이었다. 그 좋은 물건은 그저 눈으로만 보면서.

관광은 뒷전이고 물건사재기에 바쁜 '율사', 백유로가 넘는 돈을 어린 딸에게 용돈으로 주는 '아버지', 그것을 꾸역꾸역 다 소모하는 '딸', 한 푼도 헛되이 쓰지 않는 '노일배(老一輩: 한 세대 앞선 세대)', 우리 가족은 그 여행에서 중국의 신흥 졸부들의 씀씀이를 보았고, 중국을 일으킨 근면한 세대의 모습도 보았다.

중국에서 '신흥 졸부' 를 잡아라!

제 4 장

중국인민해방군 (中國人民解放軍)

▲ 중국인민해방군기[八一旗]

*1.

군대(軍隊)는 중앙(中央)이다.

● 1년 뒤에 풀린 의문

1998년 중국인민해방군 중앙군사위원회(총참모부 주관)는 각 언론 매체를 통하여, "군 장교들의 질을 높이고, 다양화하기 위하여, 명문 '지방대학(地方大學)' 에 입학한 학생들 가운데 군 장학생을 선발해서 4년간 장학금을 지급하고 일정한 군사교육을 시켜 육성한 후, 군 장교로 채용한다" 는 요지의 담화문을 발표했다. 중국 용어로 이를 '국방정향생(國防定向生)' 제도라 한다.

말하자면 우리의 군장학생과 비슷한 취지인데, 얼른 이해가 가지 않는 부분이 있었다. 왜 하필 '지방대학(地方大學)' 인가? 북경에 있는 명문대학 학생들은 군 장학생으로 지망하지 않기 때문에 아예 북경 외의 대학생을 대상으로 하는가? 당시 한국도 서울대 등 명문대학에서 학군장교를 지망하는 학생들의 숫자가 줄어들고 있기 때문에 여기도 그런 현상이 일어나는가?

그 의문이 거의 1년 뒤에야 풀렸다.

한국 합참 교육방문단이 중국의 군사과학원을 방문하여 대담하는 자리에 중국의 군 간부 선발제도에 대한 이야기가 나왔고, 중국 측은 '국방정향생' 제도, 즉 '지방대학' 에서 우수 대학생을 장학생으로 선발하고, 졸업 후 군관으로 활용하는 제도를 소개했다. 중국 측 통역도 '띠팡따쉐[地方大學]' 를 우리말로 '지방대학' 이라고 통역했다. 정확히 통역하자면 '민간대학 또는 일반대학' 이어야 하는데.

평소 의문으로 남아있던 사항이라 나는 중간에 말을 끊고 물었다.

"왜 하필 '따팡따쉐[地方大學]' 입니까? 왜 북경의 명문대학은 대상에서 제외됐습니까?"

이번엔 중국 측이 뜨악한 표정이었다. 내가 질문의 취지를 다시 설명하고서야 그들은 웃으면서 대답했다.

"인민해방군은 관례상 중앙과 지방의 정부기관을 포함한 모든 기관 · 기구를 통틀어 '띠팡[地方]' 이라고 부릅니다."

'中央' 과 '地方' 이란 말에 한국과 중국의 뉘앙스 차이가 있음을 말하는 대목이다. 한국은 주로 '서울' 을 제외한 지역을 '지방' 이라 부르는데, 중국은 '당 중앙', '군대' 와 대비되는 '일반 행정기관' 과 '민간' 을 '지방' 이라 일컫는다.

요즘은 거의 사라졌지만 우리나라에도 이와 비슷한 "사람하고 군인이 걸어가고 있다"는 말이 있다. 이는 군인을 비하해서 하는 말이다. 그러나 중국은 군대 존중의 의미를 지니고 있다.

이번에는 한국대표단이 이해 못하겠다는 표정이었다.

그때 내가 보충 설명했다.

"중국인민해방군이 '중앙' 이란 뜻입니다. 그들은 중화인민공화국을 세웠고 공산당의 가장 큰 버팀목 입니다. 그래서 그 엄격한 호적제도도 해방군에게는 없습니다. 군인 신분증 하나면 어디든지 통하지요. 군인의 아내는 그녀가 도시호구 든 농촌호구 든 상관없이 남편 따라 무 호적, 즉 '중앙' 이 됩니다. 그러니 군대가 아닌 것은 모두 '지방' 이 될 수밖에 없지요."

사실 중국에는 간통죄란 것이 없다. 그러나 군인가족에게는 간통죄가 엄격히 적용된다. 전장(戰場) 군인의 가정을 법으로, 그것도 군법(軍法)으로 보호하겠다는 의지다. 군인은 특수하기 때문이다.

바로 그것이었다. 이 '지방대학' 에는 전국에서 1,2위를 다투는 유명한 북경대학이나 청화대학이 포함되어 있었고, 소개에 의하면 이들 대학에서도 군 장학생으로 지원하는 학생이 많다고 한다.

군대가 중앙이니 군사학교 외에 민간대학은 전부 '지방대학' 이 될 수 밖에.

중국인민을 해방시킨 군대, 중국인민해방군은 그처럼 위대하다.

한국전쟁에 '항미원조(抗美援朝)' 라는 미명으로 개입하여 우리의 통일을 결정적으로 방해했던 그 '중공군', 그런 적대감정을 떠나서 중국인민해방군을 냉정히 관찰해 보면 우리의 군대와는 대비되는 점이 너무나도 많다.

● 해방군은 전국체전에도 직능대표로 참가한다.

중국은 우리와 마찬가지로 매년 가을이면 지역을 순회하면서 전국체전을 개최한다.

2000년엔가 광동성 광주에서 중국의 전국체전이 열렸다. 나는 뉴스를 보다가 이상한 것을 발견했다. 중앙군사위 부주석이며, 국무위원, 국방부장인 지호전(遲浩田) 상장이 정복을 입고 검은 안경을 낀 채, 단상의 주석단 대열에 앉아 있었다. 일견 그는 그 자리가 전혀 어울리지 않아 보였다.

"아니, 지부주석이 왜 저기 가있지?"

의문은 잠시 뒤 풀렸다. 군대가 전국체전의 한 팀으로 참가했던 것이다. '중앙' 이기 때문이다. 장내 아나운서의 코멘트와 함께 八·一 팀이 보무도 당당히 입장하고 있었다. 八·一기를 앞세우고서.

체전의 성적도 좋았다. 내 기억으로는 전체 4등인가 했다. 개최지였던 광동성 팀이 1등을 하고 그 뒤로 체육강 '성' 인 산동성이 2등인가를 하고…. 나중에 안 일이지만, 八·一 팀은 전국체전에서 줄곧 상위를 지켜왔다고 한다. 비록 군대가 250만 명으로 다른 나라에 비하면 많지만, 중국 내 성 단위 인구에 비하면 형편없이 적은 숫자로, 1억에 가까운 인구를 가진 큰 성들을 물리치고 상위권에 든다는 것은 대단한 일이었다.

북경의 서북쪽, 이화원 북쪽 도로를 따라 향산(香山)가는 방향으로 가다 보면, 중국공산당 중앙당교(中央黨校)가 나오고 다시 서북쪽으로 가면 중국 국방의 요람인 국방대학(國防大學)이 나온다. 이 국방대학의 경내에 '八·一체육공작대'란 부대가 있다. 이 부대는 우리의 '국군체육부대'와 유사하나, 성격이나 규모면에서 훨씬 포괄적이다. 우리의 국군체육부대는 순수하게 의무복무 체육 특기자를 대상으로 군복무 기간 중 선수들의 기량이 줄지 않도록 유지하는 반면, 중국의 八·一체육공작대는 총정치부 예하로, 아마와 프로를 구분하지 않고 전문선수를 육성한다. 군복무의 대체가 아닌 선수생활 자체를 군대에서 하는 것이다.

예를 들어 중국의 八·一축구팀은 중국의 프로축구 갑조(甲組)에 편성되어 있을 만큼 실력이 뛰어나고, 또 프로팀으로도 등록되어있다. 단지 '지방' 프로팀과 다른 점은 외국선수를 데려올 수 없다는 점이다. 八·一축구팀은 우수선수를 확보하기 위해, 군대예산으로 '꿈나무'를 선발하여 브라질까지 축구유학을 보낸다. 우리 국군체육부대 이강조 감독도 八·一축구팀을 지도해서 을조(乙組)로 떨어진 팀을 갑조로 승격시킨 적이 있다. 그의 최초 계약기간은 3개월이었는데 중국 측에서 계속 기간을 연장하자는 요청에 거의 1년을 지도했다. 한국축구는 이들에게 오르지 못하는 나무다.

군대 체육팀 소속 선수들은 신분만 군인이지 총 한방 제대로 쏘지 못한다. 공을 잘 차서 '스타'가 되면 승진 한다. 군관도 될 수 있고, 잘하면 대교[38]까지 된다.

배구나 농구 등 다른 구기종목도 프로팀에 가입되어 있다.

90년대 초반까지 중국 여자배구선수였던 진초제는 2000년 당시 대교였고, 장군 승진의 유망주라는 이야기를 들었다.

중국군대는 하나의 독립된 세상이다.

---

38) 大校는 해방군의 영관장교 중에서 가장 높은 계급이다. 가장 낮은 계급이 少校, 다음이 中校, 上校, 大校 순이다. 즉, 영관장교 계급이 우리의 계급구조와는 달리 4계단이다. 상교가 한국의 대령에 해당되고, 대교는 대령과 장군의 중간계급쯤으로 이해하면 된다.

● 전국인구조사에서도 별도 취급을 받는 해방군

중국정부는 매 5년마다 전국인구일제조사를 실시한다.

박사논문을 쓰면서 〈제5차 전국인구일제조사〉 책자를 보고 또 한 번 놀랐다. 해방군은 전국인구일제조사에서도 빠져있었다.

2000년 11월 1일을 기준으로 실시한 중국의 〈제5차 전국인구일제조사〉가 책자로 발간되어 나온 것은 이듬해 3월이었으며, 이 통계책자 서언의 인구조사방법 난에 이렇게 기술되어있다.

"제5차 전국인구일제조사 대상은 중화인민공화국 국적을 가지고 중화인민공화국 경내(境內)에 상주하는 자이다. 매 개인은 모두 상주하는 곳에서 일제조사를 위한 등기를 해야 한다."

". . . . . ."

"본 자료는 실제 등기와 직접 수집에 따른 수치로 어떤 조정도 가하지 않았다. 따라서 본 자료에는 인구 일제조사에 누락된 인원은 포함되지 않았다. 또한 중국인민해방군 250만 명도 포함하지 않았다."

". . . . . ."

전국인구일제조사 대상이 "중국 국적을 가지고 중국에 상주하는 자"라고 했으면서, 중국인민해방군은 왜 포함하지 않았을까? 바로 호적이 없기 때문에 '지방[행정기관]'에서 해방군이 몇 명이나 되는지 알 수 없었고, 또 보안상 조사요원이 부대출입을 할 수 없었으며, 조사하지 않더라도 정확한 숫자는 중앙군위에서 제공하기 때문이 아니었던가 생각한다.

여담이지만 인구조사가 '상주인구'를 대상으로 했기 때문에 조사 시 중국 현지에 없는 중국인은 조사에서 누락되었다. 특히 조선족일 경우 상당수가 한국으로 가 장기 취업하거나, 외지에 나가 타공(打工: 취업)하고 있었기 때문에 인구조사 누락율이 심했다.

● 해방군은 자신의 대표를 당 대회, 전국인대, 정협에 보낸다.

해방군은 당 대회에 대표를 파견하고 당 중앙위원과 정치국위원으로 피선된다. 당 제15기와 제16기 중앙위원은 후보위원을 포함하여 현역군인이 18%를 차지했고, 정치국위원에는 각각 2명이 포함되었다. 제14기까지는 정치국상무위원을 내기도 했다. 제15기 이후부터는 정치국상무위원에서 현역군인이 배제되었다. 중국도 '문민화(文民化)'가 되어가고 있는 징조일까.

매년 2월 말부터 3월 초순까지 양회기간에 방영되는 인민대회당의 회의장 모습을 보면 정복 입은 군관들이 자리하고, 주석단에도 중앙군사위원회 위원과 각 대군구사령원(大軍區司令員), 정치위원(政治委員)이 정복 차림으로 엄숙히 좌정하고 있다.

제9기 전국인대 2,979명 가운데, 해방군 대표는 268명으로 전체의 8.9%, 해방군 250만 명을 기준으로 했을 때, 만 명당 1명꼴이다. 중국인구 전체를 기준으로 했을 때 '지방' 전국인대가 40만 명당 1명씩 선출되는 것에 비하면 해방군에 대한 특혜가 어느 정도인가를 짐작할 것이다.

해방군은 정협에도 전국인대와 같은 비율의 대표를 보내며 정치협상(政治協商)에도 참여한다.

중국인민해방군은 중국에서 가장 힘 있는 정치단체 중의 하나다.

● 해방군이 부러워

1998년 11월 11일부터 14일까지 김대중 대통령이 국빈으로 중국을 공식 방문했다. 한중수교 이후, 양국 간 이룩한 괄목할 만한 성과를 총 결산하고 "21세기를 향한 새로운 협력동반자 관계"를 수립하였다. 협력분야는 주로 경제였다.

이렇게 시작하니 무슨 국가 간에 이루어진 최고위급 외교관계를 언급하는 것 같지만 그것이 아니고 그 속에 얽힌 단지 군인으로써, 주중 국방무관으로써 중국인민해방군과 대비되는 우리 군대의 현상을 얘기하고자 한다.

첫날은 공항영접 행사를 시작으로 주로 가벼운 행사 위주였고, 다음 날부터 인민대회당에서 강택민 국가주석이 주관하는 의장행사를 비롯하여 양국 정상회담 등 주요 일정이 짜여져 있었다.

이번 대통령의 방중은 통상적으로 외국 공식 방문 시 꼭 대동하는 합참의장을 수행인원에서 제외시켰다. 이유는 의제에서 안보문제를 거론하지 않기 때문이란다. '문민정부' 때까지만 해도 합참의장은 늘 대통령의 공식 수행원이었다.

나는 국방부에 의견서를 내었다.

"1994년도 주중 무관부가 설립되고 난 뒤 한중 고위 군사대표의 왕래가 없었음으로 대통령 방중을 계기로 양국간 군령(軍令)분야의 최고 책임자가 서로 상견례를 하는 것이 장차 군사외교를 위해서 바람직하다고 사료됩니다."

국방부는 현지 의견을 적극 고려하는 것 같더니, 민간 관료들의 입김으로 합참의장의 수행은 막판에 가서 취소되었다.

또 한 가지 의장행사에서 주중 국방무관 참석이 배제되었다. 참 의아했다. 나는 한국군의 대표인데 국군의 최고 통수권자가 참석하는 공식적인 행사, 그것도 의장행사에서 제외되다니. 국방부에 문의했지만 행사 준비팀의 계획에 따르라고 한다. 결국 "국방무관 배제"라는 청와대와 외교부의 행사 계획 실무 팀의 말을 들을 수밖에.

당시 강택민은 중국 국가주석이라는 모자 외에 권력의 상징인 당 총서기와 무력을 상징하는 중앙군위 주석의 모자를 함께 쓰고 있었다.

김대중 대통령도 여당의 총재이면서 국가를 대표하고 행정부의 최고 수반이며 동시에 국군의 최고통수권자였다. 중국방문은 국가원수로써 국군의 최고통수권자로써 방문이기 때문에 비록 안보와 군사적인 현안이 없다 하더라도 의장행사에서 조차 국방무관을 제외했으니, 대한민국의 군인으로써 첫 번째 비애를 느꼈다. 사실 외교란 국가와 국가 간의 전쟁이 끝나고 전쟁에 따른 배상문제를 마무리 짓기 위하여 무관이 주축이 되고 민간관료가 보좌하여 협상 하던 것이 발전한 것이다.

열병과 사열이란 의전에 있어서 최고의 형식이며, 군 통수권자에 대한 최고의 예우다. 무력의 상징이 주축이 되기 때문에 군사외교관인 국방무관이 배석 · 수행하는 것은 당연한 일이다.

중국은 국가주석뿐만 아니라, 당 정치국 상무위원이 외국을 공식방문할 시는 공항의 기내영접에부터 의장행사 시, 또는 주요행사마다 해당국가의 중국무관이 시종무관의 신분으로 꼭 수행한다. 중국은 당과 군대가 밀접하니 그렇다 치고, 미국, 영국, 프랑스 등 대표적인 민주국가에서도 국가원수의 의장행사 시 국방무관이 예복을 갖추어 입고 수행한다.

2000년도 영국의 블레어총리가 중국을 공식방문 했을 때, 의장행사에서 주중영국 국방무관이 지휘도(指揮刀)를 차고 블레어총리를 수행하는 장면이 우리의 동아일보 1면에 크게 나왔었다. 내가 그것을 스크랩하여 확대한 후 액자에 넣어 영국무관에게 줬더니, 그렇게 기뻐할 수가 없었다. 자신은 총리를 수행하다 보니 이런 귀한 사진을 찍을 수 가 없었다면서. 그는 그 사진을 방문자가 제일 잘 볼 수 있는 곳에 놓아두고 있었다.

총리를 수행하는 국방무관! 얼마나 아름다운 정경인가!

"군인은 명예와 사기를 먹고 산다."

어처구니없는 일도 있었다.

1998년 한국의 정권이 바뀌고 4월 무렵, 문민정부에서 임명했던 정종욱대사가 이임하고 국민의 정부에서 임명한 권병현대사가 부임해왔다. 대사가 부임해 오면 해당 국가의 국가원수에게 신임장을 제정하게 되어있다. 신임장 제정 이후부터 대사는 공식적인 행사를 할 수 있게 된다. 신임장 제정행사는 대사 부임 이후 당연히 첫 번째로 맞는 중요행사이다. 대사관을 출발하는 시각에서부터 대사관에 도착하기까지 빈틈없는 스케줄에 의해 움직인다. 대사를 공식 수행하는 인원, 국가주석에게 신임장 제정 시와 대담 시 배석하는 인원 등 모두가 사전 안배된다.

최초 국방무관은 처음부터 끝까지 대사를 수행하고 모든 행사에 다 포함되도록 계획되었었다. 나도 영광스러웠다. 그런데 행사를 불과 하루를 앞두고 대사한테서 전화가 왔다.

"최장군! 양해를 하나 구해야겠어."

"말씀하십시오!"

"강주석(江主席)과 대담 시 장소가 한정이 되다 보니, 부득이 최장군이 빠져야 겠는데."

신임장 제정 순서는 인민대회당에서 대사를 선두로 수행원들이 입장하고, 대사가 강택민 주석에게 신임장을 제정한다. 이어 강주석과 합동 사진 촬영을 하고, 접견실에서 강주석과 대담하는 순이었다. 중국 측은 대담 장소에 입장하는 우리 측 인원수를 6명으로 제한했다. 본래 배석하기로 되어 있던 인원은 대사, 정무공사, 경제공사, 국방무관, 정무참사관, 통역 등 6명이었다.

그런데 갑자기 국정원(國情院)에서 파견 나온 정무2공사가 참석하겠다고 고집을 피웠다. 이전까지 전통적으로 신임장 제정에 참여하지 않았다. 그런데 "음지에서 양지로 지향"하는 사람이 바로 '양지'로 나오겠다니, 발상자체가 어처구니없었다.

어쩌랴! 대사도 그 청을 거절할 수 있는 입장이 아닌지라, 외교부 식구끼리 구수회의 끝에 국방무관을 제외하자는 안이 나왔던 모양이다. 통역은 통역을 해야 하고 정무참사관은 대담내용을 기록해야 하는데 그렇다고 공사를 뺄 수야 없지 않은가? 만만한 게 '폼'만 잡는 국방무관이었을 것이다.

"대사님 사정이 그렇다면 방법이 있지요. 제가 빠지고 대신 해군무관을 수행시키겠습니다." 당시 해군무관이 차석이었다.

"무슨 말인가? 신임장 제정에 국방무관이 빠지다니."

"대사님! 저는 군을 대표해서 나온 국방부 주재관입니다. 외교에서 국가 간의 안보는 매우 중요합니다. 그런데 사진만 찍는 국방무관이라면 내 밑에 있는 육 · 해 · 공군 무관 중에 아무나 선발해서 구색만 맞추면 되지 않습니까?"

"최장군! 오해하고 있구먼. 내 다시 고려해봄세."

나는 전화를 끊고 무관회의를 소집했다. 내 설명을 들은 무관들의 얼굴은 침통했다. 나는 해군무관에게 행사에 참석할 준비를 시키고 국방부에 보고할 준비를 했다.

2시간 뒤엔가 대사한테서 다시 전화가 왔다.

"최장군! 대담에도 참가하게!

"알겠습니다!"

대답은 군인답게 명쾌했지만, 내 자신, 무관부, 우리의 군대가 한심했다. 어떻게 돼서 이런 당연한 결과를 투쟁을 해서 쟁취해야 하는지. 중국대사관의 역사가 일천하고 무관부의 설치 자체도 겨우 4년밖에 되지 않았으니, 그럴 수도 있겠거니 하고 위안을 삼을 수밖에 없었다.

▲ 주중 한국대사 권병현, 강택민 국가주석에게 신임장 제출 후 합영(앞줄 좌측에서 3번째 권병현대사, 앞줄중앙 강택민 국가주석)

이 보다 더 한심스러운 일이 내 전임자가 있을 때 있었다고 한다. 대사마다 조금씩 틀리기는 한데 매주 2~3차례씩 대사가 주재하는 공사회의가 열린다. 주중 무관부가 개설될 당시 주중대사는 문민정부 시절의 황병태 대사였다. 김영삼대통령의 "군대 길들이기" 여파와 대통령의 '친신(親信: 중국말로 심복)' 이라는 프리미엄이 겹쳐 그는 '기고만장' 했고, 공사회의에 국방무관을 얼씬 못하게 했다.

당시 국방무관이 대령이라는 핸디캡은 있었지만 엄연히 각 군 무관을 거느리고 국방부를 대표했다. 사실 각 주재관들은 정무나 경제분야 등으로 모두 어떤 공사(公使)에 속해 있었다. 그러나 무관부가 소속될 공사는 없는 것이다. 회의에서 논의되거나 지시되는 내용은 무관부에 전달이 되지 않았고 무관부의 건의나 사업내용도 물론 보고 되지 않았다. 중국을 순전히 경제교류의 대상으로만 보았지 안보협력의 대상으로는 전혀 고려하지 않았다는 이야기다. 무관부가 '하와이' 로 된 것이었다. 이 한심한 작태가 2년 뒤에 가서야 고쳐졌다니. 당시 문민정부의 군에 대한 경시가 얼마나 심했는지 알 수 있다.

나는 주한 중국국방무관 양석련 장군과 아주 친밀한 관계였다. 물론 업무의 동질성과 상호 협조해야 되는 관계도 있지만 그와는 별도로 인간적으로 친해졌다. 그를 통해서 들은 주한 중국대사관의 분위기와 무관부의 위치는 우리와 많은 차이가 났었다. 물론 국체(國體)가 틀리고, 역사와 전통이 다르긴 하지만.

군대를 경시한 왕조(王朝), 국가가 번창한 예가 있는가?

*2 해방군(解放軍)은 아직까지는 '중공군(中共軍)'

중국인민해방군의 성질을 한마디로 표현하기는 어렵다. 그는 오늘날 중국인민이 사랑하는 "중국인민을 해방시킨 군대"가 되기까지는 필설로 다 할 수 없는 과정이 있었다.

일본의 항복으로 미군에 의해 창군(創軍)된 우리의 군대와는 출발점부터 다르다고 할 수 있다. 조선시대부터 숭문억무(崇文抑武)에 익숙하다 보니, 일본군 1개 중대가 "온 장안"을 휘젓고 다녔고, 일본깡패가 구중궁궐에 난입해서 국모를 시해했다. 그러다가 총 한방 제대로 못 쏘고 나라를 빼앗겼다. 그 맥에 따라 광복군의 활동도 미약했고, 국군의 창설이 그 전통을 이어받지 못했다.

중경(重慶)에 있는 한국임시정부 유적지에 가보라. 내무부와 외교부의 사무실은 본청에 제법 크게 자리 잡고 있으나, 국방부는 별채에 조그맣게 홍보부와 같은 사무실을 썼다. 독립이 지상의 명제이며 광복군은 독립의 필요불가결한 요소이고, 이 광복군을 지휘해야 하는 국방부가 타 부서에 비해서 세가 약했다는 것은 도저히 이해가 가지 않는다.

중국군대의 전신(前身)은 국민당 군대의 반군이라 할 수 있는 홍군으로부터 출발한다.

중국인민해방군은 1927년 8월 1일 남창폭동(南昌暴動)이 발생한 날을 창설 기념일로 정하고, 스스로를 '八 · 一 부대'라고 칭한다. 이 폭동이 일어나게 된 직접적인 배경은 용공과 제1차 국공합작을 주도한 손문이 병으로 서거하자, 장개석을 주축으로 하는 국민당 신흥 군부와 우파가 공산당을 대대적으로 숙청했고, 이에 따라 공산당은 생존의 위협을 느끼고 무력으로 항쟁한데서 발생한다.

당시 폭동에 참가했던 부대는 약 2만 명 규모로, 공산당에 의해 장악되었던 하룡(賀龍)이 지휘하는 제20군과 엽정(葉挺)이 지휘하는 제11군 24사단, 제5방면군 예하의 주덕(朱德)이 지휘하는 제3군 군관교도단 등이었다. 남창폭동을 획책한 주요인사는 주은래, 운대영(運戴英), 이립삼(李立三), 팽배(彭湃) 등이었으며, 이들은 남창에서 전적위원회(前敵委員會)를 구성하고 반군을 지휘하였다.

남창폭동은 국민당 군대의 조기 소탕작전으로 실패로 돌아갔고, 이로 인해 제1차 국공합작은 완전히 결렬되었다. 그로부터 중국공산당은 독자노선을 걸으면서, 자체로 홍군을 건설하였고, 이를 '인민해방군' 으로 육성하였으며, 통일전선공작과 무력으로 국민당 정부를 대륙에서 몰아내고 중국대륙에 공산당 정권을 세웠다. 중국인민해방군은 바로 공산당 정권의 산파였다.

● 발전과정 및 특성

남창폭동 실패 이후, 1927년 9월 8일 모택동이 호남성 일대에서 일으킨 추수폭동(秋收暴動), 동년 12월 11일 장태뢰, 엽정, 엽검영 등이 주축이 된 광주폭동(廣州暴動) 등, 여러 차례 무장폭동이 일어났으나, 코민테른의 지시에 의한 노동자를 중심으로 하는 '도시폭동' 은 중국의 실정에 맞지 않아 번번이 실패한다. 사실 중국에서는 산업노동자란 것이 형성되지 않았으니 실패할 수밖에.

모택동은 새로운 시도로 정강산(井岡山)으로 들어가 혁명근거지(革命根據地)를 마련하고 근거지 활동을 시작한다. 유명한 노농연맹(勞農聯盟)과 "농촌에서 도시로 포위" 다.

1928년 4월 모택동은 정강산에서 주덕, 하룡부대와 합류한 후, 공·

농 · 홍군(工 · 農 · 紅軍: 이하 홍군) 제4군(군장: 주덕, 정치위원: 모택동)을 창설함으로써, 국부군의 좌파가 아닌 인민해방군의 전신인 홍군이 탄생되게 된다.

1934년 10월, 홍군은 장개석 군대의 대대적인 초공전(剿共戰)으로 인하여 정강산 혁명근거지가 피탈당하고, 강서성(江西省) 서금(瑞金)에서부터 시작하는 2만5천리 장정에 들어간다. 말이 장정이지 전력 보존을 위한 필사의 탈출이다. 장정 도중 준의(遵義)에서 모택동은 주은래 등의 지지를 받아 소련파로부터 당권과 군권을 장악하고, 모택동식 전술에 의거 국부군의 포위망을 뚫고 섬북(陝北)의 오기진(吳起鎭)에 도달한다.

1936년 12월, 서안사변(西安事變)을 계기로 제2차 국공합작(國共合作)이 성립되어, 홍군은 국부군의 팔로군(八路軍: 1937년 8월 25일)과 신사군(新四軍: 1937년 10월 12일)을 편성되어 항일전쟁에 돌입한다.

일본이 항복한 후, 1946년 6월 23일부터 국민당과 공산당 사이에 전면적인 내전이 다시 발발한다. 제2차 국공내전이다.

홍군은 "향북발전(向北發展), 향남방어(向南防禦)"라는 책략을 세우고 북쪽에서부터 공산화를 시도한다. 홍군은 소련을 등에 업고 요심전역(遼沈戰役)의 승리로 전 동북지역을 해방하였고, 거의 같은 시기에 회해전역(淮海戰役)과 평진전역(平津戰役)을 일으켜 승리함으로써 장강 이북의 대부분을 해방함과 아울러 남북을 연결하는 전략요충지를 점령하고, 잔여 국민당 군대가 남하하여 장강 이남에서 주력과 합류하는 것을 저지함으로써 국민당 군대의 장강(長江) 방수(防守)능력을 무력화시킨다. 특히 평진전역에서는 통전공작(統戰工作)으로 북경을 무혈점령하여 고도(古都)의 역사적 · 문화적 유산을 보호했을 뿐만 아니라 북경에서 공산당 정권 수립을 조기에 실행할 수 있게 되어 정치적으로도 승리를 거둔다.

1948년 11월 1일, 중국공산당은 홍군을 포함한 전 무장력을 '중국인민해방군'[39]으로 통일 개칭하고, 예하에 1,2,3,4, 화북 야전군 등 5개 야전군으로 편성한다. 여전히 보병이 중심이고, 포병과 공병, 일부 통신병, 철도병, 장갑병 등이 군대의 구색을 맞춘다.

인민해방군은 1949년 4월 23일 해군, 동년 11월 11일 공군을 창설하고, 1964년 핵실험 성공과 더불어 1966년 7월 1일부로 전략미사일부대인 제2포병을 창설한다. 이때부터 해방군은 초보적인 군대체계를 갖춘다.

군구제(軍區制)는 1949년 10월 1일 정권수립과 동시 6개 대군구(大軍區), 1954년 10개 대군구로 재편하였다가, 1985년 현재의 7개 대군구제로 정착한다.

병력은 정권 초기 420만 명에서 1954년 한국전쟁이 종식된 직후에는 580만 명까지 늘어나나, 1985년 등소평이 100만 감군을 선언한 이후 423만 명으로 감축되고, 1999년 다시 50만 명 감군으로 현재는 250만 명의 수준을 유지하고 있다. 중국은 향후 2010년까지 총 병력을 200만 명 규모를 유지할 계획으로 있다.

홍군 시절과 중국인민해방군 초기에는 인민전쟁관과 사회계급제 타파라는 구호아래 군대 내에 직급(職級)은 있었으나 계급이 없는 상태였다. 한국전쟁이 종료된 후 군계급제 시행문제를 진지하게 논의하다가, 1955년부터 전면적인 계급제(원수2, 장관4, 영관4, 위관4 등 14계급)를 시행하였다. 1965년 문화대혁명 발생과 아울러 극좌노선의 영향을 받아 다시 군대계급제를 폐지(동년 6월 1일)하였다. 1979년 일어난 중월전쟁에서 중국군대는 월남군대에게 참담한 패배를 맛본 뒤에 군대 계급의 필요성을 인식하

---

39) '중국인민해방군' 호칭의 유래: 1944년 9월 22일, 당 제6기 7중 전회에서 유소기가 공산당이 영도하는 해방구의 군대를 해방군으로 개편할 것을 제의한 후, 10월 중순 당 중앙이 '해방군' 명칭으로 지시 하달. 1945년 8월 11일, 주덕 총사령이 연속으로 6개의 명령을 발하면서 그 전문이 해방일보에 〈연안 총사령부는 각로 해방군이 遼·吉·熱·察·綏 등 각 省으로 정진하기를 명령한다〉에서 최초 공개적으로 '해방군'이란 명칭 사용. 1948년 중앙군위는 중앙정치국 9월회의의 정신에 근거하여 11월 1일 전군의 편제와 번호를 통일시키고, '중국인민해방군'이란 명칭을 정식 사용토록 지시.

고 1988년 10월 1일부로 군대의 계급을 부활시켰다. 군대 내의 계급투쟁은 전투력 약화를 불러온다는 것을 뒤늦게 깨닫는다. 그러나 인민해방군은 아직도 계급보다는 직급을 중시하는 전통이 남아있다.

따라서 중국인민해방군은 중공정권 수립 이전에 공산당이 창설한 군대로 신중국 건설에 결정적인 역할을 함으로써, 국가의 군대라기보다는 당의 군대라는 의식이 강하다. 군대는 당의 통제를 받고 당의 과업을 수행하는 도구이며, 국가체계를 보위하는 세력이다.

우문(愚問)이지만 해방군에게 국가를 보위할 것이냐, 당을 보위할 것이냐를 선택하라면 서슴없이 당을 택할 것이다.

정치 · 경제 · 사회 등 각 분야에서 군대의 영향력은 대단하며, 일상생활 가운데서도 많은 우대를 받고 있다.

군대는 국가의 생산과 건설 활동을 지원할 뿐만 아니라 한정된 군사비로 인하여 1998년까지 자체 영리활동으로 부족한 군사비를 충당하였고, 여러 가지 명목의 공작비(工作費)로도 사용하였으나, 동년 7월 1일부로 〈군대 · 무장경찰 · 국가 공안기관의 기업 경영 활동 금지〉지시에 의거 군내의 영리 활동은 거의 정지되었다. 그러나 아직도 군대에서 몇 몇 기업을 운영하면서 정치공작이나 통전공작에 이용하고 있다.

해방군은 통합군 체제를 갖추고 있으며 사총부(四總部) 체제하에 해 · 공군 사령부, 제2포병사령부 등은 하나의 작전사령부로 그 기능을 수행하고 있다.

무장경찰부대도 중국의 주요 무장력 중의 하나며 중앙군위와 국무원 예하의 공안부에서 이중 지휘를 받는다.

각 대군구(大軍區)는 지역 내에 있는 모든 작전요소를 통합 지휘하고 있다. 단지 지역 내의 해 · 공군 전력이나 제2포병 전력은 모체 사령부로부터도 지휘를 받는 등 이중지휘를 받는다.

군대의 조직으로는 지휘관(중국에서는 사령원으로 통칭)과 정치위원을 병존시키고 다수의 부지휘관과 부부서장(副部署長)을 두어 상호감시와 견제, 협조와 의견 수렴을 할 수 있도록 하는 집단지도체제를 구성함으로써 부대지휘에 관한 책임과 권한을 분산하고 있다. 중국은 이들 집단지도체제 구성요원을 일괄적으로 '수장(首長)'이라 부른다.

*3. 국방정책(國防政策)·군사전략(軍事戰略)은?

본래 정책이란 시대와 여건에 따라 수시로 변한다. 그 변함이 미래를 예측하는 발전적 적응이면 국가는 부흥한다. 시대와 여건의 역류를 타면 국민은 고통에 빠져들고, 국가는 쇠퇴한다. 해방군도 고통의 나락으로 떨어진 적이 있다. 역류를 타다가.

● 국방정책과 군사전략은 시기별로 변화했다.

냉전(冷戰)시기(70년대 이전)

1938년 5월 모택동은 항일전쟁을 위해 저술한〈지구전론(持久戰論)〉,〈항일 유격전쟁의 전략문제〉 등의 저서에 나오는 지구전전략과 인민전쟁론은 항일전쟁이 종결된 이후에 국공내전을 거쳐, 한국전쟁에서도 이를 적용했고, 현재까지 중국의 중요한 군사전략으로 맥을 잇고 있다.

이어 모택동은 냉전시기, 특히 중소분쟁이 심화되던 시기에 "세계대전(世界大戰) 불가피론(不可避論)"을 내세워 조만간 발생할 세계대전, 특히 핵전쟁에 집중 대비하기 위해 무차별 지하갱도를 구축하고, 중공업을 산간벽지로 소산한다. 지금도 북경시내에는 많은 지하갱도가 존재한다. 일설에 의하면 중남해에서 군 주요간부들의 집단 거주지인 옥천산(玉泉山)까지 차가 달릴 수 있는 터널이 구축되어 있다고 한다. 이러한 국방정책과 중소분쟁, 국제적 고립, 대약진 · 인민공사, 문화대혁명 등이 겹쳐 국가경제는 파산지경에 이른다.

60년대 중반에 모택동은 제3세계 국가들을 포섭하여 "세계의 도시지역"에 해당하는 서방진영을 적화하겠다는 '중간지대론(中間地帶論)' 을 발전시킨다. 미 · 소간의 세력 다툼에서 중국자체의 세계혁명 역량을 강화하기 위해 핵무기를 개발하기에 이르렀고, 이를 군사역량으로 삼아 제3세계 국가 등에 중국의 영향을 확대해나간다.

그러나 당시 모택동의 국방정책과 군사전략은 그의 혁명적 발상과 세계정세의 지나친 비관으로 빚어진 착오의 전형이었다.

냉전 완화시기(70년대 후반~80년대 후반)

모택동 사후(死後) 70년대 후반, 중국은 미국, 일본, 유럽, 소련과 관계가 개선되면서, 국제적 고립으로 벗어나는 등 국제여건이 호전되기 시작한다.

등소평은 1981년 9월 19일 화북지역 군사훈련부대를 검열한 후 "현대화, 정규화된 강력한 혁명군대를 건설하자"라는 연설을 통해 인민해방군을 혁명화(革命化), 현대화(現代化), 정규화(正規化) 할 것을 주문한다. 여기서 '혁명화' 는 해방군이 중국공산당의 군대, 중국인민의 군대, 중국사회주의 군대의 성격을 지녀야 한다는 뜻이다. 당의 군대라는 기조 하에 현대군대로 탈바꿈하겠다는 의지다.

1982년 9월 당시 총서기였던 호요방(胡耀邦)은 중공12大에서 "세계대전의 위협은 심각하나 전 세계 인민이 단결하면 막을 수 있다"고 천명한다. 바로 "세계대전(世界大戰) 가피론(可避論)"이 대두된다.

1985년 6월 중앙군사위원회 확대회의에서 등소평은 군대건설 지도사상의 전략적 성격을 변화시켜야 한다고 주장한다. 등소평은 모택동이 핵전쟁과 재래식 전쟁을 일체화시킨 '총체전쟁(總體戰爭)' 으로 이해하였던 이른바 '인민전쟁론' 이 매우 비현실적라고 비판한다. 등소평은 가까운 장래에 중국이 치르게 될 전쟁은 대량의 핵 공격에 재래식 전쟁으로 이어지는 형태가 아니라 처음부터 비교적 제한된 규모의 지상전, 즉 국지전(局地戰)일 것으로 판단한다.

1985년 8월 1일자 〈해방군보(解放軍報)〉는 "금세기 내 대규모 세계대전이 일어날 가능성은 없다"라고 밝히는 등 세계대전 불발론을 제기하고, 1988년 1월 20일 등소평은 "전쟁의 위험은 상존하나 평화 희구 세력이 더욱 강해지고 있어 중국은 경제발전에 역점을 두고 있으며, 4개 현대화 달성을 위해 향후 50년간 세계평화가 유지되기를 희망 한다"고 밝힌다. 경제건설을 국가중심에 두고 본격적인 개혁개방을 시행하기 위한 인식의 큰 전환이다. 이를 기점으로 중국의 국방정책과 군사전략은 새로운 발전을 하게된다.

탈냉전(脫冷戰) 시기(80년대 후반~)

동구와 소련의 몰락으로 안보환경이 변함에 따라 중국의 대외안보관도 변화한다. 즉,

"향후 수십 년간 강대국 사이의 대규모 전쟁이 일어날 가능성은 희박하다."

"경제가 국력의 기반이며 경쟁의 주요 대상 영역이다."

"지역분쟁 발발 가능성은 상존하나 동아시아는 상대적으로 안정되어 있다."

"동아시아는 고도의 경제성장에 따라 잉여자본이 축적되고 화교자본은 중국 현대화에 사용 가능할 것이다."

위와 같은 예상아래 중국은 안보전략을 다음과 같이 조정했다.

“중국의 유리한 안보환경 조성을 위해 서방과의 무역과 투자를 통한 국내 경제 개혁과 발전을 지속하며, 2005년까지 90년대의 미국과 러시아의 군사 기술 수준을 확보하고, 일본의 군사대국 저지와 미국의 대 대만 군사지원 축소, 러시아의 팽창주의 재등장을 방지하고 핵 확산을 금지하며, 삼불정책(三不政策)[40]을 견지한다.”

“새로운 국제질서 하에서 안보는 군비증강이나 군사동맹보다는 상호 신뢰구축이 어느 때 보다도 긴요하므로 주변국과 상호 신뢰구축에 노력한다.” 이에 따라 중국은 러시아 및 중앙아시아 3개국과 〈국경지역 군사 분야 신뢰구축 협정('96.4)〉 및 〈국경지역 군사력 감축협정('97.4)〉을 체결함으로써 7,100km에 달하는 국경지역의 안정을 도모했다.

대외적인 위상 강화를 위해 범세계적 문제에 대해서 대국으로서 책임 있는 역할을 하여야 한다고 보고, 중국은 유엔 평화유지군 파병 및 ARF 등 다자간 안보협력에 적극 참여하고 있으며, 미 · 일 · 러 등 주변국들과의 쌍무차원에서 안보 협력도 강화 중에 있다. 그러나 개정된 〈미 · 일 방위협력지침('97.9월 발효)〉에 대해서는 그 적용범위에 대만이 포함되느냐 여부를 놓고 다소간의 의견 차이를 보이고 있다.

중국은 주변국들이 중국의 고도 경제성장과 국방비의 괄목할 만한 증가로 인한 '중국위협론'을 불식시키기 위해 1995년부터 〈군비통제 및 군축〉에 관한 백서를 발간한데 이어, 1998년과 2000년 2002년 등 2년 단위로 〈중국의 국방〉이라는 국방백서를 발간하여 자국의 국방정책과 군비현황을 대외에 공포하고 있다.

40) 삼불정책(三不政策)이란 국제질서를 존중하고 패권주의를 포기하며, 자위를 위한 방위력 확보 외에는 군사대국화를 지양하며, 국가간 평화와 안정을 추구하기 위해 중국 스스로가 외국에 대한 침략을 하지 않겠다는 것임

● 현 중국의 국방정책[41)]

중국은 방어 성격의 국방정책을 채택하고 있다. 〈중화인민공화국 헌법〉과 이를 근거로 제정된 〈중화인민공화국 국방법〉은 중화인민공화국 무장역량의 임무를 국방공고, 침략저지, 국가보위, 인민의 평화적 노동 보위, 국가건설 사업 참가, 전심전력으로 인민에 봉사하는 것으로 규정하고 있다.

중국은 국가의 주권과 통일, 영토의 완정, 안전의 유지와 보호를 최우선으로 삼고, 사회주의 현대화 건설을 위하여 양호한 국제 평화환경과 주변환경을 쟁취하는데 노력하고 있다. "중국의 발전이 누구에게도 위협이 될 수 없으며, 오로지 세계의 평화와 안정, 발전을 촉진할 것이다." "영원히 패권을 추구하지 않는 것이 중국인민이 세계에 대한 장엄한 약속"이라고 강변한다. '중국위협론' 에 대한 변론이다.

어느 국가치고 침략이나 공세를 법으로 규정하는 국가는 없지만, 중국은 지정학적 측면에서 수세적이 될 수밖에 없다.

다음은 구체적인 내용이다.

- 국방을 공고히 하고, 침략과 무장전복을 저지하고, 국가의 주권과 통일, 영토의 완정, 안전을 보위한다.
- 자주(自主) · 독립(獨立) · 자력(自力)으로 국방을 공고히 한다.
- 적극방어(積極防禦)의 군사전략을 채택한다.
- 중국은 중국 특색의 정병지로(精兵之路)를 추진한다.
- 군민결합과 전 인민 자위를 실행한다.
- 국방건설은 국가경제건설이라는 대국(大局)에 복종하고 봉사함으로써, 국방건설과 경제건설이 상호 협조 발전한다.

41) 중국의 현 국방정책의 기조는 2000년 중국 국방백서에 밝힌 내용을 그대로 유지하고 있다.

- 세계 평화를 수호하고, 침략과 확장을 반대한다.
- 중국이 핵무기를 보유하고 있는 것은 완전히 자위적 필요성 때문이다.
- 대만문제를 해결하고, 중국의 완전 통일을 실현하는 것은 중화민족의 근본이익이다.

중국정부가 대만문제를 해결하는 근본 방침은 "평화통일, 일국양제(一國兩制)"이다. '하나의 중국' 원칙을 견지하며, 주권과 영토완정이라는 근본적인 문제는 절대 양보나 타협이 없다.

자주국방, 군대의 현대화 · 정예화, 전략적 방어, 핵 억지력 보유, 국가경제의 일부분으로 국방건설, 일국양제에 의한 국토통일, 대만독립 시 전쟁불사 등이 국방정책과 군사전략의 요지다.

*4. 지휘체계(指揮體系) 및 군사조직(軍事組織)

● 지휘구조(指揮構造)

각국 군대의 지휘구조는 통상 통합군제(統合軍制)냐, 합동군제(合同軍制)냐, 삼군병립제(三軍竝立制)냐, 또는 혼합형(混合形)이냐로 크게 분류된다. 그중에서 중국인민해방군은 완전한 통합군체제이며, 중앙군사위원회가 사총부를 통하여 전 무장력을 지휘하고 있다. 반면에 우리는 어떤가? 전형적인 삼군병립이고 일부 합동군제를 채택하고 있다. 좁은 국토, 한정된 자원을 가진 국가에서 각 군의 이기주의가 팽배하다.

중국 국방부는 국무원의 산하 기구로서 국방동원 및 대외업무를 담당하

●●● 지휘기구도/국무원과의 관계

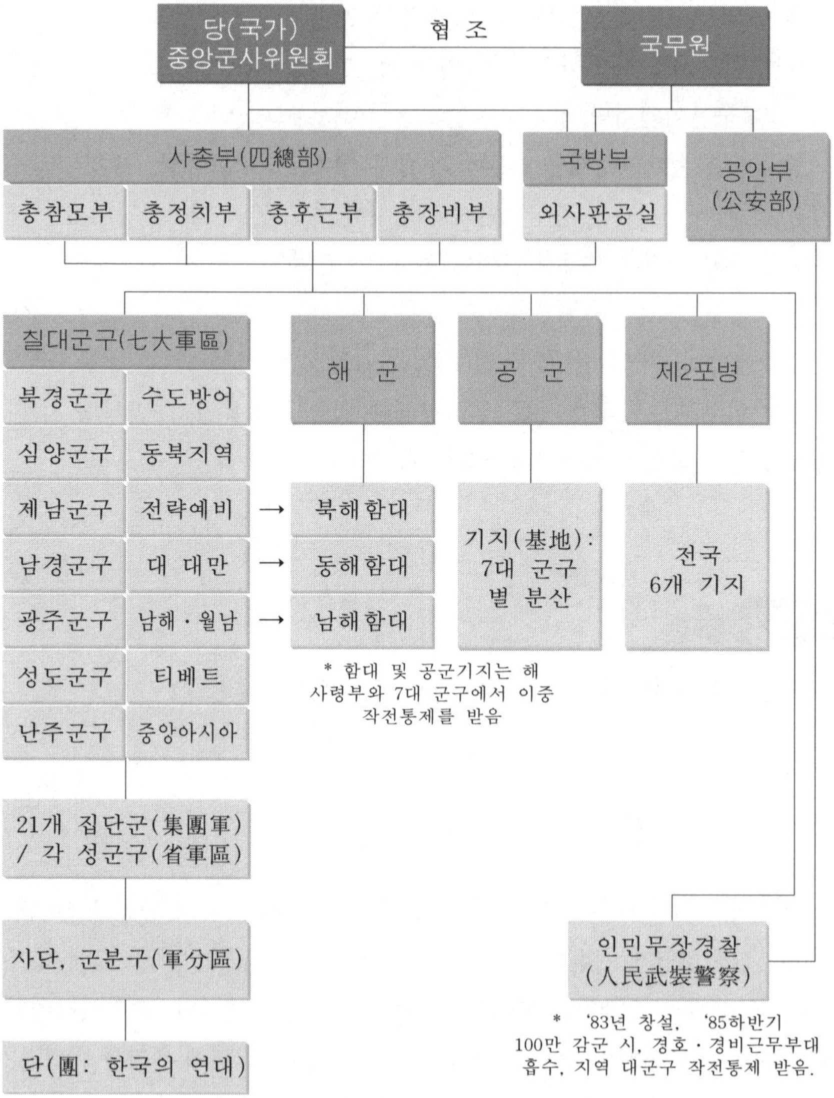

고 있다. 즉 중앙군사위원회에서 국무원으로 파견한 연락기구 역할을 하고 있다. 국방부청사가 따로 없다. 중앙군위 기구 속에 혼재해있다. 흔히

국방부청사로 불리는 八·一대루(大樓)는 정확히 말해서 중앙군위 청사다. 이곳에 중앙군위 사무실과 사총부 본부가 있다.

● 당(국가) 중앙군사위원회

중국인민해방군의 최상층부 지휘기구는 중앙군사위원회이며 그 역사는 깊다.

중앙군위는 애초에는 '위원회제', 즉 합의제로 출발한다.

제1차 국공합작이후 국부군의 북벌이 성공을 거두어 가고 있을 즈음, 국민당 내 기생하고 있던 공산당은 국부군의 일부 군관과 병사들을 포섭하여 친공(親共)조직을 만든다. 바로 '총구'의 교훈이다. 공산당은 이들을 중심으로 은밀히 무장폭동을 준비하면서 해체된 당의 재건과 아울러 1926년 2월 당내 중공중앙군사부(부장: 장국도)를 조직한다. 이어 동년 11월 중공중앙군사위원회가 조직되고 주은래가 서기로 취임한다. 이 조직이 남창폭동을 지휘한다.

근거지 시절인 1931년 11월 중화소비에트 중앙혁명군사위원회를 설치하여 1937년 8월까지 존속하였으며 완전 합의제로 운영하였다.

제2차 국공합작과 더불어 중일전쟁이 본격화 되는 1937년 8월부터 오늘날과 유사한 조직인 중공중앙군사위원회가 조직되고, 제2차 국공내전 기간에는 공산당 장악 하에 있는 전 무장력을 지휘하여, 내전을 승리로 이끈다.

1949년 10월 신중국 성립과 아울러 인민혁명군사위원회가 조직된다. 주석은 모택동이 담임했으며, 부주석 5명, 위원이 22명이었다.

1954년 제1기 전국인대에서 국방위원회를 조직했을 때, 주석 1명, 부주석 15명, 위원 82명이었다. 당시 국방부 부장은 유명한 임표(林彪)였다. 유소기(劉少奇)가 국가주석으로 있을 시절이었던 만큼 국가기관이 지금보다 많은 권한을 행사하던 시기라, 임표의 권한도 상대적으로 막강했다.

문혁이 종결되고, 1983년 국가중앙군위가 부활되면서 중앙군사위원회는 세 번째로 중공중앙과 국가정권의 공동기구로 되었다. 또한 구성 인원을 정예 간소화하여 주석 1명, 부주석 4명, 위원 4명으로 하였으며, 주석의 힘이 강화되어 주석책임제로 되었고, 이런 조직형태가 지금까지 계속되고 있다.

다음은 헌법에 기술된 국가중앙군사위원회에 관한 규정이다.

<u>중앙군사위원회의 임무 및 조직</u>

〈중화인민공화국헌법 제3장 제4절 중앙군사위원회〉

第93조 중화인민공화국 중앙군사위원회는 전국의 무장역량을 영도한다.
중앙군사위원회는 다음의 인원으로 구성한다.
주석(主席),
부주석(副主席) 약간 명,
위원(委員) 약간 명.
중앙군사위원회는 주석 責任制를 실시한다.
중앙군사위원회는 매 임기는 전국인민대표대회의 매 임기와 같다.

第94조 중앙군사위원회 주석은 전국인민대표대회와 전국인민대표대회 상무위원회에 대해서 책임을 진다.

주석 책임제란 의사결정 과정에서 위원들 간의 충분한 토론은 거치나, 최종적인 결심은 주석이 하게 되며, 그 결과에 대해 책임을 진다. 집단토론, 집단책임과는 약간 상이하다.

주석은 통상 당 총서기가 겸한다. 중앙군위주석을 겸하지 못한 당 총서기는 힘이 없게 마련이고 당에서 무장력을 완전히 장악했다고 볼 수없다. 호요방 총서기와 조자양 총서기가 그 본보기다. 당시 중앙군위주석은 등소평이었고, 그는 최고권력자였다.

주석을 보좌하는 부주석이 통상 2~3명으로 편성된다. 호금도가 강택민을 보좌하여 상무부주석에 취임하면서 상무부주석이란 제도가 생겼고, 상무부주석이 대내 군사활동을 총괄하고, 제1부주석이 대외 군사활동을 총괄한다. 제1부주석은 통상 국무위원과 국방부장을 겸한다. 당 제15大에는 지호전상장이 제2부주석 신분으로 국무위원과 국방부장을 겸했고, 장만년(張萬年) 상장이 제1부주석으로 주석인 강택민을 대신하여 중국의 전 무장력을 실질적으로 지휘했었다.(당 제15大 초기에는 상무부주석이 없었다.)

당 16大에 들어와서는 상무부주석의 직함을 가지고 있던 호금도가 주석이 되면서 곽백웅(郭伯雄: 총참모장 출신) 상장이 그 뒤를 이어 상무부주석이 되었고, 조강천(曹剛川: 총장비부 부장 출신) 상장이 제1부주석이 되어 국무위원 겸 국방부장으로, 서재후(徐才厚: 총정치부 주임 출신) 상장이 제2부주석으로 선임되었다.

위원으로는 통상 사총부장(四總部長), 즉 총참모장, 총정치부 주임, 총후근부 부장, 총장비부 부장이 당연직으로, 최근에 와서는 각 군종별 균형을 맞추기 위해 해군사령원, 공군사령원, 제2포병사령원 등이 위원으로 추가되었다.

중앙군사위원 중에는, 2명이 정치국위원으로 선임된다. 이것도 관례화되는 추세다. 과거 당 제14大까지만 해도 중앙군위위원 중에서 정치국상무위원이 나왔었다. 이것이 당 제15大에 들어오면서 제외되어 '문민화' 가 힘을 얻고 있다. 강택민이나 호금도 등 해방군에 몸담지 않은 인물들이 중앙군위의 주석 직을 담임하는 데서 알 수 있다.

위의 헌법조문을 보면 재미있는 현상을 발견한다. 중앙군사위원회가 전국인대 및 그 상무위원회에 책임을 지는 것이 아니라, 중앙군위 주석이 책임진다. 중앙군위는 국가기관의 성격을 가지고 있지만 어느 기관으로부터도 독립성이 강함을 의미한다. 반면 군위의 부주석과 위원들은 주석에게 책임을 지고 주석의 지휘를 받아야 한다.

중앙군위의 지휘체계와 지휘의 강도는 수장제(首長制)를 채택하는 다른 국가행정기관이나 국가검찰기관 보다 훨씬 강하다. 우리의 군 지휘계통의 강도만큼 강하다고 할 수 있다.

중앙군사위원회와 국무원의 관계

국무원은 예하에 국방부를 설치하여 정부가 책임지는 징집이나 모병, 그리고 군사외교 분야 등의 군사업무를 국방부 명의로 실시한다. 국방부는 비록 국무원의 건제기구이기는 하나 국무원과 중앙군사위원회의 이중(二重) 지휘를 받는다.

국방부는 대외적으로 국방부 외사판공실을 통하여 군사외교 분야를 담당한다. 주중 외국 무관단은 이 외사판공실의 통제를 받는다. 외사판공실은 한국 국방부의 정보본부와 정책기획실의 역할을 담당하는 곳이다. 외

●●● 중앙군위와 국무원과의 관계

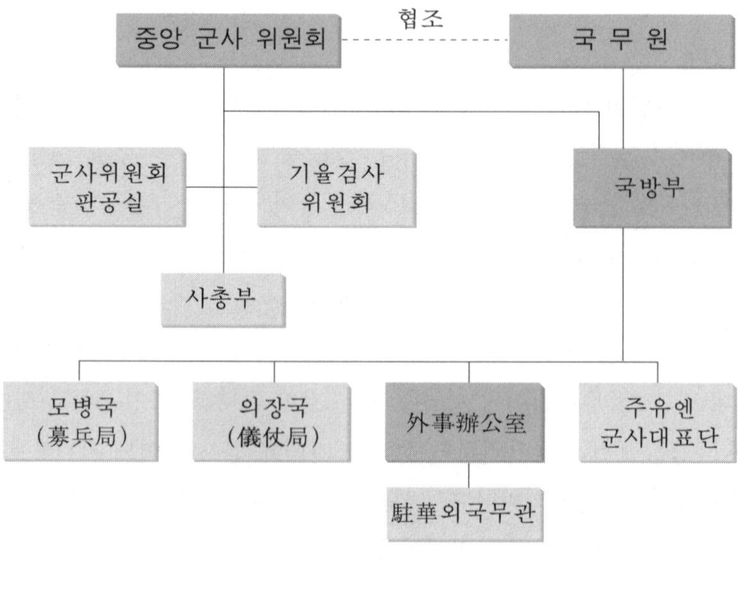

사판공실은 세 개의 모자를 쓰고 있다. 즉 중앙군사위원회 외사판공실, 국방부 외사판공실, 총참모부 외사판공실이다.

● 사총부(四總部)

해방군의 사총부는 중앙군위의 지휘 하의 총참모부(總參謀部), 총정치부(總政治部), 총후근부(總後勤部), 총장비부(總裝備部)로 구성되어 있다. 중국에서는 이를 그냥 '총부(總部)' 라고 호칭하며, 일견 참모기능 같으나, 지휘기능+참모기능이며. 특히 총참모부는 지휘기능이 강하다. 중앙군위는 사총부를 통해 각 군 및 병과, 각 군구에 대한 지휘와 감독을 실시한다.

사총부는 중앙군사위원회의 전략적 결심과 각 항목의 방침 정책을 집행하는 기구로 전군의 군사 · 정치 · 후근 · 장비 기술 업무에 관한 최고 영도기관이다.

총참모부는 전국 군사력의 군사관련 업무 지휘기구로서 전국의 무장역량을 건설 · 조직하고 군사활동을 지휘하며, 작전 · 정보 · 통신 · 훈련 · 군무(軍務) · 동원 · 보안 등 실무부서를 두고 있다. 각급 부대의 참모장과 지휘관은 총참모부 출신이 맡는다.

한마디로 군대 지휘권을 가진다.

총정치부는 전군의 정치사상 업무를 지도 감독하는 기관으로서 군대의 당무(黨務) 활동을 관장하고, 정치사상업무를 책임지며, 조직 · 간부(幹部: 인사) · 선전 · 보위(保衛) · 체육 · 군사법원 · 검찰원 등의 부서를 두고 있다. 당은 이 총정치부를 통해 군대를 통제한다. 각급 부대의 정치주임은 총정치부 출신이 맡는다.

한마디로 군대 인사권(人事權)과 상벌권(賞罰權)을 가진다.

총후근부는 중앙군위의 국방건설과 작전의 방침 원칙에 따라 인력·물력·재력을 제공하고, 전군의 군수건설과 군수지원업무를 책임지며 재무·군수(軍需: 주로 식량 피복 등)·의무·수송·물자유류·기본 병영건설·회계감사 등의 부서를 두고 있다. 각급 부대의 후근부 부장은 총후근부 출신이 맡는다.

한마디로 군대의 돈줄을 관리한다.

총장비부[42]는 전군의 무기장비 발전업무를 책임지며, 종합기획·각 군 및 병과의 장비·육군 장비의 연구개발, 우주 항공기술의 발전 전략과 방침·정책을 제정하며, 예하에 조달·공용장비 지원·전자정보·장비기술 협력 등의 부서를 두고 있다. 핵실험(核實驗)기지와 위성발사(衛星發射)기지, 무기시험 기지, 우주탐사선 기지 등이 예하부대로 편성되어있다. 각급 부대의 장비부 부장은 총장비부 출신이 맡는다.

한마디로 전력증강과 전략무기 분야를 책임진다.

사총부는 거의 독립적이며 법적으로 동등한 지위에 있으나 서열은 엄연히 있다. 총참모부–총정치부–총후근부–총장비부 순이다. 총참모장이 통상 상무부주석으로 승진한다. 일반부대에서는 사령원과 정치위원의 지위는 동등하나, 후근부 부장과 장비부 부장은 한 단계 아래이다.

42) 중국인민해방군은 본래 1958년 7월 중앙군위 확대회의에서 군대조직 개혁 방안으로 총부체제로 전환하기로 결의하고 삼총부(三總部) 즉 총참모부, 총정치부, 총후근부를 설치하였다. 1998년 중앙군위 예속의 국방과학기술 공업위원회(국무원으로부터도 영도를 받음)를 국무원으로 이관하고 중앙군위 산하의 1개 총부를 설립하여 총장비부로 명명하였다.

● 대군구(大軍區)

성격 및 임무

대군구는 중국의 행정구역과 지리적 위치, 전략(戰略)·전역(戰役)의 방향, 작전의 임무 등을 고려해 설치한 전략구역 내의 최고 군사영도·지휘기관이다.

그 임무는 중공중앙과 국무원, 중앙군위가 확정한 건군원칙과 작전방침을 관철하며, 관할부대의 혁명화·정규화·현대화 건설을 영도한다. 또한 관할 지역 내 제 작전요소(해·공군, 제2포병, 무장경찰 등)를 지휘하여 합동작전을 시행하며, 민병, 병역·동원업무, 전장건설 업무를 관장한다.

전시에는 군구(軍區)가 전구(戰區)로 전환된다.

군구제의 변천과정

1932년 모택동이 정강산에서 근거지 활동 기간에는 중앙근거지, 인근의 혁명 근거지, 홍색정권의 행정구역에 따라 강서(江西), 복건(福建), 민공(閩贛: 복건성과 강서성), 공남(贛南), 민절공(閩浙贛: 복건성, 절강성, 강서성), 공동북(贛東北), 상공(湘贛) 및 상악공(湘鄂贛) 등 8개 군구를 설

군구(軍區)	관할지역
북경(北京)	북경위수, 천진경비구, 하북, 산서, 내몽고
심양(沈陽)	요녕, 길림, 흑룡강
난주(蘭州)	감숙, 섬서, 영하(寧夏), 청해(青海), 신강(新疆)
제남(濟南)	산동(山東), 하남(河南)
남경(南京)	강소, 안휘, 절강, 강서, 복건, 상해경비구
광주(廣州)	광동, 호남, 호북, 해남, 광서
성도(成都)	사천(四川), 운남, 귀주(貴州), 티베트

치하였고, 항일 전쟁 시에는 정세에 따라 진찰기(晋察冀), 섬감녕, 진수(晋綏), 진기노예, 산동 등 1급 군구를 설치하였다.

1949년 11월, 해방군은 서북과 중원, 화동, 동북, 화북 등 5개 야전군체제로 전환하였다가 이를 다시 1950년부터 1955년까지 동북, 화북, 화동, 중남, 서남, 서북 등 6대군구제를 시행하였다. 1955년부터 1985년까지 정세에 따라 최대 12개의 대군구로 증설되었으나 1985년부터 7개의 대군구제를 시행하고 있다. 대군구는 예하에 전투부대인 군(軍: 한국의 군단급 부대, 21개)과 지역부대인 성군구(省軍區, 28개), 군분구[43]로 세분하고 있다. 1개 군 예하에는 통상 2~4개의 사단(59개)이 편성되어 있다.

대군구 별 독자적 교육기관을 가지고 있다.

중국의 군 교육기관은 중앙군위 직속과 사총부 직속 외에도 대군구와 각 병종사령부에서도 독자적인 군관 양성기관을 가지고 있다.

한국의 육군사관학교와 같은 것이 각 대군구마다 하나씩, 즉 전체 7개소나 되며, 해 · 공군사관학교와 유사한 양성기관이 해 · 공군사령부 예하에 있다. 예를 들어, 석가장(石家庄)육군학원은 북경군구 소속으로 여기를 졸업하는 군관은 북경군구에 보직되며, 평생을 북경군구에서 보내게 된다. 특별한 경우, 장군으로 승진하여 중앙군위나 사총부 등 중앙부서에 근무하는 경우가 있으며, 이는 대단한 발탁이 된다.

임관 시, 군사와 정치, 후근, 장비군관으로 구분되고, 한번 분류된 근무분야는 퇴역할 때까지 바뀌지 않는다.

---

43) 성군구와 군분구: 성군구는 통상 성이나 자치구에 설치되는 지역부대이며, 군분구는 성직할시 또는 지급시 단위로 설치되는 지역부대이다. 성군구는 군급(軍級), 군분구는 사급(師級)과 동일하다. 이들 지역부대는 중앙군위와 지역 동급 당위원회의 이중 영도를 받는다.

● 중국인민무장경찰부대

중국의 무장역량 중에서 국내 안전과 보위업무를 담당하는 무장조직이 있다. 이름하야 '중국인민무장경찰부대(中國人民武裝警察部隊)' 라 칭하고 줄여 '무경(武警)' 이라고 한다. 무경은 공안계통에 예속되어 있으나 중앙군위의 지휘도 받는다. 무경의 사령원은 중앙군위에서 임명하고, 당위 서기와 제1정치위원은 공안부장이 임명한다.

무경이 하는 일은 참 많다.

당정 기관의 경비, 요인에 대한 경계, 감옥경비나 노동개조, 주요 시설 경계, 변방지역 경계, 사회질서와 인민의 안전보장 등등.

부대의 종류도 임무만큼이나 다양하다. 폭동진압과 범죄자 체포에 투입되는 내위무경, 접경지역 경계를 담당하는 변방무경, 소방무경, 금광의 보호와 채굴 · 생산을 담당하는 황금(黃金)무경, 삼림무경, 수전(水電)무경, 교통무경, 경위(警衛)무경 등등.

무경은 최초 1938년 연안에서 조직되고, 1949년 9월 중국인민공안 중앙종대로 창설되었다. 1950년 9월 22일 중국인민해방군공안부대로 통일 편성되었다가 1955년 7월 공안군으로 개편되어 인민해방군과 더불어 2대 군종의 하나로 되었다. 1966년 7월 공안부대를 철폐하고 육군 건제 편제로 되어 성군구의 지휘를 받았다.

노동개조소의 간수와 중요목표, 지방 당정기관 및 외국공관을 경비하던 군부대와 본래 공안부문에서 의무병으로 무장경계, 변방경계, 소방민경 등을 모두 인민무장경찰부대로 편입하여 1983년 4월 5일 중국인민무장경찰부대를 창설하였다. 무경간부는 중앙군위 주관 행사에는 반드시 참가하고, 직제나 계급은 해방군과 동일하다.

1989년 '6 · 4천안문사건' 당시 군대가 투입되어 소요를 진압하자, 중국사람들 사이에서 "인민을 해방시킨 군대가 인민을 어찌 저렇게 무자비하게 탄압하느냐"라는 비난이 일었다. 이를 교훈으로 해방군은 국내 치안에는 가능한 간여하지 않고, 전적으로 무경이 전담하게 되었다.

무장경찰의 규모는 전체 80만 명을 웃돈다.

● 해방군의 최고 교육기관인 국방대학(國防大學)

한국은 종합대학을 '대학교', 단과대학을 '대학'이라 부른다. 중국은 다르다. 종합대학은 '대학', 단과대학은 '학원(學院)'이라 부른다. 따라서 '북경대학', '청화대학'이라 부르지 '북경대학교', '청화대학교'라 부르지 않는다. 한국의 '육군사관학교'와 같은 곳을 중국에서는 '육군지휘학원'이라 칭한다.

중앙군위 직속으로 두개의 대학이 있다. 국방과학공업기술대학과 국방대학이다.

국방과기대는 호남성의 장사(長沙)에 있으며, 군관의 초기 양성과정에서부터 박사과정까지 설치되어 있다. 실제로는 총장비부에서 통제하며, 예하에 전략무기에 관한 각종 실험실과, 컴퓨터센터, 디지털센터 등이 있고, 대외 비공개 교육기관이다. 한국의 ADD의 기능을 겸하고 있다.

국방대학은 1985년, 사총부 예하에 최고군사학원과 정치학원, 후근학원을 통·폐합하여 창설되었다.

국방대학은 군관 양성 기능이 없는 대신에 군사·정치·후근·장비의 지휘군관, 대군구 이상 기관의 고급참모, 각 군의 고급연구인재 및 성정부(省政府) 이상의 유관부문 간부를 양성한다. 또한 전략 및 국방현대화 건설과 관련하여 중앙군위와 사총부에 대한 자문을 실시한다.

이곳에는 석사과정과 박사과정, 어학과정 등이 설치되어 있어, 교육생은 위관장교에서부터 장군, 정부의 고급관리까지 모두 망라되어 있다.

국방대학은 대군구급이다.

강택민 중앙군위주석이 일년에 두 세 차례씩 꼭 방문하여 안보세미나를 개최하던 곳이다. 호금도도 중앙군위주석의 신분으로 정례적으로 국방대학을 방문한다.

국방대학은 해방군 고급군관이 되기 위한 등용문이다. 특히 사단장급 군관과 참모를 모집하여 군단장급 지휘관과 고급참모 요원을 양성하는 2년 과정의 기본계(基本系)를 수료하는 군관들은 목에 힘을 준다. 거의 장군 승진이 보장되기 때문이다. 그리고 그들 간에 "국방대학 기본계 ○○기"라는 학연(學緣)이 형성된다.

*5. 인사(人事) 및 병역제도(兵役制度)

● 인사제도

"인사(人事)는 만사(萬事)다."

조직을 운영하는 두 개의 칼이 있다. 하나는 인사권이요, 다른 하나는 상벌권이다.

중국인민해방군 군관의 인사관리는 정치부에서 총괄하므로 정치부에서 군대의 인재를 양성한다고 보면 맞다. 군관학교의 양성과정, 입당에서부터 재목으로 성장하기까지 개인에 대한 전체적인 것을 기록 관리하는 곳이 정치부다. 모든 군관에게는 인사기록카드가 있으며, 본인이 열람할 수 없도록 되어 있고, 부대 이동 시 부대에서 부대로 전송된다. 정치부는 인사권과 상벌권을 모두 가지고 있다.

중국군대는 직무의 성질에 따라 군관을 군사군관, 정치군관, 후근군관, 장비군관, 전업기술(專業技術)군관으로 분류한다.

군관의 선발은 ■ 우수사병이나 고교졸업생 가운데서 선발하며, 군관학교에 입학해서 양성교육을 받고 임관한다. ■ 전문대학 이상 졸업생 중에서 선발하여 군관 보수교육을 받고 임관한다. ■ 문직간부(文職幹部)에서 전직한다. ■ 군대 이외의 전문기술자 또는 기타 인원에서 모집한다. ■ 전시에는 수요에 의거, 사병 또는 소집된 예비역 군관과 비군사부문의 인원 중에서 직접 군관을 임명할 수 있다. 이와 같이 중국은 군관 선발에 비교적 많은 융통성을 부여하고 있다.

군관의 임관 시 계급도 다양하다. 전문학교 과정을 이수하면 소위, 학사학위 소지자는 중위, 석사학위 소지자는 상위, 박사학위 소지자는 소교로 임관한다. 예를 들어 국방과기대는 박사과정까지 설치되어 있는데 박사과정을 이수하고 박사학위를 받으면 바로 소교로 임관한다. 엘리트들은 승진이 빠르다.

조남기 장군이 방한할 때 같이 방문한 적이 있는 모택동의 둘째 며느리 소화(邵華)[44]도 소장(少將)이다. 그녀는 부군장급(副軍長級) 소장으로 군사과학원의 부부장에 적을 두고, 자신의 취미활동인 사진촬영에 몰두하고 있다. 그녀가 무슨 군대 경력이 있어 소장으로 승진된 것은 아니다. 연안(延安)에서 생활했으며, 시아버지가 모주석이고 남편이 모주석의 둘째 아들인 모안청(毛岸靑)이다.

---

44) 소화(邵華)는 1938년 10월 출생, 1960년 모택동과 양개혜(楊開慧) 사이에 태어난 둘째 아들 모안청(毛岸靑)과 결혼했다. 그녀는 군사과학원 백과부 부부장(소장), 정협 제 7,8,9,10회 전국위원회 위원을 역임했으며, 특히 사진촬영기술이 뛰어나 중국촬영가협회 주석 등을 역임하기도 했다. 그의 남편인 모안청은 '07년 3월 23일 서거했으며, 그는 7세 때, 모친을 잃고, 그의 형인 모안영과 11세 때 거리를 유랑하다가 상해 경비원에게 머리를 맞아 상처를 입고는 줄곧 정신병을 앓아왔다. 그는 죽기전까지 군사과학원에 중교(中校)의 계급으로 연구원에 적을 두었었다.

군관의 출신성분이 하도 다양하다 보니 우리처럼 육사냐, 학군이냐, 갑종이냐, 삼사냐 하는 출신학교 별 차이는 크게 없다.

우리는 군에서 한번 전역하면 끝이다. 중국군대는 그렇지 않다. 나왔다가 필요하면 해당 직책에 필요한 계급장을 달고 또 들어갈 수 있다. 연령제한에만 걸리지 않는다면. 문관에서 현역으로 현역에서 문관으로 역(役)을 바꾸기가 비교적 수월하다.

한국이나 미국의 고위직 간부들은 군에서 정년퇴직하면 예비역으로 전환하기 보다는 대개가 퇴역(退役)한다. 군대의 복무에서 완전히 떠나는 것을 의미하며, 철저한 민간인이 된다.

중국에서는 퇴역이란 말이 없다. 영관급 전역은 퇴오(退伍), 장군 이상 국가원로는 퇴휴(退休)가 있을 뿐이다. 현역 대열에서 잠시 이탈했거나 쉰다는 뜻이며, 국가가 부르면 재복무한다는 의미다. 현역과 똑 같은 신분보장을 받고 똑 같은 봉급과 똑 같은 후생복지를 누리기 때문에, 중국의 간부들은 퇴직 후 생활에 대한 불안감이 없다. 유유자적(悠悠自適), 그야말로 여유롭다. 그런데 이것이 국가의 재정을 무겁게 하고 있는 가장 큰 원인이요, 중국이 개혁하고자 하는 것 중의 하나다.

大校가 上校 밑에서 근무

대교는 앞에서 설명했지만 한국의 대령과 장군 사이의 계급이라고 보면 맞다. 영어로 'Senior Colonel' 이라 표기한다.

1998년 당시 중국국방부 외사판공실 아주국장(亞洲局長)이 마충생(馬忠生) 상교(上校)였고, 그의 예하에 남북한 담당 겸 통역장교로 진역옥(陳亦玉) 대교(大校; 여)가 있었다.

대교가 상교 밑에 근무! 한국군의 정서로서는 도저히 받아들일 수 없는 현상인 데 중국은 보편화되어 있다. 이것이 바로 중국군대는 계급보다는 직급이 우선하는 데서 그 연유를 찾아볼 수 있다. 진역옥은 임관 시부터

(북경대학 조선어과 졸업) 북조선담당 겸 통역장교로 같은 자리에 계속 눌러앉아 있어 근무연한에 따라 계급은 올라갔으나, 직급은 그대로였다. 그 때문에 한때 임관 후배였지만 당시는 직급이 올라간 마충생 밑에서 근무하게 된 것이다.

중국군대는 전통적으로 한번 보직 받은 자리에서 평생을 근무한다. 전출이나 보직이동이란 것을 잘 하지 않는다. 특히 사총부마다 독자적으로 운영하는 군관양성학교가 있다. 진역옥 대교도 중위 때 처음 외사판공실 아주국 통역장교로 보직 받은 이래 한번도 그 자리를 떠나지 않고 중위에서 대교까지 승진했다. 중간에 잠시 외교관인 남편을 따라 주한 중국대사관에서 근무를 한 적은 있다. 중국은 공적이 있는 전문직 장기근무자에게는 승급을 시키지 않는 대신에 승진을 시킨다.

이런 경우도 있다. 의전행사만 있으면 늘 나타나 사진을 찍던 중국 국방부 사진사가 있었다. 처음 보았을 때 소교(少校)였었는데 얼마 안 있어 중교로 승진하였고, 내가 국방무관을 이임할 때 쯤 상교로 승진했다. 현역장교가 사진 찍는 일을 전담한다는 것이 이상했다. 군대에서 찍는 사진은 주로 빳빳이 선 정물화이거나 회식 때 술 마시는 장면 등 단조롭기 그지없다. 즉 단순 작업인데, 소교-중교-상교로, 잘하면 대교까지 승진한다는 것은 우리로서는 이해가 되지 않았다. 그런데 중국군대에서는 지극히 일상적이다.

해방군의 승진은 먼저 직급이 승진된 후, 계급이 승진된다. 계급이 승진된 후 해당 계급에 맞는 보직을 부여하는 한국과는 틀린다.

예를 들어 대대장에 맞는 계급은 중교이다. 중국은 소교 가운데 우수자를 선발하여 먼저 대대장으로 보직한 후에 1년 뒤에 중교로 승진시킨다. 부대대장이 중교일 경우는 한동안은 소교인 대대장의 지휘를 받는다.

중군군대는 한번 보직을 받으면 별 탈 없는 한 5년을 근무한다. 이 5년은 전국인대의 임기와 같다. 1년 단위로 보직을 옮기는 한국의 군대에 비하면 장기간이다. 해당 직급에 맡는 교육을 반드시 이수해야 되는 것도 중국군대의 특색이다.

대대급 이하 지휘를 담당하는 군관은 초급지휘학원, 단(團) 및 사단급 지휘를 담당하는 군관은 중급지휘학원, 군급(軍級) 이상 지휘를 담당하는 군관은 고급지휘학원(대개 국방대학)을 이수한다.

중국인민해방군은 동일 직책에 있더라도 매 5년이 경과하면 거의 1계급씩 승진되나, 직급의 승진은 선발제도에 의해 엄격히 선발된다. 따라서 중국의 진급제도는 상위 계급자를 선발하는 것이 아니라 상위 직위로 승진할 자를 선발한다.

● 해방군의 직급 및 계급제도

홍군이나 초기의 인민해방군은 계급이 없었다. 계급투쟁을 통해 계급 없는 사회를 만드는 것이 공산당의 이상이었다. 자연 군대 초창기에는 계급이 없었고, 단지 직급만이 있었다. 호칭은 '사령원 동지', '정치주임 동지' 등이었다.

지금은 계급이 생겼지만 아직 그 전통이 남아있다. 즉 중국의 일반 행정기관도 마찬가지지만 군대는 계급 아닌 직급으로 신분의 고하를 구분한다.

- 영장(營長)급: 우리의 대대장이며, 통상 중교가 이 직책을 맡으며, 이와 동급의 대대정치위원이나 연대 참모장, 후근부장, 장비부장이 이에 해당된다. 일반 행정기관의 향장(鄕長) 또는 진장(鎭長)과 동일한 직급이다.
- 부단장(副團長)급: 우리의 부연대장이며. 중교 또는 상교가 이 직책을 맡으며, 이와 동일한 단참모장, 부단장, 단후근부장, 단장비부장, 사단의 부참모장 등이 이에 해당된다.
- 단장(團長)급: 우리의 연대장이며, 통상 상교가 이 직책을 맡으며, 단

정치위원, 사단참모장, 사단후근부장, 사단장비부장, 총사령부참모 등이 이에 해당된다. 일반 행정기관에서는 현장, 또는 시장, 성급의 국장과 동일한 직급이다.

- 부사장(副師長)급: 우리의 부사단장이며, 통상 상교 · 대교가 이 직책을 맡는다. 군후근부장, 군장비부장, 총사령부 국장이 이에 해당된다.
- 사장(師長)급: 우리의 사단장이며, 통상 대교가 이 직책을 맡으며, 사단 정치위원, 군분구(軍分區)사령원 · 정치위원, 군후근부장, 군장비부장, 총사령부의 부장이 이에 해당된다. 일반 행정기관에서는 지급시(地級市) 시장 또는 자치주(自治州) 주장, 중앙부처 국장과 동일한 직급이다. 해방군에서 사장(師長)을 하게 되면 통상 장군진출이 보장된다.
- 부군장급(副軍長級): 우리의 부군단장이며, 통상 소장이 이 직책을 맡는다. 군참모장, 四總部 · 총사령부 부부장, 국방대학이나 군사과학원 부장과 규모가 작은 자치구 사령원, 천진 · 중경직할시 경비사령원이 이에 해당된다. 일반 행정기관으로는 국가급 국의 국장(局長)과 동일한 직급이다.
- 군장급(軍長級): 우리의 군단장이며, 소장이 이 직책을 맡는다. 군정치위원, 성군구 사령원 · 정치위원, 북경위수사령원, 상해 경비사령원, 대군구후근부장 · 장비부장, 사총부 부장, 총사령부 부장이 이에 해당된다. 일반 행정기관은 성장(省長), 자치구주석, 중앙행정부서 부장 · 주임 등이 이에 해당한다.
- 부군구(副軍區)사령원급: 우리의 부군사령관이며, 중장이 이 직책을 맡는다. 대군구 부사령원, 부정치위원이 이에 해당한다. 일부 당 중앙위원회 정위원으로 발탁되기도 한다.
- 군구(軍區)사령원급: 우리의 군사령관이며, 중장 또는 상장이 이 직

책을 맡는다. 군구정치위원, 사총부의 부총참모장 또는 부부장, 해·공군사령원과 정치위원, 제2포병 사령원·정치위원, 무장경찰 사령원·정치위원, 국방대학 교장, 군사과학원 원장 등이 이에 해당되며, 일반 행정기관의 국무위원급에 해당된다. 이들은 통상 당 중앙위원이기도 하다.

- 중앙군사위원: 우리의 각 군총장이나 합참의장과 비슷하다고 할 수 있다. 중앙군위 주석과 부주석, 군위위원, 총참모장, 총정치부 주임, 총후근부 부장, 총장비부 부장으로 상장이 이 직책을 맡는다. 이들은 중앙 행정기관의 국무위원이나 부총리의 예우를 받으며, 당 중앙위원은 물론이요, 일부는 정치국 위원을 겸임한다. 연령제한이 없다.

중국은 대교일지라도 모두 같은 대교가 아니다. 사단장을 끝낸 앞길이 창창하고 유능한 대교가 있는가 하면, 부사장급의 대교 또는 전문직에 평생을 종사하면서 '참모'의 신세를 못 면하는 대교도 있다. 따라서 해방군과 접촉할 때는 직급을 물어보아야 한다. 상교 밑에 대교, 대교 밑에 소장이 근무하는 수도 있는 것이 중국 군대이기 때문이다.

군대계급의 종류

1955년 7월 계급제를 시행키로 결정한 후, 문화대혁명으로 계급이 없어질 때까지 군관(軍官)의 계급은 다음과 같다.[45)]

- 위관급: 준위, 소위, 중위, 상위, 대위
- 영관급: 소교, 중교, 상교, 대교

---

45) 중국은 현역을 크게 군관(軍官: 장교)과 사병(士兵)으로 나누고 사병은 장기복무의 사관(士官: 부사관)과 의무복무의 병으로 나뉜다. 중국에서는 우리의 육군사관학교를 반드시 육군군관학교라 말해야지 글자 그대로 '사관학교'라 할 경우 우리의 '부사관학교'로 인식하게 된다.

■ 장관급: 소장, 중장, 상장, 대장,

■ 원수급: 원수, (대원수)

대원수(大元帥)는 스탈린의 본을 받아 모택동을 위해 비워두었으나, 모택동이 '대원수' 의 계급을 단 적도, 호칭된 적도 없다.

▲ 모택동이 주덕에게 원수 계급장을 수여하다.(1955년 9월 23일)

1955년 9월 23일, 모택동은 인민대회당에서 10명의 원수와 10명의 대장에게 계급을 부여하고, 항일전쟁, 국공내전, 한국전쟁에서 수훈을 세운 사람들에게 훈장을 수여했다. 한국전쟁에서 "계급 없는 군대"가 "계급을 가진 군대"와 싸워 손해를 못 보았기 때문에 계급을 신설했다고 한다. 중국사람들에게는 아직도 10대 원수[46]와 10대 대장이 회자되고 있다. 이외 장군의 계급은 상장 55명, 중장 175명, 소장 800명이었다.

중국사람들은 문화대혁명을 '대동난(大動亂)' 이라 부른다. 이 대동난 기간에 군대의 계급은 없어지고, 무산계급의 독재가 시행되었다. 1965년 일이다. 이후 1988년 등소평이 등장하여 개혁개방이 한창 시행되던 때, 다시금 군대계급을 부활했다. 그보다 앞서 1979년 중국은 중월전쟁[47]에서 월남군에게 아주 호되게 당하고, 군대의 지휘는 '동지' 만으로는 되지 않는다는 것을 절실히 깨닫는다. 그 결과가 군대계급의 부활이다.

46) 10대 원수: 朱德, 彭德懷, 林彪, 劉伯承, 賀龍, 陳毅, 羅榮桓, 徐向前, 聶榮臻, 葉劍英

47) 中越戰爭: 월남전쟁 종식 후, 월남에는 反中 여론이 조성되어, 화교에 대한 핍박이 실시되고, 중국과 영토분쟁이 일어났다. 특히 남사군도 분쟁이 일어나고, 중월국경지역에서 군사충돌이 일어났다. 1979년 2월 17일부터 3월 16일까지 비교적 규모가 큰 충돌이 있었고, 이후, 1987년까지 광서와 운남의 국경지역에서 연대급 이하의 소규모 군사작전이 지속되었다.

1988년 10월 1일부터 지금까지 존속하는 군대계급은 다음과 같다.

- 위관급: 소위, 중위, 상위
- 영관급: 소교, 중교, 상교, 대교
- 장관급: 소장, 중장, 상장

대장과 원수 계급은 없애버렸다. 아마 너무 계급을 분화한다는 감이 있어서 그런 것으로 추정된다.

결국 중국은 현대전을 통해서 군대 내에는 프롤레테리아 독재가 시행될 수 없음을 깨닫게 된다.

● 병역제도(兵役制度)

중국은 "병역 및 민병조직에 복무하는 것을 중화인민공화국 공민의 영광된 의무"라 규정하고, 의무병과 지원병, 민병과 예비역을 상호 결합한 병역제도를 시행하고 있다. 따라서 중국의 공민이라면, 민족이나 종족, 직업, 출신가정, 종교 및 교육정도를 막론하고 병역법에 의해 병역에 복무할 의무를 가지고 있다.

중국은 남녀불문하고 병역의무를 가진다. 진정한 남녀평등이다.

병역법에 의하면 "중화인민공화국의 무장 역량은 중국인민해방군, 중국인민무장경찰부대, 민병조직"이라고 규정하고 있다. 세 곳 중에 어느 곳에 근무하더라도 병역의무를 필한 것이 된다.

병역과 관련된 사무는 국무원과 중앙군위의 영도 하에 국방부가 담당하며, 각 군구는 국방부가 부여한 임무에 따라 해 지역의 병역사무를 처리한다. 즉 병무행정업무를 국방부의 명의로 하나 그 사무실은 중앙군위가 있는 八·一大樓에 있다.

사병의 복무기간은 2년이며, 복무기한이 끝난 후, 본인의 지원 및 단급 이상 부대의 승인에 의하여 장기복무 할 수 있다. 사병으로 전역 시는

18~35세까지 예비역에 편성되며, 29세까지를 제1종 예비역 사병, 35세까지를 제2종 예비역 사병이라 한다.

현재 현역자원은 충분하기 때문에 군복무 대부분은 지원병으로 충당하며, 지원병의 대부분은 농촌출신이다. 그들은 현역복무를 마치면 전역 후 취업이 보장되고, 필요시 대학진학의 특혜도 받을 수 있는 장점이 있고, 우수하게 복무하면 군관으로 선발될 수 있다. 그러나 도시의 전문대학 이상 대학생들은 군 복무를 기피하고, 재교 시절 병영훈련으로 병역을 대체하고 있는 실태다.

병역 복무기간이 2년으로 단축되면서 기술 전문직은 장기복무자로 대체하고 있다. 특히 해군의 특정분야는 약 70%가 장기복무자, 즉 사관(士官)이다.

민병은 “생산현장을 이탈하지 않는 군중 무장조직이며 중국인민해방군의 조수요 후비역량”이다. 향 · 진 및 기업(企業) · 사업(事業) 단위에 민병조직이 있으며, 18세에서 35세까지 남성 공민 중에서 현역에 징집되지 않은 자는 민병조직에 편입되어 예비역으로 복무한다. 필요에 따라 여성도 기간민병에 참가할 수 있다.

병력은 약 250만 명(육군 180만, 해군 23만, 공군 38만, 제2포병 9만 등)이며, 무장경찰은 약 90만 명이다. 민병은 기간민병이 430만 명, 보통민병이 600여만 명으로 추산된다.

6. 국방현대화(國防現代化)

● 기본목표

1975년 제4기 전국인대에서 당시 총리 주은래는 정부사업보고를 통해 농업, 공업, 국방, 과학기술 등 「4개 현대화(現代化)」를 제시하였고, 이어 1978년 5월 31일, 인민일보 사설을 통해 최초로 "조직적이고 현대화된 인민군대의 건설, 국방과학기술의 발전, 현대군사이론 연구" 등 국방현대화 방향을 제시하였다.

실용주의 노선을 채택한 1978년 12월, 중공 제11기 3중 전회에서, 2000년까지 군대의 현대화 정도를 서방선진국의 70년대 중반수준까지 도달하는 것을 목표로 설정하였다. 이와 더불어 그간 '신성불가침' 으로 여겼던 모택동의 군사이론과 군사사상, 군사제도, 군사전략에 대해서 수정을 가하였고, 무기 · 장비 현대화와 국방과학기술의 현대화 달성을 위해 노력하고 있다.

1991년 걸프전의 영향으로 첨단과학기술에 의한 제한국지전 전략을 추진 중에 있다. 또한 아프간 전쟁과 이라크 전쟁의 교훈에 따라 첨단기술을 적용한 기계화 및 정보화를 병행 추진하고 있다.

● 군 현대화 추진실태

중국은 종래의 모택동 군사사상에 의거한 인민전쟁, 지구전(持久戰), 유격전(遊擊戰) 위주의 전략으로부터 각 군 · 병종 협동 운용에 의한 통합작전 능력과 즉각 대응능력을 제고하는 방향으로 발전하고 있다. 특히 지상군 보다는 해 · 공군 전력의 증강을 통해 현대전에 부응할 수 있는 전력

제고에 주력하고 있다. 세부적으로 육 · 해 · 공군의 합동작전 능력 향상, 군사력의 집중과 기동, 타격 능력을 향상시키고 있으며, 군사력의 현대화를 위해 대외 군사기술 도입과 합작을 시도하며, C^4I체제의 발전, 해군의 원양작전 능력 구비, 공군 전투력의 현대화, 한정적 핵 억지능력 구비 등이다.

군대의 정규화를 위해 계급제 부활, 4년제 군관학교(′83.9)와 대졸 간부후보생 제도(′84.2), 국방정향생(國防定向生: ′98.7) 도입과 더불어 군 간부의 四化(연소화, 지식화, 전문화, 혁명화)를 추진하고 있다.

또한 1985년 5월 23일부터 6월 6일 사이에 열린 중앙군위 확대회의에서 등소평은 '백만 대군 감군'을 선포하고, 11개 대군구를 7개 대군구로 개편하고, 각 총부와 군종(軍種), 국방과학기술공업위 등 직속 기구의 인원을 40% 감축하고, 군사학원, 정치학원, 후근학원을 국방대학으로 통폐합하였으며, 군급부대 31개, 사단급부대 4,054개를 감축하였다. 내무위병과 집근(執勤)임무 부대를 공안부로 이첩하면서, 무경으로 개칭하였다.

1998년 4월, 중앙군위 확대회의에서 국방과공위(國防科工委)를 국무원으로 이첩하고, 대신 총장비부(′98.4.3)를 신설하면서 사총부 시대를 개막하였고, 1997년부터 2000년까지 50만 명 감군을 실시하면서, 군대의 상행위(商行爲) 금지와 군수지원업무의 일부를 민영화하였고, 학교와 훈련기구 규모를 축소하였으며, 신속반응부대(각 군구별 1개 집단군, 1개 군별 1개 사단 규모)를 창설하였고, 총병력 규모는 250만 명 선으로 유지하고 있다.

80년대 들어 "경제를 국가의 중심"에 두면서, 국방건설은 상대적으로 저조하였다. ′82~′88년 사이의 연평균 예산 증가율은 13.5%였으나, 군사비 증가율은 3.7% 수준이었다. 1989년 이후 계급제 실시에 따른 장병의 처우개선과 장비현대화 달성을 위해 매년 10%이상 군사비를 증액하고 있다.

●●● 연도별 군사비 증가 추이

연 도	1997	1998	1999	2000	2001	2002	2003	2004
군사비 (억 달러)	98	113	130.3	146.8	170.5	205.1	224.3	256
전년대비 증가율(%)	14.7	16.5	15.3	12.7	17.7	17.6	9.6	11.6
국가예산 점유율(%)	8.8	8.6	8.1	8.3	8.1	8.0	7.8	7.7
GNP 점유율(%)	1.09	1.17	1.31	1.34	1.47	1.76	1.69	1.77

중국 군사비의 특징은, 정부가 발표하는 군사비에는 보급물자, 식량, 급료, 소모품, 연료 및 행정부문 지출 항목의 소모성 예산이 주가 되며, 이는 서방측의 군사비 개념과는 상이하다.

전략증강의 많은 항목이 문교와 과학 등 타 부처 예산에 은닉되어 있고, 전부대가 자체 영농을 하고 있으며, 군대의 상행위 금지 이후에도 일부 중앙정부가 인정하는 특정분야에서는 기업운영을 계속하고 있고, 이들 자금이 역시 군사비의 특수한 분야에 쓰이고 있다.

따라서 실제 군사비 평가는 은닉된 연구개발비와 지방정부의 병참지원, 특수정보비 등을 포함할 경우 중국정부 공식 발표보다 2~5배 많은 것으로 추정하고 있다.

*7. 중국인민해방군과 나

1997년 12월 30일 나는 주중대사관 국방무관으로 보직을 받고 북경에 도착한 뒤, 전임 신현수 장군과는 1월 4일까지 합동근무를 하고 1998년 1

월 5일부로 정식으로 주중국방무관으로 취임했다. 신현수 장군은 1월 5일 이임했다. 그는 나의 육사 선배이며, 대만의 삼군대학(三軍大學) 선배였고, 국방무관 전임이었기 때문에 인연이 깊다.

● 부임인사와 외사판공실 주임 라빈(羅斌) 소장(少將)

나는 신현수 장군이 중국을 떠나기 전 함께 중국국방부 외사판공실(外事辦公室) 주임인 라빈 소장에게 부임 및 이임인사를 했다. 내가 공식적으로 처음 중국인민해방군과 접촉하는 자리다.

부임 및 이임인사라 해야 까다로운 절차가 있는 것은 아니다. 국방부 외사판공실의 접견실에서 만나 서로 인사하고 소파에 앉아 잠간 한담을 나눈 후, 만찬장으로 옮겨 식사를 하면서 이런 저런 얘기를 나누는 것이다. 속에 있는 말들이 이 만찬에서 오간다.

라빈 소장은 온후한 성격에 누구에게나 호감이 가는 얼굴이다. 진실 되고 대단한 친화력을 가지고 있다. 그에 대한 나의 첫인상은 시골 초등학교 교장선생님이었다.

재미있는 것은 그의 성(姓)이 부친과 다르다는 것이다.

▲ 중국 인민해방군 외사판공실 주임 라빈 소장에게 부임신고 ('98. 1월)

라빈의 부친은 공산당 원로인 오수권(伍修權: 1908년생)이다. 오수권은 2만 5천리 장정에도 참가했으며, 유명한 준의회의(遵義會議)에서 이덕(李德: 코민테른에서 파견한 국제공산당원, 러시아명: Otto Braun)의 러시아어 통역을 담당했고, 당의 주도권이 소련파에서 모택동에게로 넘어가는 현장을 지켜본 몇 안 되는 원로 중의 원로다. 그는 주은래 총리아래에서 외교부 부부장을 했으며, 유고대사와 총참모부 부총참모장을 지낸 군인이면서 외교관이었다.

라빈은 중일전쟁이 한창이던 1939년에 태어났다. 당시 대부분의 공산당원들은 가족을 돌볼 여유가 없어 아이들은 백구(白區: 국민당 치하 지역) 지하당 조직에게 양육시켰고, 신중국이 탄생된 이후 아이들을 찾았다. 교육연령을 훨씬 넘겨 15~6세에 초등학교에 입학하는 경우가 보통이었다. 라빈도 상해지하조직에 의해서 양육되었으며 양부(養父)의 성을 따라 나(羅)씨로 했다가, 신중국이 탄생한 후 부친과 합류한 뒤, 본래의 성인 오(伍)씨로 돌아갔었다.

그가 동독의 무관으로 파견될 당시 부친의 권유로 라빈(羅斌)이란 이름을 사용했고, 귀국 후에도 부친의 말씀을 따라 그 이름을 계속 사용했다. 현재 그의 아들도 인민해방군에 복무 중이나 할아버지의 성인 '오(伍)'를 쓰고 있다.

그는 최초로 한국을 방문한 중국인민해방군 장군이다. 1995년 정책기획실장이던 조성태 장군이 최초로 중국 군부를 방문했고, 1996년 라빈장군이 한국 국방부를 방문했다. 이것을 계기로 1998년 총참모부 부총참모장인 웅광해 장군이 한국을 방문하고 1999년 한국국방부장관의 방중, 2000년 중국국방부장의 방한이 이어지는 등 한중군사외교의 징검다리 역할을 했다. 지호전 중국국방부장이 방한을 할 당시 그는 중요 수행요원 중 한사람이었다.

그는 퇴휴(退休)를 하고서도 부부동반으로 조성태 국방부 장관의 초청으로 한 번 더 한국을 방문했다. 그의 부인 왕뢰(王磊)도 군인이며 대교로 정보참모부에 근무했었다. 조성태 장관은 지호전 부주석과 그에게 각각 부부 한복 한 벌씩을 선물했다. 라빈 부부가 한국 방문 결과를 보고하기 위해 지부주석 공관을 방문할 때 한복을 입고 갔고, 지부주석도 한복을 전달받자, 즉석에서 옷을 바꿔 입고는 서로 낄낄대며 웃었다고 한다. 남의 선물에 대한 호의를 그렇게 천진스럽게 표현하는 방법이 그들에게 있었다.

그는 귀국해서 한국무관단을 초청하는 자리에 부부 함께 한복을 입고 나왔다. 영락없는 한국인 노부부였다.

● 중앙군위부주석 지호전(遲浩田) 장군

지호전 상장은 정치군관 출신이다. 그는 호랑이 상인데다 산동(山東) '호한(好漢: 사나이)' 이다. 중국사람들은 산동 남자들에게 꼭 이 '산동 호한' 이란 별칭을 붙인다. 산동남자들은 바로 사나이로 통한다. 그와 대화를 하면 지독한 산동사투리 때문에 온통 귀를 쫑긋해야 한다. 그러나 말은 굉장히 유머러스하고 친근감을 느끼게 한다. 그에게서 노장군의 풍도(風度)가 넘친다.

그의 부인 강청평(姜青萍)은 해군군의관 출신이다. 그는 부인을 소개할 때면 늘 "헤엄치지 못하는 오리"라고 놀린다. 해군은 해군인데 해군 본류가 아니라는 얘기다. 부인도 그 말에 재미있어 한다.

그는 중앙당 정치국위원, 중앙군위 부주석, 국무위원, 국방부장의 신분으로써 최초로 한국을 방문한 중국 군부의 최고위층이었다.

2000년 1월, 그의 한국방문은 러시아-몽골-상해를 거쳐 한국에 들어오게 되어 있었다. 비행기는 몽골 출발부터 지연되어 김포공항에는 예정시간보다 4시간 늦게 도착했다. 원래는 그가 서울에 도착하면 국방부에서 의전행사를 하고 김대중 대통령을 예방하게 되어 있었으나 시간이 워낙 지체되어 의장행사를 생략하고 바로 청와대로 갔다. 그는 한국으로 오는 길에 김대중 대통령의 저서인 「從死囚到總統[사형수에서 대통령까지]」을 몽땅 읽고 김대중 대통령과 그것을 화제로 삼았다고 한다. '지피지기(知彼知己)' 의 본류다운 외교라 생각되었다.

지호전 부주석이 도착할 무렵, 나는 짧은 조크를 했다.

"츠따오러[遲到了]!"

중국사람들이 박장대소했다. 내용인즉 두 가지 의미가 있다. 하나는 "지호전(遲浩田) 부주석 드디어 도착했다"는 것과 다른 하나는 '늦었다' 라는 의미가 있다. 지호전 부주석의 성이 "遲[츠], 즉 늦다"라는 의미가 있기 때문이다.

2000년 1월 26일, 지부주석은 국방부외사판공실에서 한국 외에도 금번 순방에 포함되었던 영국, 러시아, 몽골 등 국가의 대사와 국방무관을 초청하여 방문국의 배려에 감사 인사를 했다. 그러나 주요 화제는 한국에 관한 이야기와 그 때 있었던 일화로 만찬을 이끌어 나갔다. 권병현 대사가 선약 때문에 약 30분 늦게 도착하자 지부주석은 한국에서 배웠다면서 "후래자삼배(後來者三杯)"를 권했다.

▲ 권병현대사 지호전 주석 예방

2000년 10월 그는 '항미원조' 의 현장을 방문했다. 공교롭게도 미국무장관 올브라이트의 방북과 겹쳐서인지 상대적으로 '푸대접' 을 받았다. 김정일은 온통 그녀에게 만 매달렸다. 그는 이를 계기로 북한에 대한 정서를 재정리했다.

2004년 내가 중앙민족대학에서 박사학위를 받고 논문 한 부를 인편을 통해 보냈다. 대개 박사학위 논문이란 딱딱하기 그지없어 잘 읽지 않는 것이 통례다. 2006년 2월 북경을 방문했을 때, 나의 친구로부터 지호전 부주석이 내 논문을 아주 감명 깊게 읽고 중국조선족 문제를 다시 한번 생각하게 되었다는 얘기를 들었다. 자기 글을 읽어주는 사람에게 믿음이 가는 것은 당연하다. 바로 '지기(知己)' 에 해당된다.

그는 '항미원조(抗美援朝)' 에 참가했지만, 중국군부 가운데서 지한파(知韓派)로 한중 군사교류를 위해 지대한 공헌을 했다. 그가 한국 인사(人士)를 만나면 늘 하는 이야기는 "한반도의 자주, 평화, 통일"이다. 한국대사가 부임해오면 열일 제쳐놓고 맨 먼저 만나주었다. 때문에 내 체면도 섰다.

그가 중앙군위 부주석으로 있으면서 한 · 중 사이에는 우방국 수준에서 이루어질 수 있는 수준의 군사교류가 이루어졌다. 군 고위층의 교류는 물론이고 함정교류, 교육교류, 체육교류, 교환학생 파견 등. 아쉬운 것은 무기 장비 등의 군수품 교역이 없었다는 점이다.

지금도 그는 "헤엄치지 못하는 오리"를 반려로 여생을 보내고 있다. 중국 친구로부터 간헐적으로 그의 근황을 듣는다.

● 부전유(傅全有) 총참모장

중국군부에는 한국이나 미국과 같은 합동참모회의라는 조직이 없다. 중국은 이와 유사한 조직을 가진 국가와 군사교류를 할 시는 총참모부가 대신한다.

2001년 조영길 합참의장이 중국 군부를 공식방문할 계획이었다.

의전의 관례는 먼저 북경으로 가서 수뇌들을 만나 중요한 일정을 소화한 뒤 기타 일정을 진행한다. 최초의 계획은 '순리대로' 준비했었다. 그런데 방문을 일주일 앞두고 중국 측에서 일정 변경을 요구해왔다. 먼저 조영길 의장이 심양을 방문한 후에 북경으로 오도록 요구했다. 우리 합참에서 변경 사유를 보고하라고 했지만 답답하기는 나도 마찬가지였다. 중국 측에서 단지 말 못할 사정이 있다고만 했지 정확한 사유를 설명해주지 않았기 때문이었다. 조영길 의장도 기분이 좋지 않았다. 심양공항에서 기내 영접할 때부터 그의 얼굴은 그리 밝지 않았다. 외교상으로 무례라는 인식 때문이었다.

합참의장 일행이 북경에 들어오고 난 뒤, 비로소 마충생 아주국장이 부전유 총장의 상처(喪妻) 소식을 알려주었다. 한국 측에서 이를 내색하지 않기를 바란다는 당부도 잊지 않았다.

▲ 국군의 날 행사에 참가한 부전유 총참모장

조영길 의장에게 이런 내막을 자세히 보고하자, 그도 그간의 오해를 풀었고, 중국인에 대한 신뢰도 한층 깊어졌다. 부전유 총참모장은 이 일이 양국간 군 수뇌 회동에 어떤 영향을 미치고 싶지 않다는 본인의 희망에 의해서였다. 한중 군 수뇌부는 여느 때나 마찬가지로 화기애애하게 공식적인 일정을 소화했다. 국사(國事)를 위해서 개인의 문제는 일단 접어두는 '초기 공산당'의 정신이 바로 이런 것이 아닌가 생각되었다.

부전유 상장은 2002년 9월 30일 이남신 합참의장의 초청으로 한국을 공식 방문했다. 나는 당시 정보학교장에 재직 중이었지만 전 주중국방무관이고 중국군부와의 친분이 있다고 하여 공항영접에서부터 전 일정을 수행하라는 임무를 받았다.

그는 어느새 자신보다 한참 어린 새 부인을 데리고 왔었다. 상처 당시 그는 굉장히 상심했었다. 나이 칠순에 반려자를 먼저 보냈으니, 당연한 일이 아니었을까? 그런데 그는 지금 "合不攏嘴[벌린 입을 다물지 못하다]", 당에서 원로를 위해 새로운 반려자를 준비해주었다. 그는 회춘하고 있었다. 칠순 중반의 그는 활력이 넘쳤다. 나는 중국 수행원들과 함께 "늙은 말 콩 싫어하는 것 봤냐?"라는 말을 하면서 웃었다.

● 조선족 출신 조남기(趙南起) 상장

조남기 장군은 중국에서 가장 성공한 한국인의 후예다.

그는 1927년 청주 출신으로, 만 13살 되던 1940년, 전 가족과 함께 만주로 건너갔고, 해방되던 해 9월, 그는 "길림(吉林) 민족해방 동맹"에 가입하였으며, 1946년 2월 동북군정대학(東北軍政大學) 입학을 계기로 인민해방군에 몸담기 시작했다.

한국전쟁이 발발하자, 그는 '중국인민지원군'에 편입되어 팽덕회(彭德懷)의 조선어 통역요원으로 참전하였다. 팽덕회의 참모들 중에는 모택동의 아들인 모안영이 있었고, 같은 방에 기거하는 인연을 맺었었다.

문혁 때, 연변조선족자치주 혁명위원회 주임을 하면서 혹독한 시련을 겪었으며, 문혁 종료 후 길림성 성위(省委) 서기 겸 농업분야 담당자를 역임했다.

1985년 3월 17일 조남기는 해방군 사총부 중의 하나인 총후근부 부부장 겸 부정위(副政委)로 임명되어 군대로 복귀했다. 1987년 10월 그는 당 13大에서 중앙군사위원회 위원 겸 총후근부 부장으로 선임되었다. 그리고 1988년 9월 14일 군 계급제 시행에 따라 인민해방군의 최고 계급인 상장이 되었다. 1993년 조남기는 군사과학원 원장으로 취임했으며 그는 이 직책을 끝으로 퇴휴했다. 이후 1998년 정협의 부주석에 피선되었고, 북경우호연락회 명예회장 직도 겸하면서, 남북한 모두와 인연이 깊고 잘 아는 중국인 중의 하나로 여러 분야에 걸쳐 남북 또는 한중 양국 간의 교량 역할을 하고 있다. 그는 아직도 해방군의 상장이며, 현역 상교(上校)가 그의 비서로 있다.

2000년 4월, 60년 만에 한국을 방문하여 고향인 청주를 찾았고, 할아버지 묘소에 참배하고, 그의 동생 조남원과 조카들을 상면했다.

내가 조장군을 처음 만난 것은 1998년 4월 북경군구에서 운영하는 '화북대주점' 에서였다. 만남은 정종욱 대사 이임환송을 겸했다. 모두 첫 대면이었다.

▲ 조남기장군과 처음 대면하던 날(정종욱 대사 이임환송을 겸하여) 좌측 2번째 정종욱대사, 조남기장군, 필자

그는 같은 군인이라는 동료의식과 남모르는 동포애가 작용해서 나에게 다른 사람보다 더 많은 술을 권했다.

"장군은 술을 잘 해야 해요." 54도짜리 모태주(茅台酒)를 큰 그릇에 부어주었다.

내가 이태백의 시인「정야사(靜夜思)」[48]를 읊자, 나를 중국의 고전을 잘 아는 '중국통' 으로 추겨 세워주었다. 그 후 그는 나를 만날 때마다 당시(唐詩)에 아주 능통한 사람인 것처럼 여러 사람에게 소개하곤 했다. 나는 이미 그 시의 절반을 잊고 있었는데도.

나는 그를 집으로도 초청했고, 그도 일 년에 두 세 차례씩 나를 만나주었다. 북한과의 관계나 군사부문 뿐만 아니라 잘 풀리지 않는 일이 있을 때, 그에게 부탁하면 해결해 주었다. 그는 술을 권하는데도 일가견이 있다. 그 앞에서는 아마 성직자라도 술을 마셔야 될 것이다.

2002년 3월, 이임인사차 조남기 장군을 다시 만났다. 저녁 시간이 맞지

48)「靜夜思」: 床前明月光， 疑是地上霜. 擧頭望明月， 低頭思故鄕.

않아 점심을 같이 하게 되었다. 오후 3시경 한국에서 오는 손님이 있어 공항으로 마중가야 된다는 것을 조장군에게 미리 귀띔했다. 그러나 막무가내였다. 그는 이래서 한잔, 저래서 한잔, 송별주, 이별주 등 다양한 이름을 붙여 모태주를 권했다. 그 바람에 나는 공항 나가는 일을 망친 것을 물론이고 이튿날까지 인사불성이 되었다.

● 군사외교 및 정보담당 부총참모장 웅광해(熊光楷) 상장

중국인이라 해서 누구나 '미륵불' 처럼 사람 좋은 웃음만을 띠지는 않는다. 내가 만난 해방군 장군 가운데 가장 냉철한 사람을 꼽으라면 나는 서슴없이 웅광해(熊光楷) 장군을 꼽는다. 그를 대하면 안경너머로 발하는 차가운 눈빛에 압도당한다.

그는 부총참모장으로 군사외교와 정보분야를 관장했다. 외사판공실 주임과 총참정보부장은 그의 직속 부하인 셈이다. 그는 국방대학의 교수 출신으로 야전군 경험 없이 상장까지 승진한 최초의 장군이며, 중국국제전략학회 회장, 청화대학과 북경대학의 국제관계학원의 교수도 겸직하면서 국제정치와 전략부문의 군민(軍民) 학술적 영역까지 관장하고 있었다.

그는 해방군 내에서 대표적인 친북파다. 북한의 "금창리 핵 시설"에 대한 IAEA 사찰이 성과 없이 끝나자 공 · 사석을 막론하고 미국의 패권주의에 대해 맹비난을 퍼부었다.

"미국은 근거도 없이 북한의 핵개발을 주장하면서 대북 압박을 가하고 있다. 한국정부는 중국을 통한 대북 핵개발 억지를 주문하지 말라."

그러면서도 그는 장소가 어디든 상관없이 미국무관들을 만나면 누구보다도 장시간 밀담을 나눈다. 아마 지금쯤은 그는 자신의 말이 얼마나 단견이었나를 깨닫고 있을 것이다.

그는 대단한 기억력의 소유자다.

1999년, 조성태 국방부 장관이 중국을 공식 방문한 이튿날, 북경의 켐핀스키 호텔에서 조성태 장관 주최 만찬이 열렸다. 술이 몇 순배 돌고 분위기가 무르익자, 웅광해 장군이 한국노래를 하나 부르겠다고 자청했다. 그러면서 나보고 도와달라고 했다. 노래는 '도라지' 였다. 발음도 정확했고, 리듬이나 박자도 어긋남이 없었다. 전혀 내가 도와줄 계제가 아니었다. 내가 노래 말의 의미를 묻자 모른다고 했다. 뜻도 모르는 노래를 암기력만으로 불렀다. 평소 냉정한 표정이 지 부주석 앞에서는 얼굴에 훈풍이 불고 분위기를 잘 맞추었다.

그는 해방군 내에서 몇 안 되는 '미국통' 으로 영어를 잘했다. 미국 군부는 그를 아주 중요시 하고 양군 군부간의 중요현안은 먼저 그를 통해 조율했다.

한국무관부는 그에게 공을 들일 만큼 들였지만, 성과는 미미했다.

중국의 국제적인 군사교류는 그로부터 시작한다. 1998년 8월, 그는 먼저 북한을 방문하고, 이어 한국을 방문한 뒤부터, 양국 간 국방장관급의 교류 등 한중간의 군사교류가 급물살을 타기 시작했다. 그는 중국군부가 한국으로 급하게 경사되지 않도록 항상 제동을 건다. 먼저 북한을 배려하고 북한의 반응을 보고, 한국이 서서히 안달을 할 즈음 선물 주듯 하나씩 진척시켜 나간다.

나는 그와 자주 만나고, 많은 시간 대화를 나누었지만 그처럼 정이 가지 않는 중국인은 없었다. 너무 자기 관리에 충실한 탓이리라.

● 총참모부 정보부장(情報部長)

나는 주중국방무관으로 재직하면서 성격이나 배경이 전혀 다른 두 사람의 정보부장을 경험했다.

한 사람은 명성(?)을 날린 희승덕(姬承德) 소장이다. 그는 공산당 원로 중의 한사람인 희붕비(姬鵬飛)의 아들이면서, 하문(厦門)의 원화집단(遠華集團) 밀수 사건에 관련된 정관계 중요인물 중의 한사람이었다.

부임한지 얼마 되지 않아 우리부부는 희승덕 정보부장의 만찬 초청을 받았다. 부임 환영연이었고, 나로서는 인민해방군 정보부장과 첫 접촉이었다. 장소는 서직문(西直門)에 있는 음식점으로 당시 다섯 손가락 안에 드는 유명한 집이었다.

희승덕 정보부장의 인상은 얼굴이 둥글고 살결은 허여멀쑥하면서 살이 통통하고 너그러움이 베여있는 전형적인 북방 중국인인데 반해, 그의 부인은 '강청(江靑)'을 연상시켰다. 날씬하고 아름다웠으며, 아주 이지적이고 차가웠다. 만찬 내내 별 말이 없었고, 음식을 거의 들지 않았다. 야채 요리가 나오면 몇 젓가락 손이 가는 정도였다. 옆에서 꾸역꾸역 먹기가 민망할 정도였다. 희부장은 한국무관부가 필요로 하는 일이면 서슴없이 도와주라고 배석한 관계자들에게 지시했다. 시원시원하고 보스다운 기질을 유감없이 발휘했다. 그래서 그런지 우리는 그가 원화집단 사건으로 물러난 뒤에도 관계자들과 친밀도를 유지하면서 고급정보를 접할 수 있었다.

희부장은 그의 상관인 웅광해와 삐걱거렸고, 클린턴 진영에 불법 선거자금 30만 달러를 제공한 혐의로 미국의 언론에 오르내리기도 했다. 권력의 남용은 많은 적을 만들었고, 원화집단 사건까지 겹쳐 사형선고를 받았으나 형 집행이 연기되고 있으며, 그의 부친인 희붕비가 사망했을 때는 가출옥되어 상주로서 조문객을 받는 장면이 잠간 뉴스에 나온 적이 있었다.

다음으로 내가 가장 인간적으로 존경했던 인물 중의 한사람이 희부장 후임으로 온 라우동(羅宇棟) 부장이었다. 총참모부에서는 희승덕 후임으로 제남군구 정보부장을 발탁했다. 웅광해가 마음대로 요리할 수 있는 사람을 찾았을 것이다. "대원군이 민비 찾듯."

처음 그를 상면했을 때 인상은 "촌 닭 장에 나온 꼴"이었다. 그는 오로지 중국말만 할 줄 알았고, 또 유사 문화권에 있다는 연유로 나와는 "형님, 동생"으로 칭하면서 지냈다. '촌 닭'이 훨씬 인간적이었고, 양군 간의 정보교환은 아주 원활했다. 산동출신으로 호주가였고, 유머가 아주 풍부했다.

▲ 인간적으로 존경했던 인민해방군 정보부장 라우동

그는 2002년도 정보부장의 직함으로 처음으로 한국을 방문했다. 역시 '동생'인 내가 전 일정을 수행했다. 제주도를 방문했을 때, 감귤밭 돌담 울타리가 나지막하고, 돌담 밖에 떨어진 감귤을 누구하나 주워가지 않은 것을 보고 부러워했다. 오랜 시간 같이 차를 타면서 정말 많은 이야기를 나눴다. 당 중앙위원으로 선발되지 못하고 후보위원에 머문 당 간부에 대한 해학적인 이야기에서부터 삼국지와 수호전에 나오는 인물 이야기 등등.

정보부 부부장에 후광(侯光)이란 인물이 있었다. 술 좋아하고 접대받기를 좋아했다. "늦게 배운 도둑질 밤새는 줄 모른다"고 늦게 골프를 배워 거의 마니아 수준에 도달했다. 나는 그를 골프에 자주 초대했다. 한번 초청하면 돈이 많이 들어갔다. 혼자 오는 것이 아니라 꼭 떨거지들을 데리고 왔다. 그들의 비용까지 모두 물어야 되니 한정된 정보비로 여러모로 저울질을 해야 했다. 그러나 정보는 곧 돈과 연결되는 데 어쩌랴.

1998년 8월 31일, 북한이 대포동-1호 미사일을 발사했다. 한국뿐만 아니라 주변국의 관심은 또 다시 발사할 것이냐? 한다면 언제 하느냐? 에 온통 관심이 집중되어 있었다.

본부로부터 훈령이 왔다.

"북한이 제2의 대포동 미사일을 발사할 것인가? 그렇다면 그 시기는? 중국 측의 견해는?"

묻는 말이야 간단하지만 대답하려면 노력과 시간이 걸린다. 돈도 투자되어야 한다. 무관이 하는 일이 그런 것이니, 본부 분석실에서는 현지 무관의 보고를 금과옥조(金科玉條)로 여기고 있을 것은 당연하다.

중국의 언론에 나오는 이야기는 그야말로 책임감 없는 말들뿐이다. 출처의 신뢰성과 첩보의 정확성, 적시성이 정보 가치의 기준이다. 방법은 인민해방군 정보부 밖에 없다.

후광을 명 13릉 골프장으로 초청했다. 이 골프장은 북경에서 가장 먼저 만들어졌고, 국제적 규격을 갖춘 명문 골프장이다. 조자양이 권좌에서 물러난 후 이곳에서 틀어진 심사를 달랬다고 한다. 나는 그와 라운딩하면서 북한 문제에 대해서 한마디도 안했다. 왜 이 시기에 한국무관이 자신을 골프장으로 불러내었는지 그는 이미 알고 있을 것이기 때문이었다.

운동은 끝났다. 둘이 있는 시간도 끝이 나는 것이다. 씻고 저녁을 먹을 때면 이쪽저쪽 떨거지들과 합류해야 하니 속에 있는 말은 할 수 없다. 클럽하우스로 돌아오면서 그는 내게 한마디 했다.

"감히 다시 발사할 수 있겠어?"

이 말 속에는 중국 측의 뒤틀린 심사가 섞여 있고, 북한에 대해서는 재발사로 주변을 긴장하게 하지 않는 것이 좋다는 의사가 전달되었음이 들어있고, 어쨌든 북한은 다시 발사하지 않을 것이라는 중국 측의 판단을 함축하고 있었다.

물론 본부에는 이 말을 가감 없이 직설 화법으로 보고 했음은 두 말할 필요가 없다.

● 중국인민해방군 낙양(洛陽)외국어학원[49]

중국에 낙양외국어 학원이 있다. 외국군의 군사정보를 이해하는 군대 인재를 양성하는 곳이다. 즉 중국의 외국어사관학교다. 20개의 외국어 과목과 국제관계 · 국제정보센터, 중국어 과목이 설치되어 있다. 이 학교에서는 박사학위까지 수여한다. 언어는 영어와 러시아어 학과에서 박사학위를 수여하고 있다. 물론 조선어가 아닌 당당히 한국어란 명칭으로 학과가 개설되어 있고, 한국어에 대한 인기는 일본어보다 앞섰다.

이 학교는 1996년부터 중국어를 연수하는 외국군 장교를 받기 시작했다. 1999년부터 한국군 장교(육 · 해 · 공군 각 1명)도 이 학교에서 중국어 연수를 했다. 국방무관은 주재국 내의 전 국방부 소속 요원을 지휘하고 통제할 책임이 있음으로 당연히 이 학교에 유학하고 있는 장교들에 대해서도 관심을 안 가질 수 없다. 더군다나 중국군대 교육기관에 유학하고 있으니.

나는 매년 1~2차례 이 학교를 방문하여 군유학생들의 교육 및 생활 상태를 점검하고, 유학생들에게 필요한 사항을 학교 측에 건의하여 시정하도록 했다.

이 학교에 유학하는 외국군 장교는 대부분 중국에서 군원(軍援)을 주는 국가다. 아프리카, 동남아, 동구제국이며, 이들에게 중국은 무상교육을 시켜주고 있다. 돈을 내고 교육을 받는 국가는 한국이 최초다. 우리 한국군 장교들이 나에게 이 사정을 이야기 하면서 너무 비싸게 받아먹는다고 불만을 토로했다.[50] 자그만 치 북경 일류대학 수업료에 터무니없이 비싼 기숙사 비를 무는데, 숙박시설은 형편없다는 것이다.

---

49) 中國人民解放軍洛陽外國語學院: 이 학교는 총참모부 직할로 군대의 외국어 인재를 양성하는 대학이다. 본래 張家口에 설치되었다가 문혁이후 낙양과 남경 두 곳으로 분할되었다.

50) 낙양어학원의 유학비용은 연간 학비: 2,800달러, 숙소비: 월 500달러(가족 동반 시), 식대: 월 145달러였다.

나는 그들에게 “돈 내고 떳떳하게 교육받는 것이 얼마나 자랑스러우냐. 우리 국력이 그만큼 신장되었음을 의미한다. 그 대신 돈 값을 해야 한다”고 강조했다.

외국군 장교들 가운데서 중국어 실력이 가장 뛰어나고 열심히 공부하는 국가는 한국과 베트남이고, 나머지는 노는 건지 공부하는 건지 분간이 안 갈 정도다. 통상 입학 초기에는 한국군 장교가 베트남 장교에 비해서 조금 처지다가 학기가 종료될 무렵에는 전체 외국군 장교들 가운데서 늘 수석을 차지했다. 이곳의 경쟁은 국가 간의 경쟁이다.

이 학교의 교수진들은 한국군 장교들에 대한 칭찬을 아끼지 않는다. 스승에 대해 예의 바르고, 악착같이 공부하고, 절대 남에게 뒤지지 않으려는 승부근성이 유별나다는 것이다. 젊은 장교들의 태도에서 바로 국가의 장래를 엿볼 수 있게 된다. 베트남이 바로 동남아에서 크게 일어나고 있는 것도 그 나라를 이끌고 갈 젊은이들의 정신이 올바른 데서 알 수 있다.

미국과 일본은 아직 이 학교에 유학생을 보내지 못하고 있다. 일본 국방무관이 나를 늘 부러워하는 것 중의 하나가 이런 교육기관을 마음 놓고 가고, 가서도 VIP대접을 받는데 있다.

국가 간에 큰 것은 몰라도 사소한 것은 바로 인간관계에서 이루어진다.

● 심양군구(沈陽軍區) 참모장

인민해방군에서 내가 ‘따거[大哥: 큰 형님 또는 암흑가의 우두머리를 지칭]’로 마음 편하게 부르는 인물 중의 하나가 왕건민(王建民) 상장이 있다.

그를 처음 알게 된 것은 지호전 부주석이 방한 할 때 수행요원에 포함되면서였다. 그는 당시 심양군구 참모장으로 계급은 소장이었다. 전형적인 ‘동북호(東北虎)’[51]다.

지부주석 일행이 제주도의 유명한 분재원에 들렀을 때, 그는 그곳 식당의 탁자 위 수저통 속에 스테인리스 수저가 가지런히 담겨있는 것을 신기한 듯이 바라보고 있었다. 아무래도 갖고 싶어 하는 것 같아, 동행했던 아내가 그곳 원장에게 잘 얘기하여 그 수저통의 수저를 몽땅 선물로 주었다.

공교롭게도 그가 제주도에 도착했을 때 마침 그의 고명딸이 아들을 낳았다는 소식을 접했다. 그는 방한 기간 내내 입을 다물지 못했다. 손자를 본 셈이다. 중국은 한 자녀이기 때문에 친손자니 외손자니 하는 구분이 없다. 더군다나 손녀가 아닌 손자인데. 이를 안 아내는 일행이 제주시내의 백화점에 들렀을 때, 백화점 지배인을 찾아 사정을 이야기하고 아기 배내옷과 신발을 아주 싼 값에 사주었다. 지금도 그렇기는 하지만 한국 옷은 중국사람들이 아주 선호한다. 손자 보고 그 손자에게 줄 선물을 잔뜩 얻었으니 얼마나 기뻤으랴. 그는 고마워하면서 심양에 올 기회가 있으면 꼭 자기를 찾아달라고 아내에게 신신당부했다.

나는 이렇게 해서 소위 '심양근거지'를 마련했다. 한국 군부의 방문객 중 일부를 심양으로 보내고, 육사 · 해사 생도들의 백두산 답사나 대련항 방문 시에도 심양을 경유케 하여 '심양 따거'를 만나는 구실을 마련하였다. 조영길 합참의장 방중 시에도 심양을 경유했고, 길형보 육군총장도 심양을 거쳤다.

'심양 따거'는 해방군에서 승승장구했다. 심양군구 참모장에서 얼마 안 있어 심양군구 부사령원, 이어 2003년 초에 성도군구 사령원으로 영전했다. 최고의 야전군 지휘관이 된 셈이다. 2006년 6월 11일, 그는 마침내 중국인민해방군의 최고 계급인 상장이되었다.

그는 전형적인 무골(武骨)이다. 기갑군단장을 역임했고, 사천성의 성도

---

51) 東北虎란 동북, 즉 요녕, 길림, 흑룡강성에 사는 남자들을 가리키는 말이다. 그 지역 사람들은 말보다 주먹이 먼저 나올 만큼 성질이 급하고 사나우며 용맹하기로는 둘째가라면 서러워하는데서 나온 별명이다. '산동사나이', '서북이리'와 어깨를 나란히 한다.

(成都)로 내려가기 전까지 일생을 동북에서만 보냈다. 2000년 여름 육사생도들이 심양을 방문하는 기회를 틈타 그를 오찬에 초대했다. 그는 군복을 입고 일반 음식점에 나오는 것이 뭣했던지 양복을 입고 나왔었다. 아마 양복을 자주 입지 않은 것 같았다. 처음 살 때 개켜놓았던 자욱이 선명한, 다림질하지 않은 Y셔츠를 입고 나온데 다, Y셔츠의 소매 단추를 채우지 않았었다. 넥타이도 익숙하지 않았다. 도무지 어색하기가 말할 수 없었다. 오찬 내내 목을 이리저리 꼬곤 했다. 분위기를 풀기 위해 내가 손자 이야기를 끄집어내었더니 봄기운이 감돌고 넥타이가 목을 죄는 것을 의식하지 못했다. 내리 사랑인가?

▲ 진정한 무골(武骨)이었던 왕건민(王建民)장군(나와 합영할 당시는 심양군구 부사령원이었음)

그는 동북에서 조선족과 '북쪽 동포' 들만 상대를 하다가 처음으로 한국을 방문하고는 곧 한국 팬이 되었고, 한국무관인 나를 친동생처럼 아껴주었다. 자연 그의 부하들과도 친밀하게 된 것은 말할 필요가 없다.

나는 주중국방무관을 이임할 때 심양의 그를 찾았다. 고별을 위해서다. 만찬 석상에서 나는 간곡히 말했다.

"인민해방군, 특히 심양군구가 한반도와 관련된 모종의 조치를 취할 때, 우선 국익을 고려해야겠지만, 다음으로 한국에 당신의 '띠디[弟弟: 동생]' 가 있다는 것을 생각해주시기 바랍니다. 소제(小弟)도 한국에서 똑 같은 경우에 처할 때 중국에 나의 '따거' 가 있다는 것을 생각할 것입니다."

그가 현직에서 물러나면 좀 더 자유롭게 만날 수 있으리라. 그때가 되면 그의 집을 한번 방문하고 싶다.

누군가 "너는 중국에 연고권을 가지고 있으니 '친중(親中)' 이다"라고 말하면 나는 부인하지 않는다. 팔은 안으로 굽기 때문이다.

● 국방부 외사판공실 사람들

중국 국방부 외사판공실은 주중 무관단들이 중국군부와 접촉하는 공식적인 창구다. 무관들이 중국군부와의 접촉은 아주 제한되어 있다, 중국군부가 그만큼 폐쇄적이라는 이야기다. 한국국방부 청사 복도를 휘젓고 다니는 주한 외국무관들을 보면 우리는 너무 풀어져 있다는 느낌이 든다. 특히 일본무관과 대만무관은 유창한 한국어를 무기로, 어느 사무실이건 쑥쑥 들어가 조그마한 선물 하나 내놓고는 장시간을 개기고 있다. 대담 중에 그들은 필요로 하는 자료를 원하는 대로 챙긴다.

중국의 외사판공실은 八·一대루(大樓)와 떨어져 있을 뿐만 아니라 지정된 접견실에서, 사전 만나기로 되어 있는 인물 외에는 절대 만날 수 없다. 요즘은 해방군도 조금씩 개방하기 시작하여 주요 국방정책 가운데서 대외 홍보 차원 상 필요할 경우 외사판공실에서 단체로 설명회를 가진다.

외사판공실 요원을 어느 무관이 가장 많이 접촉하느냐가 곧 중국 군부와의 친밀도 척도가 된다.

한국무관부는 개설 초기 엄청 고생했다. 이데올로기와 한국전쟁이라는 멍에가 쉽사리 벗겨지지 않았다. 무관의 첩보는 아주 일부를 제외하고는 무관단들 사이에 떠도는 '카더라' 통신뿐이었다.

외사판공실 실무자 중에서 한국에 가장 영향을 많이 미친 인물은 앞에서도 언급했던 마충생(馬忠生) 아주국장이었다. 내가 부임했을 초기에는 아주국 부국장으로 상교였었는데 이후 승진하여 아주국 국장이 되었고, 그 뒤에는 장군이 되어 아프리카 어느 국가의 무관으로 부임했다고 한다.

마충생은 산동 출신 한족인데 조선족자치주에 있는 연변대학 조선어학과를 졸업했다. 왜 산동에서 그 머나먼 연변까지 갔느냐? 그것은 당에서 그 대학에 가서 수학하라고 했기 때문이다. 북한의 김일성대학에도 유학해서 인지 '북한말' 에는 아주 능숙했다. 북한 말씨를 구사하다 보니 간드러지는 '남한 말' 에는 미숙해서 때론 그의 말이 아주 퉁명스럽게 들린다.

나는 그를 만나면 "마도성공(馬到成功: 신속하게 승리를 쟁취하다)"이라 외친다. 그의 성이 '馬' 씨기 때문이다. 그도 이 말을 아주 좋아한다. 그런데 일 처리는 반대다. 항상 약간 부정적으로 말하다가 성사될 기미가 보이면 생색을 많이 낸다. 그는 남북한을 동시에 다루기 때문에 북한을 많이 의식했다. 한국 측에서는 알게 모르게 투자도 엄청 했는데 밑 빠진 독에 물 붓기였다. 그런데 "소금 먹은 놈이 물을 켜게 되어 있다"고 한 2년 지나자 그 효과가 나타나기 시작했다. 그가 지나가는 말로 슬쩍 얘기하는 애로사항(?)을 모두 들어주고 난 뒤의 일이었다. 그 방면에서는 해군무관을 했던 안기석 제독이 일가견을 가졌다. 그는 완전히 간 · 쓸개를 빼놓고 중국 군부의 환심을 샀다. 자존심이 센 그도 국익 앞에서는 모든 걸 내팽개쳤다.

처음에는 손해 보는 거래였는데, 나중에는 이것이 우정으로 발전했고, 서로 간담상조(肝膽相照)했다. 그러나 그는 나보다 나이는 어렸지만 나를 '따거' 라 부르지 않았다. 아마 내 앞에서 흐트러지는 모습을 보이기 싫어서였을 것이다.

외사판공실 부주임에 강홍(江洪)이라는 여군 대교가 있었다. 내가 부임했을 당시는 아주국 국장으로 마충생의 상관이었고, 얼마 뒤 외사판공실 부주임으로 승급했으며, 일 년 후 그녀는 장군으로 승진하였다. 그녀는 전형적인 외유내강(外柔內剛)형이었다. 자그만 몸매에 얼굴이 예뻐 여성스러움이 베어나면서도 일 처리는 깔끔했다. 지호전 부주석이 그녀를 아주 아꼈다. 강홍 부주임 사이에 얽혔던 일화는 다음 '무관의 세계' 에서 다시 언급하겠다.

외사판공실에는 한국을 담당하는 젊은 군관이 둘 있다. 한 사람은 지금은 소교로 승진한 유중빈(劉中彬)이고, 또 한사람은 최근에 들어온 고승리(考勝利)다.

유중빈 역시 북한말을 배워 말투는 투박하나 통역할 때는 한마디도 빼놓지 않고 통역한다. 나는 종종 우리 무관에게 통역은 저렇게 해야 한다고 강조했다. 왜냐하면 통역관이 자의로 해석할 경우 오해의 소지가 발생할 수 있기 때문이다.

만찬 시 중국은 통역관을 옆 자리에 앉도록 한다. 주빈 뒤에 의자를 놓고 별도로 통역하는 우리네와는 다르다. 그런데 유중빈은 주는 음식을 다 먹으면서 통역은 통역대로 다 한다. 그 만큼 여유가 있다는 뜻이며, 통역 기술을 체계적으로 익혔다는 뜻이다. 또 중국의 영도들은 부하들에게 그렇게 각박하게 굴지 않는 데도 연유한다.

유중빈은 요즘 한국사람들과 접촉이 잦으면서 서울말도 곧 잘한다.

● 한국에는 '폭탄주', 중국에는 '잠수함주'

2002년으로 넘어가기 하루 전 한국무관부 전체는 '바닷물' 속에 빠졌었다.

해방군 총후근부 대표 일행이 한국을 방문하고 돌아와 한국에서 받은 접대를 우리에게 복수(?)하는 자리였다. 총후근부 부부장 소서암(蘇書岩) 중장과 그 일행은 2001년 9월 16일 국방부 획득실장의 초청을 받아 방한했었고, 18일 군수사령부를 방문했으며, 저녁 만찬에서 당시 군수사령관이었던 정중민 장군이 폭탄주로 이들을 호쾌하게 KO시켜 버렸다. 한국소주가 한국사람에게도 뒤끝이 좋지 않게 나오는데, 중국사람에게는 오죽했으랴. 그들은 밤새껏 화장실을 들락날락 거렸던 모양이다. 한국에서 복수(?)할 기회를 잡지 못하고 중국으로 돌아와서 한국무관단에게 그 창끝을 겨누었다.

장소는 북경의 서남쪽에 자리 잡은 호화 대형 해산물 전문 식당이었다. 허벅지까지 깊게 파인 치파오[旗袍: 만주족 여인들이 입던 전통적인 의상]를 입은 팔등신 미녀가 우리를 황제가 즐겼음직한 온통 황금색과 붉은 색으로 치장된 방으로 안내했다.

소(蘇) 부부장은 나를 자신의 오른쪽에 앉히고, 다시 나의 오른쪽에 프로레슬러 같이 생긴 녀석을 앉히고는 나에게 소개했다.

"오늘의 '酒常務' 입니다."

"......."

"한국 폭탄주의 위력은 대단했습니다. '해방군' 은 '국군' 에게 완전히 녹았습니다. 그러나 중국에도 비슷한 것이 있지요. 潛水艦酒라고. 이 잠수함주에는 두 가지 종류가 있습니다. 하나는 재래식 잠수함주이고, 다른 하나는 핵잠수함주입니다."

내가 물었다.

"어떻게 구분되지요?"

"재래식은 紅酒(포도주를 일컬음)에 白酒(50도 이상의 빼갈)를 박는 것이고, 핵은 백주에 홍주를 박는 것입니다. 자~ 최무관께서 둘 중에 하나를 선택하시지요."

우리 무관들은 서로의 얼굴을 쳐다봤다. 아마도 성한 몸으로 이 '전투' 에서 빠져나갈 수 없다는 것을 직감했다. '핵' 은 생각만 해도 끔찍했다.

"한반도에는 비핵화가 선포되어 핵이 없습니다. 당연히 핵잠수함도 없지요. 재래식으로 하겠습니다."

부부장은 둥그런 크리스탈 포도주잔을 가져오게 하드니 손수 제조하기 시작했다. 한손으로는 다 감싸지 못하는 크기의 포도주 잔에 홍주를 8부 정도 따르고는 작은 잔의 백주를 빠트렸다. 백주는 중국의 국주(國酒)인 모태주(茅台酒)였다. 그리고는 시범을 보인다면서 '노틀카' 를 하고 잔을 머리위에 거꾸로 들었다. 한 방울 남기지 않고 다 마셨다는 제스처다.

잔을 머리위에 거꾸로 드는 습관은 한국사람은 중국에서 왔다하고 중국사람은 한국에서 왔다하는데 내 생각으로는 한국사람의 습성으로 이해된다. 중국의 일반사람들은 '깐배이' 한 후 잔의 바닥을 상대편에 보여주지만 잔을 거꾸로 들지는 않는다. 한국사람과 접촉이 잦은 중국사람들이 이런 행동을 보인다.

"최무관! 감당 못할 것 같으면 주상무(酒常務)를 임명해도 됩니다."

다른 무관 중에 누가 감히 나의 '주상무' 가 될 것인가? 자신에게 닥칠 시련을 부하에게 전가하는 것도 '영도' 의 예가 아니다. '주장' 이 어떻게 꽁무니를 뺄 것인가.

요리가 미처 나오기 전에 '재래식' 이 두 순배 돌았다. 핏빛 포도주에 모태주를 탄 술을 마셔보았는가? 포도주의 약간 시큼한 냄새와 모태주의 누룩냄새가 배합된 술. 우리 무관들뿐만 아니라 배석한 모든 사람들의 얼굴이 포도주 색깔로 물들어가기 시작했다.

부부장 옆의 '주상무' 는 미동도 하지 않았다. 부부장에게 돌아가는 모든 술을 빈 포대에 붓듯 들이켰다. 진정 '해량(海量)'[52]이었다. 나는 '재래식' 을 한 자리 숫자까지는 헤아렸다. 그리고 그 이후로는 자포자기에 묘한 애국심과 호승심(好勝心)이 발동했다. 이것으로 '국군' 이 '인민해방군' 에게 무너질 수 없다는.

아무튼 아무리 즐거운 연회도 끝은 있기 마련이다. 나는 좋은 술을 독차지 한다는 것은 예의가 아니라는 핑계를 대고 '전투' 종료를 애원했다.

'치파오' 미녀가 아래층까지 부축해서 나를 차에 태워주었다. 물론 같이 '전투' 를 했던 '적' 과는 악수도 하고 진한 포옹도 하고서. 다른 무관들도 모두 몰골이 말이 아니었다. '바닷물' 속에 푹 절여진 배추, 전장의 상흔이 깊게 베인 그런 몰골!

---

52) 海量: 넓은 도량이란 뜻도 있지만, 통상 술을 바다만큼 마시는 호주가를 일컬음.

집으로 돌아와, 우리는 오장육부에 있는 모든 물건을 다 끄집어내고는 2년간을 침대에서 헤맸다. 다음날이 새해라서 쉬었기 망정이지, 잘못했으면 집단 결근할 뻔했었다.

서로 '전투'를 하고난 이후 '적'들과 우리는 끈끈한 정이 생겨났다. 패자 없는 오직 승자들만의 전우애랄까. 대화가 막히면 그날의 '전투'를 애기했다.

참 군인들이란 이상하다. 서로 목숨 걸고 싸우고 나서도 화해하면 친구가 된다. 군대계급은 세계 각국에 통용된다. 어느 나라 군인이든 자신보다 계급이 높으면 먼저 경례한다. 그리고 고참을 존중한다.

퇴역한 지금, 나는 순수한 맘으로 중국인민해방군을 이해하고 사랑한다.

제 5 장

중국에서 본 북녘 땅

▲ 장백현 남쪽으로 흐르는 압록강 건너의 북한 혜산시('98. 9. 15) 전경

*1. 압록강과 천지(天池) 그리고 장군봉(將軍峰)

● 장백조선족자치현(長白朝鮮族自治縣)

1998년 9월 15일은 장백조선족자치현 창립 40주년이 되는 날이었다. 나는 이종희(李鍾熙) 장백현(長白縣) 현장(縣長)[53]으로부터 정중한 초청장을 받았다. 9월 13일 09시 55분 북경에서 연길가는 비행기를 타고 내린 시각이 오전11시경, 마중 나온 김두호 장백현 외사처장의 차를 타고 태산준령을 넘고, 수 없이 많은 계곡을 건너면서 7시간을 달려 도착한 곳이 중국에서 가장 편벽한 곳 중의 하나인 장백조선족자치현(이하 장백현)의 장백진(長白鎮)이었다. 북으로 장백산맥 줄기가 병풍처럼 가려있고, 남으로는 압록강의 상류가 동네 개천마냥 흐르고, 건너편 북한의 혜산시가 눈앞에 다가서 있었다. 9월 중순이었지만 약간은 한랭한 기운이 코끝을 자극했다.

장백현의 첫날은 김두호 처장 집에서 박성호 부현장 가족과 함께 풍요하지는 않았지만 인간미 넘치는 조선족 가정의 오붓함을 만끽하였다.

장백현은 조선족 유일의 자치현으로 연변조선족자치주에 이은 또 하나의 조선족 자치정부이며,[54] 행정구역은 길림성(吉林省) 백산시(白山市)에 속해 있고, 면적은2,498km², 인구는 9만 명, 조선족이 약 17%를 점하고

53) 중국에서 소수민족 자치정부의 행정책임자, 즉 현장이나 자치주장, 자치구 주석 등은 해 지역 소수민족이 담당하나 당위원회 서기는 반드시 漢族이 맡는다. 장백현도 현장(縣長)은 조선족이나, 서기(書記)는 한족이다.

54) 장백조선족자치현은 1958년 5월 29일 국무원 제77차 회의에서 설치 승인되었고, 그해 9월 15일 장백현 제3기 인민대표대회에서 장백조선족자치현 성립을 선포하였다.

있다. 지세는 동북에서 서남방향으로 급하게 기울어져, 지역 내 27개의 대 · 소하천이 압록강으로 흘러들어가면서 주변에 깊은 골짜기를 형성하고 있다. 장백현에 이르는 도로는 백산에서 임강(臨江)을 거쳐 압록강을 따라 장백진에 이르는 간선도로 외에는 모두 교차 통행이 간헐적으로 가능한 2차선 산간도로에 불과하고 비포장인데다 도로의 수량도 지극히 제한되어 있다. 장백산맥은 원시삼림으로 형성되어있는 자연보호구역이며, 지역 내 목재와 산삼, 영지 등이 생산되고, 호랑이, 담비, 곰 등 야생동물이 다량 서식하고 있으며, 철과 동을 비롯한 광산물이 풍부하다.

9월 14일 창립 기념 전야제에는 국가민족사무위원회 차관보급이 주빈으로 참가했고, 길림성과 백산시 간부, 조선족 유명인사 들도 다수 참가했다. 특이한 것은 강 남쪽에 있는 '우리의 동포' 도 참가했다는 사실이다. 양강도 도당위원회 대외무역담당비서 김철산(가명)일행이었다. 김두호가 귀띔해주었다.

중국사람들의 회식장소는 무척 시끄럽다. 동북지역은 본래 거칠기로 소문나있고, 남자들은 호주가(好酒家)다. 배짱이 틀리면 말보다는 주먹이 앞선다. 그만큼 성격도 급하다. 술이 서너 순배 돌아가면 벌써 취하여, 자기 이야기만 하지 남의 이야기는 듣지 않는다. 또 실제로 들리지도 않는다. 워낙 시끄러워 옆에 앉은 사람끼리도 목청을 돋우어야 한다.

나는 나를 안내 및 경호하는 김두호의 소개로 이리저리 돌아다니면서 인사는 나누었지만 누가 누군지 구분도 안 되었다. '북한동포' 들과는 인사를 나누지 못했다. 불편해할까 바 서로의 자리를 멀찍이 떨어뜨려 놓은 탓도 있었다. 단지 주위의 이야기를 듣고 서로 '북한동포' 구나, '남쪽친구' 구나하고 짐작만 하고서.

그날은 그렇게 하고서 모두 잠자리로 갔다. 그 전날은 그렇지 않았는데, 내 방문 앞에는 호텔 보안(保安)이 밤새껏 보초를 섰다. 나의 신변안전 때문이었다.

도당(道黨) 대외무역담당비서

이튿날 아침 호텔 식당에 들렀더니, '북한동포' 도 와 있었다.

"안녕하십니까?" 내가 먼저 인사했다.

"안녕하시오? 무관선생!" 아마 주최 측에서 내 신분을 밝힌 모양이다. 신분이 밝혀졌으니 오히려 홀가분했다.

"무역사업을 위해 이곳을 자주 들린다는 얘길 들었습니다. 사업 잘 되십니까?"

"예, 무관선생의 염려 덕분입니다. 선생께 할 이야기가 있는데."

"아침 드시고 객청(客廳)에서 만나지요."

호텔 로비에서 김철산과 마주앉았다. 이제껏 경험으로는 '북한동포' 가 먼저 만나자는 제안은 없었다. 김철산은 50대로 보였는데 북한 사람들이 다 그렇듯 나이보다 겉늙어 보여 나이를 짐작할 수 없었고, 사십대를 약간 넘긴 것 같은 또 다른 '동포' 가 옆자리에 앉았다. 그는 할 말이 있다고 하고선 가방에서 무언가 끄집어내었다. 길이 2m가 넘는 백두산 천지에 호랑이가 걸터앉아 있는 형상의 족자였다. 화치(畵痴)인 내 눈에도 그림은 마음에 들었다.

"무관선생! 그림 하나 사기요."

"얼마지요?"

"300달러외다."

"너무 비싸요. 신용카드를 받으면 몰라도 그만한 현금은 지금 없소."

장백현 창립 40주년 행사에 참가하면서 물건을 가지고 오긴 했는데 팔리지 않자 내게 까지 손을 벌렸다. 나는 가방 끄집어 낸 사람의 체면도 있고, 말을 붙이기 위해서도 50달러짜리 족제비 붓 하나를 샀다. 이것 역시 북경보다 엄청 비쌌다.

"장백현에 자주 옵니까?"

"무역사업 하러 간간히 옵니다."

"북경에도 들립니까? 북녘 선생님들이 많던데."

그는 조금 머뭇거리는 것 같더니 대답했다.

"일 년에 한두 번 갑니다. 역시 무역사업 때문이지요." 나의 북경 전화 번호를 적어 건네주면서 북경 오면 연락 달라고 했다.

"고난의 행군이 곧 끝난다지요?"

말해놓고 아차 싶었다. 남의 속을 건드리는 것이 아닌데. 아니나 다를까 바로 반격이 시작되고 우호적이든 분위기는 찬 서리가 내렸다.

"김대중은 햇볕인가 뭔가를 말하더니, 무관은 별 수 없이 미제 앞잡이야!"

주변에 있던 '북한동포'들은 모두 나를 한 번씩 째려보고는 약속한 듯이 자리를 박차고 나갔다. 나는 속절없이 얼굴만 붉혔다. 공연한 대통령까지 욕 먹이고. 그들이 자리박차고 나가는 모습을 보면서 "어쩜 저렇게들 변하지 않지"라는 생각이 절로 났다.

추후에 김두호가 내게 전해준 얘기는 나와 만난 때문인지는 확실치 않으나 김철산이 철직을 당해 2년 동안 노동개조를 받았고, 그 이후 활동을 재개했으나 술을 많이 마신 탓인지 간암으로 2001년도엔가 사망했다고 한다.

양강도 혜산시(惠山市)

장백현과 혜산시를 가로지르는 압록강은 말만 강이지 개천이다. 가을 갈수기라 그런가 했었는데, 일 년 뒤 여름에 다시 찾았을 때도 마찬가지였다.

강폭은 40m 정도, 물도 무릎 걷고 건널 정돈데, 상류라 물살이 빠르고 물은 한없이 맑았다.

한낮에 혜산의 아낙네들이 개울에서 빨래를 하고, 그 옆에서 애들이 물장난을 치는 풍경은 어릴 때 보았던 익숙한 광경이었다. 그런데 화요일인데, 강변에서 남자들이 해바라기를 하거나, 낚시를 하고, 뜰채를 이용하여 물고기를 잡고 있었다.

"아니 일하러 가야지, 강가에서 물고기는 왜 잡아?"

옆에 있던 김두호가 말했다.

"쟤들 놀아요. 할 일 없지비."

강 이쪽에서는 빨래하거나, 낚시하거나, 물장난하는 애들이 없다. 모두 일터로 나가거나 학교에 가든지 하지, 멀쩡한 날 강가에 나올 이유가 없다. 전원 고용이 사회주의 사회가 아닌가? 그런데 '우리 동포'는 왜 놀아.

저쪽은 강을 연해서 몇 채의 공동살림집이 눈에 띄었으나 한 결 같이 유리창이 없었다.

"쟤들 유리창 없이 겨울에 어떻게 지내?"

"가마니나 홑이불 같은 천으로 가려요. 조금 여유가 있으면 비닐을 치지비."

이곳은 북방이고 산중이라 겨울이 길고도 춥다. 10월 말부터 한번 눈 내리면 이듬해 5월이 되어야 비로소 다 녹는다. 그 긴 겨울을 글쎄….

바라보이는 산중턱에 혜산시 뿐만 아니라, 북한에서도 가장 규모가 크다는 동(銅) 제련소(製鍊所)가 있고, 그곳에 높이 50m 쯤 되는 연돌이 우뚝 서 있었으나, 위용을 자랑할 연기는 나지 않았다. 들은 바에 의하면, 동 제련소는 한번 가동하면, 24시간 365일 쉬지 않고 가동해야된다고 한다. 한번 멈췄다가 재가동하려면 노력과 비용이 만만치 않기때문이다. 그 동 제련소는 멈춘 지가 벌써 일 년이 가까워지고, 일부 간부들이 제련소의 부속품을 몰래 빼다가 중국 측에 팔아먹는다고 했다.

혜산시는 비록 산중이기는 하나, 지대가 고원을 형성하고 있어, 평지가 비교적 눈에 많이 띄었다. 철로가 압록강을 따라 동서로, 또 내륙으로는 청진 방향으로 발달되어 있고, 비록 비포장이기는 하나 2차선 규모의 도로가 강변과 내륙방향으로 고루 건설되어있었다. 그러나 기차도 차도 보이지 않아 갑자기 몇 세기 전으로 후퇴한 기분이었다. 시 외곽에는 1.5km 정도의 활주로를 가진 비행장이 있고, 시 중심에 넓은 운동장을 가진 학교가 보여 무슨 학교냐고 물었더니, 김형직종합예술전문학교라고 했다. 교정에서 흰 옷을 입고 집단체조 하는 학생들의 모습이 쌍안경을 통해 볼 수 있었다. 모처럼 보는 북한의 활기찬 모습이었다.

통상구(通商口)와 무역, 강변 경계

장백현과 혜산시의 통상구는 꽤 번창했다. 24인승 버스, 안에는 사람이 포개져 있고, 지붕 위에는 화물이 버스 높이만큼 실려 있었다. 승객들이 휴대하는 보따리까지 계산한다면 한대의 버스에 실리는 화물의 양은 상당하다. 이런 버스가 오전과 오후 각각 두 차례 정도 운행된다고 한다. 화물은 유리 등 건설자재, 라면 등 가공식품까지 각양각색이다. 교량은 2차선 규모이며, 길이는 80m 정도, 차량 통행용이다. 혜산에서 북한의 내륙까지 연결된 철로가 있으나 장백현에는 철로가 가설되지 않아, 북한과 철로 연결은 없었다.

북한의 검문소는 마치 휴전선 상의 DMZ를 출입하는 통문과 흡사했다. 차단목이 있고, 바리케이드가 있고, 강변을 따라 철책이 쳐지고, 검문하는 보위부 요원과 세관원 등이 매우 엄숙한 표정으로 서 있었다. 반면에 중국 측은 세관의 건물만 북한에 비해 크고 화려할 뿐, 장터 마냥 그저 사람들만 복작거린다. 공안은 검은 안경을 끼고 엄숙한 표정을 짓고 있었으나 입에 물려있는 담배나, 이쑤시개가 여유롭다.

경계도 양쪽이 달랐다.

장백현 쪽의 강변에는 무경 초소가 군데군데 있고, 주로 야간에만 순찰식으로 근무를 선다. 반면에 혜산시 쪽은 밤에는 경계가 한층 강화되고, 낮에도 순찰 위주의 근무를 서고 있음이 눈에 띄었다.

장백현으로 건너오는 탈북자!

사실 이들은 우리가 생각하는 그런 탈북자가 아니다. 못사는 사람들이 잘사는 동네로 구걸 간다고 생각하면 맞다. 어른이나 애 할 것 없이, 밤에 몰래 건너와서는 며칠 동안 구걸하거나 날품을 팔아 식량을 얻어 짊어지고 돌아간다. 강을 오가다 보위부 요원에게 잡혀도 가져간 돈이나 물건을 조금 집어주면 그냥 눈감아 준다. 중국 측 경계는 워낙 허술하여 무경에게 잡히지 않는다.

단순히 먹을 것을 구걸하면 중국사람들, 특히 조선족들은 밥도 먹여주고, 집안에 있는 곡식들을 대충 챙겨준다. 상당히 너그럽다. 문제는 도둑질이고, 심지어 사람을 헤치는 일 때문에 장백현정부는 골머리를 썩이고 있다.

혜산시에서 압록강을 연해서 북쪽으로 12km 정도가면 보천보(普天堡)가 있다. 소위 김일성이 항일유격전을 했다는 곳이다. '98년 초, 그곳에서 북한사람이 강을 건너와 한 집을 털고는 일가족까지 살해한 사건이 발생했다. 장백현 공안은 혜산시 보위부와 합동으로 그 사건을 수사했으나 공조가 제대로 이루어지지 않아 미제(謎題)로 남았다.

장백현과 혜산시 간 무역은 물물교환이 많이 이루어지고 있다. 돈이 부족하기 때문이기도 하지만 사회주의 국가의 상거래 속성이기도 하다.

1998년 9월 초, 장백현 대외무역국장이 양강도 도당위원회의 연락을 받고 미곡 한 트럭과 북한에서 제련한 동(銅)을 맞바꾸기로 했다. 당 대 당의 약속이다. 대외무역국 요원이 미곡 트럭을 인솔하고 혜산으로 들어가자, 약속했던 그 '도당위원' 이 통상구에서부터 마중하여 안내했고, 트럭은 혜산시 당위원회 앞에 정차했다. 대기하고 있던 인부들이 우르르 몰려오더니, 쌀은 순식간에 하역되고, 모두 한 자루씩 울러 메고는 어디론가 사라졌다. 이제 동을 실을 차례다. 물건이 어디 있느냐고 했더니, 곧 온다면서 조금만 기다리라고 한다. 그렇게 기다린 것이 이틀, 끝내 오지 않자, 대외무역국 요원은 빈 트럭만 끌고 돌아올 수밖에 없었다. 항의도 별 수 없었다. "배 째라"다. 그 이후론 아무리 물물교환이라도 중국은 북한에서부터 현물을 먼저 받고, 다음에 이쪽의 물건을 넘겨준다고 한다.

요즘은 '고난의 행군'이 끝나 먹는 문제는 어느 정도 해결되었지만, '98년과 '99년 사이는 북한에서 돈 되는 물건이면 모두 가지고 나왔다고 한다. 북한 보위부는 동료의 소총을 훔치거나, 심지어 군관의 권총까지 가지고 나와 팔고, 탄약고 내의 포탄도 뇌관과 장약을 제거하고는 고물로 팔아먹었다. 뇌관을 제거하다 폭발사고도 간간히 일어난다고 한다. 중국에서는 물론 장물을 전문적으로 취급하는 브로커가 있다. 당시 권총 한 정 값이 중국 돈으로 300원, 한화로 4만5천원 정도였던 것으로 기억된다. 꽤 큰돈이다.

장백현에서는 북한관광도 대외교역 중의 중요한 상품이다.

장백현 조선족 부현장 박성호의 부인은 북한관광 전문 가이드다. 그녀는 일주일에 한 번꼴로 중국인 관광객을 모집하여 북한을 드나든다. 여권은 필요 없고 장백현에서 발급하는 통행증만 있으면 된다.

혜산에서는 청진과 나진·선봉까지 철로가 있다. 그러나 전기 사정이 워낙 좋지 않다 보니, 기차는 가다 서고, 가다 서고하여 시간을 맞추기가 여간 곤란하지 않아 주로 자동차로 관광한다. 도로 사정도 좋지 않기는 마찬가지나 중국에서 버스와 연료를 가져가기 때문에 차 자체에서 고장만 나지 않는다면 문제가 없다고 한다. 북한에서 숙박할 때면 기름 도둑을 맞지 않기 위해 운전사와 조수가 번

▲ 장백현과 혜산시 사이에 설치된 통상구(다리 좌단이 북한 측, 다리 우단이 중국 측)

갈아 불침번을 선다. 그들은 잠시도 차를 떠날 수 없다. 호텔의 경비까지 나서서 눈 깜박할 사이에 차량의 밀러, 전조등, 심하면 타이어까지 빼들고 가기 때문이다. 그럼에도 불구하고 북한관광은 중국인들에게 인기다. 관광 외에 밀무역을 할 수 있기 때문이다.

여자도 팔아먹어.

북한에서 돈 되는 것 중에 하나는 여자도 있다.

사실 한민족(韓民族)의 비극이기는 한데, 한때 한국의 농촌총각이 장가를 가지 못하자 중국조선족 여자를 구했고, 거기다 조금 반반한 여자들은 개혁개방의 물결을 타고 한국이나 도회지로 나가게 되자, 조선족 농촌에는 처녀들이 절대적으로 부족하게 되었다. 농촌총각이 장가를 들지 못하는 것은 조선족뿐만 아니라 한족들도 마찬가지였다. 그러다 보니 결혼대상은 바깥에서 구할 수밖에 없었고 만만한 것이 북한여성이었다. 탈북해온 북한여성을 회유하거나 납치 협박해서 데리고 사는 경우도 있지만 브로커를 통해서 북한에서 직접 밀수(?)해오는 경우도 있다.

"수요가 공급을 창출한다." 시장경제 논리다.

만주지역의 추위는 우리의 상상을 초월한다. 밤은 영하 20°C이하로 내려가는 것이 보통이고, 낮의 온도도 영하 10°C를 오르내린다. 산골이라 해는 늦게 뜨고, 빨리 진다.

′97년 12월, 혜산의 통상구를 통해 길쭉한 상자 하나가 버스 지붕에 얹혀 진 채 장백을 거쳐 무송(撫松)까지 갔다. 아침에 출발한 차가 대략 5~6시간 눈 쌓인 산골길을 털썩거리며 달렸을 것이다. 버스는 오후 두세 시쯤 무송에 도착했고 승객과 짐은 모두 내렸다. 운전사는 마지막으로 차를 점검하고 다음 운행을 준비하려는데, 버스 지붕 위에 상자 하나가 여전히 놓여 있는 게 아닌가. 올라가서 확인해 본 결과 나무로 짠 길쭉한 상자였는데 무척 무거웠다. 혼자 낑낑거리며 내리다가 그만 그 상자를 떨어트렸

고, 상자는 땅에 떨어져 박살이 났다. 그런데 놀랍게도 그 상자 속에서는 온 몸이 천으로 둘둘 말린 여자 하나가 나왔다. 추위와 배고픔, 떨어진 충격으로 그녀는 이미 혼수상태였다. 급히 병원으로 옮겨 목숨은 건졌지만 동상으로 손발을 절단해야 했다. 무송에서 누군가가 그 화물(?)을 인수하게 되어 있었는데 중간에 연락이 잘못되어 찾아가지 못하고 불상사를 당한 것으로 추정되었다. 자원인지, 강욘지 몰라도 짐짝이 되었던 그 북한여성은 그 후 어떻게 되었는지 뒷얘기가 없다. 아마도 북으로 송환된 것만은 확실한데.

정말 목숨을 건 탈북이요, 인신매매였다. 배고픈데 무슨 인권이 존재하는가? 오로지 사치스러울 뿐이지.

● 압록강을 따라 백두산 천지로!

장백조선족자치현 창립 40주년 행사는 기념식, 마스게임, 체육대회로 이틀 간 계속되었다. 기념식은 조선족어[55]와 중국어로 진행되었다. 행사는 촌스러웠지만, 장백현 인민의 참가 열기는 대단했고 진지했다. 특히 조선족은 이날을 대단히 자랑스러워했다. 함경도 억양이 강한 조선족 말이 저자거리를 휩쓸고, 불그레한 얼굴의 조선족 남정네가 갈지자걸음으로 거리를 오갔다. '60년대 말 한국의 시골 저자거리 풍경이었다.

이튿날 9월 16일, 나는 압록강을 따라 백두산을 오르기 위해, 김두호 처장의 안내와 무경 2명(중위 1명과 병사 1명)의 호위를 받으면서 장백현 공안국장이 내준 지프에 올랐다.

길은 2차선으로 한동안 압록강 북안을 따라 가다가 횡산(橫山)에서부터

55) 굳이 조선족어라고 표현한 것은 중국조선족이 사용하고 있는 언어는 평양말을 표준어로 사용하고 있으나, 완전한 평양말도 아니며, 일부 용어는 중국어의 영향을 받아 많이 변질되어 있어, 일반 한국인들은 잘 알아듣지 못하기 때문이다.

단차선의 비포장 산길로 바뀌었다. 지프는 10여 km를 더 달렸다. 길은 압록강을 이리저리 건너면서 나 있었다. 압록강은 이제 개울로 변했다. 울창한 삼림을 지나고 계곡도 지났다. 북한군 초소도 여럿 지났다. 그때마다 외사처장과 무경이 나서서 장백현을 방문한 손님 일행이 백두산을 방문하는 길이라고 설명했다. 별로 까탈 부리지 않고 모두 통과시켜 주었다. 조금은 으스스한 기분이었다. 이거 신고도 없이 월북하다니. 만약 무슨 일이라도. 나는 사실 수첩이라든지, 내 신분을 증명할 만한 모든 것은 호텔에 빼놓고 왔다. 북한군 초소에서 잠간 쉴 때도 한국말은 안했다.

아마 해발 2,000m 정도는 될 것 같은 데부터 삼림은 사라지고 관목이 형성되었고, 그랜드 케년의 축소판을 연상시키는 계곡이 나타났다. 그러나 흙탕물 대신 맑은 물이 급경사를 따라 흐르고, 소인왕국을 연상시키는 정교한 기암괴석이 계곡바닥에서부터 차도까지 흘립(屹立)하고 있었다. 불행히도 이들 괴석(?)은 홍수 때마다 수시로 변화된다고 한다. 산지가 모두 용암과 화산재로 이루어져 암반이나 지면은 모두 푸석푸석하고 가벼웠고, 조그만 충격에도 부서졌다. 이 계곡의 절경도 2년 뒤 큰 비와 홍수에 모두 없어졌다고 한다.

관목 숲도 끝나는 곳에서 우리 일행은 넓게 펼쳐진 초원에서 점심을 먹었다. 주 메뉴는 얇고 널찍하게 밀은 밀가루 전병(煎餠) 위에 된장 찍은 대총(大蔥: 대파)을 싸먹는 것으로, 대총의 매운 맛과 전병의 고소한 맛, 중국된장의 시큼한 맛, 그리고 태고의 정적을 더해주는 백두산 자락의 풍경이 얽혀, 기막힌 맛을 내었다. 백주(白酒) 한잔을 곁들이니 세상이 내 것이었다.

문득 임어당(林語堂)이 지은 〈중국인〉이란 저서에서 북방의 중국인과 남방의 중국인의 차이점을 설명하면서, 북방의 중국인을 "질박한 사고와 간고한 생활에 익숙하고, 신체가 건장하며, 성격은 열정적이고 유머러스하며, 국수를 상식(常食)하고 대파를 즐겨 먹는다. 전장에서는 용감하고,

왕권을 도둑질하는 큰 도둑이며…"라고 묘사했던 장면이 떠올랐다. 정말 북방의 중국인들은 이렇게 대파를 즐겨먹었다.

다시 200m 정도 오르면서 계곡은 완전히 없어지고 압록강의 줄기는 어느 틈엔가 끊어졌다. 압록강의 원두는 차도와 거의 100m 정도 이격된 골짜기에 형성되어 자세히는 관찰하지 못했지만 백두산 천지 물이 틀림없는 샘물들이 용암의 푸석한 구멍을 뚫고 여러 곳에서 새어나오고 있었다. 이 샘들이 땅을 스며들듯 말듯하면서 합쳐져 결국은 압록강을 이루고 있었다.

계곡이 끝나는 지점에서부터 백두산은 완전히 북한의 영토다. '조선민주주의인민공화국' 이라는 팻말이 꽂혀진 경계선 안쪽으로 지프는 달렸다. 이곳에서 백두산 정상까지 완만한 경사지로 길은 S자를 그리면서 하늘과 맞닿는 공제선까지 나있었다. 지프는 그 S자를 따라 천천히 천천히 올라가고 있었다.

잘 달리던 지프가 멈춰서는 가 했는데 갑자기 아득한 낭떠러지가 아래로 펼쳐졌다. 현기증이 났다. 난간 하나 없는 곳, 발밑에는 천 길 낭떠러지와 검푸르고 차가운 천지가 드러나 있었다. 간밤에 눈을 뿌려 정상에는 얇게 눈이 깔려있고, 몸을 가눌 수 없을 정도로 맵고 강한 바람이 계속 불었다. 다행히 바람은 천지 쪽에서 불어왔다.

멀리 북쪽으로 장백폭포가 있음직한 곳에 산의 한 모퉁이가 함몰되어 있고, 동쪽은 백두산 최고봉인 장군봉이 위용을 자랑하고 있었다. 백두산의 정상을 따라 이도백하(二道白河) 쪽으로 등산로가 나있었다. 이 길을 따라가면 백두산 천지를 일주할 수 있다고 한다. 장군봉 우단을 따라 북한에서 길을 냄직한 천지로 내려가는 오솔길이 보였고, 그 하단부에 보이는 초소가 천지 내의 유일한 인공구조물이었다.

구름 한 점 없는 푸른 하늘, 일렁이는 검푸른 물, 흑암색의 장군봉, 암갈색의 낮은 봉우리, 흰 눈, '백두(白頭)' 가 다 한 곳에서부터 끝없이 펼쳐진 원시림, 백두산의 남쪽이나 북쪽이나 풍경은 같았다. 나는 장군봉과 남쪽으로 이어진 '정일봉'을 찾았고, 삼지연쯤으로 추정되는 촌락도 눈 대중해 보았다. 백두산이 '김정일'을 상징한다는 그 우상화 놀음을 생각하면서.

정말 운이 좋았다. 나는 백두산을 오를 때마다 천지를 볼 수 있을까하고 늘 조바심을 쳤는데 이렇게 청명한 날은 처음 경험했다. 동행한 사람들도 천지의 이런 모습은 처음이라고 한다.

아마 천지 신령이 보우(保佑)한 탓일 거다.

● 백두산은 누구의 땅인가?

나는 어릴 때부터 백두산과 천지는 우리의 땅이라 생각했다. 아버지와 어머니가 변함없이 내 아버지요, 내 어머니인 것처럼.

그런데 그 믿음에 금이 가기 시작한 것이 1981년 대북(臺北)의 삼군대학에 유학할 때부터였다. 대만(臺灣) 군관들과 대륙수복 군사전략을 연구하기 위해 중국 지도를 펼친 순간, 지도상에는 백두산이 도려내어져 그들의 영토로 편입시켜져 있었다. 나는 전략토의는 제쳐두고 퉁셰[同學: 동기생]들과 왜 백두산이 중국 땅이냐를 가지고 다퉜다. 그들도 백두산이 왜 한국 땅이어야 하는 지를 잘 몰랐다. 역사적 배경을 모르니 서로 모를 수밖에.

대만에서는 '외몽고(外蒙古)'라고도 지칭되는 몽골인민민주주의공화국까지 중국의 영토로 삼고 있었다. 그 지도는 바로 국민당 정부가 중국을 통일했을 때 그 영토인 것이었다. 지금의 중국대륙 지도와는 많은 차이가 있다.

"그 사건"으로 인해 백두산에 대한 인식이 많이 바뀌었고, "바뀐 백두산"에 대한 연원을 찾기 시작했다.

사실 백두산정계비는 1712년 조선 숙종 때 조선과 청 사이에 국경선을 확정짓기 위해 세운 비석이다.

1712년 청의 강희제(康熙帝)는 오라총관(烏喇摠管) 목극등(穆克登)을 파견해 국경을 실질 답사하고 조선과 협의해 정계비를 세우게 했다. 조선 조정에서도 접반사를 파견해서 청의 사신을 접대하도록 했다. 청의 일행은 성경(盛京: 오늘날의 심양)방면에서 압록강에 이르러 10일간 배로 강을 거슬러 올라가, 후주(厚州)에서 조선의 사신과 만났고, 다시 4일 후에 혜산진에 이르러 육로를 택해 백두산으로 향했다. 접반사 박권과 함경감사인 이선부는 병약하다는 핑계로 무산에 머물고, 조선접반사 군관과 차사관(差使官), 통관(通官) 등이 목극등과 더불어 백두산 정상으로 향했다. 그들은 가도 가도 끝없는 밀림을 걷다가 천지에서 한참 못 미치는 삼지연 북서쪽에 정계비를 세우고 말았다. 백두산 정상으로부터 동남쪽 4km되는 지점이었다. 그들은 그것으로 임무를 대충 끝낸 것이다. 그해 5월 15일이었다.

비문에는 청과 조선의 경계를 '西爲鴨綠, 東爲土門' 이라고 썼다. 이중에 토문(土門)이 송화강(松花江)이냐, 두만강(豆滿江)이냐를 두고 조선과 청 사이에 논란이 있었고 지금도 꺼지지 않은 불씨다.

일본이 만주를 침략하면서 남만주 철도 부설권을 얻기 위해 청과 '간도협약' 을 맺어 간도지역(오늘날의 연변주)의 조선인에 대한 영사권을 가지는 대신 간도의 영유권을 청에게 넘겨주었다.

1931년 9월 18일, 일본은 일명 '유조호사건(柳條湖事件)' 이라도 하는 만주사변을 일으켜 1932년 봄까지 만주지역을 석권하고, 그해 3월 1일 괴뢰국인 만주국을 설립하여, 청조의 마지막 황제 부의를 불러다가 황제자리에 앉힌다. 이제는 조선과 만주국 간에 국경을 설정하는 문제가 남았다. 대부분의 국경은 압록강과 두만강을 기준으로 하면 되었으나, 두 강이 끊긴 백두산 부근의 처리 문제를 놓고 고심하던 중, 일본군 장교 하나가 삼지연 북서쪽에서 백두산정계비를 발견하였다. 이 정계비가 한만(韓滿)국경선을 결정짓는 단초가 되어 일본은 백두산 지역을 오려내어 만주국에 주었다. 당시 일본으로서는 백두산이 어느 쪽에 들어가건 "주머니 돈이 쌈지 돈"이기 때문에 별로 신경 쓰지 않았다.

한스러운 것은 청의 오라총관은 '칙명(勅命)'을 성실히 이행하기 위해 정계비를 세우는 장소까지 직접 갔고 이곳에 꽂는 것이 좋다고까지 했는데, 조선의 접반사 박권과 함경감사 이선부는 '왕명(王命)'을 소홀히 해서 직접 가지 않고, "밑에 사람"만 시켰다는 것이다. "밑에 사람"도 그렇다. 조금만 더 다리품을 팔았더라도 백두산 넘어 압록강과 송화강의 중간 지점에 비를 세울 수 있었을 텐데, 그랬더라면 민족의 영산 백두산은 전체가 우리 것이 되었을 텐데. 국경선 시비도 없이. 역사의식과 책임의식이 결여된 우리네 조상님! 누구를 탓할 것인가? 누워서 침 뱉기지.

일제가 항복했다. 북쪽에는 '조선민주주의인민공화국'이 들어섰다.

한국전쟁이 일어나고, 중공군이 참전했다. 북한과 중국은 소위 '혈맹'이 되었다. 비록 혈맹이나 국경문제는 한 치의 양보도 없다. 선이 분명치 않은 백두산 문제 때문이었다. 김일성과 주은래는 이 문제로 서로 얼굴을 붉혔다고 한다. 김일성의 신화는 백두산을 거점으로 하는 항일유격전부터 시작되었으니, 북한으로서는 정권의 뿌리인 백두산을 중국에게 양보할 수는 없었다. 주은래가 양보했다고 한다. 천지를 가로지르는 선으로. 그래서 그나마 백두산 천지의 약 3/5이 북한 영유권으로 확정되었다. 압록강 원두의 북쪽 상당한 부분이 북한 땅으로 편입된 것은 그놈의 "김일성 항일유격전" 공로라는 것을 누가 알랴.

두만강 상에는 거의 섬이 없는데 압록강 상에는 섬이 많다. 본래 북한과 중국의 강상(江上) 경계는 강 중심이라고 규정했으나 강상 섬의 귀속문제로 또 한 번 시끄러웠다. 역시 주은래가 양보했다. 강상의 섬은 전부 '조선'에 주라고. 실제로 섬들 대부분에는 조선인이 살고 있었다. 엄밀히 말해서 중국과 북한 사이의 압록강 경계는 섬과 중국 육지의 중간이라는 것이 맞다. 조·중 국경조약 이후 생긴 압록강 상의 섬은 일부 중국에 귀속된 것이 있다. 중국 임강시(臨江市) 앞의 섬이 바로 그것이다.

9월 17일, 압록강을 한번 훑어야 되겠다는 각오를 다지면서 북경으로 돌아왔다. 나는 이를 다음의 이태를 두고 실천했다.

*2 검푸른 중국, 누르께한 북한

● 집안(集安: 일명 국내성), 고구려

1999년 여름, 전 해의 약속대로 집안을 답사하기로 했다.

일행은 아내와 아이들, 한국에서 온 아이들 친구 2명 등 모두 6명이었다. 여행은 아이들의 역사교육과 나의 압록강 답사 욕구를 고려하여 동북지역으로 택했다.

교통편은 열차와 자동차를 이용하고, 코스는 북경-심양-통화(通化)-집안-장백-백두산-용정(龍井)-연길-심양-북경이었다. 7일 간 여정으로 북경-심양-통화까지는 기차를 이용하고, 통화-집안-장백-백두산-용정-연길까지 자동차, 연길-심양-북경은 다시 기차를 이용하기로 했다.

기차여행이 낭만이라는 사람도 있다. 나는 그렇게 생각하지 않는다. 특히 장거리 기차여행은 고역이다. 짧은 여행일 경우 고개를 빼고 창 너머 풍경을 눈 여겨 보지만, 이것이 하루를 넘겨 다음날까지 계속된다고 가정해보라. 덜컹거리는 소음에 책도 제대로 볼 수 없고, 선잠이 되고, 좁은 공간은 사람을 구속시킨다.

7월 30일 오후4시, 북경에서 심양가는 열차를 탔다. 걸리는 시간은 심양까지 12시간, 심양에서 열차를 바꿔 타는데 1시간, 심양에서 통화를 가려면 매하구(梅河口)를 거쳐야 하니 다시 7시간, 모두 18시간은 족히 되었다.

심양까지 좌석은 롼워[軟臥: 부드러운 침대 칸, 일실 4인용], 다음부터는 일반석이다. 롼워는 공무 출장 다니는 간부나, 돈 깨나 있다고 자부하는 사람들이 주로 이용하는 좌석이다. 롼워 다음에는 잉워[硬臥: 딱딱한 침대 칸, 일실 6인용이며 출구가 개방되어 있음]다. 문제는 심양부터 통화까지 일반좌석이다. 다행히 롼쭤[軟座: 푹신한 좌석]가 있었다. 이에 비해 잉쭤[硬座: 나무로 된 딱딱한 좌석, 보통 3사람이 앉는다.]밖에 없으면 지정된 좌석이 없고, 자리를 잡더라도 여러 사람과 같이 앉아가야 한다. 여러 가지로 고역일 수밖에 없다.

북경의 여름 더위는 상상을 초월한다. 한낮의 온도는 보통 40℃를 넘는다. 바깥이 이러한데 에어컨이 제대로 작동 안 되는 일반 객실은 어떨까? 사람의 훈기와 땀 냄새까지 겹쳐 체감온도는 급상승하고, 높아진 불쾌지수로 건드리기만 해도 터질 것 같은 분위기가 된다.

롼워에 찬바람이 나오고 있었다. 그러나 주변이 워낙 더워서인지 별무신통이다. 실내 온도계는 28℃를 가리키고 있었다. 움직이지 않고 조용히 있는 것이 더위를 조금이나마 가시게 하는 상책이었다. 그러나 열차를 탈 때부터 짐과 사람과 씨름하여 옷은 이미 흠뻑 젖은 상태라 흘린 땀 식히랴, 더 흘리지 않으랴, 동면하는 자세로 침대에 가만히 누워 운기조식하면서 날이 저물기를 기다렸다.

심양에 내리니 새벽, 구내 여기저기 자리 깔고 자고 있는 사람들이 보였다. 새벽열차를 타기 위해 밤을 새운 사람인지, 상주(?) 인구인지 구분이 가지 않았다. 아무리 한여름이라도 새벽공기는 써늘했다.

통화가는 열차를 갈아타고, 롼쭤에 앉으니, 여행은 벌써 신물이 난다. 아내는 오래전부터 입을 닫았다. 아이들의 말 수도 줄어들었다.

10시쯤 열차는 매하구를 거쳐 통화에 도착했다. 집안시 계획생육위원회(計劃生育委員會)[56] 이필운 주임이 마중 나왔다. 다시 2시간을 자동차로 비포장도로를 달렸다. 거의 하루를 차를 탄 셈이다.

집안의 옛 명칭은 국내성(國內城)이다. 고구려 제2대 유리왕 때 수도를 지금의 요녕성 환인현에서 이리로 옮겼고(AD3년), 평양으로 천도하기 전까지 고구려의 정치 · 경제 · 문화의 중심지였다. 본래 성은 둘레가 2,713m, 성벽은 기저부가 10m, 높이는 3~4m 정도였고, 성벽 바깥에는 10m 넓이의 해자(垓字)가 있었다고 한다.

지금은 중국이 동북공정(東北工程)인가 뭔가 하면서 이민족(異民族)의 역사를 자신들의 소수민족 역사로 바꾸는 작업을 하고 또 고구려의 유산을 유네스코에 등록한다는 등 법석을 피워 고구려 유적에 대한 정비를 어느 정도 하고 있다. 그러나 내가 방문했을 때만 해도 유적 관리는 엉망이었다. 특히 한족문화의 우월성만 강조하다 보니, 정작 자신들의 소수민족문화는 등한시 했다.

그 실례가 심양에 있는 청 초기의 궁궐인 고궁이다. 몇 년 전에 그 고궁을 방문해 본 사람들은 고궁 입구에 성벽처럼 둘러쳐진 흑갈색의 거대한 건물을 보면서 처음에는 청대 초기에 저런 건축물이 있었느냐고 놀랜다. 그러나 실상은 고궁을 둘러싸고 있는 상가라는 것을 알고는 또 한 번 놀랜다. 고궁에 들어서면 그렇게 관리되지 않은 채 방치된 것에 세 번째 놀랜다. 전체적으로 건물은 후락(朽落)되어 있고, 일부 건물을 기념품 상점 또는 찻집 · 화장실 등으로 개조하여 관광객의 주머니만 노리고, 본전(本殿) 입장료만 제대로 챙기고 있었다. 만주족은 그들의 소수민족이기는 하나 300년간을 중국을 다스리면서 중국문화에 융화되었고, 또 발전시켰으며, 중국의 역사를 한 단계 고양시킨 민족이었는데도 그랬다.

이보다 더 못한 상황이 집안에서 일어나는 것은 당연했다. 중국조선족은 만주족처럼 토착민족(土着民族)이 아니고 천이민족(遷移民族)이며, 고

---

56) 計劃生育이란? 중국의 '가족계획' 이라고 생각하면 맞다. 80년 들어서면서 불어나는 인구를 억제하기 위해 한족은 '일 가정 일 자녀', 소수민족은 '일 가정 이 자녀' 까지만 허용하는 정책이다.

구려 역사는 천이민족 역사, 즉 이민족의 역사임으로 방치하고 축소하는 것은 당연하다. 그런 의미에서 중국은 고구려의 역사를 한반도의 역사로 간주한 것임에 틀림없다. 적어도 동북공정이 시작되기 전까지는.

동구(洞溝)고분군 중에서 장군총만 겨우 보존되어 있고, 나머지 고분은 밭 가운데 방치되었으며, 오회분오호묘(五盔墳五號墓)의 벽화는 습기로 인해 모두 변질되었다. 광개토대왕릉은 더욱 가관이었다. 능 한 가운데는 전신주가 박혀있고, 능 주위에는 판자로 둘러쳐져 관광객의 접근을 막았으나, 판자 틈새기로 잡초와 쓰레기로 가득 찬 내부를 볼 수 있었다. 국내성 성터에는 아파트가 건립되었고, 성벽의 돌로 개인집의 축대를 쌓았거나, 도로변 보도를 만들었다. 잔해가 된 성벽은 쓰레기장이 되었고, 여기저기 사람의 것인지 개의 것인지 구분되지 않는 오물이 지뢰마냥 묻혀 있었다. 환도산성(丸都山城)도 마찬가지였다. 본래 산성의 주위가 7km이었다고 하나, 지금은 지형을 이용하여 성벽을 쌓은 터가 남아있어 겨우 산성인 것만 짐작되었지, 잡목과 잡초가 우거져 주변의 여느 산과 같았으며, 유적을 관리한 흔적은 전혀 없었다.

그러나 모든 유적지는 한 결 같이 관람료를 물어야 했다. 그것도 고가의 관람료를. 개인 당 거의 40~50원 수준인데 우리 돈으로 환산하면 6천원에서 8천원 수준이다. 당시 북경의 자금성이나 이화원의 입장료가 30원이 채 안 되었던 것과 비교하면 얼마나 비싼지 알 수 있다. 외국인에 대한 차별가격이 이곳 집안시에는 아직 남아있었다. 관람을 하고 나면 본 것이 없어 씁쓸한 뒷맛만 남아 몇 군데 돌아보고는 포기하고 말았다.

애꿎은 이 주임에게 화풀이 했다.

"집안시 정말 너무합니다. 여기 관광 오는 외국인은 대부분 고구려 유적을 보려는 한국사람들일 텐데, 봉으로 생각하고 바가지를 씌우면, 대사관에 돌아가서 중국정부에 정식 항의하고, 한국관광공사에 공문을 보내 이곳 관광을 근본적으로 막는 방법을 강구하겠습니다."

"중국 중앙정부는 외국에 대해 실시하던 이중가격제를 폐기한지 오랜데, 이곳은 왜 아직까지 남아 있지요?"

실제로 나는 북경에 돌아와서 중국국방부에 이 일을 지나가는 말투로 이야기했고, 대사에게도 보고해서 이 일이 중국정부 요로에 전달되도록 했다. 이 조치와 꼭 관련되었다고 말하기는 뭣하지만, '오비이락(烏飛梨落)!' 중국정부는 동북공정을 시행하면서 한 이태동안 집안의 관광객을 통제하고 고구려 유적지에 대한 대대적인 보수를 하여 오늘날의 면모를 갖추었다. 이것은 후일담이다.

● 만포시(滿浦市)

집안시는 동남쪽으로 압록강을 격하여 북한의 만포시와 마주보고 있다. 이곳의 압록강은 중류로 강폭은 벌써 수백 미터가 된다. 상류에 운봉발전소가 있고, 하류에는 그 유명한 수풍발전소가 있다.

만포에서 동남쪽으로 미인으로 유명한 강계와 낭림으로 철로가 연결되어 있고, 그 철로는 압록강 지류인 장자강과 만나고, 동북쪽으로는 혜산과 연결되는 만포-혜산선 철로가 있다.

북녘을 좀 더 가까이 보기 위해 모터보트를 타고 강 남단으로 다가갔더니, 인민군 병사가 보초를 서다말고 방뇨하는 것이 보였다. 얼씨구나 카메라를 들이대자, 뭐라고 욕을 하면서 돌팔매질을 하고 '풀떡'을 먹인다.

강가 부두에는 이미 고철이 된 철선, 바지선이 메어져 있고, 수심이 깊어선지 물놀이나 낚시하는 광경은 볼 수 없었다.

만포시! 공장 굴뚝에는 연기가 말랐고, 길 위에는 자동차가 없어, 정적 이 감도는 도시가 되었다. 구획된 좁은 길이 시내를 관통하고, 도로변을 따라 납작 엎드린 단층가옥들의 판자굴뚝이 새까맣게 그을려져 있어 그나마 사람 사는구나 하고 느낄 수 있었다. 도대체 생산하는 흔적이 없는데 어떻게 살아가나? 강가에는 판자로 엮어진 가판대가 질서정연하게 펼쳐져 있는 것이 과거 저자거리였으리라, 그러나 역시 사람은 보이지 않았다.

압록강을 사이에 둔 집안은, 강상에는 모터보트가 물살을 가르고, 유람선은 유행가를 흘리면서 여유 있게 떠다니고, 강변에는 늘어선 보터, 선상식당, 강변식당, 어물전, 기념품상점, 어린이놀이기구 들이 무질서하고, 모터소리와 호객하는 소리, 온갖 잡동사니 부딪치는 소리가 한데 어울려져 사바세계(娑婆世界)를 연출하는데, 같은 강을 끼고 한쪽은 돈벌이에 여념이 없는데, 아! '우리 동포' 는 어찌 돈을 '좌전(左錢)' 으로 만 생각하는가? 상거래는 자본주의 독소인가?

만포(滿浦)! 가득 찬 포구(浦口)란 뜻이겠지. 수산물, 농산물, 공무역 · 사무역 · 밀무역, 이들 물품을 실어 날랐던 나루터는 그 규모만 옛 영화를 말해주고 있었다. 그러나 이제는 모두 비어 있었다. 녹 슬은 바지선이 빈 채 부두에 메어져 있는 것처럼. '만포(滿浦)' 가 '공포(空浦)' 로.

● '김부자(金父子)' 가 지키는 역사(驛舍)

8월 1일 아침, 장백현 김두호 처장이 지프 2대를 몰고 우리가 묵고 있는 빈관(賓館)(장급 호텔)에 찾아왔다. 장백을 거쳐 백두산-연길로 가야했기에 장백현의 신세를 지기로 했다.

우리는 성의껏 안내해 준 이필운 주임과 부인에게 정중한 작별인사를 했다. 이것이 인연이 되어 이들 가족과 우리가족은 아주 친밀한 사이가 되었다. 그의 부인은 집안시에서 운영하는 노인복지병원의 서기인 관계로 대외활동이 많고 한국에도 자주 드나들었다. 그의 딸은 일 년 뒤에 내가 수학한 중앙민족대학에 입학했고, 딸애보다는 한살이 어리나 친구가 되어

서로 왕래하고 집에도 간간히 놀러왔다. 방학 때 고향에 갔다가 올 때는 집안의 특산물을 선물로 가져오기도 했다. 그 부인도 북경에 올 때면 우리 집을 들르고, 서로 도움을 주고받았다.

장백으로 가는 길은 통화-백산을 거치고 임강에서부터는 압록강을 거슬러 올라가는 길이었다. 거의 12시간을 꼬박 차를 타는 노정이다. 그런데 중국사람들은 이를 보통으로 생각하고 있다. 땅이 워낙 넓다 보니 한번 길을 시작하면 보통 일주일은 잡는다. 하루 종일 자동차를 타고 가는 것은 '가상편반(家常便飯: 집에서 늘 먹는 밥)' 이라고 한다.

그렇게 일찍 서둘렀는데도 임강시에 이르니 벌써 정오를 넘어섰다. 길은 압록강 북안에 지형을 따라 고불고불 나있었다. 낭떠러지를 지나기도 했고, 손바닥만한 평지도 지났다. 강폭은 점점 좁아지고 물살은 점점 빨라지고. 북녘 땅의 마을이 손에 잡힐 듯 가깝고, 강 남안을 따라 만포-혜산선이 발달해있었다.

북한의 철로는 모두 전기철로다. 전기로 움직이니 공해도 없고 기름도 들지 않을 것으로만 생각하나, 전기가 없으면 열차를 움직이지 못한다. 북한의 전기는 대부분 수력으로 발전한다. 곧 저수지에 물이 말라버리면 전기를 생산하지 못한다. 북한의 산은 헐벗었다. 비가 조금만 많이 와도 홍수가 나고, 조금만 덜 와도 가뭄을 탄다. 물이 근본적으로 부족하다. 저수지에 물이 없으니 발전이 안 되고, 발전이 안 되니 전기가 없고, 전기가 없으니 열차가 다니지 못한다. 철로는 녹이 쓸고, 철로변의 역사(驛舍)는 횡하다.

강변의 이쪽과 저쪽은 천양지차(天壤之差)였다.

이쪽 산야는 검푸르고, 저쪽은 누르께한 모습이다. 이쪽은 과거에 전답일성 싶은 곳에 풀과 나무를 심었다. 녹화를 위해서다. 저쪽은 산꼭대기까지 개간하였고, 불을 놓은 자국이 누르께한 작물 사이로 듬성듬성 남아있었다. 8월 1일이면 모든 작물이 한창 대지의 기운을 빨아들일 때라 무성해야 한다. 이쪽은 힘이 넘쳐나고, 저쪽은 쓰러져가고 있다. 저러니 소출이 좋을 리 없다.

북한의 '고난'은 천재(天災)가 아니라 인재(人災)다. 긴 안목 없이 단기적 증산에 매달렸고, 정치적으로는 족벌체제 유지에만 급급하다 생긴 고질이다.

북녘 땅, 강 따라 반듯하게 기와를 인 집들은 대개 초소거나 중대단위 부대막사였다. 초소에는 개도 있고, 돼지와 닭도 키웠다. 주변에 텃밭이 있고 그 터의 작물은 싱싱하고 검푸르렀다. 터 밭이고, 자신들이 먹을 것이니 정성들여 가꾼 것이 틀림없다.

정오부터 오후 늦게까지, 여름의 낮은 무척 길다. 그 긴 날에 저쪽 철로에는 달리는 열차는 고사하고 멈춰선 열차도 볼 수 없었다. 비포장도로를 30분에 한대 꼴로 목탄차가 지나가고 있을 뿐이었다.

십 수km마다 역사가 눈에 띄였다. 승객 없고 화물 없는 역사에 '김부자(金父子)' 사진이 댕그랗게 걸렸고, 그들 부자가 폭염에도 불구하고 빈 역사를 지키고 있었다. 매 역사를 지날 때마다 참으로 한결같은 모습으로.

장백진에 거의 가까이 왔을 무렵, 북한의 풍양리에서 처음으로 달리는 열차를 발견했다. 아이들은 신기한 물건을 발견한 것처럼 손가락질하며 소리를 쳤다. "야~, 기차다!"

그 광경도 가관이었다. 기관차 하나에 무개(無蓋) 평판 화물칸 달랑 하나. 화물칸 하단에는 무슨 비료포대 비슷한 것을 두세 단 쌓고는 그 위에 보따리를 하나씩 가진 사람들이 하얗게 매달려 있었다. '1·4후퇴' 피난열차가 저러했으리라. 난간도 어떤 안전장치도 없었다. 여름이고 천천히 달리기 망정이지.

*3.

두만강이여, 북녘 땅이여!

● 두만강의 발원지를 찾아서

"두만강 푸른 물"은 어디서부터 시작될까? 한 · 중국경선인 두만강과 압록강! 백두산에서 발원한다는 두 강 중, 압록강은 천지에서 발원되고 있음을 확인했다. 그런데 두만강은? 백두산을 여러 차례 오르내렸지만 두만강의 발원지에 대한 궁금증은 가시지 않았다.

두만강을 답사하자!

2001년 7월 22일 새벽 5시, 연변주 관광국장의 안내를 받으면서 부슬거리는 비를 뚫고 연길을 출발, 안도(安圖)-이도백하(二道白河) 노선을 따라 백두산 정상을 올랐다가 내려오면서 백두산 초입에서 오른쪽, 즉 동쪽으로 꺾어 두만강 원두(源頭)로 향했다.

본래 천지를 오르지 않고 백두산 줄기에서 바로 두만강을 따라 조 · 중 · 러가 합쳐지는 곳까지 갈 목적이었지만, 천지를 한 번 더 보겠다는 일념에서 백두산 정상에 올랐지만 날씨의 시샘으로 비와 구름 속에 머물기를 한 시간, 결국 천지는 보지 못한 채, 도로 하산한 시간이 오후 3시경. 그때부터 2시간 남짓 울창한 원시림 사이로 난 소로를 지프로 달렸다. 천지에서부터 직선거리 20km, 실 주행거리 60km 되는 지점에서 두만강 발원지를 찾을 수 있었다. 그곳은 청조를 일으킨 누르하치 부족 조상들의 삶터이기도 했다. 그래서 청조는 오래도록 이 지역을 성역시 하여 범인의 접근을 허용하지 않았다.

백두산은 천지 부근의 비교적 가파른 경사지를 제외하고는 모두 밋밋한 구릉으로 이어져 숲이 형성되지 않은 곳은 지프로 이동이 가능하고, 울창한 숲 사이로는 군데군데 늪과 실개천이 형성되어 있으나 대개가 단속적이다. 개천다운 개천이 형성된 곳은 천지에서 동쪽으로 약 20km 지점부터다. 백두산의 실개천은 대부분 송화강(松花江)으로 흘러들어가고 조 · 중 국경을 알리는 팻말과 밀수단속 팻말 사이를 들랄 날락 하기를 여러 번, 중 · 조 국경표지 21번, 약간의 초원이 형성된 곳에 땅 속에서 솟아나오는 두 줄기 샘물을 발견했다.

이것이 두만강 원두(源頭)란 말인가? 그곳에는 두만강 원두라는 어떤 표지도 없었다. 천지에서 20km, 표고 1,300m, 딱히 천지에서 새어나오는 물이라고 단정할 수는 없었으나, 퐁퐁 솟아오르는 것이 시리도록 차고 맑았다. 샘물의 한 줄기는 중국 땅에서, 또 한 줄기는 북한 땅에서 똑 같이 새어나와 하나의 개울을 형성하여 동으로 흘러가고, 그 하류로부터 각종 실개천이 모여 개천으로, 개천에서 하천으로 커져가고 있었다.

바로 이곳에서부터 강은 시작되고 있었다. 물은 정녕 "두만강 푸른 물"임에 틀림없었다. 두만강의 시작은 맑고 푸르렀다.

● 활개 치는 밀수, 두만강 상류

천지를 중심으로 서쪽 압록강 상류와 북쪽 송화강 상류는 하천을 이루는 곳이 깊은 계곡으로 형성되어 있으나, 동쪽 두만강 상류지역은 아주 완만한 경사지로 수림이 무성한 곳을 제외하고는 산로(山路)가 사방으로 발달하여 조 · 중 국경선을 아무 지장 없이 드나들 수 있고, 천지로부터 대개 25km 지점까지는 초소나 순찰병도 없어, 이런 자연적 · 인위적 조건으로 인해 조 · 중간 밀무역이 성행하였다.

이곳에는 규사와 마사토를 채취하는 중국 측 화물 트럭만이 왕래했고, 곳곳에 밀수금지 또는 월경을 경고하는 표지만이 태고의 자연 속에 조화를 이루지 못하고 있었다.

천지에서 30km 되는 지점, '김일성 낚시터'에 와서야 겨우 중국군의 무장경찰 분초 하나를 발견하였다. 한국군의 해안 초소와 별반 다를 것 없는 긴장감 없는 그런 분위기였다.

마침 병사 하나가 광평참(廣坪站) 중대본부로 가는 길이어서 차를 태워주면서 많은 이야기를 나눴다.

이 무경의 말을 빌리면, 2000년 한 해 동안 이 초소에서 발견한 밀수 건수는 차량 750대와 다수의 아편이었다고 한다. 단속은 주로 순찰 또는 공안계통의 첩보에 의해 이루어지며, 검거 시 사람은 잘 체포하지 않고 마약과 밀수품만 노획하고 있다고 했다. 그 이유로는 ① 사람을 체포했을 경우는 재판 회부 절차가 복잡하고, 범법자가 처벌을 받을 경우 단속자가 보복을 받을 우려가 있고, ② 밀수는 대개 조직적이고 대규모로 이루어지고 기동성까지 갖추고 있어 소수의 무경으로 체포하기가 곤란하며, ③ 기어코 밀수범을 체포하려면 완강한 저항으로 피차 인원 손실 발생하기 때문에 "쥐가 도망갈 구멍"을 열어둔다는 것이다. 포획한 장물은 물론 국고로 귀속된다.

"쫓는 단속", 정말 중국다운 발상이다.

'01년 春節과 5·1절(노동절) 연휴 때는 한꺼번에 150대의 차량을 노획했다고 한다. 차량밀수는 중국의 화물선 현통호를 이용하여 북한의 나진·선봉 또는 청진항을 통해 이루어지며, 북한의 관리가 조직적으로 개입하고, 중국의 운반책이 직접 항구까지 가서 차를 인수해 온다. 차량은 한국의 중고차가 대부분이나, 독일과 일본의 신차도 섞여 있다고 한다.

아편은 북한의 안전보위부 또는 기관의 비호 아래 북한 측의 백두산 자락에서 경작되고, 중국의 아편상들이 이를 밀수하여, 한국 등지로 밀반출하고 있다. 중국은 주로 중간 경유지로 이용되고 있는 편이다. 중국은 마약 50g 이상 만 소지하여도 최고 사형까지 받는 등 법이 아주 엄격하기 때문에 중국 측에서는 아편을 거의 경작하지 않는다.

● '김일성 낚시터' 의 중국 국경초소

김일성 낚시터는 작지만 정성을 다해서 가꾸어 놓았다. 널빤지를 이용하여 낚시 대(臺)를 만들었고, 하천 바닥에 통나무를 깔아 모래가 끼지 않도록 하면서, 맑은 물이 급경사로 흐르게 하여, 청량감을 주는 동시에 산천어 등이 급류를 이용하여 상류로 거슬러 오게 하였다.

건너편 북한 측에는 국경수비대는 보이지 않았으나, 중국 측은 분초를 설치하고는 길목에 가늘고 긴 통나무를 잘라 차단목을 만들어 검문을 실시하고 있었다. 초소는 이곳에 군대가 주둔하고 있다는 과시용이었으며, 이곳을 피하려면 얼마든지 우회할 수 있는 다른 길이 있었다. 이곳을 통과하는 사람과 차량은 모두 "한 점 부끄럼 없는" 존재들일 수밖에 없었다.

병력은 1개 분대 규모인데 소대장이 배치되어 있었다. 태양열 축전지를 이용하여 전기를 사용하고, 유선은 가설되지 않고, 무선으로 광평참에 있는 중대본부와 연락하고 있었다.

장비는 개인소화기 위주이며, 초소에는 촌민과 사냥꾼 등도 들락거리고, 더워서 풀어헤친 옷이나 탈모한 채로 행동하는 무경들은 흔히 볼 수 있는 일반적인 해방군 모습 그대로였다. 강을 따라 동쪽으로 가면서 민가가 형성된 곳은 광평임장(廣坪林場)에서부터였다.

● 조 · 중간 통상구(通商口)

두만강 상에 중국과 북한 사이에 정식으로 개설된 통상구[57]는 모두 6개,

57) 두만강 상의 중국과 북한 간의 通商口는 서쪽으로부터 崇善(연변자치주 화룡현)-三上里, 蘆果(연변자치주 화룡현)-무산, 三合(연변자치주 용정시)-회령, 開山屯鎭(연변자치주 용정시)-종성, 圖們(연변자치주 도문시)-남양, 圈河(연변자치주 혼춘시)-경흥이다.

그중 4개는 금번 여행 시 직접 방문하여 조 · 중간의 무역실태를 눈으로 확인했다.

7월 22일 저녁 늦게 광평을 거쳐 첫 번째 통상구인 숭선(崇善)에 도착했으나, 날 저물고 길 험하여 더 갈 수 없어, 그곳 조선족 식당에서 산천어 매운탕으로 저녁을 때우고 연길로 돌아가기로 했다.

이곳의 두만강 폭은 약 30m, 건너편 북한의 삼상리는 전등불 하나 없이 칠흑이었고, 숭선의 중국 측 상가만 환히 불을 밝혀, 밤 곤충들이 날아들어 궂은 여름밤의 정취를 자아내고 있었다. 이곳은 통상구라하나 소형차가 겨우 건너다닐 수 있는 다리 하나가 달랑 놓여 있고, 세관 건물조차 눈에 띄지 않았다. 그야말로 편벽한 시골구석의 동네와 동네 사이의 길을 건너다니며 물물교환 하는 장소로 밖에 생각되지 않았다. 그날은 그냥 시골동네 하나 본 셈치고 오랜 시간을 들여 연길로 돌아갔다.

7월 23일, 비교적 여유 있는 아침을 먹고 연길에서 혼춘(渾春)으로 출발했다. 목적지는 조 · 중 · 러 삼국이 국경을 맞대고 있는 방천(防川) 금삼각(金三角)지역이었다.

11시경 두만강 최하류 지역에 있는 권하 통상구에 도착했다. 세관은 무경부대의 막사와 함께 새로 축조하여 규모도 크고 깔끔했으나, 광장과 다리를 통하는 길은 아직 포장되지 않아 전날 내린 비로 황토가 군데군데 묻어있고, 물구덩이가 깊이 팬 길을 중국 측의 화물차가 줄을 이어 통관을 대기하고 있었다. 북한의 화물차량은 '쌀에 뉘' 정도였다.

건너편 북한에도 2~3층의 세관 건물 서너 채가 보였고, 세관에서 강변쪽으로 '一' 자형으로 생긴 단층건물이 죽 늘어서있었다.(길이 80m정도) 과거에는 무역시장이었다고 하는 데 강아지 한 마리 얼씬거리지 않고 빈집만 을씨년스럽게 서 있었다. 내가 본 북한은 하나같이 그렇게 경제활동을 하지 않고 있었다.

북한과 연결하는 다리는 1983년 중국 측에서 축조하였고, 다리 하단부에 중국 무경 순찰선 4척이 메어져 있었다. 이 다리는 북한의 경흥과 통하고 있었으나 야트막한 산에 가려 시가지는 보이지 않고, '세관동무' 들이 거주함직한 민가 몇 채만 눈에 띄었다.

23일 오후, 연길로 돌아오는 길에 도문통상구를 찾았다. 이곳은 북한의 남양과 연결되어 있다. 모습이나 드나드는 화물차량이나 인원도 예전 그대로인데 한국관광객은 더욱 늘어나 이들을 상대로 중국사람들은 바가지를 듬뿍 씌우고 있었다. 자기 카메라로 사진 찍는 데도 돈, 우의교(友誼橋) 중간까지 가보는 데도 돈, 아래나 위나 별반 다를 것 없는 전망대 비슷한 곳에 올라가는 데도 돈…북한 돈, 북한 우표가 관광 상품으로 여기 저기 늘려 있었고, 한국 돈, 중국 돈이 그대로 통용되고 있었다.

24일 하루라는 시간을 내어 삼합(三合)통상구를 찾았다. 이 통상구는 두만강 중류지역에 위치해 있었으며, 예전에는 가장 번창 했던 곳이라 한다. 삼합은 북한의 회령시와 맞닿아 있는 곳으로 연길에서 용정을 거쳐 비포장 도로를 3시간 정도 달려야 닿는 곳이다. 당시 길은 '98년 대홍수 때 군데군데 끊어져 보수 중에 있었으나 3년이 지나도록 홍수 자욱이 남아있는 점으로 보아 그 만큼 북한과의 거래 열기는 식어 감을 알 수 있었다. 삼합에는 세관과 무경의 막사 외에는 대부분이 농가들이며, 북한과 거래하는 상점은 눈에 띄지 않았다.

● 회령시 그리고 유선노동자구(游仙勞動者區)

삼합의 뒷산에서 한눈에 내려다보이는 북한의 회령시는 56년 동안 김일성부자가 통치한 북한의 실상을 적나라하게 볼 수 있는 곳이었다.

제법 커 보이는 기차역, 군데군데 높은 굴뚝을 가진 공장, 2~3층 규모의 건축물, 단층으로 이루어진 주택가, 시내를 관통하여 두만강으로 흘러드는 하천, 집단농장에 개미떼처럼 모여 노동하는 군상. 그러나 기차역에는 기차가 안 움직이고, 공장 굴뚝에는 연기가 안 나고, 시내에는 차가 안 보이고, 건물에는 유리창이 안 보이고, 집단농장에는 농기계 한대 안보이고, 인간들만 바글바글했다. 1/3은 일하고, 1/3은 놀고, 1/3은 감독하고….

반대로 두만강 대안(對岸), "김정숙장군 도강(渡江) 지점"[58]에는 기념비가 우뚝 서있고, 공원이 조성되어 숲과 잘 다듬어진 잔디, 화단, 기념비가 주변의 경관을 압도하고 있었다.

중국은 두만강 물을 내지(內地)로 끌어들여 농사를 짓고 있었다. 논에는 벼, 밭에는 옥수수, 콩, 채소 등이 풍성하게 자라고, 산은 검푸르러 한국의 농촌같이 조용하고 풍요로웠다. 반대로 두만강 남쪽에는 논은 아예 보이지 않고, 밭이래야 무얼 심었는지 노르께한 색깔에 군데군데 붉은 흙이 보이고, 야산은 삭발한 듯 말끔했다.

회령시에서 두만강 상류로 8km 되는 지점에 탄광으로 유명한 유선노동자구가 있었다. 이곳은 더욱 가관이었다. 군데군데 시커먼 석탄더미 위로 잡초가 엉기성기 나있고, 빽빽이 건립한 관사 촌에는 집집마다 판자로 만든 굴뚝이 솟아 있는데 좁은 마당은 텃밭이 되어 각종 농작물이 자라고 있었다. 집을 한발자국 벗어난 터에는 아예 공터로 놓아두었거나 작물을 심었어도 전혀 소출을 거둘 것 같지 않은 모양이었다. 산은 화전(火田)을 하여 검은 자욱이 드문드문 보이는 가운데 맨 흙이 머리에 기계충 먹은 것처럼 듬성듬성했다. 과거에 어떤 기관이 있을 성싶은 3층 건물은 반은 '삼풍백화점' 형국으로 시루떡 같았고, 반은 무너지기 직전의 모습을 보이고 있었다. 주변에 멀쩡한 관사 촌만 없었다면 지진에 쓰러진 것으로 착각될 정도였다. 마침 점심시간이라 소달구지 몰고 집으로 돌아오는 노동자와 하학 길의 초등학생들이 눈에 보여 "아하 그래도 사람은 살고 있구나!"하는 느낌을 주었다.

---

58) 북한에는 '장군'이 셋 밖에 없다. 김일성과 김일성의 본처 김정숙, 그리고 김정일이다. 1945년 해방되면서 만주에서 활동하던 김정숙은 식솔을 이끌고 이 삼함의 두만강을 건너 북한으로 들어갔으며, 김정숙이 건넜다는 나루터는 공원으로 조성되어 성역화 되고 있다.

유선(游仙)! 이름대로라면 "선계(仙界)를 유람"하는 곳! 그러나 인간의 자발성을 앗아간 곳에는 선계의 아름다움도 없었고, 오직 궁핍과 감시만 있었다.

동행했던 여성 안내원의 말이다.

"예전에는 조선남자들이 눈에 들어보였는데 지금은 그렇지 않아요. 마르고 조그맣고 쪼글쪼글한데 성질은 못 되가지고…, 꼭 비주(非洲: 아프리카) 사람 같아요. 언뜻 보면 열 서넛 정돈데 실제 나이는 스물을 훨씬 넘긴 경우가 많아요."

"예전에는 남남북녀라 했는데, 여자들도 볼품이 없어요. 발육이 되지 않아 안짱다리인 데다, 결혼해 애를 낳아도 덜 떨어진 애거나 기형아를 낳아요. 아예 생산조차 못하는 여자가 많데요."

사실 북한의 40대 이상은 비록 여위긴 했어도 한민족의 골격은 유지하여 사내는 사내답고 계집은 계집다우나, 현 30대 이하는 그야말로 '볼품'이 없다. 동행했던 연변주 간부가 말했다.

"이런 상태가 계속되면 남북한뿐만 아니라 중국의 조선족과도 인종적으로 구분이 되고, 이를 회복하려면 적어도 4세대, 즉 100년은 걸릴 겁니다."

북한에서 뚱보 찾기 대회가 있었다고 한다. 선착순으로 셋을 찾기로 하였는데, 둘은 쉽게 찾았고, 나머지 한 사람을 찾는 데는 무려 20년이 걸렸다고 한다. 쉽게 찾은 둘은 김일성과 김정일이요, 나중에 찾은 사람은 김정일의 장남 김정남이란다.

북한의 뚱보 세 사람! 시사해주는 바가 크다.

● 북한 · 중국 · 러시아가 만나는 지역, 防川(일명: 金三角)

권하통상구에서 약 20km 두만강 하류로 내려가면 조 · 중 · 러 3개국의 국경이 접하는 방천(防川) 일명 금삼각(金三角)이 나타난다. 그 최남단에 금삼각 전망대가 있고, 그 전망대를 오르면 조 · 중 · 러의 국경이 한눈에 들어온다. 러시아의 하싼진[59](김정일 러시아를 방문할 때 두만강 철교를 지나 첫 번째로 러시아에 도착한 도시)과 북한의 조선두만강노동자구[60]가 접하고 있다.

중국 측의 국경선 관리는 2m 길이의 콘크리트 지주를 3m 간격으로 박고 단선으로 5~6가닥의 철조망을 설치한 것이 전부로, 단순히 국경이라고 알리고 인원의 왕래를 금지하는 표지에 불과했으며, 철조망 밑에 갈대가 무성한 것으로 보아 순찰의 흔적은 없었다.

반대로 러시아 측은 4m 길이의 제법 굵은 콘크리트 기둥을 2m 간격으로 비교적 촘촘히 박고 상면에는 'T' 자형의 피켓을 'Y' 형으로 달아 철조망을 연결하였으며, 하단 콘크리트 기둥과 기둥 사이에 다시 철주를 박아 인원의 철책 하단 통과를 어렵게 했다. 철조망 전방에는 약 20m 가량의 불모지와 흔적선을 설치했고, 그 전방에 다시 윤형철조망을 설치했다. 불모지 지역을 연해서 러시아 병사가 주기적으로 순찰을 돌고 있었다.

중 · 러 간 경계철조망 사이에 약 200m 가량의 완충지대가 있고, 이 완충지대는 시계를 보장키 위해 수목을 절단한 흔적은 있으나, 그것도 일부만 이었다.

중국은 러시아에 대한 대공감시를 위해 바울바스산(203고지, 중 · 소 접합점)에 감시기지를 설치하여 무경 1개 소대를 상주시키고 있었다. 두만강을 사이에 둔 중 · 조 사이에는 이마저 없고, 북한 측 강변 상에 경계초소만이 눈에 띄었다.

---

59) 하싼진은 제정러시아 시절 피터 大帝灣에 위치하고 있으며, 구릉과 沼澤, 담수로 구성되어 있다. 인구는 2,300명, 대부분 군인과 철도노동자 들이다. 러시아와 북한을 잇는 철교는 러시아에서 건설한 3개의 큰 교각과 북한에서 건설한 5개의 작은 교각으로 이루어져 있다.

60) 두만강 남쪽은 북한의 나진 · 선봉시 두만강노동자구이며, 750가구에 인구 3,000여 명이 있다. 주민은 철도노동자와 그 가족이다. 이 지역에서 나진까지 거리는 약 43km이다.

중국은 두만강을 통해 동해로 나가는 출구가 막혀있었다. 금삼각 최남단에서 두만강 하구까지는 겨우 15km 정도인데, 조 · 러 우의교 상류 약 200m 되는 지역에 수중 장애물이 설치되었기 때문이다. 동행한 중국관리의 말을 빌리면, 러시아 측에서 두만강을 통해 동해로 진출하려는 중국 선박의 통행을 막기 위해 수중장애물을 설치했다고 한다. 날씨가 좋은 날은 금삼각 전망대에서 동해를 관측할 수 있단다.

● 북한에 태어난 것이 무슨 죄인가?

한국사람, 북한사람, 조선족, 모두 같은 핏줄 같은 민족이다. 단지 태어난 곳이 달라 서로 다른 세상에 살고 있을 뿐이다. 태어나는 것은 전혀 본인의 의지와는 상관없다. 그런데 북쪽에 태어난 것만으로 평생 배고픔과 추위, 공포에 시달리면서 김일성부자를 하느님처럼 떠받들어야 하고 사람답게 살 권리를 박탈당해야 하는가?

동행했던 연변주 관리는 말했다.

"저렇게 허기와 추위, 공포에 떨면서 체제가 유지되는 것을 보면 참으로 희한한 곳임에는 틀림이 없어요."

문화대혁명을 겪은 세대조차도 북한의 실정을 이해 못하고 있으니 "희한한 곳"인 만큼은 틀림없다.

'길수가족' 이후 연변조선족자치주가 따가운 시선을 받고 있으나, 그렇다고 외신보도처럼 중국 공안당국이 탈북자 색출을 위한 무슨 검색강화나 호구조사를 하는 것도 아니다. 조선족들은 알게 모르게 친척을 방문하는 북한주민을 위해 많은 것을 준비해준다. 식량과 의류도 주지만, 돈도 꽤나 많이 마련해준다. 국경초소와 동네 기관원들에게 뜯길 것까지 챙겨주면, 뜯기고 난 뒤에도 남은 돈과 물건으로 반년 내지는 일년은 거뜬히 버틴다고 한다.

조선족이 한국친척을 둔 것보다 북한주민이 조선족을 친척으로 둔 것이 정도 면에서 더 의지되고 든든하다고 한다. 이런 연줄을 타고 북한주민은 농번기 때 중국으로 건너와 품삯을 벌고 있다. 침식을 제공받고, 하루 10원(한국 돈 1,200원)을 번다. 조선말기 압록강 두만강을 건너다니며 몰래 농사짓던 그 후예들이니.

조선족은 북한으로 여행을 다닌다. 1일여행과 5일 여행 등이 있으며, 5일 여행 시 비용은 1인당 2,500원으로 중국 실정으로 봐서는 결코 싸지 않는 액수다. 1일 여행 시는 주로 나진 · 선봉 시내에서 거리 구경을 하고 함흥냉면 한 그릇 먹고 돌아오고, 5일 여행 시는 청진시 해변에서 유숙하며 물놀이도 즐긴다고 한다.

연변주 뿐만 아니라 길림성 내의 중국인들까지 모두 북한이 개방되고 순리적이길 바라고 있다. 두만강 상의 각 통상구를 통할 경우 청진항까지 육로로 멀어야 150km 정도다. 이 통로를 이용하여 물류를 이동하고, 청진항을 경유 러시아 일본 한국과 무역 거래를 하면 시간이나 경비를 대폭 절약할 수 있으나, 현재는 북한 측이 통행세를 워낙 비싸게 받고 있어, 모두 서쪽에 있는 단동항이나 대련항을 이용하고 있는 실정이다. 바로 북한의 '주체' 때문이다.

2001년 여름, 북한에서 평양을 제외하고는 그래도 먹을 것, 입을 것이 낫다는 변경지역의 북한 실정은 목불인견(目不忍見)이었다. 번듯한 곳은 김일성 가족의 우상화 지역뿐이었고, 강하나 사이를 두고 서로가 딴 세상이었다. 강 남쪽은 오직 인재(人災)와 체제재(體制災) 만이 있었지, "고난의 행군"을 할 만한 천재(天災)는 없었다.

*4. 단동(丹東), 동항(東港), 압록강하구, 수풍발전소(水豊發電所)

● 단동이라는 도시

단동의 본래 이름은 안동(安東)이었다. '安東' 이란 "동쪽을 '안돈(安頓)' 시킨다"는 뜻이 있다. 즉 은연중에 한반도를 정벌하는 전초기지라는 의미가 있다. '주체의식' 이 강한 김일성이 가만있을 리 없다. 주은래에게 도시 이름을 바꾸라고 항의했고, 1965년 주은래는 조선과의 관계를 고려하여 '安東' 과 비슷한 이름인 '丹東', 즉 '붉은 동방' 으로 바꾸었다. 중월 국경지역 '진남관(鎭南關)' 이란 도시도 월남의 반발로 다른 이름으로 바꿨다고 한다. 중국은 그 만큼 주변국과 외교문제를 중시한다.

단동은 압록강을 사이에 두고 신의주와 '중조우의교(中朝友誼橋)' [61]를 통하여 서로 연결되어 있다.

중조우의교도 사연이 있다. 일제는 1911년에 "압록강 단교"로 불리는 철교를 건설하여 만주침략을 본격화 하였고, 태평양전쟁 말기인 1943년에 현재의 '중조우의교' 를 건설하였다. 한국전쟁 시 중국이 이 다리를 통하여 북한에 병력과 물자를 지원하자, 1950년 10월경 맥아더는 현재의 '압록강 단교' 를 폭파시켜버렸다. 중국은 이를 두고 미국이 만주를 폭격했다고 주장하고, 자위수단으로 '항미원조(抗美援朝)' 를 하게 되었다고 강변하고 있

61) 중조우의교(中朝友誼橋): 신의주와 단동을 연결하는 다리는 두개가 있다. 하나는 압록강 斷橋로 일제가 1909년 8월에 착공하여 1911년 10월 완공했으며, 이 다리는 한국전쟁 당시 1950년 한국전쟁 당시 유엔군에 의해 폭격당하여 끊어졌고, 현재 4번째 교각까지 다리 상판이 남아있다. 중국은 여기까지만 관광객에게 개방하고 있다. 다른 하나는 '중조우의교' 로 단선의 철로와 단선의 차로가 있으며, 일제가 태평양전쟁 말기인 1943년에 건설했다. 위치는 압록강 하구에서 45km 되는 지점에 위치해 있고, 길이는 946m이다.

다. 실제로 중국은 그해 7월에 이미 중국남쪽에 있는 대규모 병력을 속속 동북지방으로 이동했었다. "압록강 단교"는 끊어진 채 전쟁의 상흔을 안고 전시관으로 이용되고 있으며, 단동시는 이곳을 관광코스로 개발하여 돈을 벌고 있다.

"재주는 곰이 부리고 돈은 ㅇ놈이 먹는다."

중조우의교는 단동과 신의주를 오가는 교역과 왕래의 통로가 되고 있다. 김정일은 전용열차를 타고 이 다리를 건너 중국으로 왔으며, 일주일에 한번 북경에서 평양까지 국제열차가 운행된다. 평양에 있는 외교관들은 이 열차를 이용하여 북경에서부터 생필품을 조달한다. 그들은 이 열차를 타고 단동으로 들어설 때 '혹성탈출' 의 기분을 느낀다고 한다.

단동시는 지급시(地級市)이다. 요녕성 한 단계 아래의 행정구역이다. 예하 행정단위로 단동시, 동항시, 봉성시, 관전만족자치현 등이 있다.

단동의 압록강 상에는 많은 섬이 있다. 대표적인 것이 역사적으로 익히 알려진 위화도를 비롯하여 다지도, 우적도, 유초도, 좌초도, 구리도 등이며, 대부분의 섬들이 북한의 영토로 되어 있다. 이것도 앞에서 말한 '어버이 수령' 덕이다.

우적도(于赤島)는 압록강 물길이 바뀜에 따라 단동과 딱 붙어 있다. 중국은 이 지명을 '일보과(一步跨: 한 걸음에 건넌다)' 라고 붙였다.

내가 이곳을 방문했을 때, 중국친구가 중국 땅과 북한 땅이 맞닿은 곳이 있다 길래, "에이, 설마"하며 따라갔더니 조그만 개울이 나타나고, 갑자기 AK소총을 거꾸로 맨 북한 보위부를 만났다. 개울 저편에서. 상거(相距) 약 5m 정도. 그 '친구' 는 희죽이 웃으면서 검지와 중지를 입에 대고 담배를 빠는 시늉을 했다. 담배 달라는 얘기다. 한숨 돌리면서 미리 준비해간 중국담배 한 갑을 던져주었다. 그는 주위를 살피더니 얼른 담배를 집고는 다른 곳으로 슬금슬금 몸을 돌렸다. 정말 "한발 짝이면 건널 수 있는 지역"이었다.

그곳에는 또 명대에 쌓았다는 천리장성(千里長城)이 있었다. 내가 봐서는 성벽의 사대(射臺)가 조선을 향한 것인지 만주를 향한 것인지, 또 한족들이 쌓은 것인지, 아니면 조선에서 쌓은 것인지도 구분이 되지 않았다. 이 천리장성이 압록강변을 연하여 꽤나 길게 축조되어 있었고, 관광지로 개발하기 위해선지, 최근에 대대적인 보수를 하여 성벽은 아주 말끔했다.

● 평양에서 온 여종업원

단동시내, 특히 압록강변을 연하여 북한 단독 또는 중국인과 합작해서 운영하는 '북한식당' 이 여러 곳 있다. 물론 조선족이 운영하는 짝퉁 '북한식당' 도 있다.

가장 유서 깊은 곳은 단동시 진안구 압록강변에 위치한 옥류관이다. 단동에 온 한국사람들은 이곳에서 북한음식을 맛보고 평양에서 온 여종업원의 시중을 받으며 조심스럽게 말을 걸고, 익숙해지면 농담을 곁들이다가 더 나아가면 시시덕댄다. 잘 하면 노래도 시킬 수 있다. 주로 김부자 찬양의 노래기는 하지만 '도라지' 나 '아리랑' 도 부른다. 얼빠진 한국사람들, 봉사료를 엄청 집어준다. 그 외 서비스는 '사회주의 식' 이고, 음식값은 중국식당에 비해 터무니없이 비싸다. 호기심에서 한두 번 찾다가 다른 곳으로 가게 된다. 또 여기서 빌붙어 먹는 '통일일꾼' 들이 너무 많아 장사는 항상 밑진다. 시장경제를 지향하는 나라에서 시장원리를 무시하니.

2001년도 단동을 다시 방문했을 때, 중국친구가 조중합작(朝中合作)으로 생긴 좋은 음식점이 있다면서 나를 초청했다. 말이 조중합작이지 중국 라오반[老板: 주인, 사장]이 운영권을 가지고 북한에서는 일부 자본 참여에 북한여성을 종업원으로 채용하는 조건이었다. 물론 중국 종업원이 다수를 차지하고 있었다. 음식점은 중국 해산물요리가 주류이고, 구색을 맞추기 위해 북한음식을 갖추고 있었다. 최근의 추세대로 그 음식점도 3층

건물로 대형화 · 고급화되었고, 종업원 반, 손님 반인 그런 곳이었다. 고객은 대부분 중국사람들이고, 다음이 단동에서 사업하거나 관광 온 한국사람들이었다.

우리 일행은 예약된 방으로 안내되었다. 나는 중국친구에게 미리 말했다. 나를 북경에서 내려온 '라오반' 으로 취급해달고.

중국친구가 '마미(여종업원을 관리하는 여자)' 에게 예쁘고 똑똑한 북한 여성을 부탁했다. 음식을 주문받기 위해 들어온 여종업원은 '강계기생' 의 환생이었다. 얼굴이 갸름하고 희며 이목구비가 뚜렷했다. 분홍색과 연푸른색이 적절히 배합된 하늘하늘한 한복을 곱게 차려입었다. 옥의 티라면 옥색 고무신 대신 투박한 굽 높은 슬리퍼 형 구두였다.

중국어가 유창했다.

메뉴판을 보면서 빠르게 주문하는 중국사람의 말을 되물음 없이 모두 받아 적었다. 물론 교육을 받았겠지만 중국에서 가장 까다로운 것 중의 하나가 음식이름이고 이를 주문하는 방법인데, 막힘없는 것 보면 대단했다.

본래 동북사람들은 호쾌하고 호주가들이기 때문에 식사와 빼갈[白干兒: 백주]은 필수다. 잘 먹고 1/3은 남아야 아 제대로 대접했구나 하는 것이 중국사람의 손님 접대 방법이다. 시끄러운 것도 특징이다. 목청을 낮추는 법이 없다. 그 틈새에 나는 '강계 기생' 과 속에 있는 대화를 나눴다. 중국 보통화(普通話)를 가능한 한 느릿느릿하게 상대편을 배려해주는 듯한 인상을 주면서.

"여동지[62]! 단동공작은 어떻습니까?" 여기서 '工作' 은 단순히 "일 또는 취업"을 말한다.

"장군님의 덕분에 조국을 위해 보람된 일을 할 수 있어서 매우 즐겁습니다."

---

62) 중국에서 품위 있는 중국인들이 여자를 호칭하는 공식어는 '여동지' 이다. 상대편을 배려하거나, 잘 모르는 일반여성을 호칭할 때도 이 말을 쓴다.

“한어(漢語)를 중국사람보다 더 정확히 잘 하고 있습니다. 어디서 배웠지요?”

“저는 장군님 덕분에 평양외국어학원(한국외국어대학 격)을 다녔고, 거기서 한어와 영어를 했습니다.”

“평양외국어학원은 북조선영도들의 자제만 다니는 곳 아닙니까?”

“장군님의 은혜를 많이 입은 분들이 다니지요. 제 오빠는 김대(金大: 김일성대학)를 나왔지요.”

“외대를 필업(畢業: 졸업)하면, 대부분 외교부분에서 공작하지 않나요?”

“조국을 위한 외화벌이에도 참여해야 합니다.” 모택동 시절의 ‘하방(下放)’을 흉내 낸 것일까?

“얼마 동안 이 강위(崗位: 자리)에 있어야 되나요?”

“3년을 예정합니다. 조국에서 다음 자리를 마련해주지요.”

중국친구의 말을 빌리면 그녀들은 저녁 10시면 김일성 · 김정일 찬양노래로 시작하는 저녁 교양강좌를 하고, 아침 6시면 일어나 점호를 취하고, 강변을 따라 단체로 구호와 노래를 하면서 구보를 한단다. 모두 트레이닝복을 입고서.

술을 극구 사양했는데도 중국친구들이 강권하자 그녀는 한잔씩 받아마셨다. 중국사람들은 술을 권하는데도 노하우가 있다. 못 마시는 사람도 받아마시게 하는. 역시 술은 사람을 풀어지게 하고, 분위기를 부드럽게 한다. 그녀는 대만 가수 등려군(鄧麗君)의 노래인 ‘톈미미[甛蜜蜜]’와 ‘예라이샹[夜來香]’ 등을 아주 감칠 맛 나게 불렀다. 이건 완전히 자본주의 색채의 노래인데도. 중국사람들만 있다고 생각해서인지 약간은 풀어진 감이 있었다. 내가 아는 노래도 이런 것 밖에 없어 같이 마이크를 잡았다. 중국친구가 ‘북조선’ 노래를 요구하자, ‘백두산 굽이굽이 수령님 터 잡으신…’ 나도 못 알아들을 노래가 나왔고, 중국사람들은 분위기 깨지 않기 위해 열심히 박수를 쳤다.

그녀는 이곳에 온 지 6개월, 아버지는 북한 외교부에 고위관리로 재직하고 있다고 했다. 이곳에서 일하는 여성동지들은 모두 북한에서 일류대학을 나오고 중국어에 능통한 재원이라고 한다.

여종업원이 어떠냐마는 재능 있는 규수가 남의 나라에 와서 술 권하고, 같이 노래하고, 취객의 비위를 맞춰야 하는가? 그것도 '장군님'의 은혜인가? 이들은 이나마 혜택을 입었다고 할 수 있다. 북에서 몰래 넘어와 몸과 혼을 모두 파는 다른 '여동지'에 비하면.

● 단동은 평북의 대외 통상구

중조우의교는 철로와 차로 모두 단선이다. 단동 쪽에서 가면 신의주 쪽에서는 모두 건너올 때까지 기다려야 한다.

단동세관은 그야말로 장터다. 중국차량, 평북의 번호판을 단 북한차량, 이러한 대열은 하루 종일 계속된다. 차량에 실린 것은 인스턴트식품에서부터 과일, 건축자재, 자전거 등 별의별것이 다 있다. 최근에는 자전거의 물량이 급속도로 늘고 있다고 한다.

북한사람을 상대하는 상점도 성시다. 한국제품도 많이 들어간다. 단지 한국산이라는 상표를 떼어내는데 중국산에도 상표를 뗀다. 북한사람들은 상표를 떼 낸 물건을 당연히 한국산이라는 것을 알고 많이 선호하기 때문이다. 이렇게 경제적인 동물인데 중국에서 사회주의를 실시했으니.

단동 아니 요녕성이 신의주특구 때문에 들썩이고 있다. 북한은 중국의 돈을 유치하기 위해 툭하면 신의주특구를 내건다. 조자룡 헌 칼 쓰듯. 요녕성 성장과 요녕성 당위원회서기를 했고 지금은 중국 상무부 부장을 하고 있는 중국의 차세대 지도자 뽀시라이[薄熙來]도 여러 차례 신의주특구를 방문했다. 그러나 김정일의 양아들 양빈(楊斌)이 신의주특구 장관으로 내정되었다가, 2002년 10월 탈세 혐의로 중국 당국에 체포되면서 이 특구

붐은 조금은 시들해졌다. 주용기총리가 김정일에게 신의주특구보다는 한국자본을 쉽게 유치할 수 있는 개성에 특구를 설치할 것을 권유했다고 한다. 그래서 그런지 중국 중앙정부는 북한의 신의주특구에 대해서는 약간 심드렁한 표정이다. 그러나 홍콩과 싱가포르, 일본, 대만 등지의 상인들이 신의주와 단동을 겨냥하고 많이들 몰려든다. 이 도시는 밤이면 불야성을 이룬다. 북경에서 볼 수 있는 것은 모두 볼 수 있다.

2004년 4월 22일 일어난 용천 열차 폭발사고 때, 단동은 유사 이래 최대의 호황을 맞았다. 김정일이 한국정부에서 지원해주는 구호품을 남포항을 통해서 받았으면 "누이 좋고 매부 좋고"였는데 굳이 단동을 통해 받았고, 한국의 남 도와주기를 좋아하는 '어진 님' 들이 돈을 사들고 단동으로 와서 생필품, 즉 모포라든지 옷가지, 먹을 것을 사서 지원해주었는데, 단동에서는 물량이 딸려 심양, 대련, 심지어 상해에서부터도 사들여왔다고 한다. 물건이 딸리니 값은 자연 폭등하기 마련이다. 엄청난 바가지를 쓰고 "친애하는 단동시민"도 먹여 살리면서 북한동포를 지원했다고 한다.

한국정부는 남북협력기금과 적십자 기금에서 건설자재, 생필품 등을 지원했다. 그중에서 유류는 유조선이 바로 남포항으로 가면 비용이나 노력이 절감되는 데 단동의 동항으로 가야했다. 동항은 유조선이 정박할 수 있는 시설이 없다. 한국에서는 기름을 소형 선박에 옮겨 담아 동항으로 갔고, 북한에서는 유조차량이 없으니 드럼통에 기름을 담아 싣고 갈수 밖에. 그 틈에 중국에 있는 드럼통이 또 동이 났다. 한국에는 드럼통이란 폐유를 담아두거나 군대에서나 겨우 볼 수 있을까, 박물관에나 가야 될 처지인데.

주중 한국대사관에서 이를 처리하기 위해 임시상주직원을 파견했다고 한다.

"모진 놈 옆에 있으면 정 맞는다."

용천 열차 폭발사고 뒷수습에도 재주는 남북한이 부리고, 돈은 중국이 챙겼다고 할 수 있다.

어쨌든 단동은 북한과 통하는 길목이요, 김정일 드나드는 곳이요, 북한 개방을 기다리는 외상(外商)들이 들끓는 곳이요, “신의주특구”의 기득권을 노리는 요녕성의 자본이 대기하는 곳이요, 한국의 눈 먼 자본이 숨죽이고 있는 곳이요, ‘대성총국’, ‘광명상회’, ‘승진무역’ 등이 외화벌이에 열중하는 곳이다.

● 동항(東港)

단동 자체는 항구도시가 아니다. 압록강하구와 황해가 연결되어 있으나 단동에서 바다로 나가는 길은 거의 없다. 압록강하구의 하구언과 섬들이 모두 북한 땅이기 때문에 황해로 나가는 물길이 조수간만의 차로 인하여 출입할 수 있는 시간이나 공간이 아주 제한되어 있기 때문이다. 단동에서 서남쪽으로 45km 정도 가면 東港이란 항구도시가 나온다. 단동 지급시 관할의 東港市다. 중국이 동해로 나가는 출구가 없다보니 이 항구가 중국에서 최동단에 위치한 항구가 된다. 이 항구로 인해 단동지급시가 항구도시 역할을 할 수 있다.

이 항구에서 한국의 인천과 중국의 대련 · 청도 · 상해로 연결되는 배편이 있다.

여객선 부두에는 맞춤법이 틀리는 한글 간판을 단 조선족 상점이 즐비하고, 그 상점에는 한국제의 짝퉁과 한국사람들이 좋아하는 보약재 · 한약재, 진주 등의 보석을 진열해놓고 있다. 한국을 드나드는 조선족과 중국을 드나드는 한국의 보따리장수들을 위한 상점이다.

한국에 들어가려는 조선족들의 밀항조직이 이곳에서 판을 친다. 밀항조직은 동북3성의 조선족 집거지역을 중심으로 밀항단을 모집한다. 조직은 점조직으로 구성되어 횡적 연결은 없다. 일인 밀항에 소요되는 경비는 평균 5만원(한화750만원), 많을 때는 7만원까지 호가한다. 선급금으로 1/3

이 지급되고, 밀항 성공 후 나머지를 지급한다. 일단 한국에만 도착하면 일년 이내 이 비용은 빠지게 되어 있다. 밀항은 어선을 이용하며 공해상에서 한국어선에 인계한다. 밀항자들은 한국에 도달할 때까지 낮에는 주로 배 밑창에서 은거한다.

중국 공안은 선박 직접 수색보다는 주로 제보에 의거하여 밀항단을 검거한다. 중국의 법은 밀항조직에 대해서는 형사처벌하나 단순 밀항자에 대해서는 행정처분에 그치는 등 가볍게 처리하고 있다. 검거율은 전체 밀항자의 7~8%이내로 추산되고 있으며, 2000년 한해 단동시 공안당국에서 적발된 밀항자 총수는 약 120명이었다.

한국과 중국은 황해를 공유하고 있다. 황해를 끼고 있는 중국의 항구는 헤아릴 수 없이 많다. 그 중에서도 요동반도와 천진, 산동반도의 각 항구를 통해 한국으로 밀항하는 조선족 · 한족이 얼마나 될까?

● 압록강 하구와 섬

두만강 상에는 섬들이 거의 없고, 있다 해도 조그만 것들이다. 반면 압록강 하구에는 섬들이 많다.

강상 섬의 귀속문제에서 김일성의 요구와 주은래의 양보를 이야기 했는데 그것이 전부는 아니다. 문제는 섬들이 생기고 어느 쪽 주민이 먼저, 오래도록 거주했느냐가 중요한 관건이다. 청(淸) 이전을 막론하고 청나라 시기에도 청의 봉금정책으로 한족은 물론 없었고, 지금 거의 한족화한 만주족도 살지 않았다. 조선인들이 섬을 개간하여 농사를 짓고 어로활동을 한 덕분에 점유권과 연고권을 가지게 되어 대부분의 섬이 북한 땅으로 편입되었다.

강은 기본적으로 북한과 중국이 공유하고 있다. 1961년 맺은 〈압록강과 두만강의 목재 운송에 관한 의정서〉에 이 내용이 나와 있고, 압록강과 두만강 상의 섬을 나누는 문제는 1962년 맺은 조중변계조약(朝中邊界條約)에 의해 북한 측 127개, 중국 측 78개로 했다.

강의 수량(水量)과 조수간만의 차로 섬이 되었다가 바다 또는 강이 되었다가 하는 모래톱까지 합하면 압록강상의 섬은 약 205개, 그 중 항상 물위에 모습을 드러내고 있는 섬은 40여개가 된다.

압록강 하구에서부터 보면, 비단섬, 섬이라 부르기 곤란할 정도로 단동과 붙어있는 황금평, 상도, 하도, 좌초도, 문안탄도, 유초도, 압록강에서 가장 큰 위화도, 다지도, 우적도, 구리도 등이 있다. 이중 우적도에 대해서는 중국 땅과 붙어 있다는 것을 이미 설명했다.

북한은 자신의 섬들은 잘 개발하였다. 중국 측은 개발할 만한 섬도 없지만 중국이 유일하게 개발하려는 월량도(月亮島)도 "중국이 섬을 개발하면 조선사람들의 탈출이 쉬워진다"는 북한의 항의를 받고 개발이 늦어지고 있다.

압록강 하구의 비단섬이 북한의 영토가 되면서 압록강 하구는 실질적으로 북한이 관리하는 강이 되었고, 단동시가 황해로 나가는 출구는 비단섬과 단동 사이의 물길을 이용하지 못하고, 훨씬 서쪽으로 이동한 동항을 통해야 했다. 또 동항으로 입출항하는 선박도 뱃길은 서남방향으로 정해져 있다.

● 압록강 상의 댐들

압록강 상의 댐은 몇 개나 될까?

압록강은 수력발전을 할 수 있는 양호한 입지적 조건을 갖춘 강이다. 압록강 본류에 댐을 막아 중국과 공유하고 있는 인공호수는 하구에서부터 태평만 댐, 수풍 댐, 운봉 댐이 있고, 생산되는 전기는 중국과 북한이 반반씩 나눈다.

2001년 가을 나는 또 한번 단동지역을 방문하였다. 이번의 방문 목적은 압록강 남안과 압록강 상의 댐을 잘 관찰하기 위해서였다. 주목적은 수풍 댐을 내 눈으로 보고 내 발로 밟아보는 것이었다.

태평만 댐은 수풍 댐의 조정지 역할을 한다고 보면 맞다. 지역이 관전(寬甸)만족자치현에 있으나, 발전소가 있는 곳을 섬처럼 오려내어 단동시 행정구역으로 만들었다. 중국친구의 안내를 받아 발전소 내부까지 돌아볼 기회를 가졌다. 문외한이었지만 댐 관리나 발전소 관리는 양호했다. 발전 용량은 20만 kw정도.

댐은 북한지역 대안까지 연장되었으나, 관리를 중국 측에서 하기 때문에 결국 북한지역에 있는 댐까지 관리하는 셈이었다. 댐의 남단에 고리형 철조망이 처져있고, 철조망 너머로 북한군 병사가 보초를 서고 있었다. 우리가 다가가자 무표정한 얼굴로 주시하고 있었다. 나는 미리 이 병사에게 줄 요량으로 중국담배 2줄을 준비했다.

나를 경호하던 무경이 '북조선말' 을 했다.

"인민군 친구! 수고 많아. 우리 손님이 당신을 위해 담배를 준비했다. 받아가시오."

북한병사는 대꾸가 없었다.

무경이 말했다.

"철책 너머로 던져주면, 사람이 없을 때 가져갑니다."

나는 그에게 담배를 주어 던지게 했다.

"전에는 말을 주고받았는데 요즘은 입을 열지 않습니다."

내가 방문하기 얼마 전, 북한군 병사 한명이 이 댐을 통해 탈북(脫北)한 사건이 있었다. 북한 측에서 그 병사의 신병 인도를 요구했지만, 중국 측에서 건네주지 않아 약간 사이가 나빠졌다고 한다. 국경을 맞대고 있으면 늘 일어나는 일이다.

그 병사의 행동을 은연중에 관찰하면서 댐을 따라 다시 중국 측으로 이동하였는데 그 병사는 담배를 집을 생각을 하지 않았다. 단속이 심해서 일까?

<u>수풍 댐</u>

태평만 댐에서 압록강 상류로 대략 25km 정도가면 수풍 댐이 나온다.

일제는 '조선압록강수력발전주식회사'를 설립하고는 1937년 10월부터 댐 건설을 시작하여, 1941년 8월 제1호기를 발전(發電)하였으며, 이어 1944년 2월까지 2·3·4·6·7호기 등 5호기를 제외한 6대의 발전기를 설치함으로써 수풍수력의 총 시설용량은 60만KW에 이르렀다. 1947년 8월 소련 군정 하에서 소련이 발전기 2대를 뜯어가는 바람에 시설용량이 40만KW로 줄어들었고, 한국전쟁 당시의 폭격으로 발전소 설비는 70%가량 파괴되었다. 1958년 8월까지 소련의 원조로 복구공사가 완료되고, 그해 9월 나머지 1대의 발전기가 설치되어 70만KW의 시설 용량을 갖추게 되었다.

일제가 만주국이나 조선을 지배하고 있을 때, 이 수풍발전소의 전기로 만주와 한반도에 필요한 전기를 다 충당하고 남았었다. 해방되고도 얼마 동안은 남한이 이 수풍의 전기를 여전히 쓰고 있었다. 그러다 1947년경 소련이 발전기 설비를 뜯어가고, 남북한의 정세가 악화되면서 1949년 11월인가 북한은 갑자기 남한 송전을 중단했다. 그때부터 남한은 밤이면 암흑세계가 되었다. 부랴부랴 미국에서 발전선 2대를 부산과 인천으로 파견하여 남한에 전력을 공급해주었다.

나는 수풍 댐을 방문하기 위해 중국 측의 압록강수력발전공사 요원의 도움을 받았다. 태평만 댐은 중국 측이 관리하지만 수풍 댐은 북한 측이 관리하기 때문이다.

북한의 청수노동자구를 남쪽으로 크게 끼고 강변을 30분가량 달리니, 갑자기 골이 넓어지고 시커먼 시멘트 산이 눈앞을 가로 막았다. 중국지명

▲ 좌측으로 보이는 엄청난 댐이 바로 수풍댐이다.

은 납고초(拉古哨)로 규모가 꽤 큰 변전시설이 있고, 그곳에서부터 송전탑이 남북으로 나뉘어져 가고 있었다. 멀리 북한 측 발전소 상단에는 어김없이 김일성의 대형 초상화가 걸려있고, 그 초상화가 수풍일꾼들이 전력을 생산하는 현장을 감독하고 있었다. 물의 낙차는 106.4m, 댐의 길이는 900m, 담수면적은 345km², 소양강 댐이 크다고 늘 자부심을 가졌었는데, 확실히 비교가 되지 않을 정도였다.

댐을 내 발로 밟아 보겠다는 여망을 중국친구는 들어주었다. 댐 위로 가는 방법은 댐을 수비하는 무경초소를 경유해야 했다. 우리는 무경초소에 들렀고. 그곳 경비소대장은 댐 위로 통하는 철문을 따고는 우리를 안내했다. 댐 상단 입구부터 바로 북한 소유기 때문에 조금만 걸어보란다.

댐 위에 올라서니 푸른 압록강 물은 호수되어 끝없이 펼쳐지고, 골마다 대낮인데도 옅은 물안개가 피어나고 있었다.

댐은 콘크리트 구조물이었다. 1937년에 댐 공사를 시작했으니, 내가 방문할 시점까지 64년이 경과된 댐이다. 오랜 풍우에 시달린 탓일까, 댐 상단은 시멘트가 이미 씻겨 없어지고, 같이 버무렸던 모래와 주먹만한 자갈이 제 색깔대로 드러나 있었다. 발로 밟으니 하얗게 모래가 묻어났다.

"일본사람들이 뭘 만들어도 참 야무지게 만드는 구나." 압록강 다리가 그렇고, 여기 수풍 댐이 그렇다.

1988년에 압록강에 큰 홍수가 났었다. 수풍 댐도 범람위기에 몰렸다. 하류에 있는 태평만 댐은 수문을 개방한지 오래고, 수풍 댐의 상류에 있는 운봉 댐이 수문을 개방하자 수풍 댐의 水位는 시시각각으로 높아만 갔다. 그런데 26개의 수문 중 8개만 열리고 나머지는 열리지 않았다. 물이 오버플로어를 하게 되면 물살에 의해 댐의 상단이 깎여지게 되고, 댐은 순식간에 붕괴한다. 댐이 터지면 압록강하류는 물바다가 된다. 절대 절명의 순간, 북한 측은 중국 측에게 SOS를 쳤다. 중국의 기술자가 나머지 수문을 모두 개방했고, 댐의 붕괴는 막았다. 북한 측은 유사시에 대비한 수문개방 훈련을 하지 않아 큰 변을 당할 뻔 했단다. 중국 측 설명이다.

● 전기 팔아먹는 북한 관리

압록강 상의 댐에서 생산되는 전기는 어느 측이 관리를 하든, 반분(半分)한다.

북한의 전기생산은 대부분 수력발전에 의존하는 관계로 물이 없으면 발전을 못한다. 수량(水量)은 갈수기가 있어 계절의 영향을 받고, 또 치산치수에도 절대 영향을 받는다. 북한은 식량을 증산하기 위해 산꼭대기까지 화전을 해서 땅의 힘이 없어지고, 수목이 희소하여 강수를 오래도록 저장하지 못한다. 비가 조금만 많이 와도 홍수가 나고, 하천바닥은 갈수록 높아만 간다. 하늘이 내려주는 물도 제대로 저장 못하는 데다, 돈 적게 든다고 수력발전 위주로 발전시설을 갖추다 보니, 필요한 시기에 안정적으로 쓸 전기가 항상 부족하게 된다. 기존의 발전시설도 앞의 수풍 댐의 예에서 보듯이 관리가 부실하다. 근본적으로 책임감이 부족하다.

1998년은 중국뿐만 아니라, 북한 북부에서도 홍수가 나서 댐의 발전시설이 많이 손상되어 전기가 절대적으로 부족한 한해였다. 그해 10월엔가 단동을 방문했었다. 내가 들어간 곳은 3성급 호텔이었는데, 로비가 온통 억센 평안도 사투리로 떠들썩했다. 분명 조선족 말은 아니었다. 나와 동행한 중국친구에게 연유를 알아보게 했다.

"재들, 수풍발전소 소속의 고위 당 간부들이래요. 전기 팔아 먹으로 왔대요."

수풍발전소의 관리는 평북도당위원회에서 하지 않고, 바로 '전기석탄공업성' 에서 관리한다. 여기 당 간부들이 중국 측에게 전기를 팔아먹는 문제를 논의하기 위해서 왔다고 한다. 명목은 외화벌이라는데, "문어 제 발 뜯어먹기"다. 중국 측에 판 전기가 수풍발전소 고위간부들의 착복수단인지, 또는 '전기석탄공업성' 차원에서 하는 짓인지, 명확하지는 않지만, 갈 데까지 간 정권말기적 현상인 것만은 틀림없었다. 겨울에는 영하 20도 이하로 내려가 댐의 물이 얼어붙어 북한 전체가 꽁꽁 얼고, 전기가 없어 기차도 서고, 공장 굴뚝에 연기도 안 나는데.

*5. 조선족과 농촌총각 장가보내기

● 한민족의 비애를 대표하는 조선족

중국조선족은 천이민족(遷移民族)이다. 중국조선족은 중국의 다른 소수민족인 만주족이나 몽고족과는 다르다. 만주족이나 몽고족은 토착민족이다. 조상대대로의 근거지가 만주요 몽고다. 한족의 힘이 강대하여 중화인민공화국이라는 데로 흡수되어, 그 민족은 있되 나라는 없다.

한인(韓人)의 만주로 천이(遷移)는 병자호란부터 시작되었으나, 본격적인 이민은 19세기 중엽부터다. 조선 말기 북방지역 조선 농민은 먹고 살기 위해, "朝耕暮歸(아침농사 저녁귀가), 春來秋歸(봄에 오고 가을에 가고), 令禁暫退(금지령 내리면 잠시 물러나고), 令馳又回(쫓아내면 돌아오는)"

방법으로 압록강 두만강을 건너다니면서 농사를 지었다. 일제침략과 자연재해, 청의 봉금령 해제와 맞물려 만주로 조선인의 천이는 봇물을 이루었다. 1910년 한일합방과 일본의 식민정책에 의한 강제이동으로 1920년대 만주의 조선인 인구는 46만 명, 1930년대 63만 명, 1945년 일본 패망 전에는 170만 명에 달했다.

중국공산당은 항일통일전선의 일환으로 소수민족에 대한 정책적 배려를 했다. 중공 제6차 당대회에서 '만주의 고려인'을 '중국의 소수민족'으로 인정하였다. 또한 조선인에 한해서 이중국적을 허용하였다.

일본 패망 후, 만주의 한인사회는 "고국으로 돌아갈 것인가?"라는 선택의 진통을 겪었다. 170만 명 가운데서 70만 명은 한반도(남한 또는 북한)로 돌아가고, 100만 명이 남아 중국 국적을 취득하고 오늘날의 조선족이 되었다.

잔류한 100만 명은 일제 강점 시기에 먹고 살기 위해 남부여대(男負女戴)하여 만주로 건너간 사람, 코민테른의 힘을 빌러 만주에서 독립운동 하던 사람, 사회주의자 또는 공산주의자로 중국공산당에 입당하여 대한광복(大韓光復)과 중국의 항일투쟁을 위해 공헌한 사람들로 대별된다. 그 중 대부분이 첫 번째 부류로, 광복 후에 한반도로 돌아가 봐야 집도 절도 농토도 없는 농민들이었고, 대다수가 이북에 고향을 두고 있었다.

1952년 9월 3일 연변조선족자치구가 건립되었고, 당시 중국의 조선족 인구는 112만 명(흑룡강성(黑龍江省) 23만 명, 요녕성(遼寧省) 13만명, 길림성(吉林省)은 연변주(延邊州) 55만 포함 75만 명)이었다. 연변주의 조선족 인구 비율은 전체 인구의 62%였다.

중국조선족에게는 조선 말엽 몰래 도강하여 농사를 지어 허기진 배를 달래던 배고픔의 역사가 있고, 그래서 간도(間島)[63]라는 말이 나왔고, 일제강

63) 간도의 유래는 감터, 墾島, 墾土, 間島, 알동, 강통 등 여러 가지 설이 있다. 본래 종성과 온성 사이에 분파되어 흐르는 두만강 중간의 삼각주가 매우 비옥하였는데, 1870년부터

점기에 나라 잃어 유랑하면서 나라를 찾고자 하던 광복의 역사가 있고, 천이민족이라는 이유만으로 토착민족으로부터 백안시 되던 차별의 역사가 있고, 이데올로기의 산물인 한반도 분단으로 생긴 동족상잔의 역사가 있다.

그들은 무산계급으로 비록 공산당에 가입하지 않았더라도 심정적으로 공산당에 동조했다. 홍군에 입대하여 항일전쟁과 국공내전에 참가했던 조선족부대(대략 3개 사단 규모)는 신중국 탄생이후에도 연변의 용정남방에 주둔하다가 한국전쟁 일년 전에 북한으로 들어가 '인민군' 이 되어 한국전쟁에서 일익을 담당했다. 직접 참전하지 않았던 다른 조선족들은 노무자 또는 담가부대, 후방지원 요원으로 편성되어 한국전쟁에 간접으로 참가했다. 오늘날 연변지역에 가면 거의 집집마다 '애국열사' 라는 표찰이 붙어 있다. 그들이 항일전쟁과 국공내전, 한국전쟁에 참가했다는 생생한 증언이다.

중국조선족은 천이민족이라는 특성으로 인하여 박해나 고난도 많이 받았다. 중국이 북한과의 관계가 원만할 때는 중국정부가 조선족을 대하는 태도도 우호적이었고, 북한과의 관계가 서먹할 때는 조선족 또한 살기 힘들었다. 그들은 특히 대약진운동(1957~1962년 사이)과 '반우파투쟁' 때는 '우파' 와 '지방 민족주의자' 로, 문화대혁명 기간에는 '주자파(走資派)', '특무(特務: 간첩)' 로 몰려 모진 박해를 받았다. 연변조선족자치주의 각 학교에서 '조선어' 나 '조선역사' 과목이 폐지되고 의무적으로 한어를 쓰도록 강요되었다. 조선족 간부나 학자들은 '분열주의자', '아홉 번째 냄새나는 놈' 등으로 매도되었다. 조선족 자체 내에서도 밀고가 성행하여 서

부근의 주민이 이곳을 개간하기 시작하여 이곳을 間島라 불렀다. 당시는 청의 봉금령과 조선의 쇄국정책이 맞물려 강을 건너는 것을 조정에서 엄격히 금지하였던 관계로 강을 건너지 않고 강사이의 섬에서만 농사를 짓는다는 隱語로 사용되었으나, 실제로는 강을 건너 북쪽 깊숙이까지 농사를 지었고, 훗날 조선인들이 농사를 짓는 곳은 모두 간도로 부르게 되었다. 간도는 백두산 동쪽과 두만강 대안을 동간도, 압록강 대안지역과 송화강 상류지역의 백두산 서쪽을 서간도로 크게 구분된다.

로가 서로를 못 잡아먹어 안달이었고, 이로 인해 민족 자체 감정의 골은 심각할 정도로 손상되었다.

문화대혁명 기간에 북한에 연고를 둔 일부 조선족이 북한으로 돌아가 북한의 국적을 취득했다. 이를 두고 중국정부는 조선족을 '박쥐'로 보고 있다. 바로 천이민족이 당해야 하는 운명이다.

그래서 그들에게는 '착근의식(着根意識)'이 부족하다. 중국을, 만주지역을 진정 조국으로, 고향으로 생각하지 않는다.

● 뿌리 못 내리는 조선족

1992년 8월 한국은 중국과 수교했다. 그 이전부터 '86아시안게임', '88서울올림픽' 등을 계기로 중국조선족은 '약장수'로 한국사회에 진입하기 시작하여, 정식 수교와 동시에 물밀 듯이 밀려들어 3D업종을 장악하면서 이제 중국조선족은 이미 한국사회의 일원이 되었다.

중국조선족이 대량으로 한국에 진출함으로써 얻은 결과는 득과 실이 반반으로 나타나고 있다. 그중 확실한 실(失) 중의 하나는 중국조선족이 점점 사라져 간다는 사실이다. 조선족 인구는 마이너스 성장을 하고 급속히 노령화되어 가고 있다. 1953년 조선족 인구는 약 112만 명, 1982년 177만 명, 1992년 192만 명, 2000년 192만 4천 명을 고비로 증가세는 멈췄다. 조선족이 중국 전체에서 차지하는 비율도 1953년 0.19%에서 2000년 0.15%로 내려앉았다. 2000년 기준 65세의 노령인구도 전 인구의 7.02%를 넘어서고 있다.

조선족 인구의 마이너스 성장 주원인으로,

첫째가 다수의 가임(可姙) 연령층이 외지 또는 한국으로 이동하고,

둘째 중국정부의 인구통제정책에 호응하여 1자녀 만 출생(소수민족은 2자녀까지 허용)하고,

셋째 고학력 · 도시화 · 도시 근로자(제3차 산업 종사자) 비율이 다른 민족에 비해서 상대적으로 높고,

넷째 조선족의 평균 수명이 다른 민족보다 짧다는 데도 있다.

그 외, 다른 민족, 예를 들어 한족이나 만주족 등과 결혼하는 섭외혼인(涉外婚姻)도 무시 못 한다. 섭외혼인 후에 태어나는 2세는 본인의 선택에 의해 민족을 선택한다.

조선족 남자 평균수명은 짧다. 농촌의 조선족 남자들은 50대 중반을 넘기면 대부분이 알코올에 찌든다. 짓던 농사는 팽개치고 아내나 아들 · 딸들이 외지나 한국에서 벌어다 주는 돈으로 무위도식하면서 마작에 빠져들거나 낮부터 술에 취한다. 중국 거리에서는 밤에도 술 취해서 비틀거리는 사람을 거의 볼 수 없다. 중국사람들은 술을 좋아해도 그 만큼 절제력이 강하다는 것을 의미하는데 조선족 집거지역에서는 대낮에도 술에 취해 비틀거리는 사람을 흔히 볼 수 있다. 술과 담배로 인해 생기는 병, 천이민족으로서 당하는 울화병 등이 겹쳐 일찍 폐인이 되고 일찍 죽는다.

술 취하면 '망향(望鄕)'에 시달린다. 막연하나마 돌아가야겠다는. 한반도에 그렇게 미련을 두지 않을 이들이 수구초심(首丘初心)이랄까? 금의환향(錦衣還鄕)이 대물림되고 있다. 연변조선족자치주와 인근의 다른 동북지역이 사실은 그들의 뿌리인데도 그들은 대도시로 해외로 미련 없이 떠나고, 떠나 도착한 곳에서 또 정착한다.

중국조선족은 중국의 31개 省 · 市 어느 곳에라도 없는 곳이 없다. 그 중에서도 한국기업이 많이 진출한 북경과 산동, 천진, 상해, 강소 등에 다수가 거주하고 있다. 연변조선족자치주는 조선족 인구 비율은 이제 30%를 밑돌고 있어 조선족 자치주로서의 명맥 유지를 걱정해야할 처지가 되었다.

● 북한총각은 몽달귀신이 되란 말인가?

가임 부녀자들이 떠난 조선족의 농촌사회! 그곳에는 늙은이들과 늙은 총각이 우굴 대는 곳이다. 가정승포경영(家庭承包經營)[64]으로 대를 물려가면서 농사지을 땅은 생겼으나, 어렵게 획득한 이 땅을 조선족은 농사를 짓지 않는다. 이웃의 한족에게 물려주고 가을이면 세를 받아먹는다. 아예 경영권을 팔아넘기는 경우도 있다. 조선족의 농토는 야금야금 한족에게로 넘어가고 터전은 약화되어 가고 있다.

조선족 농촌지역에서 총각들이 배우자를 찾는 것이 이미 사회문제화 되고 있다. 연변주 화룡시(和龍市) 숭선진의 경우, 청춘남녀의 비율은 20:1이며, 이 진(鎭)의 남석촌(南夕村)의 비율은 무려 30:1에 이른다. 1997년 상반기에 진 사무소에서 혼인 신고한 인원은 겨우 3쌍이며, 그 중 1명은 한국으로 시집가는 것이었다. 동성진(東城鎭)은 화룡시에서도 큰 진에 속한다. 1993년 이 진의 혼인 신고는 145명이었으나. 1998년에 겨우 30명이었고 그중 22명이 섭외혼인이었다.[65]

조선족 농촌의 총각들이 배우자를 찾지 못해 일어나는 문제는 아주 심각하다. 내가 박사학위 논문을 쓰기 위해 현지를 방문했을 때, 이들 청년들이 정서적으로 불안하고 조급하며 조그만 일에도 과격해지는 특징을 지

---

64) 家庭承包經營: 중국의 토지제도는 여러 번 변화하였다. 공산정권이 들어서면서 토지무상분배-互助組-初級合作社-고급합작사-人民公社를 거치면서 완전히 집단농장화 하였으나, 농업의 생산성이 급격히 떨어지자, 개혁개방이 실시되면서 생산의 책임을 組單位까지 위임하였다. 농업의 생산성이 향상되자 중국정부는 인민공사를 해체하고 家政聯産承包責任制를 거쳐 家庭承包經營으로 전환하였다. 1998년의 일이다. 농가가 경영의 주체가 되고 농업에 관한 모든 책임을 지며, 토지는 정부로부터 30년간을 임대하고, 필요시 자손대대로 연장할 수 있다. 말이 임대지 자신의 농토를 가지는 것이나 마찬가지다.

65) 최경식, 〈글로벌적 배경 하에서 본 중국민족정책과 조선족이 역사 · 현상과 미래〉, 76쪽, 2004년 7월

니고 있다는 것을 발견했다. 장춘시(長春市) 형무소에 수감되어 있는 청소년 폭행범죄자 중에서 조선족 청소년이 차지하는 비율은 거의 50%에 육박하고 있었다. 나와 공동으로 이를 조사한 조선족 연구원이 알려준 사항이다. 참고적으로 2000년 기준 길림성 전 인구 중에서 조선족이 차지하는 비율은 겨우 4.2% 밖에 되지 않았다.

인구의 외부 유동, 특히 가임여성의 외부유동은 이혼율을 높였다. 최근 조선족의 섭외혼인 가운데서 일부는 이혼녀의 재혼이다. 요녕성의 조선족 이혼율은 1990년의 1.7%에서 2000년의 4.2%로 급증하였다. 조선족 가정의 위기는 바로 통계 숫자로 증명되고 있다.

문제는 한국 농촌총각들이 중국조선족 가운데서 짝을 찾는데 있다. 조선족 여성들(이혼녀 또는 위장 이혼녀 포함)은 한국남성과 결혼하여 한국국적을 취득하는 것이 신분상승의 한 방편으로 생각하고 있다. 일종의 매매혼(賣買婚)(?)과 유사하게 결혼을 치르고 한국으로 가서 일정 기간이 지난 뒤에 한국의 주민등록만 취득하면 그 다음부터는 자유다. 조선족 신분보다는 한국국민의 신분이 중국을 드나들기가 쉽고, 중국에 남아있는 가족, 부모형제, 심지어 남편과 자식을 부양하기가 편하며, 부모의 한국 초청도 한결 수월해진다. 한국의 남편과 결혼생활을 계속하든, 이혼하든 한국국적은 취득된 상태이기 때문이다.

조선족 총각들은 "팔려가는 순이"를 보면서 한국에 대한 적대감정만 키운다. 한국사람들이 못된 짓도 많이 했지만 연변지역에 투자한 것도 많은데 조선족들이 한국사람들을 대하는 태도가 좋지 않은 이유는 다 이런데 있다.

조선족사회에서 늙은 총각 장가보내기 방편이 있다. 하나가 조선족 중년 남자들이 일찍 사망해서 여성들이 40대 후반부터 과부가 되는 경우가 더러 있다. 조선족사회에서는 이들과 늙은 총각을 짝 지워준다고 한다. 잘하면 자녀생산도 가능하다고 한다. 모계사회로 회귀하는 것이다.

다음이 북한여성을 데려오는 것이다. 사서오든, 구걸하거나 품팔이하러 온 여성을 꾀든, 일단 조선족 지역에 들어온 북한여성은 가만두지 않는다. 이것도 일종의 매매혼(賣買婚)이요 납치혼(拉致婚)이다. 대개가 늙은 총각과 젊은 처녀의 결합이다. 그 중에는 북한에 남편과 자식을 둔 여자도 있다. 북한여성들도 "불감청(不敢請)이나 고소원(固所願)이라", 이런 원시적인 혼인 방법에 몸을 맡긴다. 중국정부는 사실혼(事實婚)을 인정하고 몇 년 지나면 공민증을 내어준다. 조선족과 결혼한 북한여성은 두만강을 사이에 두고 이중살림을 한다. 중국에도 남편 · 자식과 집이 있고, 북한에도 친정 내지는 남편 · 자식이 있는 그런 이중생활. 초기 조선족이 이중국적을 가지듯.

북한의 총각과 홀아비는 어떡하란 말인가? 부유한 이웃에 예비 배우자와 아내를 빼앗겼으니. 오로지 "목구멍이 포도청"이란 한탄밖에 할 수 없다.

한국 농촌총각은 조선족 여자를 데려오고, 조선족 총각은 북한여자를 데려오고. 순리대로라면 북한 총각은 한국여자를 데려와야 먹이사슬이 제대로 그려지는데, 남쪽에서 오는 길이 차단당했으니, 북한에는 '몽달귀신'만 우글 거리게 됐다. 이 사회적 난국을 헤쳐 나가는 길은 역시 '고난의 행군' 밖에 없을 것인가?

또 다른 한민족(韓民族)의 비극이다.

● 섭외혼인(涉外婚姻)도 외연(外延)을 넓혀야

한국의 "농촌총각 장가보내기"는 어차피 신종 매매혼이라면 한정된 동족의 자원을 사용하여 한민족의 비극을 연출하느니, 베트남과 필리핀 등의 동남아에서 구하는 것이 "한국의 외연"을 넓히는 길이 된다.

통일되고 난 뒤에 북쪽사람들이 남쪽사람들 때문에 평생 장가도 못 가봤다는 원망소리를 우리가 들어야 하는가?

전체적 살림살이에는 보탬이 되었지만 한국사람들이 처녀공출(?)을 해 가는 바람에 늙은 여자를 데리고 살아 애도 못 낳았다는 얘기를 들어서야 되는가?

중국의 한인사회(韓人社會)를 우리 손으로 망가트려서야 되겠는가?

어차피 공급부족이 수요를 창출하는 것이라면 눈을 조금 크게 떠서 동남아 지역에서 찾는 것이 적절하지 않는가?

"베트남 처녀와 결혼"이라는 걸게 · 간판이 요즘 부쩍 현실감 있게 다가온다.

제 6 장

무관(武官)의 세계

▲ 각종 행사는 무관업무 가운데서 중요한 일 중의 하나다.

본래 '무관(武官)' 이란 용어는 '문관(文官)' 과 대응되는 용어로 군사에 종사하는 무반(武班)의 관원을 가리키는 말이다. 조선시대 조회(朝會) 시에 무반은 서쪽에 서게 됨으로, 서반(西班)이라고도 칭해졌다. 이것이 현재는 군에서 해외주재 대사관에 파견한 주재관을 통칭하게 되었다. 영어로는 'Military Attaché' 이다.

여기서 'Attaché' 는 프랑스어에서 유래되었으며, (대사 · 공사의) 수행원, 대사관원, 외교관 시보의 의미 외에 스파이를 완곡하게 표현하는 말이기도 하다. 육군무관은 'Military Attaché' 로 상무관(商務官)은 'Commercial Attaché' 로 불린다. 즉, 사전적 의미로 볼 때, 대사나 공사를 제외한 전 대사관원은 'Attaché' 이며, 이들은 합법적인 '스파이' 란 뜻도 된다.

이중에서 무관은 대사관에서도, 주재국 사회에서도 특수한 조직으로 통한다. 그들은 그들만의 독특한 "무관의 세계"를 형성하고 있다.

*1. 한중(韓中) 군사교류(軍事交流) 과정

● '용간(用間)' 에서부터 한중무관부 교차 개설

손자병법(孫子兵法) '용간편(用間篇)' 에 정보수집의 중요성을 이렇게 강조했다.

"무릇 군사 십만을 일으켜서 출정 천리하면, 백성의 비용과 공가(公家)의 봉(奉)이 하루 천금(千金)을 소비한다. 내외가 소란하며, 백성들은 도로에 지쳐있게 되고 생업에 종사할 수 없는 자가 칠십만 호나 된다."

"서로 대치하기 수년, 승부는 하루 만에 나는데 돈을 아껴 정보활동을 못하여 적정을 모르면 장수가 되지 못하고 임금을 도우지 못하며 승리의 주인공이 되지 못한다."

"현명한 군주와 장수가 적정을 아는 방법은 귀신을 통해서도 아니요, 사례를 통해서도 아니며, 어떤 법칙을 통해서도 아니다. 반드시 사람[用間:간첩 또는 이간책]에 의해서만 가능하다."

당시는 오늘날과 같은 다양한 정보수집수단이나 체계가 없었기 때문에 오로지 사람에 의존해서 정보를 수집할 수밖에 없었다. 여기서 '사람'이라는 것이 소위 '세작(細作)'이나, '인질(人質)', '사신(使臣)' 또는 주재국의 "판사처(辦事處)에 근무하는 사람" 등을 말한다.

예로부터 전쟁에는 천문학적 비용이 소요되게 마련인데 적정 파악, 즉 용간(用間)을 소홀히 하여 이 비용을 한꺼번에 날려 보내는 짓은 지극히 우매하다는 것을 일깨워 주는 금언(金言)이다.

서양의 정규 '용간'은 근세로부터 비롯된다.[66] 기원은 15세기 이태리 도시국가의 제후가 외국의 궁정이나 정부에 상설 대표기관을 설치함으로써 시작되었다고 한다. 특히 베네치아와 제네바의 첩보기관은 암호와 비밀잉크까지 사용하였다. 당시 제외공관에는 대사나 공사, 무관 등이 구별 없이 혼재하여 근무하면서 정치, 경제, 군사 등 모든 면을 관찰하여 보고하는 등 이들 재외공관은 첩보수집의 거점 역할을 하였다. 그 후 프랑스의 루이 11세, 영국의 프레드릭 대왕 등 유럽의 여러 왕들이 이태리 방식을 따르게 되면서 간첩전은 반 공식적으로 제도화되기에 이르렀다.

유럽제국에서 무관제도가 정착하게 된 것은 나폴레옹 시대 때부터다. 나폴레옹은 정보수집에 전력을 기울여 적 사령관의 성격까지 알지 못하면 직성이 풀리지 않을 정도였다. 1806년 나폴레옹은 드 · 라깡쥬 대위를 비

---

66) 이하의 자료는 김무일 저, 「주외 무관제도 활성화에 대한 고찰「한국군사」 제13호, 2001년 7월)」에 수록된 내용을 요약 인용하였음.

엔나 주재 대사관에 2등 서기관 직을 주어 파견시키면서 오스트리아 부대의 주둔지와 병력을 정확히 파악하여 보고하게 하였다. 드 · 라깡쥬 대위는 매월 부대이동 상황의 통계표와 내부변동 상황을 파리의 참모부와 외무대신에게 보고하였다. 당시 프랑스정부는 이 정보를 바탕으로 오스트리아 정부로부터 여러 가지 장애를 덜 수 있게 되었다. 이렇게 보면 드 · 라깡쥬 대위는 프랑스 외교사상 최초의 무관이라 할 수 있다.

미국은 1880년부터, 일본은 1875년부터 무관을 해외에 파견하기 시작했으며, 한국은 1951년 8월 17일 미국에 무관을 최초로 파견하였다.

한국과 중국은 오랜 적대관계를 청산하고 1992년 8월 24일 수교했다. 당시 한중수교는 주로 경제적인 필요에 의해서였으며, 안보는 그 다음이었다.

안보가 보장되지 않는 국가 간의 교류, 특히 인접국가 간의 교류는 사상누각(沙上樓閣)과 같다. 북한 일변도인 중국군부를 변화시켜 상호 무관부를 개설하는 것은 우리 국방부로서는 지난(至難)한 일이었다. 어려운 일이라 해서 "감이 익어 떨어질 때까지 기다릴" 수 없는 일, 전방위 노력의 결과로 1993년 12월 30일 중국주재 한국무관부, 1994년 4월 28일, 한국주재 중국무관부가 교차 개설 되었다. 2008년은 주중무관부 개설 15주년이다.

"십년이면 강산도 변한다"는 말이 실감나게, 최근 한중간의 군사협력은 우방국 수준으로 격상되고 있다. 그 예가 "한중 해 · 공군 간의 핫라인 설치"다. 이는 수면을 공유하고, 활동 공역(空域)이 아주 제한된 양 국가 사이에서는 반드시 체결되어야 할 사항인데 만시지탄(晩時之歎)의 감이 있다. 어쨌든 양국 함대사령부 및 방공체계 간에 핫라인이 설치되면 서해상에서 발생하는 재해재난 구조에 신속히 대처할 수 있고, 서해북방한계선 상의 중국어선 불법조업 상황, 미식별 항공기에 대한 정보를 공유할 수 있다.

한중간의 군사협력이나 교류는 빠르지는 않지만 후퇴 없이 일보 일보씩 전진하고 있다.

● 고위인사교류

주중무관부 개설 이래 군부 고위인사로는 1992년 9월 이필섭 합참의장이 노태우 대통령을 수행하여 최초로 중국을 방문하였고, 이어 1994년 3월 이양호 합참의장이 김영삼 대통령을 수행 방문하여 중국인민해방군 고위층과 만나 대담은 했으나, 의전적인 차원을 벗어나지 못했다. 더군다나 대통령 수행원이란 신분 때문에 행동에 많은 제약을 받았었다.

고위인사 교류의 물꼬가 터진 것은 조성태 국방부 정책실장('95.2월)이 중국 중앙군사위원회 외사국장 라빈(羅斌) 장군의 초청을 받아 공식으로 중국 군부를 방문하고 제1차 한중 국방정책협의회의를 가진 다음부터다. 이어 라빈 장군의 방한('96.12월)과 박용옥 정책보좌관 공식방중('97.4월), 이정린 국방부 차관의 방중('97.11월) 등 상호 교차 방문이 점차 활성화 되었다.

양국 국방부 장관이 공식 방문하게 되고 고위인사 교류가 거의 홍수 수준에 이르는 것은 중국 총참모부 부총모장 웅광해(熊光楷) 장군의 방한('98.8.20~21)부터다. 당시 수행인원은 나중에 라빈에 이어 외사판공실(外事辦公室: 外事局에서 승격) 주임이 되는 잔마오하이[詹懋海] 장군, 통역인 유중빈 상위였다. 당시만 해도 얼마나 북한의 눈치를 보았는가 하면, 이들 일행이 한국을 방문하기 전에 먼저 북한을 방문해서 김정일의 양해를 구했다. 중국군부는 아직까지는 북한 우선이라는 메시지를 한국에 전달하고 북한에게는 서운한 감정을 갖지 않도록 한 외교적 조처로 해석된다. 또 이 방문은 다음에 이어지는 한국 국방부 장관의 중국공식 방문을 위한 사전 정지작업 차원이기도 했다.

조성태 국방부장관의 중국방문(1999.8.23~29)

한국 국방부장관이 중국인민해방군 중앙군사위원회 부주석이며, 국무위원 겸 국방부장 지호전 장군의 초청을 받아 공식 방문하는 것은 대단한 사건이었다. 국가와 국가 간의 외교관계에서 가장 보수적인 것이 군부의 왕래이긴 하지만, 3년 동안 교전했고, 53년 이후 40년 가까이 적대관계에 있었던 한중 군부당사자 들이 마주앉았다는 것은 "마주 앉는 것" 자체만으로도 이벤트 중의 이벤트였다.

우리 측 공식 방문단은 장관 부인과 정책보좌관 김인종 장군을 비롯해서 해군의 한광수 제독, 공군의 고종무 장군 등이었고, 국방무관인 나와 내 처가 공식 수행했다. 조성태 장관은 지호전 부주석과 공식회담 외에 주용기 국무원총리(당 서열 3위)를 예방했고, 부전유 총참모장과 조강천(이후 중앙군위 부주석 겸 국방부장으로 승진) 총장비부장과 대담했다. 그리고 방문 전 기간에 걸쳐 대단한 환대를 받았다.

조성태 장관은 2군사령관에서 퇴역한 후, 한동안 백수로 있으면서도 정책실장 시절에 인연을 맺었던 해방군의 고위층들과 연락을 취하고 있었다. 그것이 그가 방중하게 되자 중국군부에서 더욱 '열렬히' 환영하게 된 계기가 되었고, 실제로 총장비부장 조강천은 공식 접촉 인물에 포함되지 않았으나, 개인적인 친분 때문에 8월 25일 조찬회동을 가졌다. 조찬에 참석한 사람은 장관부부, 조강천부부, 우리부부, 중국 측 통역이었다. 우리 측 통역은 내가 했다. 총장비부란 성격이 무기 장비의 연구개발 및 핵실험, 우주항공기술 개발을 주관하는 부서이기 때문에 갓 방문한 비우호국의 국방부 장관과는 공식적으로 할 얘기는 별로 없었다. 서로 안부를 묻고 건강과 주변잡담에 이어 조심스레 장비분야에서 협력할 방법이 없는 가를 타진하는 정도였다. 그러나 이 조찬을 통하여 조강천이란 장래 유력한 군 지도자 한사람을 친한화 하는 계기를 만들었다는 데 그 의의가 있었다.

국방부장관의 방중을 위해 한국대사관, 무관부가 중국 군부뿐만 아니라 당 · 정 · 학계까지 동원하는 등 전면적인 활동을 벌였다. 방중하는 정치인, 관계, 학술 대표까지 동원하여 만나는 중국 측 요인에게 국방부장관의 상호 방문 당위성을 설명했다. 이는 어느 개인의 성과가 아닌 총체적인 노력으로 달성되었다고 할 수 있다.

문제가 될 번한 사건도 있었다.

8월 25일 오전 국방부장관은 중국 국방대학을 방문하고, 학생(대교 또는 소장)들에게 동북아 안보상황과 포용정책 등에 대한 강연을 실시했다. 잘 마무리되고 질문시간에 "통일 후 미군문제를 어떻게 처리할 것인가?"라는 학생의 질문에, 장관은 "한반도 주변 4강국이 협의해서 처리할 것"이라고 답변했다. 사실 주한미군문제는 한국과 미국사이의 문제이지 주변국이 개입할 문제는 아니었다. 국방부장관으로서는 립서비스 차원이었으나 경솔한 답변임에는 틀림없었다. 이 발언이 한국 내에서 문제가 되어 조성태장관은 방중 기간 내내 전전긍긍했다. 경솔한 발언 자체도 문제였지만, 말꼬투리를 물고 늘어져, "전장에 있는 장수의 등에 칼을 꽂는 것"과 같은 국내 정치행태도 문제였다. 또 중국 측에 대한 체면도 말이 아니었다.

해프닝도 있었다.

25일 저녁은 조성태장관 주최의 답례만찬이 있었다. 장소는 켐핀스키 호텔이었다. 만찬장에는 원탁이 5개가 준비되고, 각 원탁에는 우리 측 호스트가 좌정을 하고 그 호스트와 성격이 비슷한 중국 측 초청인사 들을 안배했다. 메인테이블에는 조장관부부, 지호전부주석부부, 대사, 우리부부, 웅광해, 통역 등이 좌정한 것으로 기억된다. 음식은 중국요리였고, 술은 한국에서 가져온 인삼주였다. 그때까지만 해도 한국음식으로 품위 높은 만찬을 할 만한 곳이 없었다. 그리고 중국사람 들은 상당히 보수적이라서 어디서나 자기들의 음식을 선호한다.

늘 소개했지만 중국사람 들과의 만찬은 처음부터 떠들썩하다. 술이 몇 순배 돌고, 분위기가 무르익자, 한국의 모 장군이 술병을 들고 지부주석에게 술을 권하러 왔다.

중국인들은 잔을 돌리지 않을 뿐 술 마시는 행태는 우리와 비슷하다. 우리처럼 잔을 비우고 난 뒤 잔을 머리위에 거꾸로 드는 행태라든지, 서로 팔을 교차해서 건배하는 하는 행위라든지, 군대에서는 상관에게 술을 권하러 와서는 경례하고 신고하는 양 큰소리로 무언가 외치는 것 등 아무튼 문화적 이질성이 거의 없다고 봐야 한다.

그는 지부주석을 향하여 크게 '滅共' 구호를 외치면서 경례를 했다. 지부주석도 虎相에 破顔大笑하면서 답례를 하고 자신의 잔에 그가 따라 주는 술을 받았다. 문제는 크게 외친 '滅共' 구호였다. 순간적으로 나와 유중빈 상위의 얼굴이 굳어졌다. 아니 공산당과 친하게 지내자고 국고를 축내가면서 이곳까지 오고, 술도 마시고 흥청대는 데 "공산당을 없애자"니. 유중빈도 같은 생각이었으리라. "해방군에서 공산당을 멸하고 나면 무엇이 남겠는가?" 나는 유중빈을 보고, 유중빈도 나를 보았다. 나는 눈을 껌벅였다. 유중빈은 웃었다. 그리고 그 말을 빼고 좋은 말만 주저리주저리 통역을 했다. 한여름 우박 같았던 그 일성은 다행히 나와 유중빈 이외에는 모두 주의하지 않았다. 사실 수없이 '멸공' 이란 구호를 외치지만 진정 그 의미를 되새기며 하는 사람은 많지 않기 때문이었다.

이런 실수는 또 있었다. 이번엔 귀국해서 장관 일행은 중국 군부요인에게 환대해주어 고맙다는 편지를 보냈다. 편지는 파우치 편으로 왔고, 밀봉되었기 때문에 그대로 중국 측에 전달했는데, 마충생국장으로부터 전화가 왔다.

"최무관! 편지는 잘 받았으나 돌려보내겠습니다."

". . . . . ."

"대만(臺灣)으로 갈 편지가 잘못 온 것 같습니다."

대만을 갈 편지? 속으로는 의아했지만 편지가 되돌아오기를 기다릴 수

밖에. 되돌아온 편지를 열고 보니 맨 끝에 "中華民國○○○閣下"로 기재되어 있었다. 또 한 번 등골이 오싹했다. '중화민국(中華民國)'은 대만정부다. '중화인민공화국(中華人民共和國)'이 대륙에 있는 정부 공식명칭이다. 번지수가 틀려도 한참 틀리는 데 이런 일이 일어났었다. 역시 이 일도 마충생 국장 손에서 끝났다. 이런 일이 있고부터는 무관부로 통해 전해지는 편지는 사전에 모두 개봉해서 내가 확인한 후 의전상으로 문제가 없을 경우에 만 전달해주거나, 메시지만 보내면 아예 무관부에서 작성하여 보냈다.

지호전(遲浩田) 중앙군사위부주석[67] 한국방문(2000.1.19~23)

중국인민해방군 편에서 지부주석에 대해 소개를 했었지만, 그는 전장터에서 잔뼈가 굵은 사람이었다.

그는 1929년 7월 산동 초원(招元)에서 출생하였으며, 1944년 6월에 홍군에 입대하여 통신병으로 시작해서 1947년에 군관(당시는 계급이 없었음)이 되었다. 1950~55년까지 대대 정치지도원으로 한국전에 참전했고, 단(團) 정치부주임[68], 70년대 초에 사단정치위원(사단장급)을 역임했으며, 〈해방군보〉와 〈인민일보〉 사장을 담임한 특이 경력도 가지고 있다. 이어 제남군구 정치위원, 해방군 총참모장을 거쳐, 1992년부터 중앙군위 위원이 되고, 1993년부터 국무위원과 국방부장을 겸임하게 되었다. 다시 1995년부터 중앙군위 부주석, 1997년에는 중공중앙 정치국위원이 되었다.

---

67) 지호전장군을 호칭할 때 왜 '中國國防部長'이라고 하지 않고 '副主席'이라고 칭하느냐는 앞에서도 언급했지만, 중국에서 당시 지호전장군의 공식 명칭이 중앙군사위원회 부주석(부총리급), 국무위원(부총리와 장관급의 사이) 겸 국방부장(장관급)이기 때문이다. 특히 중국군대 사람들은 '지부주석' 또는 '지주석'이라고 부른다.

68) 해방군의 직책에 보면 정치주임(政治主任)이 있고, 정치위원(政治委員)이 있다. 이 둘의 차이는 엄격하다. 정치위원의 참모장 격이 정치주임이다. 사단을 예를 들면 군사부문에는 사단장이 있고 참모장이 있으며, 사단정치위원이 있고 참모장 격인 정치주임이 있다.

지부주석의 방문은 한국 국방부장관의 방중에 이은 군 최고위급 간 교류의 백미(白眉)이며, 계속 다음 단계로 순조롭게 전이되는 신호탄이었다.

지부주석 일행은 그야말로 매머드였다. 중국에서 온 공식인원 만 17명[69]이었고, 한국에 주재하고 있는 대사를 포함한 대사관 인원이 6명 등 모두 23이였다. 주치의와 개인 경호를 대동한 것도 특이했다.

1월 22일, 지부주석 일행은 제주도를 방문했고, 저녁에는 제주도 출신 김인종 장군(그는 대장으로 승진하여 제2군사령관으로 근무 중)이 만찬을 준비했다. 제주도 토속음식점에 토속음식, 토속주가 나왔다. 김인종 장군은 전년도에 맺었던 인연을 확인하고자 일부러 제주도까지 와서 중국 측을 환대했다. 김인종 장군의 뚝심은 놀라웠다. 지부주석 부인을 '따제[大姐; 누님]'로, 지부주석을 '따거[大哥: 형님]'로 호칭했다. 구면이라 분위기가 익숙해져 허리띠를 풀고 술들을 마셨다. 지부주석도 통음(痛飮)했다. 공산당원은 통상 주은래의 음주 지시를 지켜 자신의 양에 1/3만 마신다. 특히 "외교는 대사(大事)"라고 강조하여, 음주가 외교와 관계될 경우 더욱 이를 철저히 지킨다. 그날 김인종 장군은 지부주석을 붙들고 놓지를 않았다. 그러나 노장군은 얼굴에 웃음을 잃지 않았고, 그의 애교 섞인 주정을 다 받아주었다. 나와 경위들이 겨우 말려서 그를 숙소로 모시고 갔다.

이튿날, 제주도 토속주에 녹아떨어졌던 중국 측 대표들은 모두 소금물에 푹 절였다 건져낸 야채 몰골이었다. 그러나 모두는 그 괴로웠던 제주도의 밤(?)만 이야기했었다.

한국전쟁에 참가했었던 노전사(老戰士) 지호전에게 한국을 방문한 소감을 묻자, "상전벽해(桑田碧海), 천번지복(天翻地覆)"이라 표현했다.

---

69) 遲浩田을 제외한 16명의 명단은 다음과 같다. 姜青萍(지부주석 부인), 隋明泰(제2포 정치위원), 鄭中俠(공군 참모장), 藏文清(북경군구 부사령원), 王建民(심양군구 참모장), 羅斌(중앙군위 외판실 주임), 王玉成(해군 부참모장), 江洪(외판실 아주국장), 鮑繼超(경위국 부국장), 牟明濱(지부주석 비서), 劉青峰(지부주석 주치의), 王世銀(외판실 참모), 周波(외판실 참모), 高人良(지부주석 경위), 劉中彬(외판실 참모), 趙萌(외판실 참모)

양국 국방부 장관의 상호 방문 이후부터 양국 군고위급 인사의 상호 방문이 봇물 터지듯 했다. 이수용 해군참모총장 방중('00.4월), 조영길 합참의장 방중('00.8월), 길형보 육군참모총장 방중('01.2월), 김동신 국방부장관 방중('01.12월), 이억수 공군참모총장 방중('02.1월) 등이 있었고, 그 외 실무차원에서, 또는 교육 훈련교류, 체육교류 등 많은 군사교류와 외교활동이 이루어졌다.

김동신 국방부장관의 방중은 한국 국방부장관으로서는 두 번째였다. 조성태 장관이 1999년에 방중 했기 때문에 2년 만의 방중인데, 중국의 국방부장은 여전히 지호전 장군이었다. 12월 14일, 김동신 장관의 답례 만찬이 북경의 곤륜반점에 열렸다. 여기서 지호전 부주석은 '항미원조(抗美援朝)' 라는 말 대신에 '조선전쟁', '조선반도' 대신에 '한반도' 라는 말을 처음으로 사용했다.

지호전 부주석은 2000년 10월 '항미원조' 50주년을 기리는 의미에서 북한을 방문하여 모안영(毛岸英)의 추모비를 참배하고 '항미원조' 현장을 찾았으나, 공교롭게도 미 국무장관 올브라이트의 방북과 겹쳐, 이 노전사는 개성과 묘향산 등지를 빙빙 돌다, 그녀가 가고 난 뒤에 평양으로 들어갔다. 김정일은 "철천지원수를 열렬히 사랑"했고, "이빨과 같은 혈맹"[70]은 상대적으로 푸대접했다. 이를 계기로 이 노전사는 북한 정서를 완전히 접은 것 같았다. 그의 그런 감정상의 표현이 금번 김동신 장관과의 만남에서 나왔다. 동석했던 웅광해 장군도 미국의 금창리 핵사찰에 대해서 대놓고 비난하더니, 그 이후로 한국과 북한을 거의 동등시 하는 경향을 보여주었다. 결국 외교는 사람이 주체가 되어서 하는 것이고, 정성을 기울이면 그 정이 통하게 마련이었다.

70) '이빨과 같은 혈맹' : 중국은 북한과의 관계를 '脣亡齒寒' 이라고 표현했다. 여기서 '脣' 은 북한이고, '齒' 는 중국을 뜻함.

● 한중 정보교류회의

타국 군 간의 정보교류회의는 우방국의 군 정보당국자 사이에 이루어지는 최고의 군사교류 중의 하나다. 군사교류가 깊어져 우방국 수준에 이르면, 군 최고정보 당국자 사이에 공식적으로 정보를 교류하고, 상호 친목을 도모한다. 한국군과 미군과의 정보교류는 굉장히 심도가 깊다. 평소 정보 공유를 하면서도 정보교류회의는 보는 각도에 따라 달리 해석되는 정보들을 바로 잡는 기회가 되기도 한다. 다음 일본과는 미국 수준에 이르지는 않지만 역시 깊이가 있다. 기타 국가들은 그저 흉내만 조금씩 낼 뿐이다. 중국과의 정보교류도 서로 의식하는 바가 많기 때문에 '선린' 의 차원이지 '동맹' 의 차원에는 이르지 못한다. 아무튼 한국과 중국 사이에 정보교류가 이루어지고 있다는 것은 대단하다.

한국 국방정보본부장의 공식 중국방문은 이종옥장군 때부터였다. 물론 이전에 유정갑, 서태석 본부장 시절에도 비공식적으로 중국을 방문하고 해방군 정보부장과 식사정도는 같이 했다.

1999년 7월 이종옥 국방정보본부장은 나우동 중국인민해방군 정보부장의 초청을 받아 정식으로 해방군 정보부를 방문하고는 다분히 형식적이기는 했으나 양국 군정보 수뇌들이 모여 정보교류회의를 실시했다. 내용이야 주변의 평화와 안정을 위해 공동으로 노력하고, 북한의 미사일 관련 중국 측의 역할을 강조하는 선에서 그쳤지만, 한중군사교류에서 정보분야는 별도로 추진하기로 합의를 본 것이 가장 큰 성과였다.

이어 2001년 9월 홍순호 본부장이 또 방중하여 역시 나우동 부장과 회담하고, 해방군 정보부장의 방한을 정중히 초청했다. 나우동 부장의 방한은 2002년 11월엔가 이루어졌으며, 나는 당시 육군정보학교 학교장을 하던 중 그의 방한 기간 중 죽 수행했음을 앞에서 설명했다.

● 한국 해군함정 중국방문

해군함정의 상호교환 방문은 양군 군사교류에서 '꽃' 으로 상징된다. 해군함정 자체는 치외법권(治外法權)이며, 주권의 상징으로 무장력의 상호인정과 존중의 뜻을 내포하고 있다. 19세기까지만 해도 함정은 함포외교의 수단이었고, 강압적인 무력의 상징이었다. 1998년 한국 해군함정이 최초로 홍콩을 방문했고, 3년 뒤 2001년에 드디어 중국대륙의 상해에 우리 군함이 입항했었다. 한중수교 9년 만에, 주중무관부가 설치된 지 7년 만에 이루어진 쾌거로서, 중일수교 30년이 되도록 아직 양국 간에 함정의 교환방문이 이루어지지 않은 것과 비교해볼 때, 한중군사교류는 눈부신 발전을 이룩했음을 알 수 있다.

한국 해군사관생도 순항분대 홍콩방문(1998.11.2~5)[71]

홍콩의 주권은 1997년 7월 1일부로 영국에서 중국으로 넘어갔다. 중국정부는 이를 '중국회귀(中國回歸)' 라고 부른다. 1998년의 홍콩은 '일국양제(一國兩制)' 에 의해 비록 자본주의와 민주주의를 시행하는 특별행정구역이기는 하나 엄연히 중국인민해방군이 주둔하는 중화인민공화국이었다. 이 중화인민공화국에 한국의 해군함정이 입항하게 된 것이었다. 1998년 11월 2일이었다.

순항분대의 사령관은 나와 동기생인 해사 26기 최기출 제독이었으며, 1997년 같이 장군으로 승진하였고, 또 정보본부에서도 같이 근무하여 각별한 사이였다. 그가 함정을 이끌고 홍콩을 방문한다고 하니 반가웠다. 특히 홍콩에 거주하는 우리 교민들의 자부심은 말 할 수 없었다.

함정 입항 기간이 공교롭게도 홍콩 총영사관의 국정감사와 겹쳐있었다.

71) 사령관: 최기출 제독, 함정: AOE-58(대청함), FF-952(서울함), 병력 477명(장교 54, 생도 116, 사병300, 기타 7)

사실 국회 외통위의 해외공관에 대한 국정감사는 의원들이 바람 쏘이는 정도로 가벼웠다. 더군다나 홍콩 총영사관에서야. 그러나 해당 공관장들은 신경이 쓰인다. 무슨 꼬투리가 잡힐지 알 수 없으니 전전긍긍.

홍콩 총영사관은 한국함정의 홍콩 방문에 관심이 없었다. 자신과 큰 이해관계가 없으니 신경 쓸리 없었다. 홍콩청정과 입항 수속에 따른 수속도 엉성했고, 가장 중요한 차량지원이나 현지 교민을 위한 홍보활동은 전혀 없었고, 해군무관과 국방무관 보좌관이 개인적인 친분관계를 이용하여 현지 교민의 지원을 받았을 뿐이었다. 홍콩 입항에 따른 모든 절차는 안기석 해군무관이 고군분투하며 해내었다.

당시 권병현 주중 한국대사는 신두병 홍콩 총영사와 외교부 입사 동기로 둘 사이는 미묘한 경쟁관계에 있었다. 내가 권대사에게 함정 입항식을 비롯한 의전행사에 참석해달라는 간청을 여러 번 했으나, 신 총영사와 관계를 핑계로 결국 불참했다.

1998년 11월 1일, 우리부부는 북경에서 홍콩으로 내려갔고, 나는 홍콩 총영사와 면담을 신청했으나, 국정감사팀을 수행하느라 만날 시간이 없다는 통보를 받았다. 먼저 홍콩으로 내려간 안기석 해군무관의 보고에 의하면 국정감사 관계로 입항식과 환영식에 총영사가 불참하고 부총영사가 대리로 참석한다고 했다. 기가 막힐 노릇이었다.

나는 국정감사팀이 묵고 있는 샹그리라 호텔을 찾아갔다. 밤도 한참 늦어 불그레한 의원들과 총영사가 나타났다. 나는 호텔 로비에서 국방무관이라 소개하고 총영사에게 단도직입으로 말했다.

"한국 군함의 홍콩 입항은 처음이며, 더군다나 작년도에 홍콩이 중국으로 회귀했기 때문에 중국대륙에 한국군함이 입항하는 것과 같은 의의가 있습니다. 총영사께서 입항 환영식을 참석하여 주관해주시면 군이나, 교민들에게 굉장히 뜻 깊은 일이 되겠습니다." 나는 총영사관의 무관심에 대해서는 이의를 제기하지 않았다.

"무관님도 알다시피 내일부터 중요한 국정감사가 시작되는데 공관장이 빠질 수 있습니까? 부총영사를 보내겠습니다."

"국정감사는 우리 내부적인 일임으로 보고는 부총영사가 하도록 의원님들께 양해를 구하는 것이 어떻습니까? 부총영사는 대표성이 없습니다. 더군다나 홍콩 청정이나 순항분대 사령관에 대해 의전상으로도 결례가 됩니다."

"우리 총영사관으로서는 국정감사가 더 중요합니다. 내 대신 부총영사로 국정감사 보고를 하는 것은 국회에 대한 큰 결례입니다."

나는 드디어 열이 오르기 시작했다. 총영사관의 무성의한 태도를 성토하면서 부총영사의 참석을 거절하고, 이런 사실을 외통부에 정식으로 이의 제기하겠다고 했다. 자연 목소리가 높아지자 옆에서 관전(?)하던 의원들이 끼어들기 시작했다.

뒤에 주미대사를 한 콧수염을 기른 양성철의원의 말.

"이사람 북경에서 감사할 때 몸 아프다고 빠진 사람 아니야? 국정감사를 아주 우습게 보는 구먼."

"국방무관이 현지 공관장을 저렇게 윽박질러도 되는 거여? 아직도 군인들 목소리가 큰 것이여?"

나는 열이 뻗쳤다.

"의원님들! 북경에서 있었던 일과 이번 행사는 상관없습니다. 군함입항은 외교이고, 국정감사는 국내문제입니다. 외교는 대사입니다. 사소한 일에도 전력을 다해야 합니다. 이 행사는 군인들의 행사가 아니고 나라의 행사입니다."

"이사람 어디다 대고 큰 소리야?"

호텔 로비가 한국말로 떠들썩했다. 그것도 밤늦은 시간에.

김윤환의원이 중재했다.

"내가 보니 최장군 말이 일리가 있어요. 자 이렇게 합시다. 우리 국정감사 팀에서 입항 환영식에 참여하는 것이. 그리고 공관장은 여당의원에게 잘 보여야 되니 계획대로 국정감사를 주관하시고. 의원님들 중에서 입항 환영식에 자발적으로 참가하실 분?"

역시 '허주(虛舟)' 다운 발상이었고, 중재였다.

여당의원으로 박철언의원과 야당의원으로 박관용의원이 자청했다.

"국민의 대표이신 의원님들께서 이 행사를 주재해주신다니 감사합니다. 이행사가 더욱 빛날 것으로 믿습니다."

입항 환영식에는 한국의 언론매체와 홍콩의 언론매체 상당수가 와서 역사적인 행사를 취재했고, 그날 저녁 한국 뉴스에 이 소식이 자세히 소개되었다. 행사를 주재했던 박관용의원의 말. "1억 원짜리 광고했네. 내가 홍콩에 와서 군함 입항식을 주재하다니."

이튿날 저녁 순항분대사령관 주최 함상 파티에서는 총영사가 참석했고, 성대하고 장엄한 분위기에 압도되었는지, 나와 사령관에게 정식 사과했다.

한국군함의 홍콩 입항은 홍콩 교민들에게는 대단한 자랑거리였다. 국제학교에 다니는 꼬마들부터 겨우 기동이 가능한 노인들까지 빠짐없이 군함에 올랐다. 장병들로 짜여 진 시가행진과 풍물놀이, 국제학교 방문, 도서기증 등 한국을 홍보하는 중요행사가 4일 동안 계속되었다. 홍콩청정의 협력도 적극적이었다. 홍콩주둔군사령부를 비롯하여 방문하고자 하는 모든 곳의 편의를 봐주었고, 교통을 통제해주었다. 단지 홍콩총영사관 만 빼고서.

한국 해군사관생도 순항분대 상해방문(2001.10.26~29)[72)]

한국 해군함정의 중국대륙 방문은 한중군사교류 관계에서 초미의 관심이었다. 물론 1998년 홍콩에 입항한 적은 있지만, 그것은 '일국양제' 가 시행되는 곳이기 때문에 중국대륙의 본류라 할 수 없었다. 한국 측의 줄기찬

---

72) 사령관: 안기석 제독, 함정: AOE(화천함), DDH(을지문덕함), FF(부산함), 병력: 생도 160명을 포함한 800여명

요구에 대해서 2000년 10월 주용기 국무원총리가 한국 방문 시 한국정부에 준 두 가지 선물 중에 하나가 2001년 한국 해군함정의 중국대륙 방문 허용이었다.

국방부와 해군에서는 방문지를 청도(青島)와 상해(上海) 두 군데를 고려타가 최종적으로 상해로 결정했다. 그러나 2001년 10월은 중국 상해에서 APEC정상회담이 열리는 시기였으며, APEC 행사가 종료된 지 이틀 뒤인 10월 24부터 28일까지 방문하기로 최종 결정하고 해방군도 이를 승인하여 추진하여 왔다.

10월 21일 오후 해방군 외판실 부주임 강홍대교가 돌연 국방무관과 해군무관을 호출했다. 그것도 아주 다급한 목소리였다. 무관부에서 해방군 외판실까지는 30분이 채 안 되는 거리다.

내가 도착하기를 미리 기다리고 있던 강홍 부주임은 내가 자리에 앉기도 전에 우선 미안하다는 말을 하면서 한국함정의 입항을 이틀간 순연시켜 줄 것을 요청했다. 이유는 APEC행사가 종료되기는 했지만 초청했던 VIP들이 여전히 상해에 머무르고 있어 한국함정을 맞을 여유가 없다는 것이었다.

중국 측 제안을 받아들일 경우 모든 계획이 엉망이 된다. 순항분대는 10월 22일 새벽에 진해를 출발할 예정이었고, 21일 저녁은 해군참모총장 주관 하에 송별연이 계획되어 있었다. 진해에서 출항하여 상해까지 오는 데는 이틀이 소요되며, 본래 계획대로라면 24일 오전에 상해에 도착하게 되어 있었다. 상해 방문 후에는 또 베트남의 호지명시를 방문하는 등 차후 계획이 빽빽이 짜여 져 있었다.

김하중 주중한국대사는 APEC관계(김대중 대통령 참가)로 상해에서 있었으며 행사가 종료되었지만 한국군함을 맞기 위해 상해에 머물고 있었다.

10월 21일 오후 5시(한국시간 18:00)에 무관부로 돌아온 나는 국방부

정책기획국장과 해군참모총장에게 전화를 걸어 중국 측의 사정을 이야기하고 대처방안을 논의했다. 해군참모총장은 진해 해군사관학교에서 열린 송별연에 참가하고 있어 소음으로 인하여 말소리가 잘 들리지 않았다.

출항을 연기하는 것은 말이 안 된다. 군함은 이미 모든 출동준비를 갖추었기 때문이다. 늦추어진 이틀을 모두 상해에서 보내기는 다음 일정에 차질을 받는다. 그러면 대안은?

- 순항분대의 출항은 예정대로 22일 새벽에 한다.
- 상해입항은 중국 측의 요구대로 24일 오전에 한다.
- 남는 이틀은 황해 상에서 훈련을 한다.
- 상해의 일정을 10월 24~28일을 10월 26~29일로 조정한다. 대신 상해에서 호지명시까지 모자라는 하루의 뱃길을 군함은 전속으로 달린다.

김하중 대사는 22일 아침 북경으로 돌아왔다가 24일 새벽에 다시 상해로 내려가는 번거로움을 겪었다.

다행히 해군총장과 순항분대 사령관 등 해군의 주요 결심권자가 모두 한자리에 있어서 신속한 결정을 할 수 있었다.

그날 저녁 8시, 나는 우리 측의 최종 안을 마무리 짓고 바로 강홍 부주임에게 통보를 해주었다. 그녀는 한국 측의 신속한 조치에 가슴을 쓰려 내렸고 감사했으며 한국무관부의 능력을 다시 한번 인정했다. 상해 해군사령부의 한국함정 입항에 대한 환영이 대단했음은 물론이었다.

입항 연기에 따른 여러 가지 행정적인 번거로움이 많았던 것은 사실이며, 실무자들의 이런 애환은 늘 묻혀 지기 마련이다. 특히 최근하 해군무관의 애로는 말로 표현할 수 없었다. 말은 '순연(順延)' 이란 한마디로 끝나지만, 일을 계획하고 실행하는 자는 처음부터 다시 시작하는 기분이다. 그러나 그는 자신의 수고로움을 드러내놓고 얘기하지 않았다.

이후 강홍 부주임(뒤에 외사판공실 주임으로 승진)은 나를 만날 때마다 이 일을 언급하면서, 한국 측의 빠른 일처리를 칭찬했다. 우리는 훌륭한 파트너가 되어 서로가 난관에 부닥쳤을 때, 역지사지(易地思之)로 적극 해결했다. 어느 곳에서나 인간관계는 중요하다.

'98년 홍콩방문과는 달리, 그 기간이 대통령까지 상해에 오는 APEC기간이었음에도 불구하고, 주중대사의 관심과 상해총영사의 지원은 아주 적극적이었다. 국정감사를 핑계로 전혀 관심을 보이지 않던 홍콩총영사관과 대비했을 때, 이것으로 공무원의 업무처리 능력은 사람에 따라서 틀리다는 것을 일깨워주는 계기가 되었다. 사실 당시 공관의 크기는 홍콩이 더 컸고, 업무의 중요도는 상해가 더 막중했다. 그러나 상해는 이것도 저것도 다 했다.

상해는 과거 한국독립운동의 근거지였고, 현재는 한국교민이 가장 많이 거주하고, 경제적 왕래가 아주 빈번한 곳이다. 이곳에 한국의 군함이, 그것도 황포강에 위용을 드러내고 있었으니. 교민들의 자긍심 고취나 국위선양은 더 이상 말할 필요가 없었다.

● 해방군 내의 한국군 장교의 위탁교육

제일 먼저 시작된 한국군의 해방군 내의 위탁교육은 이미 소개한 바 있는 해방군 외국어학원, 속칭 낙양외국어학원이다.

다음으로 중국국방대학에서 개설한 국제문제연구반 과정에 한국군 영관장교가 다른 외국군 장교들과 함께 6주간 교육을 받는 프로그램이 있었다. 2000년부터 시작했으며, 처음에는 유료였다가, 2001년부터 무료로 하게 되었다.

한의(漢醫) 과정 교육도 있다. 2001년부터 21주 과정으로 한국 한의군의관이 해방군의 의과대학인 제1군의대학(軍醫大學: 광동성 광주 소재) 침술과정에 수학하고 있다. 21주 교육에 경비는 $2,280. 한국은 한의와

양의를 물과 기름처럼 여기는 데, 중국은 상호 보완하고 있다는 것이 특징이다.

위의 교육기관은 해방군 산하의 교육기관이기는 하나 모두 비군사분야로서 한국의 희망은 해방군의 육·해·공군지휘학원에 한국장교를 위탁교육시키고, 한국의 육·해·공군대학에 중국군관을 수탁 교육하는 것이다. 북한의 군관은 각군 지휘학원에 위탁교육을 받고 있다. 우리도 그 대열에 참가하자는 것이었다. 사실 2002년부터 중국군관이 한국 군사교육기관에 수탁 교육하기 위해 학생선발까지 마쳤으나, 한국 육군대학 내 대만학생이 여전히 수학하고 있던 관계로, 중국에서는 취소했고, 아울러 해방군외국어학원의 한국군 장교 위탁교육까지 철회한 처지다.

2002년 1월(1.20~27), 사실 중국은 2002년 하반기부터 중국 군관의 한국 군사학교 위탁교육과 관련하여 총참모부 군사교육대표단을 파견하여 한국의 교육여건을 최종적으로 점검하고는 대만장교의 한국 군사학교의 수탁교육 철회를 제일 조건으로 내세웠다. 한국에 파견할 군관을 선발하여 한국어 교육을 실시 중에 있었다. 나는 국방부에 국익을 위해서는 대만과의 교육교류는 중지하는 것이 좋겠다는 건의를 냈었다. 개인적으로 따지면 나도 내가 대만 삼군대학 시절 받았던 후대에 늘 고맙게 생각하고 있고, 심정적으로 대만군부를 동정하고 있다. 그러나 개인의 의리하고 국익(國益)하고는 엄연한 차이가 있다. 그러나 한국 국방부는 의리와 명분을 중시했다.

외교는 명분과 실리를 모두 챙기는 것이 가장 바람직하나, 둘 중의 하나를 선택할 시는 항상 '실사구시(實事求是)' 정신으로 실리(實利)를 선택할 줄 알아야 한다.

"무관(武官)은 특무(特務)다."

● 무관이 하는 일

무관의 첫 번째 임무는 주재국 정보를 수집하여 보고하는 것이다. Attache'란 말에 이미 그 의미가 내포되어 있다.

중국은 무관활동 하기가 아주 까다로운 국가다. 무관이 중국 군부와의 접촉은 극히 제한되어 있다. 앞에서도 말했지만 공식적인 창구는 외사판공실(外事辦公室)[73]이다. 설령 운 좋게 어떤 단위부대와 연락이 되었다고 해도, 반드시 외판실의 허락을 얻어야 하며, 그 단위부대의 외사국 또는 외사처와 접촉할 수밖에 없다. 사적으로 누구를 만나는 일은 거의 불가능하다. 공식석상에서 해방군을 만나 서로 통성명하고 명함을 교환하드라도 휴대전화 번호는 없고, 적혀있는 사무실 전화번호도 결국 해당 부대의 외사처(外事處) 전화번호다. 명함은 단지 직책과 이름을 정확하게 알 수 있는 값어치 밖에 없다. 혹시 흐트러진 기분에 명함에 휴대전화번호를 적어 주었다 치더라도, 다음날 그 전화로 만나서 즐거웠다는 인사를 할라치면 불에 덴 것처럼 화들짝 놀라서 전화를 끊어버린다. 그만큼 사적으로 누구를 만나는 것은 어렵기도 하지만 위험 부담도 만만치 않다.

그러니 가장 가시적으로 드러날 수 있는 임무수행이 공식 채널을 이용하는 주재국과의 군사외교 및 군사교류이다. 요즘은 이 임무에 대한 비중이 점차 높아만 간다.

무관은 주재국에 파견되어 온 군사인물에 대한 보호, 통제, 감독도 한

---

73) 중국인민해방군의 外事辦公室은 중앙군사위원회, 국방부, 총참모부라는 세 개의 모자를 쓰고 있다.

다. 국방부 산하 기관 · 부대에 근무하는 군인 및 군무원, 공무원이 모두 해당된다. 주재국 내에서 이들의 연락처와 근황을 늘 파악하고 있으며, 주기적으로 초청하여 애로사항을 듣고 또 필요한 사항에 대해서 도움을 받기도 한다.

나는 특히 군 유학생을 잘 활용했다. 무관부 주최의 큰 행사나, 군부 요인의 북경 방문이 겹쳐질 경우, 유학생의 도움을 받곤 했다. 그들은 또 같은 군인의 속성 또는 장차 자신도 비슷한 경로를 걸어야 될 것을 예상하고 열심히 도와준다.

현재 점점 더 비중이 강화되는 것이 주재국과 방산물자(防産物資)를 교역하는 것이다. 방산물자 교역은 최소한 우방국 수준이라야 되며, 한국이 우방국과 방산물자를 교역하는 데는 많은 제약이 따른다. 즉 한국이 장비하고 생산되는 방산물자는 거의가 미국산이거나, 미국으로부터 면허 생산하는 것들이다. 면허 생간 기간이 지나 생산된 방산물자를 다른 나라로 판매하는 데는 또 여러 가지 제약이 있다.

한국과 중국은 전술교리나 부대의 편제가 틀리고, 장비된 무기계통도 다르다. 중국과 방산물자를 교역해야 할 장비나 무기는 아주 제한되어 있다.

한번 기회가 있었다. 경의선 개통문제로 우리 군에서 비무장지대 내 매설된 지뢰를 제거해야할 필요가 있었다. 국방부에서는 각 무관들에게 안전하게 그리고 신속하게 지뢰를 제거할 수 있는 장비를 파악해서 보고하라는 지시가 있었다.

나는 중국의 지뢰탐지기 및 지뢰제거기 도입을 강력히 추천하였다. 중국은 월남과의 접경 지역에서 플라스틱 지뢰를 포함하여 각종 폭발물 등을 안전하게 제거하고 새로운 국경선을 확정한 경험이 있다. 중월 국경지역은 바로 아열대 지역이고 사계절 비가 많이 내리기 때문에 정글을 형성하고 있다. 지역도 광범위해서 국경선 만 수백km에 이르렀다. 이 지역에 과거에 매설했던 지뢰를 안전하게 전부 제거했다면 대단한 기술력이요, 지뢰제거의 노하우를 가지고 있는 셈이 된다. 또 하나, 차제에 방산교류의 물고를 틀 계기가 될 수 있다. 지뢰탐지기나 제거기는 전투장비 이긴 하지만 평화목적으로 사용하지 않는가. 나는 상징적으로라도 중국군의 지뢰탐지기와 제거기를 몇 대 수입하는 것이 좋겠다는 의견을 내었다. 국방부 정책실에서 한동안 이를 진지하게 고려하다가 결국은 채택하지 않았다. 글쎄, 누구의 눈치를 본 것일까?

어느 조직에서건 명시된 업무 외에 융통성을 발휘하고, 드러내놓고 지칭하기 곤란한 업무는 기타업무라는 것에 뭉뚱그려 놓는다.

무관업무 중에도 기타업무가 있다. 주로 '편의제공(便宜提供)' 항목이라 할 수 있다. 이것이 잘못되면 전체가 잘못될 수 있다. 본말전도(本末顚倒)는 주로 여기서 일어난다. 편의제공도 여러 가지다. 군부요인의 주재국 방문, 국방부 산하기관 단체장 방문, 국회국방위 소속 의원들의 방문 등이다. 가장 골치 아픈 것이 국회의원님들의 방문 또는 안내다. 이중에서 주로 운동권(?) 출신들이 더 하다. 이들은 태생이 그러해서 그런지 규율이란 것이 없다. 상식 파괴를 항다반사(恒茶飯事)로 하고 있다.

한번은 이런 일이 있었다. 1999년 3월 말, 초당파 여야의원들이 소위 의원외교 차원에서 대거(거의 20명 추산) 북경으로 몰려들었다. 전국인민대표대회 상무위원장 초청으로 온 것이다. 많은 인원이라 외교부 식구들을 다 동원해도 모자라 주재관들도 상임위 별로 안내 임무가 주어졌다. 예를 들어 건설교통부 주재관은 건교위 소속 국회의원을 안내하는 책임 등. 무관부도 육군무관과 공군무관이 나서 국방위 소속 의원들의 안내를 책임졌다. 나는 국방위 의원들의 방에 국방부장관 명의 꽃바구니와 과일도 넣는 등 나름대로 배려를 했다. 나는 의원 개인을 전담하지 않고 전체적인 행사에만 참가했다.

의원들의 명단 속에는 군의 선배로서 국방위가 아닌 다른 상임위에 소속된 의원이 있었다. 공교롭게도 그는 야당의원이었다. 그가 호텔에 도착한

날 별도의 시간을 내기도 그렇고 하여 이튿날 조찬을 함께 하기고 약속했고, 함께 아침을 먹으면서 안부와 함께 여러 가지 이야기를 주고받았다. 이것을 존경하는 국방위원장님께서 보시고 국방부장관에게 바로 전화했다.

"국방무관은 국방위 소속 의원들은 안중에도 없고, 야당의원 만 찾아다니느냐?"

호텔 로비에서 기다렸다가 저녁 늦게 들어오시는 그 분에게 사전 말씀을 드리고 양해를 구해야 했었는데 그러지 못했다. 지체 높은 분일 수록 '홍안병(紅眼病)'[74]의 발생 빈도가 높고, 그 증상도 심하다는 것을 몰랐던 불찰이었다.

무관부에 들어갔더니, 정보본부로부터 문책이 떨어졌다.

"국방무관은 국방위원장의 안내에 성의를 다하지 못한 경위를 보고하라."

국방부장관도 못해 먹을 짓이다. 업무하고는 전혀 상관없는 기타업무 때문에 질책성 전화가 걸려오니 죽을 지경이었을 것이다. 정보본부도 이런 문제가 발생하지 않도록 무관파견교육시간에 특별히 당부하곤 한다. 무관도 인간(?)이니 실수를 저지를 수도 있지 않은가?

● 무관에 대한 중국사람의 인식

내가 중국무관으로 파견되기 전 약 1개월간을 내게 중국어 가르쳐준 중국조선족 동포 여성이 있었다. 당시 나이가 35세, 남편이 해방군 소교였는데 사별했고, 6세 된 아들이 있었다. 그 애는 흑룡강성의 친정에 맡겨두고 그녀는 청상의 몸으로 장학금을 받아 서울대학교 석사과정에 입학하여 공부하고 있었다. 석사과정 4학기 때인 만큼 수업은 끝났고, 논문을 준비 중이라 틈이 있어 나에게 중국어를 개인지도 했다. 이것이 인연이 되어 내가

---

74) 紅眼病: 남이 출세하거나 유명해지는 것 또는 이익을 보거나 부유해지는 것을 부러워하고 시샘하는 (병적인) 심리[마음].

먼저 북경으로 가고 늦게 오는 아내에게도 중국어를 가르쳤다. 말하자면 우리 부부의 '중국어 선생' 이 된 셈이다.

북경에서 일 년이 지난 즈음, 휴대폰으로 전화가 왔다. 그녀였다. 반가워서 어디냐고 물었더니 북경이라면서 북경의 모 중학교에 교편을 잡고 있고, 재혼했다고 했다. 흑룡강성 출신이 북경에서 취직한다는 것은 그야말로 하늘의 별따긴데, 아무래도 군인의 아내였던 덕을 본 것 같았다.

어느 날 우리부부는 그들 부부를 초청하여 조촐한 재회를 가졌다. 그 선생은 한국에서 볼 때보다 훨씬 예뻐져 있었다. 한국에서 공부하면서 들쭉날쭉했던 덧니를 교정했고, 얼굴의 기미도 제거했다. 아내가 내게 귀띔을 했다. 현재의 남편은 자신이 담임했던 반 여학생의 아버지로, 상처하고 홀아비로 있었는데, 딸이 아버지와 선생님을 연결시켜주어 만났고, 사랑이 발전하여 결혼했다고 한다. 딸이 '홍낭(紅娘)'[75]이 되었던 것이다. 두 집안이 합치면서 한 자녀 만 두게 되어 있는 중국의 가정에 딸과 아들이 생겼고 누나는 남동생을 아끼고, 동생은 누나를 의지하는 행복한 가정이 되었다.

그녀의 아버지는 흑룡강성 당위원회의 간부로, 그는 북경에 출장 온 김에 딸을 만났고, 내 얘기를 듣고는 나를 만나고 싶다고 했다. 사람 만나는 것이 주요 업무 중의 하나인 무관이 이를 거절할 리가 없다. 나는 삼원교(三元橋) 부근의 한국음식점에 그를 초대했다. 음식은 한국식인데 술은 빼갈[白干兒]이었다. 흑룡강 출신의 조선족은 말술을 들이킬 조건은 다 갖추었다. 술 앞에는 장사(壯士)가 없듯이 술이 들어가면 누구나 감정을 억제했던 이성이 서서히 마비되기 시작한다.

"나 이거 당원이 '특무'[76]를 만나 대작(對酌)을 해도 되는 거야?"

---

75) 紅娘: 본래「西廂記」에 나오는 시녀 이름이나, 그녀가 남녀 간의 사랑을 맺어주는 역할을 하였다 하여 현재는 '중매쟁이' 의 별칭이 되었다.

76) 特務: 북한 말에는 스파이, 첩보, 파괴 암해 등과 같은 특수한 임무를 받고 정체가 드러나지 않게 은밀히 들어박힌 적의 앞잡이를 지칭하는 뜻이 있으나, 중국인들은 단순히 스파이, 특수공작원을 지칭하고 있음.

"정보는 거래하는 거지요. 유익한 정보는 서로에게 유리합니다."

서로가 솔직해지자 웃음도 호탕해졌다.

"무관선생! 하얼빈에 올 일이 있을 때 나를 찾아 주시기요." 불감청(不敢請)이언정 고소원(固所願)이라, 나는 하얼빈을 방문했을 때 그를 찾았고, '당원'과 '특무'는 또 대작했다. '특무'는 이런 저런 기회와 인연을 이용하여 사람을 만나고 쓸데 있는 이야기, 쓸데없는 이야기를 뭉뚱그려 듣고 말 한다.

*3. 무관의 우정은 국익에 기초

● 무관들 사이에서도 친소(親疎)가 있다.

각국 무관부 끼리도 엄연히 친소관계가 있다. 한국무관부와 가장 친한 무관부는 역시 우방국인 미국과 일본, 그리고 우리와 관계가 깊은 베트남, 몽골, 러시아 무관부다. 그 외 영국, 독일 등 서유럽 국가와 태국 등 동남아 국가이다. 가장 기피하는 국가는 중미, 아프리카, 남미 순이다.

중미의 대표적인 국가는 멕시코라 할 수 있는데 그곳의 무관은 무관 노릇하러 온 것이 아니라 고급 장성(대개 중장 또는 소장)들이 잠간씩 해외 휴양 겸해서 오는 것 같다. 대개 1년이나 1년 반 동안 중국에 머물다가 간다. 갈 때는 Farewell Party를 여는 데 고급 호텔을 빌리고, 멕시코 대사가 호스트가 되는 등 자못 성대하다. 음식은 푸짐하나, 진행을 모두 스페인어로 하기 때문에 도무지 알아듣지 못한다. 중미나 남미 모두 노는 데는 도가 틔었다. 먹는 게 끝나면 음악에 맞춰 춤을 추는 데 정말 잘 춘다.

남미국가의 무관 중에 아르헨티나와 볼리비아 무관은 한국을 겸임하고 있어 업무상 접촉이 많고, 서로 집으로 초대도 했다. 먼저 내가 인사 차원에서 아르헨티나와 볼리비아 무관을 우리 집으로 초청했다. 일본과 몽골, 베트남 등의 무관을 동시에 초청했기 때문에 신변잡사 위주로 말이 오고 간 뒤에 11시쯤에서 끝냈다.

외교 관례는 상호주의다, 내가 초청을 했으니 다음은 아르헨티나 무관이 우리 부부를 초청했다. 구색을 맞추기 위해서 동아시아에서는 일본무관이 나왔다. 나머지는 모두 남미 국가 무관들이었다.

해프닝이 있었다. 초청장에 만찬시간이 'PM 9:00'으로 된 것을 나는 19:00으로 읽었다. 19:00시면 저녁 7:00시, 중국 사람의 습관으로 보면 상당히 늦은 저녁이다. 또 관례상, 모임시간은 18:30분 아니면, 늦어도 19:00시다. 시간을 맞춰 나와 아내는 19:00시 정시에 아르헨티나 무관의 관저 문을 두드렸다. 한참을 기다렸는데도 나타나는 사람이 없었다. 이때쯤이면 초청받은 사람들이 주차장이나 현관에서 만나 'Hello' 하는 소리가 끊이지 않고, 끼리끼리 주고받는 말로 떠들썩할 때다. 또 호스트는 현관의 전등을 켜고 문을 활짝 열어놓은 채로 문간에 나와 오는 게스트를 맞는다.

한참 있더니, 호스트는 샤워를 한 모양으로 수건으로 머리에 물기를 털면서 현관문을 따주는 게 아닌가. 그도 나를 이상한 눈으로 보고 나도 초청한 시간이 됐지 않았느냐 라는 뜻으로 손목시계를 가리키면서 "배가 고파 시간을 늦출 수 없었다"라는 수사적인 어휘를 쓰면서, 재차 "모임시간이 19:00시 아니냐"고 물었다. 그는 그제야 내가 일찍 온 것이 시간의 착오임을 알고 'PM 9:00'이라고 상기시켜주었다. 들어와서 기다리라는 데도 불구하고 나와 아내는 다시 밖으로 나와 간식으로 요기하면서 정말 할 일없는 두 시간을 보냈다.

문제는 그 다음부터였다. 저녁9시부터 사람들이 꾸역꾸역 모여들더니 9시 반이되어 초청인사들이 거의 모였다. 식전 간단한 칵테일, 남자들은 세상 돌아가는 이야기, 여자들은 집안 잡사에 대해서 이야기 하다가 거의 10시가 되어서야 준비된 식탁에 둘러앉았다. 그러고는 먹는데 한 시간, 식사 후 코냑 홀짝이는 데 한 시간, 시간은 자정(子正)을 가리키고 우리 부부는 사족을 틀고 있었다. 아내는 벌써부터 가자는 신호를 해왔다. 그런데 아무도 일어설 기미를 보이지 않는다. 일본 무관과 눈이 마주쳤다. 서로 일어나자는 신호를 주고받고는 내가 먼저 일어났다.

"훌륭한 초대에 감사합니다. 정말 즐거웠습니다."

이튿날 아르헨티나 무관에게 전화를 걸었다. 초청에 감사하다면서 몇 시에 헤어졌느냐니까, 오늘 새벽 4시에 끝났다고 했다. 남미뿐만 아니라, 인도와 파키스탄도 비슷했다. 주로 파티는 밤을 지새우는 것을 원칙으로 하고 있었다. 그러고는 이튿날 쉰다. 급한 것이 없는 나라다. 가장 성급한 것이 한국과 일본이었다. 아무리 늦어도 저녁 11시를 넘기지 않는다. 다음부터는 이들 국가 무관들의 초청을 신중히 고려하게 되었다. 좋아하지 않는 이유는 바로 쓸데없이 노닥거리는 것 때문이었다.

한국무관들은 아프리카 지역 무관을 싫어한다. 피부색 때문은 결코 아니다. 그들을 만나, "Korea Defence Attaché"라고 소개하면, 그들은 "South or North?"라고 꼭 묻는다. 처음 한두 번은 'South'라고 꼬박꼬박 대답했다. 그런데 횟수가 거듭되자 짜증이 났다. 그리고는 반어법(反語法)을 썼다. "이전에 북한사람을 만나본 적이 있습니까?" 100% 만나본 적이 없다고 대답한다. "이제부터 한국 사람을 만나 '남이냐 북이냐'를 물으면 실례가 된다"고 정중히 교육시켰다. 이 영향은 60~70년대 북한이 아프리카 외교에 주력한 탓도 있으리라.

아프리카 제국의 무관들은 대부분 프랑스어를 구사하나, 종교는 이외로 이슬람교다. 이슬람교의 전통에 따라 부인도 4명이나 된다. 콩고무관으로 기억된다. 사람이 약간은 활달하여 만나면 인사를 하는 정도인데, 무관단 여행 시 보았던 부인과 Farewell Party에 동반한 부인이 다른 느낌이 들었다. 사실 흑인여지들은 윈 만큼 눈여겨보지 않으면 구분이 안 되지 만 특징이 있었기 때문에 그 부인을 기억하고 있었다.

그가 말했다. “이번에 새로 온 부인입니다.”

“새로 온 부인?” 남의 사생활이라 꼬치꼬치 캐묻지 못했다. 나중에 그 연유를 알았다. 4명의 부인이 공평하게 주기적으로 돌아가면서 남편 있는 곳으로 온다는 것을.

● 개인적으로 친하면 협조도 잘 된다.

무관 개인의 개성에 따라 친소가 결정되기는 하지만 대개는 국익에 따라 친소 또는 협조관계가 성립된다. 한국무관부는 미국이나 일본무관부와는 정보를 공유하는 수준에 있다. 물론 국익에 민감한 부분은 제외되지만 웬만한 것들은 어지간하면 서로 공유한다. 특히 닫힌 중국군부에 관한 소식은 서로가 입수한 첩보를 종합해야만 겨우 ‘코끼리’를 그릴 수 있기 때문에 더욱 그러하다.

첩보의 수준도 그렇다. 군사관계문제는 미국이 가장 앞선다. 한국과 일본은 미국에게서 많이 얻는다. 미국의 무관단은 한 패거리다. 국방무관과 육 · 해 · 공군 · 해병대 무관은 물론이고 각 무관 별로 또 보좌관이 편성되어 있다. 그들의 수집망은 아주 다양하고도 깊다.

한국과 일본은 비슷하다. 나는 일본무관과는 이슈가 있을 때마다 주제를 정하고 조용하게 만나 서로 분석한 내용을 토의하고 결론도 내린다. 일본무관이 내게 가지는 관심사는 북한 첩보이며, 사소한 것이라도 경청하고 신뢰한다. 일본의 중국군부에 대한 첩보는 아주 제한적이다. 중국 사회 자체가 아직도 반일감정이 높기 때문이며, 해방군도 노골적으로 적대감을 표시할 때도 있다. 중국과 일본은 1972년부터 외교정상화가 되어 한국보다는 20년이 앞섰지만 군사교류 수준은 우리가 이미 일본을 앞서나갔다. 그러나 일본은 첩보의 양은 적지만 제공하는 분야의 질은 높은 편이다. 출처의 신뢰성이 높다는 이야기다. 중국사회 돌아가는 이야기는 아무래도 한국무관이 한 수 위에 있다. 언어 면에서 월등하고, 문화적으로도 잘 융합되어 이것저것 듣는 이야기들이 많기 때문이다. 인간은 사회적인 동물이므로 거래를 통해 더욱 가까워지기 마련이다. 취미가 비슷하면 더욱 좋다.

● 로스케 '따거[大哥: 형님]'

무관들 중에 내가 '따거'로 부르는 무관이 있다. 러시아 국방무관 레베데프다. 그는 나와 동갑인 1949년생이었고, 계급은 소장이었다. 러시아에는 준장 계급이 없으니 동 계급이라고 보면 맞다. 키는 그리 크지 않으나 슬라브족 특유의 흰 피부에 회색 빛 눈동자를 가진 미남형이고, 중국에서 오래 근무하여 중국말을 아주 잘 했다.

'따거'의 연유는 이렇다.

안기석 해군무관이 러시아 해군무관과 절친했다. 차제에 한국무관단과 러시아무관단이 합동으로 만찬 회동을 갖기로 합의했다. 먼저 내가 그들을 초청했다. 시간은 1998년 2월 6일, 장소는 지금은 철거됐지만 동성구 보리대하(保利大厦)에 위치한 한성관이라는 한식집이었다.

회식을 하면서 내가 모두(冒頭)발언을 통해 엄숙히 선언했다.

"중국 속담에 '입향수속(入鄉隨俗: 제나라에 가면 제나라 풍습을 따르다)'이라 했습니다. 한국음식점에서는 한국의 풍습대로 만찬을 진행하겠습니다."

그러고는 음식을 들기 전에 맥주글라스에 소주를 가득 따라 내가 먼저 '노틀카'를 하고, 앞에 앉은 레베데프에게 권했다. 그는 잔을 받아 한 모금 마시드니 잔을 내려놓고는 나를 한참을 빤히 쳐다보더니 손가락으로 술을 찍어 얼굴에 바르는 시늉을 했다.

"이게 술인가? 미안수(美顔水) 수준이지."

그리고는 남은 술을 한입에 털어 넣고는 다시 한잔을 청했다. 거기서 나는 질려버렸다. 나도 술에는 꽤나 단련이 되었는데 아마도 종목을 잘못 선택했던 것 같았다. 하여튼 그날은 그렇게 끝났다. 이틀날 아침에 레베데프에게서 전화가 왔다. 의례적인 인사말이 있은 후, 하는 말, "술이 모자라 우리 무관들, 대사관에 돌아간 후, 보드카 두 잔을 더 마시고 잤습니다."

한 달 뒤에 러시아 국방무관이 한국무관단 전체를 초정했다. 장소는 러시아 대사관[77] 근처의 전통 러시아 음식점이었다. 그곳은 중앙에 홀이 있고, 밴드가 연주하는 생음악이 있고, 흥이 겨운 사람들은 나와 춤도 추게 마련된 곳이었다. 우리는 밴드 앞쪽의 가장 좋은 자리에 앉았다. 좌정이 끝나자 레베데프도 엄숙히 선언했다.

"중국 속담에 '입향수속(入鄕隨俗)' 이란 말이 있습니다. 러시아 음식점에서는 러시아 풍습을 따라야 합니다. 러시아인은 음식을 들기 전에 보드카 한잔을 마십니다."

맥주글라스 보다는 조금 작은 소주 2~3잔정도 들어갈 잔을 내드니, 냉동시켜 젤 상태가 된 보드카를 따랐다. 그러고는 모두 일어서서 건배를 했다. 보드카의 그 차가운 감촉이 목 줄기를 타고 내려가면서 식도의 위치를 확인시켜 주었다.

"러시아 군인은 민간인 보다 한잔 더합니다." 그러고는 다시 한잔을 따르고 '노틀카'.

앉아서 무슨 수프 같은 것을 먹는데 혀끝은 이미 마비되어 맛을 알 수 없었다. 옆에 앉아 있던 안기석 해군무관이 스르르 미끄러지더니 테이블 밑으로 그대로 들어가 버렸다. 바닥에 양탄자가 깔려있었기 망정이지 머리가 큰 충격을 받을 뻔 했다. 문어모양 허물허물 해진 그를 끄집어내어

77) 중국 주재 각국 대사관 중에 러시아 대사관만이 유일하게 二環路 내에 있고, 대사관의 부지도 가장 크다. 이것은 과거 소련 시대의 유물이다.

▲ 레베데프 러시아 국방무관과 함께. 이때는 이미 맥주 글라스 크기의 잔으로 보드카를 몇 잔 들이킨 후였다.

부축하고는 차에 태워 먼저 집으로 보냈다.

"아! 여기가 내 무덤이 되겠구나!" 천지는 빙글빙글 돌았지만 정신은 초롱초롱했다. 계속 앉아 저 로스케들과 대작하는 것은 '당비당차(螳臂當車)'[78]다. 위기를 타개하는 수단은 나가서 몸을 흔드는 것 밖에 없다. 다행히 나는 러시아 민요 베레 카추샤를 부를 줄 알았다. 나는 플로어로 나가 마이크를 잡고 러시아 舞姬와 함께 베레 카추샤를 부르면서 발바닥을 비볐다. 정말 열심히 비볐다. 땀 흘려 술기를 빼지 않는 한 곧 쓰러질 것 같았다.

이튿날 무사히 출근한 나는 레베데프에게 전화했다.

"당신은 진정 내 따거다. 술에 관한 한."

우리는 전화통에 대고 한바탕 홍소를 쏟았다. 이후로 나는 사석에서 늘 그를 '따거'로 불렀다. 이후 필요할 때 허물없이 전화하고 만날 수 있는 처지가 되었다.

"순천에서 얼굴 자랑하지 말고, 여수에서 돈 자랑하지 말고, 벌교에서 주먹 자랑하지 말고, 러시아에서 말술 자랑하지 말라."

● '페리보고서'

2000년 6월 15일, 김대중 대통령의 평양방문으로 시작된 남북화해의

78) 螳臂當車(당비당차): 사마귀가 앞발을 들어 수레를 막다. 즉 자기분수도 모르고 무모하게 덤벼든다는 뜻.

물결은 국제적으로도 큰 영향을 미쳤다. 클린턴 미국대통령도 대북정책을 수립하기 위해 전 미국 국방부장관이었던 페리를 특사로 임명하여 북한, 한국, 일본, 중국을 수시로 드나들면서 소위 '페리보고서'를 작성하도록 했다.

그런데 이 페리가 중국에 오면 나는 골치 아팠다. 정보본부에서 페리의 중국 내 동향을 파악해서 보고하라는 것이었다. 아마 똑 같은 지시가 외교부나 국정원에서도 있었을 것이다. 말은 간단한 데 파악할 방법이 없다. 그가 북경에서 활동하는 내용은 미국대사관이나, 중국 고위층 밖에 모른다. 더군다나 중국 언론이 그의 동정을 우리 언론처럼 시시콜콜하게 보도하지 않는다.

그날이 2000년 겨울, 페리는 평양에서 김정일을 만난 뒤 북경에서 강택민을 만나 평양 다녀온 일을 말하고 중국의 대북정책 방향을 청취한 것으로 되었다. 그 후 한국에서 김대중 대통령도 만나고, 우리 외교부장관, 통일부장관을 만나 역시 한국의 대북의견을 듣게 되어있고, 그다음 일본으로 건너가는 일정이었다. 그가 평양 갔다 온 이야기, 북경에서 나눈 이야기를 수집하라는 얘기다. "지피지기백전불태(知彼知己百戰不殆)"

▲ 미국 방무관 아이켄베리장군 부부와 함께 가진 즐거운 시간

그날 저녁에 북경무관단 정기 Farewell Party가 있었다. 장소는 북경의 중심가인 왕푸징에 있는 왕부반점. 본부로부터 그 지시를 받고 하루 종일 고민하던 나는 그 파티에 참가할까 말까 망설이다 정복으로 갈아입

고 아내와 같이 호텔로 갔다. 그런데 어찐 일인가? 모두 사복정장인데 나만 군복정장이라니! 본래 삼 개월에 한번 씩 있는 Farewell Party는 사복정장이다. 마주친 무관들과 인사는 나누었으나, 복장이 틀리다보니 여간 어색하지 않았다. 별로 기분도 내키지 않고 하여 한 20분간 머물다가 아내와 나는 아래층 로비로 내려와 막 호텔 문으로 나가려는 데, 미국 국방무관 아이켄베리 장군 역시 군복을 입은 채로 총총히 들어오는 게 눈에 띠였다. 나는 순간 머릿속에 섬광이 지나감을 느꼈다. 나는 인사도 나누지 않은 채 다짜고짜 그를 붙들고는 "페리장관 수행 결과 보고를 좀 알려주시지요"라고 했다.

그는 나를 어이없이 한동안 쳐다보더니 빙긋 웃으면서, 호주머니 속에 있는 구깃구깃한 메모지를 내게 건네주었다.

"나 지금 대사관에 들러 페리장관 수행결과보고를 국방성에 보내고 오는 길입니다. 설명해봤자 힘드니 이걸 보시면 됩니다."

메모지에는 글씨가 깨알 같이 적혀 있었다. 하루를 고민했던 일이 이외로 '진국'을 건지는 것으로 끝났다. 영문 그대로를 본부로 보고하고, 대사에게도 이 내용을 복사해서 드렸다. 대사는 뛸 듯이 기뻐했다.

"최장군 이거 어떻게 구했소? 대단하구먼."

외교부 식구들은 덕분에 본부로부터 큰 칭찬을 받았다고 한다.

무관부는 그걸로 끝이었다. 가타부타 말이 없었다. 아침에 장관에게 보고 되었는지 조차 궁금할 뿐이었다.

평소의 인간관계 형성이 이렇게 큰 도움을 주었으며, 외교에서는 일방적인 수혜란 있을 수 없다. 상호주의가 엄격히 지켜지는 곳이다. 나도 그에 비근한 기여를 하기 위해 노력했다.

*4.

북경의 북한무관(北韓武官)

● '북한(北韓)' 과 '남조선(南朝鮮)'

한반도의 북반부를 우리는 '북한' 이라고 하고, 남반부를 북한사람들은 '남조선' 이라 칭한다. 북경에서 남북한 무관은 상대방을 '북한무관', '남조선무관' 이라고 호칭한다.

북한무관은 북경무관단의 정기 모임인 Farewell Party에는 잘 나타나지 않는다. 저녁 값이 만만찮기 때문이다. 중국 국방부가 주관하는 행사, 예를 들어 신춘초대회(新春招待會)나, 부대 또는 기지 방문 행사에는 잘 나타난다. 그런 행사는 돈이 들어가지 않는다. 내가 근무할 당시 북한대사관에 파견된 무관은 국방무관과 보좌관 1명이었다.

국방무관은 강일모 대좌(大佐)인데 자신의 계급을 영문으로 표기할 때는 'Senior Colonel' 이라 하지 않고, 'Brigadier General' 로 표기한다. 비슷한 계급제도를 가진 해방군 군관은 영문표기를 'Senior Colonel' 이라고 한다. 이를 두고 일본무관은 노골적으로 계급사칭이라고 말했다.

1998년 초 해방군 주최 신년초대회가 있었다. 국방부 외사판공실의 대형 홀에서 거행되었는데, 북한군복을 차려입은 강일모대좌가 고동색 비로드 치마저고리를 입은 부인을 대동하고 식장에 나타나 헤드 테이블에 앉았다. 각국 무관들의 자리 안배는 중국에 누가 일찍 부임해왔느냐는 순서다. 나는 신참이기 때문에 국방무관 자리 중에서도 맨 뒷자리였는데 그는 중국 군부의 영도들과 같은 테이블에 좌정하고 있었다. 김형배 육군무관이 귀띔을 해주었다.

"저 친구가 강일모 북한 국방무관입니다. 영어는 잘해도 중국어는 인사

▲ 북한 부무관 신승철 상좌

수준입니다. 먼저 가서 인사하시죠."

싫어도 항상 얼굴엔 미소를 띠는 게 외교관의 기본 에티켓이다. 나는 환하게 웃으면서 그에게 다가가서 손을 내밀며 내 소개를 했다.

"이번에 새로 온 국방무관 최경식입니다. 잘 부탁합니다."

갑자기 뭇 시선이 우리 주변으로 몰렸다. 그는 이외란 듯이 나를 쳐다보더니 바라보는 시선이 많은 걸 보고, 하는 수 없이 손을 내밀어 악수하면서.

"신현수 후임으로 왔구먼." 반말로 한마디 대꾸하고는 얼른 고개를 돌려버리는 것이 아닌가. 순간 피가 거꾸로 솟았지만 참고 미소를 띠운 채 물러났다. 무엇이 그들로 하여금 저렇게 뻣뻣하게 하도록 만들었을까? 정말 쥐뿔로 가진 것 없는 주제에.

강일모 밑에 있는 부무관(副武官)은 그래도 조금은 싹싹했다. 한국무관들을 만나도 먼저 보면 먼저 인사를 했다. 같은 한국말을 쓸 수 있으니 말하는데도 얼마나 편하랴 만은 그들은 그렇지 못했다.

● 북한무관과 오찬

첫 번째 오찬회동

1999년에 접어들면서 나는 강일모나 신승철을 만나는 쪽 쪽 먼저 인사를 했더니 웃는 얼굴에 침 못 뱉는 식으로 강일모와도 어느 듯 한두 마디

나누는 사이가 되었다. 나는 만날 때마다 "우리 동포끼리 식사나 같이 합시다"라고 하면, 그는 "때가 있겠지"하고 말아버렸다.

월남무관은 북한무관과는 같은 사회주의 국가요, 또 월남전에 참전했다는 이유로 상당히 친하게 지냈다. 한국과 월남은 한때 적대관계였으나, 월남전에 대한 한국의 미안한 감정과 최근 경제교류, 정서적 유사성 때문에 나는 월남무관과 상당히 가깝게 지냈다. 또 그들은 중월 국경문제 해결, 중국의 월남에 대한 경제지원 등으로 중국군부와도 밀접했다. 월남무관부는 해방군에 대한 정보를 많이 가지고 있다.

나는 월남무관 리코이를 매개로 삼아 북한무관과의 오찬 회동을 공작했다. 곤륜반점에 있는 월남식당에 리코이가 친한 동남아 무관을 초대하는 형식을 취했다. 물론 모든 경비는 우리가 부담하기로 하고. 초청대상은 모두 북한과 외교관계를 맺고 있는 국가로 한정했으며, 남북한 월남 외에, 몽골, 미얀마, 캄보디아. 태국, 라오스 등 무관이었다. 식당 테이블은 두 개를 배치하고 한 테이블에는 남북한, 월남, 몽골무관이 자리하고 나머지 테이블에는 기타 국가 무관들이 자리했다. 남북한 무관이 같은 테이블에 앉아 밥을 먹는 자체가 벌써 화제 거리였다.

우리 테이블에는 공용어 문제가 발생했다. 남북한이야 당연히 우리말을 쓰면 되지만 월남과 몽골이 알아듣지 못하고, 나와 월남 몽골무관은 중국어에는 불편한 점이 없으나, 북한무관은 먹통이었다. 북한과 몽골무관은 또 러시아어에 능통하여 그 둘은 러시아어로 말을 주고받았다. 영어는 남북한 무관과 월남무관이 의사소통이 되나 깊이 있는 내용의 이야기는 할 수 없었다. 진풍경이 벌어졌다. 한국어, 중국어, 영어, 러시아어 등 네 가지 언어가 수시로 나왔고 이를 통해 우리는 의사를 소통했다.

강일모와 나는 가벼운 소재로부터 이야기를 시작했다. 마주대하여 부드럽게 말하면 사적으로 원수지지 않는 한 아무리 적대관계라도 말이 통하게 마련이다. 하물며 동포 사이에 어찌 동포애가 없겠는가?

"최선생! 몇 년생이야요?"

"49년생입니다."

"나보다 한참 어리네. 나 45년 생이야요"

말하는 투가 내가 연장자니까, 나를 형님으로 부르라는 뜻이다. 한국 특유의 장유유서(長幼有序)를 말하는 것 같아, 아 얘기 잘 되겠구나하고 생각했다.

나는 주로 남북화해에 대해서 이야기 했다.

"북경은 남북한 공존하는 곳이기 때문에 이곳의 남북한은 적대감정을 버리고 같은 동포로서 상부상조하면서 지냅시다. 우리 무관끼리는 접촉할 기회가 잦으니, 가능하면 부부동반해서 저녁에 술이라도 한잔했으면 합니다."

"김대중은 처음에 공화국 북반부에 대해서 상당히 호의적인 줄 알았는데 역시 미국의 앞잡이야. 대통령 되고 나니까 사람이 달라졌어." 이를 또 영어로 크게 또박또박 말하는 게 아닌가? 나는 어이가 없었다. 우리의 이야기를 대중연설 하듯 하는 바람에 자칫 판이 깨질 판이다. 리코이가 나에게 눈짓을 했다. 나는 부드럽게 말했다.

"나는 강형에게 말할 때, 그냥 김정일이라 하지 않고, 뒤에 꼭 위원장이라는 호칭을 붙이는 데 강형은 왜 우리 대통령의 호칭은 빼고 이야기해요? 그 실례데요. 그런 정치적인 이야기는 우리의 수준을 벗어나지 않나요?"

내 얘기가 미처 끝나기 전에 그는 화장실에 간다면서 일어서 나가버렸다.

리코이와 몽골무관이 영문을 물었다. 나는 서로 대화했던 내용을 중국어로 설명해주었다.

화장실에 간 시간이 꽤 길다고 느껴졌을 때 그는 돌아왔다. 그러고는 이쪽 테이블 저쪽 테이블로 다니면서 낮술을 권했다. 강일모는 술을 좋아했다. 어디서건 술이 있으면 마셔대는 것을 보곤 했다.

다시 내 앞에 앉아서는 '선군정치(先軍政治)' 이야기, '중국식 사회주의' 비판, '남조선의 적대행위' 비난 등을 아주 조리 있게 전개해나갔다. 그러드니 내 얘기는 듣지 않고 또 화장실에 간다면서 나갔다. 그때 나는 퍼뜩 이상한 생각이 들었다. 잠시 뒤 나도 화장실에 간다면서 동석한 사람들에게 양해를 구하고 화장실로 갔다. 그런데 그곳에 강일모는 없었다. "중간보고를 하는구나!"

어딘가로 중간보고하고 지침을 받고 와서는 전달받은 내용을 나와 동석한 사람들에게 한바탕 훈화(?)를 하고는 다시 나갔다 오고. 이런 짓을 그는 네 번이나 반복했다.

"아니 무관도 감시를 받나? 그렇게 해야 무관도 살아남는구나."

그때부터 일부 무관들 사이에서는 "화장실 간다"는 말이 유행어가 되었다. 이는 "중간보고하고 새로운 지침을 받는 것"을 비꼬는 말이다.

남북한 무관의 회동에서 나는 강의를 들었고, 그 강사료를 내가 부담하는 것으로 끝이 났다. 그런데 참 이상한 것은 어떻게 그렇게 뻔뻔스럽게 그 사교적인 장소를 정치선전장으로 만들 수 있을까 하는 것이었다.

두 번째 오찬회동

어색한 점심이기는 했지만, 한번 얼굴 맞대고 그의 강의(?)를 듣고 난 뒤부터는 친해졌다. 만날 때마다 결코 그가 먼저 내게 말을 거는 것은 아니었지만 내가 말을 걸면, 이전의 한마디에서 두 세 마디로 늘었다. 자신의 신념(?)이 이 '남조선 무관'을 어느 정도 세뇌시켰다고 믿는 것인지도 모른다.

무관단부인모임에서도 한국무관부인과 북한무관부인들 사이에 말이 많아졌다고 한다. 아내가 무슨 바자회가 있어 참석했는데, 강일모 부인이 예쁜 실크 블라우스 앞에 서서는 발길을 떼지 못하고 만지작거리고 있는 것을 보았다. 아내는 그 부인이 보기 전에 이를 얼른 사서 포장지에 조그맣게 돌돌 말아 그녀가 들고 있는 핸드백 속에 밀어 넣으면서, 손을 꼭 쥐고는 "치수가 맞을 런지 모르겠네"라고 했다. 그녀는 순간 얼굴이 달아오르면서 아무 말도 안하고 한참을 제자리에 서있었다. 아내가 어색한 자리를 피하고 난 뒤 그녀 홀로 버스로 돌아가는 것을 보았다. 다음에 만났을 때, 강일모 부인은 그 "실크 블라우스"를 입고 나오지는 않았지만 이전보다는 많이 달라진 태도를 보였다. 각국 음식 바자회 때는 그녀는 아내의 손을 끌고 북한 코너를 가서는 그 시원한 평양김치 맛을 보라고 권하기도 했고, 아이들 키우는 이야기도 간간히 한다고 했다.

2000년 6월, 김대중 대통령의 평양방문은 1972년 이후락 중앙정보부장의 평양방문 만큼이나 쇼킹한 사건이었고, 남북 간의 화해의 무드는 갑자기 높아졌다. 그런 영향인지, 북한 부무관 신승철은 우리 한국 무관들과의 대화에 자주 어울렸다.

나는 리코이 후임으로 온 새로운 월남국방무관 판판홍에게 강일모와의 오찬회동을 다시 제의했다. 판판홍은 중국 남방 억양이 섞인 중국어를 기막히게 구사했다. 그의 말을 들으면 광동사람이 보통화(普通話)를 사용한다는 기분이 든다. 중국주재 무관들 중에 가장 중국어를 잘하는 무관이었다. 그런데 전임자와는 달리 영어를 못했다. 러시아어를 약간 하나 인사수준이었다. 판판홍이 다시 초청을 하니 강일모는 이번에 자신의 보좌관인 신승철을 대동하고 나왔다. 명목은 통역이었다. 신승철도 판판홍 못지않게 중국어에 능통했다.

이번에는 지난번 보다 진일보한 것이 강과 나 둘 만이 말을 할 때는 굉장히 부드러웠다. 내가 연장자 대우를 해주었고, 가능한 한 그가 하는 말을 많이 듣고, 고개도 끄덕여주었기 때문이다. 그런데 문제는 신승철이 그의 말을 통역할 때였다. 「6 · 15남북정상회담」에 대한 "김정일 장군님"의 역할을 갑자기 한 옥타브 올린 목소리로 설명했고, 신승철도 이에 질세라 중국어로 또박 또박 통역했다. 이렇게 되니 완전히 강일모의 선전장이 되었고, 다른 무관들은 일방적으로 북한의 입장만 이해하게 되는 꼴이 되었다. 나도 덩달아 중국어로 이를 해명할 수 없는 것이, 같이 나대면 똑 같은 인간이 되니까.

식사 분위기는 북한의 유치한 정치선전에 모두 식상해 버렸다. 이런 분위기를 감지하고도 "우리의 동포"는 그것을 끝까지 밀어붙이고 있었다. 지난번과 달라진 것은 점심 내내 한 번도 화장실에 가지 않았다는 것이다. 음식점도 음식도, 시간대도 같았는데, 그동안 "오줌 마름병"을 치료했단 말인가?

그 이후, 나는 다시는 그런 자리를 마련하지 않았다. 공연히 내게 할당된 정보비만 축내게 되고 축낸 만큼 성과는 올리지 못했기 때문이었다. 강일모와 나의 관계는 그저 데면데면한 관계로 되돌아갔다. 얼마 안 있어 그는 "장군님의 품"으로 돌아갔다.

'대북사업'은 충분한 인내심과 노력, 자금이 들어가지 않으면 될 수 없다는 것을 나는 체험했다.

*5. 추억에 남는 몇 가지

● "어디 출신이요?"

1998년 10월 말, 국회 외교통상위원회의 해외공관에 대한 국정감사가 실시되었다. 대개 외통위 소속 국회의원들은 각 당의 중진들이며 점잖은 편이다. 아무리 그래도 주중한국대사관은 긴장할 수밖에 없었다. 국민의 정부 들어 첫 감사이니 만큼, 정부의 성격에 맞는 감사 자료를 만드느라 전 공관원은 부산했다. 의전도 최선을 다했다. 당시 한국대사관은 국무빌딩에 세 들어 살았기 때문에 같은 콤플렉스에 속한 중국대반점(中國大飯店)에 감사단들의 숙소를 정했다.

국정감사는 어느 기관이나 마찬가지로 오전 10:00쯤 느지막이 시작되었다. 권병현대사의 대사관 전체 현황과 추진업무에 대한 브리핑이 있고 난 뒤, 국회의원들의 질의가 시작되었다. 질의 내용은 주로 무역문제, 남북문제, 조선족 문제, 영사문제 등이었다. 남북문제는 당시 박지원씨가 비밀리에 북경을 드나들면서 북한과 접촉했고, 남북 차관급 회담이 북경에서 열렸으며, '3자회담' 문제가 거론되던 시점이어서 상당히 민감한 문제였다.

나도 한중군사관계의 자료를 비롯한 현안자료들을 잔뜩 준비하여 피 감사석에 앉아있었으나, 오전 내내 무관부와 관련된 질의는 없었고, 한중군사문제에 대해서도 일체의 관심을 표명하지 않았었다. 당시 나는 공교롭게도 지독한 감기에 걸려 수시로 기침을 해댔고, 약을 먹어 "닭 병 걸린 것"처럼 졸음을 참지 못하고 있었다. 오후 감사는 2시에 속개될 예정이었으나, 대사관 측은 가능한 한 점심을 거나하게 그리고 오래 끄는 작전으로 3시쯤 속개되었다.

나의 좁은 소견으로는 피 감사석에 앉아 기침만 해대고 꾸벅꾸벅 졸고 있는 것이 감사를 방해하는 것 같아, 조금 앉아 있다가 육군무관에게 자리를 지켜줄 것을 부탁하고 사무실에 들어와서 잠간 쉬면서 눈을 붙였다. 사달은 거기서 일어났다. 이제까지 침묵을 지키고 있던 국회부의장인 김봉호 의원이 국방무관을 찾았다. 육군무관이 대신해서 일어서면서 국방무관은 독감으로 잠시 휴식하고 있다고 했다. 그때부터 감사장은 난장판이 되었다.

"국방무관은 양해도 구하지 않고 감사장을 이탈하느냐?"

"아직도 군대의 권위주의가 살아 있느냐?"

나를 대신해 참석한 육군무관 현장 봉변을 당했고, 대사는 나를 대신하여 손이 발이 되도록 빌었다. 파장할 기회만을 노리고 있던 대다수 의원들은 이에 동조하여 한마씩 거들자, 간사는 못 다한 질문을 서면으로, 답변도 서면으로 할 것을 요구하고는 분기탱천(憤氣撑天)을 가장하여 얼른 정회를 선포했다. 사실 재외공관의 감사는 국회의원들의 입장에서 볼 때, 전혀 표되는 일이 아니었다.

육군무관의 '삐삐(당시는 휴대전화의 사용이 원활하지 않을 때였음)' 를 받고 현장에 갔을 때는 '만사휴의(萬事休矣)' 였다. 나는 석고대죄(席藁待罪)할 준비를 했다. 그러면서도 별로 대수롭지 않게 생각하고 있었다. 그러나 대사를 만나본 결과 그것이 아니었다.

"최장군! 일이 커지기 전에 모든 의원들을 직접 찾아가서 사과하시오."

나는 교육관(그는 육사 후배로서 교육부에서 파견 나온 주재관이었음)과 함께 모든 의원들의 방을 일일이 찾아다니면서 사과했다. 질책하는 분, 그냥 웃고 마는 분 등 사과를 받는 모양도 가지각색이었다. 마지막으로 국회부의장인 김봉호의원 방을 방문했다. 그는 아마 외출을 준비 중인 것 같았다. 부산하게 단장을 하고 있으면서 질책을 하기 시작했다.

나는 정중히 사과했다.

"분별이 없어, 신성한 감사를 그르치게 되어 정말 죄송하며, 차후 이런 일이 일어나지 않도록 할 테니, 부의장님의 너그러운 용서를 바랍니다."

그는 나를 물끄러미 잠시 쳐다 보드니 물었다.

"당신, 어디 출신이요?"

순간 나는 고개를 갸우뚱 했다. 군대에서 '출신' 은 통상 '육사' 냐 '갑종' 이냐, '삼사' 를 가릴 때 쓰는 말이다. 그리고 대놓고 이런 질문을 잘하지 않는다. 군에서 출신구분을 따지는 것은 일종의 금기사항 이다. 그런데 정치인이 왜 이런 질문을 하는가? 분명 나의 인적사항 난에 '육군사관학교 졸업' 이라고 명시되어 있을 텐데. 하여튼 모두들 '육사출신' 에 대해서 감정들이 좋지 않을 때니 라고 생각하면서, 나는 나지막이 그리고 공손하게 대답했다.

"육사 28기로 임관했습니다."

그러자 김봉호의원은 갑자기 언성을 높이면서, "어느 지방 출신이냐 말이요."

"경줍니다." 그러면서 나는 당황했다.

"경상도 출신이라 '국민의 정부'를 깔보는 거요?"

내용인즉슨, "경상도 정권"에서 승진한 놈이니, "전라도 정권"이 하는 감사를 깔보고 마음대로 불참하는 것이냐 라는 것이었다. 순간 피가 머리위로 역류하면서, 머리 속이 갑자기 비는 느낌을 받았다. 도대체 국방무관이 감사에 불참한 것과 지역감정하고 무슨 관계인가? 자연 주먹이 불끈 쥐어졌다. 당장 쏟아낼 말은 많은데 정리가 되지 않았다.

". . . . ."

아마 내 표정이 무섭게 변하는 모습을 옆에 있던 교육관이 감지하고는 얼른 말을 얼버무리면서 나의 팔을 잡아끌었다. 그때 마침 이 방에 들렀던 대사도 거들었다.

"부의장님! 노여움 푸시고 이런 일이 다시는 발생하지 않도록 노력하겠습니다." "최장군! 인사드리고 다른 의원님들께도 사과해야지."

그는 과연 노련한 외교관이었다. 일촉즉발의 분위기에서 '뇌관(?)'을 제거하는 솜씨가 있었다.

당시 나는 참기는 참았지만, "경상도 출신이라 '국민의 정부'를 깔보는 거요?"라는 말이 평생 지워지지 않는 응어리로 남았고, DJ는 어떻게 저런 사람을 재정참모로 썼는가 하는 의구심이 남게 되었다.

사실 군인이란 잘못에 대해서 과도하게 사과하지 않는다. 왜냐하면, 잘못에 대해서는 규정에 따라 처벌을 받고 응분의 책임을 지면되는 것이기 때문이다. 또 잘한 것에 대해서도 응당 칭찬이나 포상이 따르게 마련이다. 이것을 선전이나 광고해서 받지는 않는다. 그런 연유로 해서 나의 사과가 그에게 좀 뻣뻣하게 보였음이 틀림없었고, 그도 오랜 야당생활을 하다 집권당 국회부의장이 되니 "천하가 내 것"인데 자신을 몰라준다는 감을 받았으리라고 자위했다.

자칫 "큰 사달"이 될 것이 문제없이 수습은 되었으나, 이 "국정감사장 불참"의 후유증은 이미 소개한 한국군함의 홍콩 입항까지 이어졌다.

● 무관은 친구가 될 수 없는가

결론부터 말하자면, 무관도 친구를 사귈 수 있다.

그렇게 가깝게 지냈던 인민해방군 간부들은 내가 '무관질'을 그만두면서 거의가 '친구'의 대열에서 떨어졌지만, 라오바이싱[老百姓]은 그렇지 않았다. 한번 사귀면 그의 신분이 무엇이든 상관 안 했다. 이것은 내가 전역을 한 뒤에 공부하러 다시 중국에 들렀을 때, 그들과 연락할 수 있었고, 지금도 절친하게 지내고 있기 때문이다.

1998년 1월, 내가 북경에서 처음으로 주거지를 정한 곳이 부화대하(富華大廈)라는 동성구(東城區)의 이환로(二環路)와 맞닿아 있는 일종의 주상복합 건물의 17층이었다. 바로 길 건너편이 해방군기업인 보리대하가 있었으나, 당시는 그 지역 내에서 가장 높은 건물이었고 겉보기는 백궁(白宮: 중국은 백악관을 백궁이라 부름)같은 건물이었다. 내 거처에서 가까이는 문화부, 조금 떨어진 곳에는 외교부 건물이 보였고, 멀리 고궁(古宮)의 황금빛 기와도 볼 수 있었다. 마침 옆집에 대만인 부부가 살고 있었다. 나도 대만의 삼군대학에서 수학했기 때문에 정서적으로 우리는 통했다. 이들을 통해 15층에 살고 사려화(謝麗華)라는 사천 출신의 여걸(?)을 알게 되었다. 그는 사천 기업인 주봉(珠峰)오토바이 상사의 북경대표로 입주해 있었다. 그녀의 거처는 낮에는 사무실이요 밤에는 주거공간인 셈이었다. 우리는 1~2주일 간격으로 격의 없이 만나 식사도 하고, 휴일에는 같은 차로 유원지를 쏘다녔다. 아래 위층에 살다보니 왕래가 잦았는데 중국인의 특징은 가까우면 별로 예의를 차리지 않는다. 그녀는 밤늦게 우리 집을 방문할 때도 아주 편한 조금은 민망한 차림으로 와서 한참 수다를 떨다 가곤 했다.

그녀는 여걸이라고 표현했듯이 성적(性的)으로 여자였지 하는 행동은 남자 이상으로 거침이 없었다. 대개 조그맣고 뽀얀 일반 사천사람들과는 달리 살성은 희나 덩치는 컸고, 회사를 운영하는 것, 사람을 만나 교제하는 것 모두가 수완이 있었고 남자 스타일이었다. 그녀는 전 남편과 이혼하고는 고용한 운전기사와 아예 동거하고 있었다.

2003년 5월, 내가 중앙민족대학 박사과정 논문을 준비 차 북경에 왔을 때, 우리 부부는 그녀를 찾았다. 그러나 연락이 되지 않았다. 그녀의 연락처를 어렵게 수소문한 결과 그녀는 북경에 없었다. 사주(社主)인 그녀 남동생이 모종의 사건에 휘말려 '큰집'으로 들어가는 바람에 그 회사는 다른 사람에게 넘어가고 북경의 지사도 문을 닫았고, 그녀는 사천의 성도에 머무르고 있었다. 그러나 북경에 있던 기존의 사무실과 차 등은 그대로 있었다. 그녀는 내가 라오바이싱[老百姓]이 된 걸 알고는 자신이 탔었던 8인승 벤을 나에게 무료로 대여해주었다. 그리고 그녀는 우리 부부를 성도 자신의 집으로 초대했다 성도에서 일주일을 머물면서 유서 깊은 도시의 풍취와 풍물을 접할 수 있었다.

그녀의 집은 전통적인 성도식(成都式) 사합원(四合院)이었다. 그 양식은 북경의 사합원과 다소의 차이는 있었다. 북경의 사합원이 대개 단층으로 이루어진 데 비해 성도의 사합원은 이층으로 이루어졌고, 본래 바람이 없는 곳이라 통풍관계에 무척 신경을 써서 건축했음을 알 수 있었다.

사합원의 구조는 일단 대문을 통해 집안으로 들어오면 외부와는 완전히 단절된다. 담이 별도로 없고 장방형의 건물 외벽이 담 구실을 하고 정원도 내정(內庭)과 외정(外庭)으로 구분되고, 내정은 타일을 깔아 거의 거실 수준으로 되어 있으며, 단지 위로 하늘이 보이고, 비 오면 비를 맞도록 되어 있어 정원이라고 명칭을 붙일 수 있었다. 방 구조도 천정이 높고 크며 통풍이 잘 되도록 되어 있고, 삼대는 충분히 거주할 수 있도록 각 주거공간을 중심으로 작은 거실과 화장실, 침실이 반 독립적으로 되어 있었다.

성도에서 우리 부부는 13시간 버스를 타고 민산(岷山)을 넘어 동화세계와 같은 구채구(九寨溝)를 다녀왔고, 바다와 같은 민강(岷江)을 오르락내리락 하면서 발가락 하나가 사람의 키보다 큰 낙산대불(樂山大佛)을 구경했다. 누에같이 생긴 아미산(蛾眉山)을 오르면서 원숭이의 놀림을 받았고 만년사(萬年寺) 고찰에서 주지스님의 법어(法語)도 들었다. 성도 시내의 무후사(武侯祠)와 두보초당(杜甫草堂) 등을 둘러보았고, 유명한 사천요리의 진수를 맛보았다. 또 한집 건너 하나씩 있는 찻집에 녹차를 시키고는 끊임없이 해바라기 씨를 까먹는 버릇도 익혔다.

당시 그녀는 첫 번의 결혼에 실패를 했고, 데리고 있던 운전기사와 동거했으나, 그녀가 북경을 비우자 그가 다른 여자와 바람피웠고, 우연히 불륜의 장면을 목격하고는 많이 속상해 했었다. 이런 면에서 여자로서의 아픔을 보여 우리는 같이 가슴아파하고 위로해주었다.

우리가 귀국하고 난 뒤, 2004년 여름 갑자기 그녀가 한국에 온다는 연락이 왔다. 공항에 나가보니 그녀는 그새 그녀보다 많이 어린 새로운 남자친구를 대동하고 왔다. 그가 한국의 모기업과 거래 차 서울에 오는 길에 같이 왔다고 했다. 그녀가 행복해 하는 모습을 보고 우리는 제발 그 관계가 오래 지속되기를 빌었다.

그녀의 남자친구가 낮에 사업상으로 바쁠 때 아내는 그녀를 안내하여 쇼핑도 하고 관광도 했다. 그녀는 남대문 시장의 인삼코너에서 남자친구를 위해 홍삼도 구입했고, 어머니에게 줄 옷도 샀다. 지금도 내가 전화를 걸면 “어이, 최장군 잘 있었어?”라는 걸걸한 목소리가 들려온다.

중국사람들은 친구에게는 그리 이해득실을 따지지 않는다. 단지 친구가 되기까지가 문제지만.

● 홍순영 대사와 여행

2001년 1월 23일부터 1월 26일까지 중국의 춘절 휴무를 이용하여 홍순영 주중 대사 부부와 우리 부부가 같이 중국 남방 광서성(廣西省)의 유명한 관광지인 계림(桂林)으로 여행을 다녀왔다.

홍순영 대사는 항상 '남산골샌님' 같은 분이셨다. 원칙이 있고, 그 원칙에 따른 행동과 실천을 통해 다른 사람들에게 모범을 보이셨다. 그는 외교에도 주관이 있고, 그 주관은 한중관계에만 국한되는 것이 아니라 전체적인 국면을 생각했다. 그는 민주주의 신봉자요, 철저한 시장주의자다. 그는 주중대사이면서 '선미후중(先美後中)'의 원칙을 명확히 했다. 한중(韓中)간에 '마늘파동'이 불거졌을 때, 한국의 아마추어적이고 즉흥적인 태도를 문제 삼기도 했다.

나는 주중 무관으로 근무하면서 여러 사람과 같이 여행을 다녔다. 한국인은 고위직(주로 수행)에서부터 내 친구, 집사람 친구, 아이들 친구까지 어울렸고, 중국사람들과도 여러 번 패키지여행을 했다. 그중에서도 가장 맘 편했고, 유익했던 여행은 홍순영대사 부부와의 여행이었다.

여행을 계획하면서 홍대사는 내게 부탁했다.

"최장군! 남쪽으로 한번 가봅시다. 비행기 티켓은 각자 끊고, 여행 중에 사용하는 비용은 통합해서 사용하되, 나눕시다."

"나는 중국에 대해서 잘 모르니 당신이 모든 계획을 짜시오. 대신 실비로 합시다."

나는 홍대사의 성품을 아는 지라 기꺼이 그러겠다고 응낙했다. 그런 면에서 그는 아주 철저했다. 그는 아랫사람과 어울릴 때는 꼭 '각자부담' 원칙을 고수했다. 골프를 치거나, 운동 후 저녁을 먹을 때나 언제나 각자부담이다. 그러니 이번에는 누가 내어야지 하는 부담은 전혀 없다. 아랫사람들이 아주 편안해하는 것은 불문가지(不問可知)다. 교민들과 어울릴 때도 공적일 경우는 대사관 경비로, 사적일 경우는 자신의 주머니를 턴다. "나는 대사라서 자네들 보다 조금 더 받아"하면서.

1월 23일 15:00시쯤 계림공항에 도착했고, 그곳 아시아나 직원이 호텔을 안내하는 것으로 그의 임무는 끝내고, 그때부터 내가 모든 것을 주관했다.

첫날은 호텔 근처에 있는 상비산(象鼻山)과 양강(陽江), 리강(灕江)을 둘러보았다.

"물속에 달이 있고, 물 위에 달이 떠있다. 물 흘러도 달 가지 않고, 달 가니 물 역시 흐른다." 송대(宋代)의 〈영월야(詠月夜)〉에 나오는 구절로, 달 밝은 밤에 맑은 리강(灕江)의 풍경을 노래한 것이었으나, 때가 장마철이라 그런지 물은 혼탁했다.

이튿날, 옥황상제가 타던 천마(天馬)가 갈겨놓은것 같은 마분(馬糞)덩이 속에 조성한 골프장에서 골프를 쳤다. 중국사람들은 평지에 볼록 볼록 솟은 계림의 산을 옥순(玉筍), 취병(翠屏), 거상(巨象), 낙타(駱駝) 등으로 표현하나 내가 보기에는 천마의 마분(馬糞) 같아 굳이 이 표현을 쓴 것이다.

"최장군! 나는 말이요, 중국의 산수화(山水畵)가 정말이라는 것을 여기 와서 알았소. 그런데 그림이 실물보다 한참 떨어지는 것도 여기 와서 깨달았소."

우리는 어찔어찔한 풍광 속에서 공을 날렸다. 공은 구름 따라 바람 따라, 그 마분 속의 풍광 따라 마음대로 흘러갔다.

"우리 공은 보지 말고, 경치 보면서 칩시다. 공 만 보면 산과 바람이 너무 아깝지 않소?"

셋째 날, 비가 내렸다. 계림을 꽤 뚫고 흐르는 리강은 운무에 쌓였다. 우리는 중국인 관광객들과 어울려 배를 타고 그 속을 유유히 나아갔다. 호우로 강물이 불어 약간 탁했고, 간간이 센 빗줄기를 뿌려대기는 했으나, 홍대사는 갑판으로 나와 끝없이 펼쳐지는 '갑천하(甲天下)'[79]를 보고 또 보고 했다. 내가 기념사진이라도 한 장 찍으려 하자 그는 손사래를 치면서 말했다.

"내 눈으로 찍어 가슴에 담아두는 것이 제일 좋은 거요. 사진은 빛이 바래지만 가슴에 담아둔 사진은 갈수록 아름다워지는 거요."

우리는 4일을 같이 여행하면서 사진 한 장 안 찍었다. 망원렌즈까지 달린 내 카메라는 한번도 사용 안했다. 그 이후, 우리 부부도 가능한 한 여행지에서 사진을 찍지 않았다. 눈으로 찍어 가슴에 담아두기 위해서다. 그래서 카메라도 가져가지 않는다.

계림공항에서 나는 그동안 쓴 경비를 결산하고 보고했다.

"대사님! 750원을 더 내셔야 되겠습니다."

"최장군! 살림을 잘 산거요. 나는 더 나올 줄 알았는데."

우리는 다음해의 춘절에 적절한 곳을 다시 여행하기로 약속했다. 그러나 그 약속은 지켜지지 않았다. 그가 2001년 8월에 갑자기 통일부 장관으로 명령이나 급거 귀국했기 때문이다.

---

79) 중국사람들은 계림의 풍경을 '桂林山水甲天下' 라고 표현한다.

제 7 장

중국사회의 편견(偏見), 상식(常識)

▲ 문화대혁명 시 홍위병이 곡부(曲阜)의 공자묘에서 '만세사표'라는 액자를 끌어내리고 있다.

'中國社會' 란 말 자체가 엄청나게 크다. 중국사회에 대해서 무엇을 말할 것인가? 여기서 이야기하고자 하는 것은 아주 편면적인 것이다. 그야말로 '나' 라는 개인, 조금 더 보태어 '무관 질' 하면서 보고 느낀 것 중에서 남들이 잘 이야기하지 않은 조금 특이하다고 생각하는 것만 골랐다. 여기에 기술된 것이 전적으로 중국사회를 나타내는 것이 아님을 부연한다.

*1. '중화(中華)', '중화민족(中華民族)' 이란?

중국과 관련된 어떤 일을 할라치면 '중화' 란 얘길 참 많이도 듣는다. '중화민족', '중화민국', '중화인민공화국', '중화사상', '중화문화', '중화…'. 그러면 '中華' 란 도대체 무슨 뜻인가? 원래의 뜻은 "중원지역에 사는 화하족(華夏族)" 이다. 왜 이것이 중국을 대표하게 되었는가?

● 화하족(華夏族)

'화(華)' 는 중국 역사상 오제(五帝)시대의 순(舜) 임금 우씨(虞氏)의 이름이 '화(華)' 또는 '중화(重華)' 였다. 여기서 화(華)는 눈동자를 말한다. 당나라 학자 장수절이 쓴 〈사기정의(史記正義)〉에 '중화(重華)' 를 "한눈 속에 2개의 눈동자" 라고 해석했다. 순 임금은 특이하게도 4개의 눈동자를 가진 셈이다. 중국 최초의 왕조인 하(夏)의 제1대를 이 우씨(虞氏)가 다스렸기 때문에 우씨 왕조시대의 왕과 족속을 모두 '화' 라고 일컬었다. 따라서 '화' 는 족속의 이름이며, 협의로는 귀족, 즉 성인의 후대이며, 광의로는 우씨왕조에 조공을 바쳤던 주변의 모든 부락을 포함한다.[80)]

당시의 족속은 화(華), 하(夏), 만(蠻), 맥(貊) 등이었고, 하(夏)는 우(禹)가 창설한 하(夏)왕조의 후예를 말하며, '화'의 정통을 이어받았다고 할 수 있다. 즉 순임금은 우임금에게 정권을 선양(禪讓)하였으나, 우임금의 후대부터 선양방식으로 후계자를 양성하던 전통이 사라지고, 세습왕조로 바뀌게 되었다. 만(蠻)은 남방부족, 맥(貊)은 상(商)의 후예와 북방부족을 가리켰다. 상 왕조가 멸망하고 주(周) 왕조가 들어섰을 때, 주 왕조는 상 왕조의 후예들을 등용하지 않았다. 그래서 그들을 상인(商人)이라 불렀으며, 그들은 전문적으로 장사에만 힘씀으로써 오늘날 '상인'의 개념이 탄생했고, 상인이 종사하는 업은 '상업(商業)', 상인의 흥정은 '상담(商談)'이 되었다.

다스리는 범위는 어느 정도였던가? 우순(虞舜) 시대의 화족은 12개 주에 불과 했다. 또한 당시의 '中國'은 현대의 중국이 아니다. '中'은 중부를 가리키며, '國'은 성(城) 또는 도시를 가리켰으며, 정확히는 천자가 있는 곳, 또는 도읍지를 말하였다. 따라서 당시의 '중국'은 뒤에 확대된 개념 하에서도 현재의 중원 중의 일부 지방에 불과했다.

중국의 역사를 보면 역대 왕조 중에서 '중국'이란 왕조는 없다. 진(秦)이면 진, 한(漢)이면 한, 청(淸)이면 청이었다. 조선시대 때, 명 또는 청, 후대에 와서는 '청국(淸國)' 또는 '대국(大國)'이라 불렀다. '청국장', '때국ㅇ' 등은 여기서 유래한다. 이런 의미에서 훈민정음에 나오는 "나라 말씀이 중국과 달라…"의 중국은 "황제가 사는 곳"이란 의미이다.

그러면 언제부터 '중화' 또는 '중국'이 나라이름으로 되었는가?

정확히 1911년 신해혁명이 일어나서 청조가 뒤집어지고, 손문에 의한 중화민국이 탄생되면서부터 그때부터 '중화민국', 또는 줄여서 '중국'이라는 나라 이름을 붙였다. 이것은 이민족 즉 만주족이 세운 청나라와 대칭

---

80) 田曉岫 저: 〈중화민족 발전사〉 89쪽, 화하출판사, 2001년.

되는 한족에 의한 공화국이란 의미가 된다.

이전 문헌에 나오는 '중화'는 시대에 따라 뜻이 조금씩 달랐다. 〈삼국지. 제갈량전〉에 보면, '중국제화(中國諸華)'란 말이 나온다. 의미는 '중국 즉 중앙지방의 제 성인의 후손'을 뜻하며, 한 왕조 멸망 이후 북방의 이민족이 중원을 점령하면서, 당시의 한족만을 지칭한 것이다. 당 왕조의 법률에서 '중화'란 말이 나오는 데 그 뜻은 "행정구역과 문화제도가 중국에 속하면, 모두 중화"라고 했다.

● 중화민족(中華民族)

'민족(民族)'이란 말은 19세기 말 일본에서 중국으로 건너온 단어이다. '중화'란 말 뒤에 '민족'이란 말을 붙여 '중화민족'이 된 것이다. '중화민족'은 근대에 와서 출현한 것으로, 외국 민족에 상대되는 개념이다.

중국은 근대에 와서 아편전쟁을 시작으로 서구열강의 외침을 받으면서 차츰 민족의식이란 것이 싹텄다. 1894년 청일전쟁에서 청은 일본에게 대패했고, 이어 1898년에 일어난 〈의화단 난〉으로 촉발된 1900년 8개국 연합군의 침략은 청 왕조를 결정적으로 멸망하게 만들었다. 결국 1911년의 신해혁명은 '한인(漢人)'으로 하여금 만주족 정부를 전복하고 '한인'의 정부인 중화민국을 세우도록 했으나, 기울어진 국세는 어쩔 수 없었다. 1919년 베르사이유 회의에서 중국은 전승국의 일원으로 참가했으나, 동맹국에게 배반당하여 패전국 독일이 산동에서 가졌던 이권을 일본이 차지함으로써, 유명한 「5 · 4학생운동」을 촉발시켰다. 외적에 대한 '중화민족' 개념은 이로부터 시작되었다고 해도 과언이 아니다. 1932년 「만주사변」, 1937년 「중일전쟁」을 거치면서 대일항쟁이 '중화민족'이라는 그 막연한 개념을 구체화, 이론화 시켰다.

중국을 뜻하는 용어가 많다. '중화'는 그 중 대표적이며, '화하족'이니, '용의 전인', '신주(神州)', '황제(黃帝)의 자손', '염황(炎黃)의 자손' 등등. 이런 단어들은 대부분 한족 위주로서, 소수민족의 민족정서를 자극하는 말들이다. 그 중에서도 '용의 전인', '염황의 자손' 등은 대표적이다.

● 주기적인 대 혼혈(混血)이 일어나다.

중국의 유명한 지질학자인 이사광(李四光)은 중국의 역사는 매 800년을 주기로 한 획을 긋고 있다고 주장했다.[81]

"매 주기는 모두 단명(短命)하나 군사적으로 강력한 왕조로 시작되며, 그 왕조는 수백 년 간의 내부 분쟁을 종식시키고 다시금 단결을 이룩한 후, 대략 500년간의 평화를 유지한다. 중간에 한 차례 왕조가 바뀌고, 이어서 전란이 일어난다. 결과적으로 수도는 북쪽에서 남쪽으로 옮기고, 남북이 분리된 채로 대치하다가 외적의 침입으로 대 혼혈(混血)이 일어나고, 전체적인 주기가 종료된다. 역사는 순환되며 중국은 또 한 차례 한족(漢族)의 손에 통일되고 문화는 다시 번영해지기 시작한다."

"제1주기는 진(秦) 왕조에서부터 북방 유목민족의 침입까지 대략 830년(BC221년~AD588년) 기간이다. 진시황에 의해 전국이 통일된 후, 곧 바로 분열되었다가 한(漢)으로 재통일되어 대략 400년간의 평화를 누렸다. 삼국시대, 서진, 동진을 거쳐, 북방 유목민족의 침입으로 남북조 시대를 맞았다. 이 기간에 중원 지역의 한족과 북방민족 간에 대대적인 혼혈과 민

81) 이사광(李四光: 1889~1971년) 저: 〈중국의 주기적인 내부 충돌전〉 논문, 〈중국의 과학과 예술잡지〉에 실린 글에서 인용, 1931년. 이사광은 몽고족이며, 호북성에서 출생. 일본과 영국에 유학했고, 손문이 영도하는 동맹회에도 가담하였음. 1920년부터 북경대학 지질학과 교수로 있으면서 중국지질학 발전에 큰 공헌을 하였음. 특히 중국의 지질구조로 봐서 틀림없이 석유가 매장되어 있을 것으로 추정, 이를 근거로 중국은 만주지역에서 대규모 유전을 발굴하였음.

족 융합이 일어나, 당시 중국 대륙을 침입했던 북방민족은 완전히 동화되어 민족의 흔적이 없어져 버렸다."

"제2주기는 수(隋), 당(唐)에서 시작하여 몽고족의 침입까지로 대략 780년(589~1367년) 기간이다. 수·당에 의한 중국대륙 통일로 400년간의 평화를 누렸으나, 오대십국(五代十國)으로 분열되었다가 북방민족의 침입으로 송(宋)은 남으로 천도하여 남송이 되고, 북방은 금(金)이 들어선다. 이후 몽고족의 침입으로 이 주기는 끝난다. 이 과정에서 장강 이북은 역시 민족의 대융합이 일어나며, 대륙으로 들어왔던 거란족은 역시 자취 없이 한족에 의해 흡수 동화되어버린다."

"제3주기는 명(明)에 의한 한족 왕조 재집권과 명에 이어 만주족인 청에 의한 중국 대륙 장악까지 약 500년간은 기본적으로 평화를 누렸다. 청 말기 서방 열강, 주로 일본의 침략과 이에 대항한 한족 부흥운동으로 현재 한족에 의한 중국의 재통일을 이루고 있으나, 아직은 진정한 통일이라 할 수 없으며 남북은 여전히 대치중이다. 이 주기는 1368년부터 현재까지로 700년이 못 된다. 이 기간 만주족 역시 비록 중국대륙을 지배는 했었으나, 민족소멸을 막지 못했다."

나는 그의 800주년 주기설에 완전히 동의한다.

나는 역사적으로 이루어진 중국인의 민족 대융합 또는 대혼혈을 보면서 '먹물론' 또는 '잉크론'을 주장한다. 중국의 소수민족정책은 지구상의 어느 국가보다도 잘 보장되어 있다. 비록 정치적으로 완전한 자치는 허용되고 있지는 않지만, 각 소수민족에 대한 우대정책과 아울러, 그들 나름의 고유문화와 전통을 유지할 수 있도록 하고, 또 한족과 동등한 위치에서 국가적인 사무에 관여할 수 있도록 법적으로 보장하고 있다. 이런 우대정책의 이면에는 이들 소수민족은 결국에는 한족에 흡수 동화된다는 자신감이 깔려있다. 앞에서 설명했지만, 세 차례에 걸친 대대적인 북방민족의 침입은 한 순간 중국대륙을 점령하긴 하나, 결과적으로 한족에 흡수당하고, 오늘 날 그 주인공들은 사라져 버렸거나, 인류의 꼬리뼈 흔적처럼 소수민족으로 명맥을 유지하기 때문이다. 이는 먹물이나 잉크 속에 맹물 한 방울을 떨어뜨리는 것과 같은 논리다. 먹물이나 잉크는 농도상 일시적으로 묽어질는지 모르나, 그 색깔은 변함이 없다.

사실 소수민족 자치구나 자치주, 자치현을 보면 거의 모든 자치지역에서 한족의 비율이 50%를 넘고 있다. 우선 연변 조선족 자치주만 보더라도 설립 당시 조선족 인구 비율이 62%에 달했었는데 현재는 30%를 밑돌고 있다. 이런 본 민족의 인구 비율로 자치지역이라 할 수 있는가? 그러나 중국은 본 민족의 인구 비율이 아주 낮아 이름뿐인 소수민족의 자치지역이라도 그대로 자치지역으로 허용하고 있다. 중국 전체의 안정과 발전에 유리하기만 하면.

중국은 인구의 블랙홀이다. 모든 종족을 흡수한다. 먹물의 색깔은 전혀 변화지 않는다. 어떤 종족이 중국을 지배하든 중국은 여전히 중국이다.

● 어떤 문화를 가졌기에

중국은 로마가 게르만 민족에 정복당하듯 그렇게 소수민족에게 먹히지 않은 이유는 무엇인가? 이렇게 버티는 힘과 외족의 피를 빨아들이는 능력은 어디에서 나오는 것일까?

이러한 지구력과 활력은 체질적인 면 또는 문화적인 면에서 찾아볼 수 있지 않을 까 생각한다.

먼저 안정된 문화라 할 수 있으며, 이것의 첫 번째 요소로 중국의 가족제도를 들 수 있다. 이것은 다음의 '관시' 난에서 다시 언급되지만 이 가족제도는 명확히 정의되어 있고, 훌륭한 조직적 체계를 갖춤으로써 자신들의 족보를 잊지 않도록 한다. 이것은 불멸의 기본적인 사회조직이다. 중국인들은 이를 세상에 어떤 것보다 더 귀하게 여기며, 이것에 대해 일종의 종교적인 의미까지 지닌다. 조상숭배의 각종 의식에는 더욱 강렬한 종교적 색채를 띄운다. 이러한 의식은 모든 중국인의 마음속에 단단히 뿌리내리고 있다.

최근 사회가 개방되면서 TV에 방영되는 사극 물에서, 우리는 중국 전통적인 주택구조와 가족제도를 엿볼 수 있다. 사합원(四合院)[82]으로 대표되는 중국의 주택은 아주 폐쇄적이다. 일단 정문을 들어서면 외부세계와는 철저히 차단된다. 주택의 정 중앙에 통상 조상의 위패를 모신 사당이 있으며, 여기에는 사철 제물이 차려져 있고 향불이 타고 있다. 기쁠 때나 슬플 때나, 집안에 대소사가 있을 때 여기 와서 배례하며 조상의 음덕을 빈다. 이러한 행태는 극좌 사회주의 체제하에서는 사라졌으나, 현재는 서서히 되살아나고 있다.

이러한 종교적 색채를 띠는 가족제도는 가족제도 의식이 강하지 않은 다른 민족이 한족과 섞일 때, 강렬한 유혹을 받게 한다. 미개한 민족 또는 혼혈아 등은 신속히 이 가족제도의 한 성원이 된다. 이 가족제도는 자손의 번식에 직접적인 자극제가 되며, 여의치 않을 경우, '양자(주로 동성 사이에 이루어짐)', '씨받이' 등으로 가계를 유지하며 이 가족제도 속에 있음으로써, 후손들이 피우는 향불 속에서 "죽어도 죽지 않고, 가족과 함께 영생"한다.

예전, 하남(河南)에 유태인이 살고 있었다고 한다. 그런데 지금은 한족에 동화되어 흔적도 없다. 학자들은 이를 중국의 강렬한 가족관념과 종족의식이 유태인 자신의 종족의식을 소멸시켰다고 한다. 하물며 유태인 보다 종족의식이 강하지 못한 북방민족이 중국의 한족에게 동화되는 것은 당연하다고 볼 수 있다. 만주족은 중국인이 될 수밖에 없었다. 일본이 만

---

82) 사합원(四合院): 한 가운데 정원을 두고, 북쪽에 "정방(正房)", 동쪽에 "동상방(東廂房)", 서쪽에 "서상방(西廂房)", 남쪽에 "도청(倒廳)"이 "ㅁ"자형으로 둘러싸고 있는 북경의 전통적인 주택 양식.

주를 경영하면서 정치질서를 고치고, 통치자를 바꾸면서 만주를 중국에서 분리하려 시도했으나, 중국의 가족제도를 바꾸지 못해 결국에는 실패했다.

다른 또 하나 사회를 안정시키는 문화적인 요소는 중국에는 완전히 고착화된 계급이 없다는 것이다. 누구든지 과거(科擧)를 통해 자신의 사회적 신분을 높일 수 있었다. 중국의 가족제도는 인구를 늘여 종족이 끊이지 않도록 했고, 과거제도는 국가가 인재를 선발하여 이를 다시 우승열패(優勝劣敗)하게 했다. 중국 속어에 "왕후장상(王侯將相)의 종자가 따로 없다"라는 말이 있다. 중국을 통일한 역대 왕조 중에서 빈천한 계급에서 일어나 나라를 세우고 통치자가 된 인물이 많다. 한나라 유방, 송나라의 조광윤, 명나라의 주원장, 중화인민공화국의 모택동 등이 대표적인 인물이다.

과거제도는 당 왕조 시대 때부터 발달해서, 1905년까지 줄곧 실시되었다. 과거제도는 빈한한 집안 출신이라도 이를 통과할 경우 권력과 명예를 얻는 과정이었다. 물론 과거제도가 국가가 필요로 하는 인재를 모두 충당해줄 수는 없었다. 그러나 어떤 귀족제도보다도 국가의 인재선택 재량권은 넓어졌다 할 수 있다.

더욱 중요한 것은 통치계급이 농촌에서 왔을 뿐만 아니라, 벼슬이 끝난 후 또 농촌으로 돌아가는 것을 가장 이상적인 생활 방식으로 여겼다는 데 있다. '귀거래사(歸去來辭)'가 일반적인 중국인의 의식 속에 자리잡음으로서, 오늘 날 중국의 건강한 종족 번영의 원인이 된 것이 아닌가 싶다.

오늘 날 중국에는 과거제도와 같은 인재 선발제도가 없다. 당이 인재를 선발하고 키운다. 인재는 당원이어야 한다는 전제하에서 인재발굴에는 한계가 있고 줄과 인맥이 형성되게 마련이다. 그래서 최근에 와서는 '과거제도' 즉 공무원 선발시험제도를 점차 확대하고 있다.

● '중국인' 자체의 다양성

중국은 참 다양하다! 오천 년 역사에, 960만㎢(한반도의 44배) 면적, 13억 인구를 가진 중국! 중국의 31개 省 · 市가 모두 대한민국 만하거나, 보다 크다.

사람만 놓고 볼 때도 그 다양성을 지역별로 특징지을 수 있다.

크게 남방과 북방의 중국인, 동쪽과 서쪽의 중국인은 문화의 유대로 인하여 '중화민족'이란 이름이 붙여져 있을 뿐 그들은 성격이나, 체격, 풍습상에서 차이가 많이 난다. 어느 정도냐 하면, 지중해 연안의 유럽인과 북구지역의 바이킹족의 차이 보다 더 크다. 그들은 거의 비슷한 역사와 동일한 문자, 비슷한 문화로 인해 어떤 공통점을 형성하고 있다. 그래서 그런지 어려움은 있지만 동북(東北)사람이 운남(雲南) 쪽 사람의 말을 어느 정도 알아듣는다.

북방(北方)의 중국인[83)]

그들의 사고는 단순하고 소박하며, 힘든 생활에 익숙해있다. 허우대는 크고 성격은 불같으며, 대파를 즐겨먹고 유머 감각이 뛰어나다. 기마민족(騎馬民族)의 몽고족(蒙古族)이 있고, 후대 중국을 통일한 만주족(滿洲族)도 있으며, 서북의 '이리', 동북의 '호랑이', 하남(河南)의 '주먹', 산동(山東)의 '대도(大盜)', '지방 할거주의' 등이 있다. 이 모두는 삼국지, 수호전과 같은 훌륭한 문학작품의 소재를 제공해주고 있다. 또한 오랜 고도(古都)인 서안(西安), 낙양(洛陽), 북경(北京)을 중심으로 중화문화의 정수가 모여져 있다.

---

83) 이하 "북방중국인"에서부터 "정중앙, 무한 남북지역 중국인"까지는 임어당(林語堂)이 지은 「중국인(中國人)」이란 저서에 나오는 일부를 요약 인용하였음.

장강(長江)이남 동남(東南)의 중국인

그들은 쉽게 안일에 빠져 들고, 열심히 수양하며, 처세에 능하고, 두뇌가 발달되어 있다. 신체는 비교적 왜소하나 시와 음악을 좋아하고 문학가가 많다. 음식도 제비 집 수프, 연근 등 달콤한 것을 즐기며, 장사에 무척 눈이 밝다. 그들은 전장 터에서는 대체로 겁쟁이이다. 대대로 이들 지역 출신의 유명한 군인은 적다. 역사적으로 볼 때, 그들은 진(晉)나라 시대 때, 북방 이민족에게 쫓겨 책과 그림을 들고 장강 이남으로 도망쳐 온 교양 있는 중국 대가들의 후예들이다.

정남(正南) 광동 지역 중국인

그들은 또 위와 다른 특색을 지닌 한 무리이다. 남자는 사나이답다. 먹는 것, 일하는 것 모두가 사내다운 면모를 지니고 있다. 그들은 낭비하고 싸우길 잘하며, 모험심이 강하고 진취적이나, 성질은 아주 조급하다. 겉으로는 중국 문화의 영향을 받았으나 뱀을 비롯하여 온갖 괴상한 것을 다 먹는 토착민족의 전통을 가지고 있다. 즉 그들은 남방 월(粵)족의 혈통을 이어받고 있다. 화교 · 화인(華人)의 본류는 바로 그들이다. 미국에 사는 화인이 사용하는 말은 바로 광동어라는 것을 명심하면 된다.

정중앙(正中央), 무한(武漢) 남북 지역 중국인

무한삼진(武漢三鎭)의 남북, 소위 화중(華中)지구다. 호북인들은 약속을 잘 지켜 남에게 믿음을 주나, 음모를 잘 꾀하여 다른 지방 사람들로부터 “하늘에서 불길한 것이 구두조(九頭鳥)[84]이고, 지상에서 교활한 것이 호북인(湖北人)이다.”라고 불리어지고 있다. 왜냐하면 그들은 지기를 싫어하기

84) 구두조(九頭鳥): 전설에 나오는 머리 아홉 개 달린 불길한 새. 교활한 사람.

때문이다. 그들은 음식을 튀길 때도 늘 매운 고추를 듬뿍 집어넣는다. 맵지 않으면 먹지 않는다. 반대로 호남사람들은 무용이 뛰어나고 강인하기로 소문나있다. 이들 중에는 고대로 초나라 무사들의 후예가 많다.

남북 간의 대소 전쟁, 무역, 관리(官吏)와 그 권속들의 이동 등으로 종족 사이, 지방 사이에 많은 혼합이 일어났으나, 전체적인 어떤 경향은 여전히 존재하고 있다. 기본적으로 북방인 들은 정복자이고, 남방인 들은 상인이다. 무력으로 정권을 탈취하여 자신의 왕조를 세운 '도적' 들 중에는 장강(長江) 이남 사람은 거의 없다. 용상(龍床)에는 쌀밥을 먹는 남방 사람들은 올라갈 수 없고, 국수를 먹는 북방 사람들만 가능했다. 이것은 하나의 보편적인 전통이 되었다.

중국은 또 다민족(多民族) 국가이다. 현재까지 민족으로 식별된 수 만해도 56개이다. 그 중 한족(漢族)이 전체의 92%로 절대 다수를 차지하고 있으며, 나머지 8%는 55개 소수민족으로 불리어진다. 절대 다수의 한족도 위에서 말한 것처럼 천차만별한데, 비록 8%의 수준이기는 하지만 소수민족까지 합쳐져 그야말로 인종 전시장이 되고 있다. 코크고 눈이 깊은 신강(新疆) 위구르족, 광대뼈 튀어나온 몽고족, 하얼빈에 가면 백랍 같은 피부에 조그만 얼굴을 가진 백러시아 계 여성, 남쪽에는 월남사람과 구분이 없는 작고 가무잡잡한 운남의 여러 민족들을 볼 수 있다.

그래서 중국에서 확실한 라오와이[老外: 외국인] 대접을 받으려면, 희고 머리가 노랗고, 콧날이 오뚝한데다 복장은 서구풍이어야 하거나, 완전히 까만 피부에 피부로 파고드는 바글바글한 머리칼을 가져야 한다. 이런 조건이면 외국인 아파트를 드나들 때, 신분증 검사를 받지 않고, 외교가를 거닐 때 무경(武警)이 이상한 눈치를 보내지 않는다.

따라서 '중국인' 이란 개념이 얼마나 포괄적이란 것을 알 수 있을 것이다.

*2 언론을 통해 본 사회 편린(片鱗)

● 중국의 言論

중국도 언론의 자유가 있다고 주장한다. 그러나 중국의 매스컴은 이데올로기의 도구로서 당의 정책과 방침을 선전하고 당의 목소리를 그대로 싣는 '나팔' 에 불과하다. 중국의 모든 언론은 당 선전기관의 통제를 받는다. 특히 정치적인 문제는 엄격하다.

1980년 초, 당시 〈인민일보〉 사장이 신문은 "당성도 지켜야 하지만 더욱 중요한 것은 대중성을 지켜야 한다"는 논지를 발표했다. 이 논지는 중국공산당이 여태까지 지켜온 공산주의 교조적 범위에서 벗어나지 않았는데도 일부 중공 원로들의 미움을 샀고, 1983년 호교목(胡喬木)과 등력군(鄧力群)에 의해 "자산계급 자유화의 정신 쓰레기"로 취급받아 낙마했다.

중국에서는 매스컴이 "무엇을 보도하는가?"하는 것은 독자들에게 사실을 알리는 게 중요한 것이 아니라, 당의 뜻을 국민들의 그대로 받아들일 수 있도록 하는데 있다.

"누구를 보도하는가?"도 매스컴에 보도됨으로써 대중과 사회의 감독을 받기 위한 것이 아니라 매스컴을 통해서 자신의 정치적 위상 수립 도구로 이용할 뿐이다. 물론 당의 뜻대로 또 개인의 비위에 맞게 보도되어야 한다.

매스컴은 사건 보도의 방향에 따라 사건의 본질을 얼마든지 왜곡할 수 있다. 다음의 몇 건이 이를 말해주고 있다.

● '사건 · 사고' 가 '영웅탄생' 의 기회

중국의 언론을 가만히 보면 참 재미있는 사실을 발견한다. 사회의 어두운 면은 되도록 엄폐 · 은폐한다. 밝혀내더라도 밝은 면만을 강조한다. 교묘하다.

1999년으로 기억된다. 산동반도에서 발해를 건너면 바로 요동반도다. 산동과 요동사이에 정기 연락선이 있다. 그중 발해2호라는 여객선이 정원을 엄청 초과하여 승객과 화물을 승선시키고 안전장비도 제대로 갖추지 않은 채 항해하다 침몰했다. 아마 아수라(阿修羅)가 이런 것이었을 것이다. 그런데 언론의 보도는 짙은 안개 속에서 침몰된 승객을 구출하는 장면을 방영하고 거기서 영웅적인 구조 활동을 한 사람들을 전면에 내세움으로써, 결과적으로 "애사(哀事)가 희사(喜事)로 둔갑"하는 것을 보았다.

초과승선, 나쁜 시정(視情)에도 불구하고 무리한 항해, 안전 불감증, 당국의 늑장대응 등이 집중 조명되고, 책임자에 대한 처벌, 희생자에 대한 보상, 재발방지대책 등이 우선으로 나오고, 그 다음이 인명구조 활동에 대한 영웅적인 활동을 단편적으로 보도 또는 방영하는 것이 우리 언론의 행태다. 그런데 중국 언론은 이런 상식을 잘 뒤집는다. 사건 축소를 원하는 권력과 돈에 취약하다는 이야기다.

또 2002년 〈보간문적(報刊文摘)〉에 다음과 같은 내용이 보도된 적이 있다.

"사천성 모 지방의 화학공장에서 일하는 왕모씨가 미끄러져 100℃가 되는 알칼리 용액에 빠졌다. 그는 약 2분간 헤엄쳐 나온 뒤 혼절했다. 의사들은 100℃가 넘는 곳을 어떻게 헤엄쳐 지나올 수 있는지 의아하게 생각하고, 심리학자들도 왕모씨는 완전히 통증을 느끼지 못한 상태에서 머릿속에는 오직 살겠다는 신념으로 헤엄쳤을 것이라고 했다."

여기서도 그렇다. 100℃가 넘는 알칼리 용액에 빠졌어도 "어떻게 헤엄칠 수 있었냐"는 데 초점을 맞추었지, 안전사고에 대한 책임 소재나 그 공장의 안전시설, 조난자의 보험문제, 또는 치료나 재활에 관한 이야기는 뒷전이었다.

중국에서는 '향전간(向錢看: 돈을 쫓다)' 하다 보니 무리하게 돈을 쫓는 경우가 많다. 대형사고는 필수적으로 따라 다닌다. 이는 개발도상국에서 일어나는 현상으로 우리도 이와 같은 과정을 겪었고, 간간히 가다 이런 경우를 당하고 있다. 인구가 많고 땅이 넓은 중국에서는 드러나지 않아서 그렇지 대형사고는 부지기수다.

지방에서 일어나는 사망 19명 이하의 사고는 중앙언론에 보도되지 않는다. 지방정부에서 대형사고가 일어나면 해 지역정부는 우선 사건 규모를 되도록이면 사망 19명 이하로 줄이는데 급급하다. 이는 지방언론과 긴밀한 협조(?)가 있어야 가능하다. 언론에 보도되지 않으면, 희생자에 대한 보상처리도 수월하다. 또 사건을 너무 크게 취급하여 사회공론화가 되면, 영세 업주는 "배 째라"하고 뒤로 나자빠진다. 보험제도가 미비하니 희생자만 손해를 본다. 그래서 중국에서는 '윈윈 전략' 을 상용한다.

● 독극물 중독사건

2002년 9월 14일 새벽, 남경시 탕산진(湯山鎭)에서 대규모 식품 독극물 중독사건이 일어났다. 아침 일찍 일어난 민공(民工)과 학생들이 아침식사로 소병(燒餠), 만두(饅頭) 등을 먹고 쓰러지는 사고가 난 것이다. 이 소병은 탕산진에서 유명한 진종무(陳宗武) 가게에서 만드는 것으로 그는 매일 새벽 4시면 어김없이 문을 연다. 그는 하루에 몇 백kg의 밀가루로 만든 소병을 학교와 건설현장으로 공급하고 체인점으로 보낸다. 또 5시면 행상들이 리어카를 끌고 와 하나 가득 싣고는 골목을 다니면서 팔기 시작한다.

중국사람들의 아침은 통상 길거리에서 해결한다. 소병이나, 콩국, 만두 등으로 출근길 또는 등굣길에서 간단히 해결한다.

"소병에 독이 있다!"

탕산진의 모든 교통수단이 동원되었고, 병원은 환자들로 꽉 찼다.

7시가 넘자, 탕산진의 경찰차가 사이렌을 올리며 지나갔고, 진종무의 가게는 폐쇄되었다. 8시가 되어서야 가두방송이 소병을 먹지 말라고 방송했다. 이로 인한 사건으로 공식적인 사망 숫자는 42명이었으나, 많은 유언비어가 난무했다.

용의자는 48시간도 채 지나지 않아 하남성(河南省) 경내의 1659호 열차에서 체포되었다. 용의자는 절도죄로 교도소에 다녀온 전력이 있으며, 그는 탕산에서 국홍(菊紅)이라는 식품점을 운영하고 있던 중, 사소한 일로 진종무와 싸웠다. 이에 앙심을 품은 용의자는 9월 13일 미리 준비해간 '독서강(毒鼠强)' 이란 쥐약을 식품재료에 섞어버렸고, 3백 명이 중독 되는 결과를 낳았다.

당시 중공은 제16차 전국대표대회를 앞두고 있던 관계로 중국에서는 보기 드물게 보름 만에 용의자를 사형에 처하였다. 이 사건이 정치적으로 악영향을 미치는 것을 경계한 것이었다.

외견상으로 신속히 처리된 사건은 많은 문제를 야기 시켰다.

우선 '독서강' 이란 독극물을 어떻게 쉽게 대량으로 구입할 수 있었느냐, 아침 5시경 독극물에 중독 되어 쓰러지는 사람이 속출하는 데도 7시가 되어서야 공안부문이 출동했던 것, 학교에서 중독 된 사람을 병원에 보낼 때도 부유한 가정과 간부 자제들을 우선으로 후송했으며, 병원 치료도 돈 있는 사람부터 먼저 해주었다는 것 등. 따라서 사건의 규모 대소에 문제가 있었던 것이 아니라, 구제받고 치료받는 데는 엄연히 신분의 고하와 빈부 차이가 있었다는 데 있었다. 중국사회의 한 단면을 보여준 결과였다.

● 안전보다는 '빵' 이 우선

2001년 강서성 만재현(万載縣)에서 두 차례나 대형 폭죽 폭발사건이 있었다. 그해 9월 중국 중앙TV에서 이곳의 폭죽 생산 중지를 발표했을 때, 현지 민심을 알아보기 위해 탐방을 나간 기자에게 그 지역 농민은 "폭발로 죽는 것이 굶어죽는 것보다 낫다"는 말을 했다고 한다.

살기 위해서 죽음을 피하고, 위험을 멀리하는 것은 인간의 본능이다. 누구도 자신의 생명을 경시하는 사람은 없다. 그런데 그곳 농민의 불법적인 폭죽생산에 대한 생각은 이러했다. 안전을 고려해서 폭죽생산 공장이 폐쇄되어 굶어죽는 것보다는 "위험하지만 빵을 구할 수 있는 곳"을 원한 것이다.

만재현의 폭죽폭발사건이 발생한 이후, 중국의 언론도 아주 곤란한 입장에 처해졌다. 사건발생 현장은 지역 당국에 의해 봉쇄되고 기자들의 출입은 엄격히 통제되었다. 사건의 심각성 정도는 지방 당국에 의해 비밀엄수 되었고, 단지 "질서 있는 구조 활동과 후속 조치를 잘하고 있다"라는 정형적인 보도문 만 나왔다.

이러한 처리과정은 악성사고가 발생한 지역에서는 예외 없이 이렇게 처리해 나갔으며, 뉴스의 봉쇄는 중국사회의 악성사고를 처리하는 일종의 패턴이 되고 있다.

결국 사건은 사회의 광범한 감독을 피하게 되어 손해정도라든지, 후속 처리 상황과 책임추궁 등은 완전히 해 지역 당국의 발표에 만 의존하게 된다. 사건이 얼마나 기만되고 축소되었는지는 당사자 외에는 아무도 모르게 된다. 책임자에 대한 추궁도 두루뭉실하게 되는 경향이 있다. 개인에 대한 추궁은 일반적으로 많지 않다. 또 사실 특정 개인에게 책임을 물을 수 없게 끔도 되어있다. 사회적으로 제도가 모두 집단으로 의사를 결정하도록 되어 있기 때문이다.

● 마가작(馬家爵) 살인사건과 그 파생

2004년 2월 23일 오후 1시 20분, 신화사 통신은 "곤명시(昆明市) 소재 운남대학(雲南大學) 학생기숙사에서 둔기로 맞아 숨진 남성 시체 4구를 발견했다"는 뉴스를 보도했다. 이어 범인은 동 대학 4학년(23세)인 마가작(馬家爵)이라는 학생으로 살해된 사람은 같은 기숙사 학생들인 것으로 밝혀졌다. 실제 사건이 일어난 시기는 2월 13~15일 사이이며, 마가작은 2월 15일 곤명에서 광주(廣州)를 거쳐 삼아(三亞)로 도망쳤다가 3월 13일 경찰에 체포되었으며, 4월 24일 일심에서 사형선고를 받고, 6월 17일 총살당했다. 마가작은 재판을 받는 과정에서도 사형을 원했기 때문에 그의 부친이 고용한 변호사의 접견도 거부했다고 한다.

이 사건은 중국 내 뿐만 아니라 해외 매스컴에서도 주목 받는 사건이 되었다. '마가작'의 사건은 그 넓은 중국에서 일어날 수 있는 단순 살인사건에 지나지 않는 데, 왜 이렇게 큰 센세이션을 불러일으켰는가? 처음에는 이 사건이 마가작 개인의 아주 비인간적이고, 대담하며, 잔혹한 면이 주로 부각되었고, 차츰 대학사회에서 일어나고 있는 모순, 나아가 중국사회 모순과 갈등의 한 단면을 보여 주었다는 데서 중국사회에 충격을 주었다.

언론매체가 밝힌 마가작 살인동기

겨울방학임에도 불구하고 일거리를 찾기 위해 마가작은 집으로 가지 않았고, 동급생 소서걸(邵瑞杰)과 당학이(唐學李), 공박(龔博)도 일찍이 학교로 돌아와 있었다. 안건이 발생하기 며칠 전 마가작과 소서걸 등 몇 몇 룸메이트들이 마작을 할 때, 소서걸은 마가작이 패를 속였다고 의심해서 둘 사이에 마찰이 발생했고, 친한 룸메이트인 공박(龔博)과도 덩달아 멀어져 마가작은 이 둘을 살해하기로 마음먹었다.

마가작은 피를 적게 보면서 살해할 수 있는 도구로 해머를 구입하고 자루를 아주 짧게 했다. 동시에 시체를 쌀 수 있는 흑색의 큰 비닐 포대를 구입했다.

같이 살해된 당학이(唐學李)는 원래 학교에서 기숙하지 않고, 바깥에서 살고 있었으나, 아직 방학이 끝나지 않아 기숙사 침실이 비어있는 관계로 잠시 학교기숙사로 옮겨와 묵고 있었다.

마가작은 당학이의 출현으로 그의 살인계획이 지장을 받자 13일 저녁 먼저 당학이를 살해하고는 검은 비닐포대 속에 넣어 옷장 속에 감추었으며. 14일 저녁 소서걸을 살해하고 같은 방법으로 시체를 유기했다. 15일 점심 때, 마가작이 기숙사에서 소서걸을 살해 시 남긴 혈흔을 지우고 있는 참에 양개홍(楊開紅)이 마작 판에 끼도록 권유하러 들어오자 살인이 발각될 것이 두려워 불문곡직 같은 방법으로 살해했다. 그날 저녁 마가작은 공박(龔博)의 방을 찾아가 자기 방에서 마작을 하는 데 한명이 부족하다면서 공박보고 참가해달라고 했고, 공박이 들어오자, 역시 살해했다.

처음에 중국의 매체는 마가작과 살해된 4명의 학생과의 관계는 모두 평소 마작을 하면서 친하게 지냈으며, 특별한 원한관계가 없었고, 살인의 동기가 아주 단순했다고 보도했으나 그가 총살형을 당하고 난 뒤, 중국사회는 차츰 냉정을 되찾고 그가 살인을 하게 된 원인(遠因)과 배경을 심층 깊게 분석하기 시작했다.

마가작의 성격

마가작은 광서(廣西) 빈양현(賓陽縣)의 빈한한 농가출신이며 어려서부터 공부를 잘하여 그 집안의 희망이었고, 마씨 가문의 유일한 대학생이었다.

마가작은 고 1년 시절 전국 올림픽 물리경시대회에서 2등을 차지하는 등 성적은 우수했으나, 성격은 고독하고 민감하며, 인간관계가 좋지 못했다. "성적이 좋으면 모든 단점을 덮어준다"는 중국의 속담대로 입시위주

교육은 그의 인격형성에 어떤 도움도 주지 못했고, 호구에 바쁜 부모는 그에게 어떤 가정교육도 시킬 수 없었다.

마가작은 2000년 곤명시에 있는 중점대학인 운남대학에 합격해서 그 마을에서 최초로 중점대학에 입학하는 영예를 안았다.

그러나 그의 대학생활은 비참했다. 농촌생활과 도시생활간의 수준의 차이, 시골중학교와 도시대학 간의 문화의 차이 등에 늘 자비감(自卑感)을 가지고 있었으며, 조그만 일에도 마음에 상처를 입고, 복수심이 자리 잡게 되었다. 집안이 가난한 관계로 학교에서 주는 보조금으로 공부를 했으며, 보조금을 받지 못할 때는 먹는 것조차 해결하지 못했고, 입는 옷도 대학입학 시 입었던 그 옷을 삼년 넘게 입고 다녔으며, 발에는 늘 슬리퍼를 한 짝이 걸려있었다.

농촌대학생의 대학생활

북경 수도사범대학의 2004년도 학비는 5,000원이었으며, 기타 비용을 합하면 약 7,000원 가량이었다. 한국도 마찬가지지만 사범대학의 입학금이나 수업료는 다른 대학보다 비교적 싼 편이다. 농촌대학생은 이 학자금을 마련하기 위해 마을 친척들의 힘을 빌리게 된다.

현재 중국 전체 대학생들 가운데 빈곤층은 30%로 300만 명 정도이며, 극빈층은 10~15%정도로 이들은 한달에 대개 100원(한화 약 15,000원)으로 생활한다. 이들 대부분은 농촌 출신이다.

시골이나 농촌학생들의 현상태를 벗어나는 유일한 방법은 열심히 공부하여 도시의 중점대학에 입학하는 것이다. 그들은 대학 입학을 전후해서 아주 심한 압박을 받는다. 대학에 합격하는 것이 첫 번째 관문이요, 합격 다음에는 바로 학자금 마련 문제다. 그 다음은 대학생활 과정에서 겪는 여러 가지 어려움 등이다. 또한 인기 있는 학과나 유명대학의 학비는 보통 대학보다 더 높다.

북경청소년발전기금회의 조사에 따르면, 북경에서 월 생활비가 200원 미만이면 빈곤학생으로, 100원 미만이면 극빈학생으로 분류된다. 이런 기준으로 볼 때, 빈곤학생은 북경의 대학생 총수의 15%이상을 차지한다고 한다. 또 빈곤학생의 7할 이상이 의식주 등 일상생활에 영향을 받으며, 식비를 절약하기 위하여 하루 두 끼를 먹거나 또는 한 끼 먹고 한 끼 굶는 일을 보통으로 한다.

재정적 곤경을 해결하기 위해 이들 학생들은 통상 교외(校外)에서 가정교사를 하거나, 성적이 우수한 학생은 동급생 또는 하급생에게 과목을 지도해서 수입을 올린다. 그러나 중국 대학의 구조상 대학생들의 아르바이트는 쉽지 않다.

중국에서 빈곤학생이란 개념이 출현한 것은 1998년부터다. 이전 중국 대학의 입학금은 소액이며 동일했고, 대학교육은 기본적으로 무상이었다. 1998년 5월, 중국교육부는 대학생 모집규모를 확대하면서, 무상에서 유료로 전환하기 시작했으며, 이것이 개혁개방으로 확대되기 시작한 사회의 빈부격차가 대학 내에도 확산되는 계기가 되었다.

도시학생들이 농촌학생들을 경원시 하는 이유는 다음과 같다.(이 자료는 북경이 모 대학 홈 페이지에 올려져 많은 학생들로부터 비판을 받았던 글이다.)

더럽다. 매주 한 번도 안 씻는다.

흙이나 때가 많다. 옷에 온통 흙투성이다.

작은 데 너무 집착한다. 물건값을 깎는 것 말할 것도 없고 무슨 물건이든 절약하고 또 절약한다.

공공도덕이 부족하다. 아무데서나 크게 떠들고, 아무데나 버리고, 화장실에서 물을 내리지 않는다.

길눈이 어둡다.

사는 물건은 모두 '짝퉁'이다.

공부도 못 한다.

이런 인식의 확산으로 6인 거주 기숙사 내에 농촌학생이 낄 경우, 그는 쉽게 '왕따' 를 당하게 된다.

농촌학생들이 대학생활에 적응하지 못하는 방면은 다음과 같다고 한다.

"농촌과 도시의 완전히 다른 생활환경, 여러 부문에서 현대화된 것, 예를 들어 휴대폰, 컴퓨터 등을 사용할 줄 모른다. 또 학습에 적응하지 못한다. 시골의 중 · 고등학교에서는 특출했으나, 대학에 들어오면 점점 그 우세점이 상실되고 새롭게 자리매김한다. 다음은 문화에 부적응한다. 즉 위생습관이라든지, 생활습관 등 모두가 도시의 규격화에 들어오지 못한다. 마지막으로 심리적으로 적응하지 못한다. 많은 빈곤학생들은 심리상태가 균형을 이루지 못하고 있다. 가정과 사회에 대해서 원한을 품고 있으며, 동급생을 배척한다."

농촌학생들은 표면상으로는 강하고 자부심이 대단한 것 같으나, 내면으로는 약하고 자비심(自卑心)에 빠져있다. 이런 것은 종종 여러 과정을 거친다. 이런 과정은 개인의 성격과 외부환경의 공통으로 영향을 받는다. 일부는 빠르게 변화하고 적응하려 하나, 뜻대로 되지 않게 되면 성격은 아주 소극적으로 변해지고 부족한 부분에 대해서는 갈수록 민감해진다. 위의 예를 든 마가작의 경우가 바로 이런 경우에 해당된다고 할 수 있다.

*3. '무소불위(無所不爲)' 의 기관(機關)

중국에는 '기관' 이란 것이 있다. 물론 한국에도, 어느 국가에도 모두 있다. '기관' 은 영어로 'Organ' 이라 번역된다.

중국사람들은 모르는 사람과 처음 인사를 나눌 때, 어느 '단위(單位)' 에 근무하느냐 라고 묻는다. 이때 '기관공작(機關工作: 기관 근무)' 라고 대답하면 한수 득보고 들어간다. 중국의 '기관' 이 한국의 '기관' 과 차이가 있음을 말해는 대목이다.

한국의 '기관' 은 주로 '어떤 역할과 목적을 위하여 설치한 조직' 으로 통칭된다. '보도기관' 이나 '첩보기관' 등이 여기에 해당된다. 통상 일반적인 정부기구나 공공기구를 '기관' 으로 잘 호칭하지 않는다.

중국의 '기관' 은 아주 광범위하다. "사무를 처리하는 부문 또는 기구" 로써 이 속에는 '하이칼라' 라는 개념이 포함되어 있고, 당 · 정 기구 전부와 당 또는 정부의 보조를 받는 모든 단체, 국유기업체가 '기관' 으로 통칭된다.

중국에서 '기관근무' 는 아주 평온하고, 등 따시고 배부르다. 기관의 일은 크다면 크고 작다면 작으며, 상 · 하 · 대 · 소 모든 방면에 걸쳐 있다. '기관근무' 는 바쁠 때도 있고, 한가할 때도 있다. 바쁘면 눈코 뜰 새 없지만, 한가할 때는 신선같이 하루 종일 신문만 읽거나 잡담만 한다. 외부 사람들이 볼 때 기관은 기관만이 가지는 행복과 즐거움이 있으며 권위가 있다. 기관의 일이란 참 오묘하여 중국사람들은 일생을 근무해도 해당 기관의 업무를 다 파악하지 못하는 구석이 있다.

중국은 전통적으로 관 본위(官 本位) 사회다. 관 본위가 이 기관에서 극치를 이룬다. 기관은 크고 작고 간에 그 내부는 피라미드 구조를 이루고 있다. 중국의 기관은 대부분 3개 계층으로 나뉜다. 영도간부 계층, 중간간부 계층, 일반직원 계층이 그것이다.

제1 · 2계층은 정직(正職)과 부직(副職), 제1인자 · 제2인자 등으로 구분된다. 계급 없는 사회를 지향하는 중국에서 실제로 기관은 등급이 삼엄한 작은 사회다. 이 작은 사회 안에 모두의 사회적 지위는 직무(職務: 우리의 직급)로 결정되며, 직무가 높으면 지위도 높고, 낮으면 지위도 낮다. 직무가 낮은 사람은 직무가 높은 사람의 말을 듣게 되어있다.

기관의 이익은 직무에 따라 분배된다. 사원이 1, 부과장 1.5, 과장 2, 부국장 2.5, 국장 3 등으로 차등 분배된다. 이익의 분배는 모두 권력의 대소와 관련 있으며, 권력자의 수중에는 권력에 따르는 각종 이권이 있다. 출처 불명의 거액의 재물은 모두 권력을 가진 자의 것이며, 사원이나 권력이 없는 자는 눈먼 돈을 얻기가 아주 곤란하다. 따라서 기관에서 사람의 이상(理想)을 실현하는 방법은 천편일률적이다. 즉 승진하기 위해 투쟁한다. 부과장은 과장이 되기 위해, 과장은 부국장이 되기 위해, 부국장은 국장이 되기 위해서. 어떤 사람들은 일생을 부과장이나 과장이 되기 위해 분투하고 그렇게 되었을 경우 인생의 가치를 실현한 것으로 간주한다. 기관의 가장 민감한 문제는 바로 간부를 선발하는 것이다. '팔선과해(八仙過海)'[85] 방법을 동원하여 선발되려 한다. 중국의 기관은 겉보기에는 평온하나 내부의 경쟁은 무척 치열하다.

중국의 기관은 일종의 교육(?)을 선도하는 기능을 가지고 있다. 기관은 '관시'의 중요성과 그 본질을 알게 한다. '관시'를 알지 못했던 상태에서 '관시'를 아주 중요하게 여기는 경지까지, '단독투쟁'에서 '관시 연결투쟁'까지. 기관에 오래 근무한 사람치고, '관시'의 복잡한 연결고리를 모르는 사람이 없다. 표면적으로 볼 때, 모두가 하는 일이 근무처럼 보이고, 근무가 기관의 핵심처럼 보인다. 그러나 실제는 한 사람에 대한 평가 내지는 선발이나 물질적 이익의 분배는 모두 간부의 손안에 달려있다. 모두가 살아남기 위해서 영도들의 주위를 맴돈다. 그렇지 않고는 곧 바보 취급당한다. 아무리 재능이 있고 지조가 굳은 독립적인 인격체라 할지라도 영도들에게 접근해서 영도들 수발하지 않으면, 영도들도 돌보지 않는다. 그래서 '기관근무' 가운데서 가장 기피하는 것이 '괘씸죄'이다. 중국의 기관에서

85) 八仙過海: 八仙이란 한종리 · 장과로 · 한상자 · 이철괴 · 조국구 · 여동빈 · 남채화 · 하선고 등을 말하며, 이들이 바다를 건너는 방법은 각자가 가진 재능을 동원하여 건넜다는 데서 유래하여, "제 각기 나름대로의 방법을 가지고 있다"는 뜻으로 쓰인다.

는 '주관(主觀)' 이나 '오기(傲氣)' 라든가 '고집(固執)' 같은 것은 안 통한다. 그것은 곧 영도들로부터 "문제가 있다" 또는 "계속 그러면 전망이 없다"는 얘기를 듣게 된다.

중국의 기관은 보기에 아주 그럴듯하다. 바람도 안 불고, 햇볕도 안타고, 대다수 사람들의 근무하는데도 피곤하지 않다. 수입도 괜찮아 사람들이 선망한다. 그러나 기관은 나름대로의 부드러운 함정이 된다. 재능이 출중한 사람이 기관에 오면, 현 상태로서는 기관에 적응하기가 부적합하다는 것을 발견하고 번뇌하기 시작한다. 그 속에서 사람들은 하루하루 둥글고 매끄럽게 변해간다. 적자생존(適者生存)하기 위해 많은 정력을 기울여 '관시' 를 맺고, 쓸데없는 말을 하고, 거짓말을 한다. 그리하여 그의 재능은 '범용(凡庸)' 으로 변해간다.

중국의 기관은 정말 어떤 때는 한국의 그것보다 한술 더 뜰 때가 많다.

● 태자당, 비서방, 공청단파

최근에 중국 당 · 정에 소위 '무리' 에 관한 말들이 중국 외의 언론뿐만 아니라 중국 내에서 조차 공공연히 거론되는 명칭들이 있다. 이름하야 '태자당(太子黨)', '비서방(秘書幇)', '공청단파(共靑團派)' 라 불리는 것 들이다.

'태자당' 은 혁명세대들의 혈통을 타고난 후대들에 대한 총칭이다. '태자당' 은 겉으로 보기에는 대단한 결속력을 지닌 것처럼 보이지만, 실상은 중공 상층부의 장기적인 정치투쟁으로 인한 적대적인 감정이 '태자' 들 사이에 유산으로 남아 이름만 그럴듯한 할뿐 실속은 없다. 즉 군과 정계, 실업계에서 당 고급간부 자녀들은 부모의 후광으로 작은 고지를 하나씩 점령하고 각자의 영역을 구축하고는 있으나, 부모세대의 시시비비와 서로의 경쟁으로 인해 겉보기 보다는 알력이 많고, 단합해서 외부의 충돌에 공동대처하는 노력은 없다.

유명한 태자당은 등소평(鄧小平), 엽검영(葉劍英), 왕진(王臻), 박일파(薄一波), 이서환(李瑞煥), 오란부(烏蘭夫), 이붕(李鵬), 강택민(江澤民), 만리(萬里), 섭영진(聶榮臻) 가족 등이 있다. 이들 가족은 정 · 재계, 군대 내에서 일정한 지위를 형성하고 있다. 전부 선대들의 후광이 대부분이다.

'태자당' 의 범위는 차츰 제2 · 3대 영도 층으로 그 범위가 넓어지고 있다. 대표적인 것이 강택민과 이붕의 아들이 있으며, 전형적인 권력형 부패로 중국인민들의 지탄을 받고 있다.

비서방은 비서로 시작해서 청운의 길에 오른 사람들의 무리를 말하며, 이들은 원래 모시고 있던 상사와 직계관계를 유지하고 있어, 상사가 승진하면 함께 영광을 누리게 되고, 상사가 실격하면 함께 슬퍼해야 하는 공동운명을 지니고 있다. 이 비서방의 특징은 혁명세대 출신을 중심으로 라인이 형성되어 있으나 비서출신끼리 횡적인 관계는 별로 없으며, 비서출신의 관리가 비서출신의 상사를 직속상관으로 모시고 있는 경우나, 비서출신의 상사가 비서출신의 부하를 데려다 양성하는 경우는 찾아보기 힘들거니와 혹여 비서출신의 고위급 상사를 모시고 있는 비서출신의 관리라 할지라도 같은 비서출신이라는 이유로 그 상사에 대해 목숨을 걸고 충성하지 않는다.

호랑이는 고양이를 보면 자신과 닮았다 해서 갈기갈기 찢어 죽인다는 속설과 같은 것일까? 따라서 이 또한 세간에 알려진 것보다는 결속력이 없다.

공청단파는 공청단 계통에서 발전해 권력층에 승진한 사람들을 말하지만, 더 세분하면 넓은 의미에서 '공청단파' 와 좁은 의미에서 '공청단파' 가 있다. 광의의 '공청단파' 는 공청단 계통에서 일정한 영도 업무를 맡았던 사람들을 다 포함한다. 협의의 '공청단파' 는 공청단 중앙에서 일정한 직급의 영도업무를 맡았던 사람을 일컫는다. 예를 들어 서기나 부장 등의 직급이다.

공청단은 태자당이나 비서방에 비해서 파벌다운 파벌을 유지하고 있다. 각자 자신만의 산채(山寨)를 만들고 있는 태자당이나, 비서 출신들끼리 뭉치지 못하는 비서방에 비하면 공청단파는 감정적으로 끈끈한 유대를 이어가고 있으며, 지난날의 상 · 하급 관계와 그 후에 중앙에서 서로 맺어진 사업관계의 처리를 아주 잘하고 있다. 이는 업무적으로 인연을 맺고 서로 장점에 따라 발탁해주고 발탁되기 때문에 출세나 승진을 위해서 필요하고 또 차기 자신의 바탕이 될 수 있다는 점에서 아주 현실적이 어느 '당', '방', '파' 보다 결속력이 강하다고 할 수 있다. 공청단 출신인 호금도의 인맥 형성을 보면 이를 확연히 알 수 있다.

1990년 후반부터 중국 정계에는 소위 '4대 금강(金剛)' 이란 말이 떠돌기 시작했다. 비서방이 조용히 사라진 대신에 해외에서 유학하고 귀환한 '해귀파(海歸派)' 와 '지방실력파' 들이 등장하여 '태자당 '과 ' 공청단파 '와 어깨를 나란히 하고 있다.

● 운율을 가미한 중국사회의 풍자(諷刺)

중국말에는 사성(四聲)이 있다. 중국사람들이 말하는 것을 들으면 마치 노랫소리를 듣는 것 같다. 말의 높낮이 장단이 적절히 어우러져 있다. 거기에다 오언절구(五言絕句), 칠언절구(七言絕句)로 시의 형태를 따고 순구류(順口溜)[86]를 가미하면 절묘한 노랫가락이 형성된다.

중국사람들은 어느 정도 운율을 좋아하느냐하면 국가에서 적(敵)이라는 개념을 규정하는 데도,

일개대수(一個對手 하나의 맞상대): 美國

---

86) 순구류(順口溜)란, 즉흥적인 문구에 가락을 먹여서 노래하는 민간예술의 한 가지로, 일종의 민요라 할 수 있는데, 사회현상을 반영하는 것으로 중국이 사회적으로 변혁을 겪을 때, 유언비어와 함께 많이 난무한다.

양개원려(兩個遠慮 두 개의 장기적 걱정거리): 俄, 日

삼개근려(三個近慮 세 개의 가까운 걱정거리): 台灣, 南沙, 朝鮮半島

사개관주(四個關注 네 개의 관심지역): 印度, 中央亞, 新疆, 香港, 澳門 이라고 말한다.

다음은 순구류 유의 사회풍자 몇 가지를 소개하고자 한다.

강택민이 집권하면서 개혁으로 흐려진 사회분위기를 일신하기 위해 "강학습(講學習), 강정치(講政治), 강정기(講正氣)"[87]를 일컫는 소위 '삼강교육(三講教育)'을 제창했고 '97~'98년은 '삼강교육' 붐이 절정에 달했다. 그러나 일반 중국 라오바이싱[老百姓]들은 대체로 냉담했고 이를 풍자해서 다음과 같이 말했다.

中央正在講三講(중앙은 현재 삼강을 말하나),

認認眞眞走過場(정말로 건성건성 지나가는 구나).

問題出在前三排(문제는 앞에 앉은 삼열에서 나오고),

根子就在主席台(그 뿌리는 바로 주석단에 있도다).

윗물이 맑아야지, 아랫물보고 먼저 맑아라하는 것은 안 된다는 얘기다.

工農商學兵[88], 都刮吃喝風

(공농상학병 모두가 먹고 마시는 풍조일세).

---

87) 삼강교육이란, 1995년 9월 당시 당총서기였던 강택민이 중공 제14기 5전중회에서 "고급간부, 그중에서 먼전 성위(省委) 서기와 성장, 부성장, 중앙위원, 중앙정치국위원들은 마땅히 강정치(講政治)를 해야한다"고 강조한 이래 이것을 체계화 하여 동년 11월 25일 〈인민일보〉에서 〈강학습, 강정치, 강정기〉라는 평론을 발표했다. 주요 내용으로, 講學習은 이론과 지식, 기슬을 학습하는 것이며, 講政治는 정치의 방향/입장, 정치기율, 정치감별력, 정치예민성을 말하는 것이며, 講正氣는 당의 혁명과 건설사업 가운데 형성된 전통과 작풍, 진지, 원칙을 견지해야 된다는 것이다.

88) 工農兵商學이란, 노동자, 농민, 병사, 학생, 소상인을 일컫는 것으로 모택동이 말하는 소위 프롤레테리아와 연합이 가능한 계급이다.

當官不怕喝酒難, 萬盞千杯只等閑
(관리는 마시는 것 어렵지 않으니, 천잔 만잔은 보통일세).
鴛鴦火鍋騰細浪, 海鮮燒烤走魚丸
(원앙 신선로 보글보글, 각종 산해진미 그 속에서 끓는구나).
桑拿按摩周身暖, 麻將卓前五更寒
(사우나 안마로 몸은 데워지고, 마작 판 앞에는 오경의 새벽이 차구나).
更喜小姐白如雪, 三陪過后盡開顔
(아가씨 살결이 백설같은 데, 진탕 놀고 나니 얼굴 가득 웃음일세).

모택동의 유명한 시인 〈장정(長征)〉을 모방해서 먹고 마시고 노는 것을 풍자한 순구류다.

貪官汚吏, 滿天遍地(탐관오리 온 천지).
揮霍錢財, 花天酒地(돈 재물 물 쓰듯, 여자와 술 온 천지).
群衆吃苦, 怨天怨地(군중이 살기 힘드니, 원성 온 천지).
'天地' 라는 말을 넣어 탐관오리의 폐해를 노래한 것이다.

매관매직에 관한 이야기도 있다.
生命在于運動, 提升在于活動(생명은 운동에 있고, 승진은 활동에 있다).
不跑不送, 聽天由命(뛰지 않고 보내지 않으면, 천명을 들어야 하고);
光跑不送, 原地不動(단지 뛰기만 하고 보내지 않으면, 항상 제자리);
又跑又送, 提拔重用(뛰고 보내야, 승진되고 중용된다).
열심히 뛰어다니고, 선물 · 뇌물을 부지런히 보내야 만 승진이 되고 중용이 된다는 이야기다.
등소평이 개혁개방을 하면서 내세운 "한 개의 중심, 네 개의 기본원칙"을 빗대어 한 말이 있다.

大吃不大喝(많이는 먹되 많이 마시지 말고),

受禮不受賄(선물은 받되 뇌물은 받지 말고),

喜新不厭舊(새것을 좋아하되 옛것도 싫어하지 말고),

風流不下流(풍류를 즐기되 난잡하지 말고).

셋 째 줄의 '새것' 이란 2호, '옛것' 이란 조강지처를 지칭하는 말이다.

적절히 즐겨야지 도를 넘으면 문제가 생긴다는 교훈적인 이야기다.

"國民黨稅多, 共産黨會多(국민당은 세금이 많고, 공산당은 회의가 많다)"라는 말이 있다. 본래 공산당이 집단지도체제에서 출발하다 보니 자연 회의가 많고, 또 길기로 유명하다. 회의를 한 번 시작해서 1시간 이내로 끝내는 회의가 없고, 긴 것은 며칠 씩 걸린다. 다음은 이런 양태를 비꼬는 말이다.

會議多得沒法數(회의가 많기로 헤아릴 수 없고),

開得人人只叫苦(회의하는 사람 모두가 괴로울 뿐),

只要你能挺的住(오직 당신이 이를 버틸 수 있는 것은),

保准練成鐵屁股(무쇠 엉덩이로 단련시키는 방법만 있다).

다음은 회의 모양이다.

會前握握手(회의 전에는 악수 악수),

會上擧擧手(회의 시에는 거수 거수),

會完拍拍手(회의 끝날 시에는 박수 박수),

會後不動手(회의 끝난 후에는 손 쓸 일 없네).

회의 시 손[手]이 하는 역할을 그렸다. 회의 시작 전에 모두 웃음 띤 얼굴로 서로 악수하고 회의 중에는 단지 찬성을 표시하는 손들기, 끝날 때 우레 같은 박수소리, 그러면 할 일이 없어진 회의 참석자들의 역할을 아주 간결하게 표현했다.

'관시' 와 관계되는 말이 빠질 수 없다.

辦事都得憑關系(일 하는 것 모두 관시에 기대야),
有了關系靠關系(관시 있으면 관시에 의지하고),
沒有關系找關系(관시 없으면 관시를 찾게나),
難找關系買關系(관시 찾기 힘들면 관시를 사야하네).

돈과 권력, 여색에 관한 이야기는 영원한 화두다.

男人有錢就變壞(남자는 돈 있으면 바로 변질되고),
女人變壞就有錢(여자가 변질되면 바로 돈이 생긴다).

중국이 국유기업을 개혁하는 과정에서 수많은 정리해고자가 나왔으며, 이것이 '90년대 중반부터 현재까지 중국의 사회문제가 되고 있다.

最想的是上崗(가장 바라는 건 취직이요),
最怕的是離廠(가장 겁나는 건 공장을 떠나는 것),
最倒霉的是老三屆[89](가장 재수 옴 붙은 세대는 노삼계),
最擔心的是物价漲(가장 걱정되는 건 물가 오름일세).

이외에도 중국사회를 풍자하는 순구류 등은 무수히 많다. 중국인들은 사회의 한 단면을 이렇게 풍자함으로써 그들 나름대로의 카타르시스를 느끼는 것 같다.

---

89) 老三屆란, 중국에서 1966~1968년까지 삼년동안 중 · 고교 졸업생을 일컫는 것으로, 1966년 문혁이 일어나면서 대학입시가 정지되어 대학 진학을 할 수도 없었고, 직장도 찾지 못했다. 이들은 또 '지식청년' 으로 간주되어 '下放' 되어 문혁이 끝난 후에야 도시로 돌아오게 되었으며, 그들이 돌아왔을 때는 이미 대학입학 연령을 훨씬 넘긴 뒤였기 때문에 교육을 제대로 받지 못한 대표적인 세대가 되었다. 따라서 중국의 정리해고 대상자는 주로 이들 세대가 될 수밖에 없다.

*4. ‘사방달통(四方達通)’ 의 관시[關係]

● 중국에서 관시란?

중국어에서 사람과 사람과의 연결고리를 ‘관시[關係]’ 라고 한다. 우리말의 ‘관계’ 보다는 한층 더 깊은 의미가 있으며 때로는 “줄을 대다”라는 뜻으로 쓰이는 등, 이를 사용하는 경우에 따라 풍기는 뉘앙스는 독특하다. 물론 관시라는 용어가 국제관계니, 중일관계 등 폭넓게 사용되나 여기서 다루고자 하는 것은 주로 인간관계(人際關係)에 관한 것이다.

‘관시학’ 은 동서고금을 막론하고 모두 있게 마련이나 중국에서의 ‘관시’ 는 유별나다.

중국사람들은 말한다.

“관시가 없으면, 기백이 당당해도 문을 두드리는데 어딘가 미안하고, 문에 들어가서도 얼굴보기 쉽지 않고 일 보기도 난처하다. 바로 앞에 문이 있어도 들어갈 문은 없다.”

“관시가 있으면, 남이 너를 위해 뒷문을 열어주고, 일 보기가 순조롭고, 관례를 깨기도 하고, 우선권을 주기도 한다. 문 뒤에 서도 문이 있다.”

중국에서 ‘관시학’ 을 연구하면 작은 자본으로 큰 소출을 거둘 수 있다. 관시는 바로 왕도(王道)요 지름길이다.

● 처세술로서의 관시

중국생활에서 관시 구축은 매우 중요하다. 신경 쓰이는 사람과 확실한 관시를 만들어놓지 않으면 불편한 일이 많이 발생한다.

어떤 특정한 목적을 위하여 인간관계를 이용하는 것을 중국에서는 '라관시[拉關係]' 또는 '까오하오관시[搞好關係]' 라 하고, 관계 네트워크 구축을 '관시왕[關係網]' 이라 한다.

관시학의 시장은 넓고도 다양하다. 국가 급 프로젝트에부터 부족한 상품구매, 취직이나 전직 · 승진, 이동이 통제되던 시절 지역이동, 치료 등 건강유지, 주택분배, 정치적 보증이나 출세, 교통수단 이용, 교육, 서비스업, 심지어는 옥중에서 사람 회유하는 일까지 모두 이 관시가 이용된다.

특히 주택을 얻는데 관시가 동원된다. 지금은 거의가 상품주택이나 과거에는 소속 단위에서 주택을 분배했다. 한세대 평균 3~4명이 10평이 채 못 되는 좁은 집에서 거주하는 사람들의 입장에서는 보다 넓은 집이나, 채양이 잘되는 집을 선호하기 마련이다. 이런 조건의 집을 얻는 데는 엄연히 주택분배기준은 있으나 같은 조건이면 관시가 있는 사람에게 보다 양호한 주택을 준다. 주택은 "순간의 선택이 영원을 좌우"한다. 따라서 주택분배권을 가진 단위의 장(長)이나 담당자에게 손을 써는 것은 당연하다.

관시는 비단 중국이나 대만에서 뿐만 아니라 해외 화인들 사이에서도 통한다. 동남아는 대개 화인들이 상권을 잡고 있다. 동남아에서 중국인들과 거래를 할 때는 반드시 화인을 고용하는 것이 사업에 유리하다. 화인사회에서는 '신용', '관시', '감정의 교류' 가 매우 중요하다.

우리나라도 지연, 학연, 혈연 등이 널리 통용된다. 이런 의미에서 우리도 '관시' 사회라 할 수 있다.

● 관시를 유지하는 방법

중국인과 관시를 맺을 때는 개인 간의 관계가 추상적인 이념이나 우정에서 생겨나기도 하지만 물질적인 기반 위에서 형성되는 경우가 많다. 구체적인 물질, 즉 식사나 선물, 뒷돈의 거래에서 관시가 이루어진다.

관시를 유지하는 가장 보편적인 방법은 함께 식사[吃飯]를 하는 것이다. 중국인들이 단지 한 끼 때우는 식사는 아주 간단하다. 혼자서 보통 국수나 밥 한 그릇에 반찬하나 얹어 식당 구석에 앉아 고개를 푹 파묻고는 말없이 그리고 열심히 먹고는 금방 일어서 나가버린다. 여기서 식사는 우리가 통상 이야기하는 '會食'이다. 앞에서 말했듯이 요리와 술이 곁들어져 거하게 먹어야 한다. 중국인의 습성에 맞추어 같이 큰 소리로 떠들고, 화첸[劃拳]을 하면 더욱 좋다.

다음은 선물주기[送禮]다. 중국에서는 선물을 '예물(禮物)'이라 하고, 선물을 보내는 것을 '송례(送禮)'라고 한다. 중국에서 선물을 하는 목적은 명확하다. 특별한 대우를 하거나 그에 대한 보답을 바랄 때다. 때와 장소를 맞춰 '송례'를 잘하면 상대와의 관시는 오래도록 큰 힘을 발휘하게 된다.

실례로, 2000년 정초 중국을 방문한 아내 친구와 우리가족은 패키지 상품으로 중국인들과 함께 호남성 장가계(張家界) 일대를 관광했다. 장가계는 고래로 무릉도원(武陵桃源)으로 칭해지던 곳이라 이곳의 경관은 말로 표현할 수 없을 지경이었으나, 여행상품이 저렴하다 보니 호텔시설이나 종업원의 서비스 모두가 엉망이었다. 아내는 도착하면서 종업원에게 조그만 선물과 함께 팁 2달러를 주었다. 중국에서는 팁 문화가 없다. 그 종업원은 표정이 금세 달라지더니 청소는 물론이고 화장지, 타월, 온수 등을 가외로 가져다주고 필요하면 언제든지 불러달라고 했다.

사업상 관시를 유지하는 결정적인 기반은 바로 리베이트다. 사업으로 생긴 이익의 일부를 담당자 개인에게 환원함으로써 관시를 유지하는 시스템은 중국에서 보편화 되어 있다. 계획경제 시절에는 드물었으나, 개혁개방으로 시장경제가 활성화 되면서 중국 전역에 리베이트가 널려 있다.

중국인의 관시는 개인을 중심으로 퍼져나가기 때문에 신축이 자유로운 만큼 누가 누구와 관시가 있는지 외부에서는 잘 알지 못한다.

중국에서 사업하던 중 관시를 맺은 사람이 이동하게 되면 그때부터 거래가 완전히 마비된다. 거래관계가 법인 대 법인이라기보다는 개인 대 개인의 관시로 형성되어 있기 때문에 새로운 관시를 만들지 않으면 안 된다. 따라서 어떤 특정인과 관시를 맺고 다른 사람과의 관시를 소홀히 하면 이는 예비대를 보유하지 않은 군사작전과 같다.

● 메이관시[沒關系]의 세계

관시를 맺은 사람들 사이에서는 상대적으로 강한 친밀감이 생긴다. 반면에 관시가 없는 사람들 사이, 즉 메이관시 끼리는 상부상조는커녕 때로 적대시하는 감정, 그야말로 "만인의 만인에 대한 투쟁"이 지배한다.

버스나 지하철역에서 중국인들은 대부분 줄을 서지 않고 주변사람을 밀쳐서라도 자기가 먼저 타려고 한다. 혹시 아는 사람이 있으면 자리를 양보하기도 하지만 모르는 사람끼리는 절대 자리 양보란 없다.

우체국에 가보면 가관이다. 우표를 사려는 사람, 소포의 무게를 달려는 사람 등이 아무렇게나 창구에 달라붙어 "내말 좀 들어라달며" 손을 내민다. 직원도 내민 손을 마음대로 골라서 귀찮다는 듯이 일을 처리한다.

중국에서의 상거래는 메이관시 사람들끼리는 서로 다가서는 것부터 시작한다. 그리고 지루한 흥정이 시작된다. 모르는 사람끼리 사업은 서로 속일지도 모른다는 경계심 때문에 시간을 들여 타협점을 찾는다.

중국에서 메이관시 세계는 냉정하고 두려우며 어두운 세계다.

중국인은 일상적으로 관시를 이용하고 있으면서도 사람들은 그것을 약간은 꺼림칙하게 생각하거나 되도록 이용하지 않는 것이 바람직하다고 여긴다. 특히 젊은 층으로 갈수록 더하다. 그러나 몇 천 년의 전통이 몇 십 년의 서구적 의식으로 바뀔 수는 없다.

공산당은 집권 초기 반봉건주의 영향을 받아 관시를 이용한 모리(謀利)

를 경계했다. 그러나 개방이 되면서 관시를 이용하는 것을 크게 죄악시 하지 않는다. "어쩔 수 없다"는 반응이다.

중국인은 자신이 관시를 이용하는 것에는 관대하면서도 메이관시한 인물이 관시를 이용하면 비판한다.

"내가 하면 로맨스요, 남이 하면 스캔들이다."

● 관시를 지탱하는 것, 그리고 종류

먼저 혈연관계(血緣關係)다.

중국말을 처음 배울 때, "안녕하십니까[你好]?"란 말과 함께 "성함이 무엇입니까[您貴姓]?"이란 말을 배운다. 성(姓)은 중국사회에서 매우 중요하다. 공산당이 집권하면서 족보를 없애 한동안 종친회 모임이 뜸했으나 최근에는 이런 모임이 활성화 되고 있다. 특히 화인이나 화교들이 대륙을 출입하면서 옛날의 전통을 살리고 있다. 중국사회에서 같은 성을 가진 사람끼리 조직을 만드는 데는 같은 성, 즉 같은 피를 공유한 사람들은 그 이외의 사람들과는 다르다는 의식이 있기 때문이다. "동성불혼(同姓不婚), 이성불양(異姓不養)"이란 말이 있다. 가까운 동성끼리는 결혼할 수 없고, 다른 성은 양자로 받지 않는다는 말이다. 양자(養子)는 대개 동성에서 데려온다. 이는 우리와 비슷한 풍습이다. 따라서 이 혈통주의는 관시를 지탱하는 기본이다. 정치세계에서 태자당이 득세를 하고 가족과 친족관계를 이용한 부정부패가 끊이지 않는 것도 혈연에 의한 관시라 할 수 있다.

"호랑이를 잡는데도 친형제가 필요하며, 전쟁에 임해서도 부자병(父子兵)이 필요하다." 여기서 부자병이란 아버지와 아들처럼 일치단결된 강한 군대를 말한다. 혈연관계는 협력하는 쌍방이 철저하게 공통의 목표를 향해 일할 수 있으며, 예상되는 모순도 혈연으로 봉합될 수 있다는 것이다. 또 그 성과와 영예는 혈연으로 공동 향유할 수 있다. 이 혈연관계의 견고

함은 역대 제왕(帝王)들로 하여금 '원흉'을 처벌할 때, 구족을 멸하여 후환을 끊는 수단으로 사용했다.

다음은 동향관계(同鄕關係)다.

북경시에는 절강성 사람들의 모여 사는 절강촌이 있고, 동삼환로에 조선족이 모여 사는 고려촌이 있다. 이와같이 북경은 중국의 각 지방사람들이 모두 모여드는 곳으로 곳곳에 특정지역 출신들이 군락을 이루며 살고 있다.

예를 들어, 절강촌에는 대부분 의복가공과 관련된 상업에 종사하고 있으며 그들은 여러 경로의 관시를 이용하고 있다고 한다. 북경에 정착할 때도 지연을 이용하고, 독립할 때도 필요한 노동력을 고향에서 끌어들인다. 중국에서 지연은 관시 구축의 기본이다. 같은 마을에서 자랐다는 것은 상호간의 이해를 돈독히 하며, 혈연관계 다음으로 서로를 잘 안다. 앞에서 명 태조 주원장의 예를 잠시 들었지만, 주원장이 어릴 때 친구들의 함께 힘을 합쳐 중국대륙을 석권하고 나라를 세운 일화는 대표적인 일이 된다.

특수하기는 해도 전우관계(戰友關係)다.

한국의 해병전우회는 세계 어느 곳에도 조직되어 있고, 그 결속력이 대단함은 누구나 익히 안다.

중국도 마찬가지다. 항일전쟁, 국공내전, 한국전쟁을 통해서 맺어진 전우관계는 단순히 상하관계나, 친구사이를 뛰어넘으며 공리적(功利的)인 색채가 약하다. 전쟁을 통한 관시 외에도 같은 군영에서 몇 년을 생사고락을 같이 한 경우는 끈끈한 정으로 맺어질 수밖에 없다. 여기서 형성된 신뢰관계는 혈연관계를 넘어서기도 한다.

마지막으로 동창관계(同窓關係)다.

혈연과 지연에 비해서 약하고 또 우리나라보다는 강도가 떨어지기는 하나 최근에는 동창관계, 즉 학연도 중요한 관시 중에 하나가 되고 있다. 특히 유명한 대학출신 별로 소위 '청화방(淸華幇)' 또는 '북경방(北京幇)'이란 말이 생겨나고 있다.

학업과정에서 어떤 사물에 대해 서로 공통의 관점을 가지게 되면 평생을 돈독하게 보내는 친구관계가 된다.

위의 여러 관시에서도 항상 예외는 있다. 당태종이 왕권을 탈취하기 위해 자신의 친형을 살해한 사건이라든지, 황포군관학교 동문들은 국공내전 기간 서로 총부리를 겨누었다.

● 자기인(自己人), 외인(外人), 숙인(熟人)

"자먼쓰쯔지런[咱們是自己人: 우리는 한 몸]"이란 말이 많이 쓰인다. 당신과 나 사이에 한 몸인데 이것저것 구별할 것이 있느냐라는 의미다. 혈연관계를 공유한 사람들은 서로를 '자기인(自己人)'으로 대접하고 친한 존재로 인정한다. 자기인 사이에서는 자타가 명확하지 않으며 전체적인 체면을 공유한다. 즉 개개인의 체면을 의식하는 일이 드물고 감정적으로 서로 융합하고 있는데 그 배후에는 물질적인 기반이 존재하는 경우가 압도적이다. 부모는 자식에게 중상모략 당하는 것을 참지 못하고, 동생은 형의 성공을 자신의 일처럼 기뻐한다.

혈연관계가 아닌 사람도 '自己人'으로 인정하는 경우가 있다. 혈주를 마신 후에 의형제를 맺고 결속을 다지고 서로를 비호하고 원조한다. 이것은 일종의 비밀결사의 원천이 된다. 의형제를 맺는 것을 중국에서는 '결배형제(結拜兄弟)'라고 한다. 삼국연의에서 나오는 '도원결의'가 전형이다. 의형제 관계를 맺으면 자타의 경계가 모호해진다. 어디부터가 자신이고, 어디부터가 타인인지가 불확실해진다. 관우(關羽)는 유비(劉備)가 출타 중일 때, 유비의 부인이 자신을 유혹하려 했다고 해서 살해하고 유비가 돌아온 후에 이를 유비에게 보고한다. "아내는 의복이요, 형제는 수족이다"라는 관념에서 유비는 이를 너그러이 용서한다. 현대의 상식으로는 이해가 안가는 장면이다.

한편 '외인(外人)'이란 것이 있다. 외인들 사이에는 "불강인정(不講人情: 인정을 논하지 않는다)"라는 말이 있다. 여기에는 공평의 원칙만 작용할 뿐이다. 외인들 사이에는 서로의 체면을 유지하려 들지 않는다. 실로 치열한 경쟁만이 있다. 사람들은 타산적이고 협조하지 않는다. '메이관시'의 세계 그대로다.

서로 아는 사이 또는 단골손님 등을 '숙인(熟人)'이라고 한다. 평유[朋友]가 되기 이전 단계라 보면 된다. 중국에서 관시의 공식을 복잡하게 하는 것이 바로 숙인 때문에 일어난다. 숙인관계에서는 사회적 교환을 의식한다. 투자한 비용에 어느 정도의 보답이 있을까, 과연 투자할 가치가 있는 가 등 상대방과의 거리를 재기 위해서는 세심한 계산이 필요하다.

*5. 중국인의 '자존심', 멘즈[面子]

'면자(面子)'를 우리말로 단 한마디로 변역할 수 없다. 중국에서 말하는 '面子'에는 수많은 뜻이 깃들어 있다. 단순히 얼굴이란 뜻에서부터 체면, 정의(情誼), 정분(情分), 외관 등 아주 다양하다. 따라서 '面子'의 의미를 그대로 간직하기 위해서는 소리 나는 대로 '멘즈'라고 하는 것이 좋을 것 같다.

중국인은 자기주장은 강하면서 좀체 미안하다[對不起]라는 말은 않는다. 말하는 순간부터 체면이 깎이고 손해 본다고 생각한다. 그리고는 주로 '책임이 없다[沒關係]' 또는 '모른다[不知道]'라고 말한다. 철저히 개인주의가 아니면 살아남기 어려운 사회라서 그런지도 모른다. 또 문화대혁명의 영향도 크다고 할 수 있다. '투쟁과 투쟁'의 와중에서 자신의 잘못을 인정하는 것은 자신의 몰락을 의미하기 때문이다.

● 중국인에게서 먹는 것, 宴會

우리도 과거에는 아는 사람을 만났을 때, "아침 드셨습니까?"라고 했다. 먹는 것이 가장 우선이었기 때문이다. 중국인들도 먹는 것을 아주 중시 여긴다. "식사하셨어요(吃飯了嗎)?"라는 말은 지금도 중국에서 흔히 쓰이는 인사말이다.

해결해야 할 일이 있어도 "아직 밥을 못 먹었는데"라고 말하면 "그럼 식사부터 빨리 하세요"라고 무죄 방면된다. 국공내전이 한창 치열할 때도 점심시간만 되면 약속이나 한 듯이 총성이 멎고, 양쪽은 솥을 걸고 밥을 지어먹고는 한숨자고 나서 다시 전투를 시작했다는 일화가 있다. 지금은 그렇지 않지만 얼마 전만 해도 남자가 여자에게 식사를 같이하자고 하는 것은 '연인관계'로 발전하자는 일종의 프러포즈였다.

먹는 것에 공을 들이는 중국사람들인 만큼 식사를 매개로 많은 인간관계가 형성되는 것은 이상한 일은 아니다. 게다가 거의 모든 신용관계가 식사를 매개로 성립된다고도 할 수 있다. 식사를 같이 한다는 것은 그만큼 친밀한 관계임을 내외에 선포하는 효과를 갖으며, 적어도 세 번은 같이 식사를 해야 밀접한 관계를 맺을 수 있다. 중국인들은 첫 번 만남은 陌生[낯설다], 두 번째는 熟[잘 알다], 세 번째부터는 朋友[친구]로 표현한다. 여기서 만남은 단순한 대면이 아니라 푸짐하게 한상 차려 같이 식사하는 것을 말한다. 따라서 중국인들은 적절한 시기에 회식을 준비하고, 그 자리에서 확실한 신용관계를 맺는다. 이런 작업을 순조롭게 할 수 있다면 중국에서의 생활이 궤도에 올랐다고 하겠다.

식사 시, 동따오주[東道主: 호스트]는 자신의 젓가락으로 음식을 집어 상대방의 접시에 올려준다. 이것은 극진한 친절의 표현이다. 음식은 나중에 젓가락질하기 지겨울 정도로 올라오지만 어떤 음식이든 한번은 젓가락을 대야하며, 먹다가 어질러 놓아야 동따오주에 대한 예의로 통한다.

중국인의 식탁은 주로 원탁이다. 동따오주가 좌정하면 통상 우측과 좌측을 번갈아 가며 손님의 중요도에 따라 앉히며, 동따오주와 마주 보는 자리가 말석이 된다. 최근에는 중국도 부부동반 할 경우가 많은데, 동따오주의 부인이 동따우주 맞은편에 앉고, 좌 · 우측에 번갈아 부인들을 번갈아 앉히는 수도 있다.

공식적인 연회는 반드시 동따우주가 일어나 환영 스피치를 하고, 이에 화답하여 주빈이 일어나 답례 스피치를 한다. 한국처럼 술잔을 교환하지 않는다고 해서 자작은 금물이며, 술을 권하면 사양하지 말고 같이 마시고 또 권해야 한다. 서로 술이 취하면 자기 말만 하게 되는데 끝까지 들어주는 것이 친구로 만드는 첩경이다.

연회비용은 당연히 동따오주가 부담하며, 참가자들에게 비용을 나누는 것을 아주 싫어한다. 주빈은 다음에 반드시 답례 연회를 베푸는 것이 예의다.

중국에는 "톈샤메이유뿌산더옌회[天下沒有不散的宴會]"란 말이 있다. 즉 아무리 즐거운 연회라도 반드시 끝날 때가 있다는 뜻이다. 연회란 그만큼 생에 있어서 즐겁다는 것을 표현하는 말이다.

● 멘즈를 세우다

연회에서 같은 식탁에 앉은 사람에게는 최소한 한번씩이라도 건배를 해야 한다. 어떤 특정한 사람만 건배를 하면 다른 사람들은 불평등 대접을 받는다고 여긴다.

'홍안병(紅眼病)' 이란 말이 있다. 남이 출세하거나 유명해지는 것 또는 이익을 보는 것을 부러워하고 시샘하는 것을 말하는 데, 중국인들은 대범한 것 같아도 이외로 이런 증세가 많다. 연회에서 주빈이 동따오주 한 사람에게 선물을 준비하는 것은 모두 받아들이나, 몇 개를 더 가져가서 일부

사람에게 만 주는 것은 금물이다. 못 받은 사람들은 바로 홍안병에 걸리며, 비즈니스는 실패할 확률이 높다.

가끔가다 보면 북경의 거리에서 싸우는 광경을 목격하게 된다. 싸운다고 해서 폭력을 휘두르는 것이 아니고 주로 말로 싸운다. 서북이나 동북지방의 싸움은 그야말로 주먹과 흉기가 오고가기 때문에 여기서는 제외한다.

젊은 여성과 초로의 여성이 무엇 때문인지 큰소리로 싸운다. 고성(高聲)에 주변에 있던 사람들이 점점 모여든다. 중국인들은 구경하기를 좋아한다. 구경꾼이 많아지면 두 여성은 위축되기는커녕 오히려 자신의 옳음을 증명하기 더욱 큰소리로 온갖 논리를 개발해서 구경꾼까지 설득한다. 자존심 때문이다. 삿대질은 하되 손찌검은 하지 않는다. 구경꾼들은 양편으로 나누어서로 "불난 집에 부채질"까지 해댄다. 그러면서 즐긴다. 그사이 상대편을 매도하는 것도 지쳤고, 계속 입씨름하는 것이 실익이 없다고 판단하면 목소리가 슬그머니 낮아지고 어느 틈엔지 구경꾼들이 하나 둘 흩어지면, 싸움은 그야말로 "태산명동서일필(泰山鳴動鼠一匹)"이 된다. 쉽사리 끝날 일이 구경꾼 때문에 공연히 정력과 시간을 낭비한다. 그놈의 멘즈가 무엇인지.

중국에서나 중국인과 활동을 할 때, 적절히 추켜세워 주는 일을 잘해야 한다. 음식이 입에 맞지 않아도 "최고의 요리 솜씨"라 하고, 만나는 부인이 젊으면 아름답다, 뚱뚱하면 후덕하다고 해야 하며, 애들을 보면 무조건 예쁘다 총명하다 하고, 상대편의 조그만 장기에도 잘 한다고 하면 망외의 소득을 거둘 수 있다. 상대편의 기분을 올려주는 것은 바로 체면을 세워주는 것과 통한다.

● 멘즈의 등급

중국에서 멘즈는 한 사람의 '기준'이요, 일종의 '면허증'으로 사람을 대함에 멘즈부터 본다.

먼저, 멘즈의 크고 작음, 두터움과 엷음, 안색 등은 '겉모습'이며, 이것으로 멘즈의 가치를 판단하고, 멘즈를 대하는 태도를 정한다. 멘즈에 대한 정확한 판단은 풍부한 경험과 초인적인 지혜, 근엄한 태도와 탁월한 재능이 없이는 어렵다. 따라서 대인관계에서 멘즈를 어떻게 보느냐는 한 사람이 나서 죽을 때까지 못다 배우는 필수과목이다.

중국사람들은 거의 모든 일을 멘즈로서 大小를 논하고, 사리(事理)를 밝힌다. 또 멘즈 속에 사람의 등급이 있고, 세상이 있다.

멘즈를 크게 두 등급으로 나눌 수 있다. 하나는 관(官)이요, 다른 하나는 민(民)이다. 일반적으로 관은 귀하고 민은 천하다.

라오바이싱[老百姓]의 멘즈는 작고 빛이 없어, 만약 관 멘즈와 부딪칠 경우 직접 면대하지도 못한다. 두 멘즈의 가치가 틀리기 때문에 반드시 머리를 숙이고 도망가야 한다.

▲ 사실 라오바이싱에게서 멘즈란 별 것 아니다. 북경의 여름철, 그늘이 있으면 웃통을 벗고 드러눕는게 일상이다.

만약 관 멘즈가 라오바이싱의 멘즈를 살핀 후, "머리를 들라"라는 은혜를 베풀면 "감사합니다"라고 해야 하고, "앉을 자리라도 내주면" 더 높은 은총이 될 것이다. "말이라도 걸어올라치면" 더욱 은혜로워 감격의 눈물을 흘리지 않을 수 없다. 희미하고 작은 라오바이싱의 멘즈가 밝고 큰 관 멘즈와 대화라도 할라치면 이 대우는 삼생(三生)의 행운이요, 조상의 음덕 결과라. 이러할 진데 대화 시에는 반드시 눈에는 겁먹은 표정을 담고, 공손해야 하고 마주섰을 때는 반드시 허리를 굽혀야 한다. 절대로 자신의 권리라고 해서는 안 되며, 자신의 의무라고 해야 한다. 만약 자신의 멘즈 가치를 잊어버리고, 관 멘즈와 평등을 다투거나 자유를 요구하면, “규칙을 모른다” “받들 줄 모른다”고 여겨 축출당하고, ‘대면’의 ‘은혜’를 박탈당하며, 무거우면 곤장을 맞고 옥에 갇히게 되어 쥐와 더불어 암울한 날을 보낸다.

관 멘즈가 중국사람들의 생활을 먹구름같이 에워싸고 있는데, 중국에서 어찌 관 멘즈가 유아독존이라 하지 않겠는가?

중국인은 모두 대명(大名)이 있고, 관명(官名)을 짓는다. 이는 바깥에서 관 멘즈를 볼 때 사용한다. 따라서 대명을 짓는 데는 그 요구가 엄숙하며, 깊이 연구한다. 아명(兒名)처럼 마구잡이로 짓지 않는다. 커면 바로 ‘관리’가 된다. 설사 관리가 되지 못해도 관리의 위세를 가진다. ‘벼슬 모자’를 쓰고, ‘관화(官話)’를 사용하고, 길도 관도(官途: 대도)를 걷고, 관아(官衙) 근무를 행운으로 여기고, 하급관리도 마다 않는다. 먹는 것도 관반(官飯)이요, 글을 써도 문장은 관문(官文)이며, 시끄러운 일은 바로 관사(官司)에서 해결한다.

바로 이런 관 멘즈에 관한 재미있는 사례가 있다.

명조 초기, 남경(南京)에 도읍을 정한 주원장(朱元璋)은 신왕조의 멘즈를 세우기 위해 남경성을 수리하려 했으나, 전쟁을 겪고 난 뒤라 국가재정이 말이 아니었다. 이때 남경의 대부호인 심만산(沈萬山)이 남경성을 수리하는 비용의 반을 대고, 또 주원장을 대신해서 “군사들을 위로하겠다”고 제의했다. 그는 새로운 황제 주원장으로부터 칭찬을 듣고 신임을 얻을 것으로 생각했으나, 주원장은 이를 받아들이지 않았을 뿐만 아니라, 오히려 괘씸죄를 씌워 목을 베게 했다. 다행이 후덕한 마황후(馬皇后)의 간청 덕으로 염라대왕과의 면담은 미루어지지 않았으나, 전 재산은 몰수되고, 본인은 운남으로 귀양 갔다.

심만산은 자기 재산의 쾌척으로 새로운 황제의 말 궁둥이[馬庇][90]를 두

---

90) 拍馬庇란, “말 궁둥이를 두들기다”는 뜻인데, ‘아첨하다’라는 말로 변질되었다.

들긴다고 생각했으나, 잘못 말발굽[馬脚]을 건드려 한방에 채여 버렸던 것이다.

사실 심만산은 상인으로써는 상당히 뛰어난 자질을 가졌고, 멘즈를 보는 데도 전문가 수준이었으나, 단지 관본위 사회에서 어떻게 관 멘즈를 보고, 처리해야하는 데는 미숙했다. 주원장의 입장에서 볼 때, 자신은 왕조의 멘즈인데, 어찌 상인인 심만산의 '도네이션' 에 감읍하겠는가? 이를 받아들이는 것은 '천자' 의 멘즈에 문제가 있다. 하물며 천하의 재물이 제 것인데. 심만산의 불행은 관 멘즈가 얼마나 중요하며, 바로 보고 바로 사용해야 된다는 귀감이 된다.

또 하나의 사례가 있다.

북경의 대로는 보통 편도 4차선은 된다. 길을 건너는 데는 건널목도 있고, 지하도도 있다. 중국사람들은 건널목이나 지하도를 잘 이용하지 않으려는 습성이 있다. 차가 쌩쌩 달리는 데도 그 속을 뚫고 도로를 가로지른다. 창살 모양의 중앙분리대가 사람의 키만큼 높은 데도, 남자 · 여자 · 어린애 구분 없이 잘도 넘어 다닌다. 여자는 치마를 훌러덩 걷어붙이고 넘는다. 보통 때 교통경찰은 이를 보고도 못 본척한다. 그 만큼 관대하다. 그런데 특별히 단속하는 때가 있다. 무슨 행사가 있거나 국빈행차가 있을 때는 곳곳에 공안이 깔린다. 이때는 절대로 도로를 가로지르지 못한다. 만약 무단횡단에 걸리면, 공안은 그를 현장에서 '개 패듯' 패버린다. 소위 '딱지' 는 없다. 떼 바야 범칙금을 내지 않기 때문이다. 이유는 간단하다. "아무것도 아닌 네가 내 눈 퍼렇게 뜨고 단속하는데 그 앞을 지나가면 내 멘즈가 뭐가 되느냐"다. 바로 단속하는 "공안의 관 멘즈"를 전혀 고려하지 않았다는 것이다. '얻어터진' 그도 "재수 없다" 한마디 하고 사라져버린다.

6. 배설에 대한 중국인의 인식

● 무단방뇨로 벌금

지난 '93년 여름 국방정보본부 요원이 단체로 중국대륙을 여행한 적이 있다고 소개했다. 당시 우리 일행이 장백폭포를 방문했을 때, 그 장엄한 폭포와 손이 시리도록 차고 맑은 물에 감탄하였다.

남자들이란 쏟아지는 물줄기를 바라보면 자연 변의를 느낀다. 손자를 안고 오줌을 누일 때, 할아버지가 손자를 따라 바지에 약간 오줌을 지리는 것과 같은 현상이리라. 우리 일행도 변의를 느낀 건 자연의 섭리다. 문제는 주변을 둘러봐도 공중화장실은 없고, "이곳에 쓰레기를 버리거나 용변을 보지 마시요"라는 경고 팻말만 보였다. 우리 일행 중에 한사람이 슬그머니 덤불 속으로 사라지는 것이 보였다.

내가 말렸다.

"여기서 용변 보지 말래."

"아무데서도 안 보이잖아."

'그 사람' 이 허리춤을 여미면서 덤불 속에서 나오자 어디서 나타났는지 팔에 빨간 완장을 두른 청년이 나타나 눈을 부라리며 다짜고짜 벌금을 내라고 한다. 벌금 50원! 꼭 적의 매복에 걸린 기분이었다.

용변을 보지 말라면 공중화장실을 설치해놓아야지 그것도 없이 무조건 금지하면 되느냐라는 항의에 그 청년은 화장실 설치는 자기 소관이 아니며 자신은 위반을 단속할 뿐이라고 했다. 파 놓은 함정에 걸려든 것이다. 아마도 순진한 한국인(백두산 관광의 외국인은 대부분 한국인이었음) 다수가 이 덫에 걸려들었으리라. 중국사람들이 이런 하찮은 일로 절대로 벌금을 내지 않으니까.

'98년 2월, 가족과 합류하고 난 뒤 나는 아내와 아이들을 데리고 북경에서 제일 좋은 영화관으로 갔다. 무슨 영화인지는 생각이 나지 않았는데, 영화보기 전, 용변을 볼 생각으로 화장실을 찾았다. 시원히 방뇨하고 돌아서는데 바로 내 뒤에서 웬 라오톨[老頭兒: 나이든 사람]이 좌식 변기에 쪼그리고 앉아 신문을 펴들고 있는 게 아닌가? 사타구니를 훤히 드러내고서. 들어갈 때는 오로지 배설이 목적이었기 때문에 소변기만 똑바로 보면서 갔지 주변의 환경을 돌아보지 않았다. 시골에서 문짝 없는 대변기는 보았지만 명색이 '首都電影館[수도 영화관]' 인데, 이럴 수가!

여성화장실로 들어갔던 아내와 딸애는 그냥 나와서 나와 아들을 기다리고 있었다. 벌레 씹은 얼굴을 하고서.

그것이 일 년 지내면서 반개형(半開形) 문짝으로, 다시 이년이 지내고서는 개폐형 문짝으로 교체되었다. 개폐형 문짝도 허리 높이 정도로. 이것은 북경과 상해 등 국제적인 도시에 한해서다. 중국은 화장실에 문짝 다는 것에 왜 그렇게 인색할까?

● 중국 화장실 역사

우리도 그랬지만, 먹고 난 뒤에 뒤처리 문제는 중국도 거의 관심을 두지 않았다고 해야 맞을 것이다.

흥미로운 일은 자금성(紫禁城)이나 이화원(頤和園) 등 그렇게 화려하고 잘 짜여 진 건축물 내에 최근에 만든 화장실 외에 건축 당시부터 있었던 화장실이 없었다는 것이 정설이다. 이런 현상은 우리의 경복궁도 마찬가지다. 그러면 그 속에서 생활했던 사람들의 용변은 어떻게 처리했을까?

자료에 의하면, 중국의 화장실 유물 중에서 가장 오래된 것으로는 한(漢) 시대의 소변 항아리인 호자(虎子)를 들 수 있다. 호자의 유래는 다음과 같다. 중국사람들은 상상 속의 기린을 아주 상스러운 동물로, 모든 짐승의 왕으로 여기고 있었다. 그래서 기린이 나타나면 황제나 성인이 탄생하는 징조로 믿고 있다. 이 기린이 용변을 볼 때는 호랑이가 엎드려 고개를 들고 입을 벌리면, 기린은 그 속에 오줌을 누었다고 한다. 이 전설에 따라 요강이 호랑이 모양, 즉 호자로 된 것이다.

한을 부흥시킨 무제(武帝)는 옥으로 된 변기를 사용했으며, 일이 끝나면 시종이 뒤처리를 하였다고 한다. 무제는 자신의 변기를 두는 곳을 헌중(軒中)이라 하였다. 이 헌은 나중에 뒷간을 뜻하는 측(厠)에 해당한다.

청 황실의 유물이기는 하나 이화원에는 의자 밑에 호자를 놓고 사용한 유물이 있다. 변기는 사용하는 사람의 신분에 따라 다르기는 해도 대체로 표주박 모양의 구멍이 나있는 상자에 앉게 되어 있었고, 그 상자 속에는 盆이 들어있었다. 이 분은 은이나 동으로 만든 것으로 용무가 끝나면 종들이 뚜껑을 덮어 밖으로 가지고 나갔다.

황제가 야외에서 갑자기 용변을 보게 될 경우, 환관이 황색의 유포로 가림 막을 친다. 용무가 끝나면 여관(女官)이 그 안에 들어가 장방형으로 자른 종이를 부드럽게 비벼 뒤를 닦아주고, 손 씻는 물을 바치고, 씻고 나면 양 끝에 아름답게 수를 놓은 손수건을 바친다. 우리네 왕들도 이러했으리라.

귀족이나 호족들은 규방마다 변기를 두고 그 그릇을 청유(淸鍮)라고 불렀다. 놋쇠로 된 요강인 셈이다.

삼국시대인 위(魏)에 와서 오늘날 중국의 가정에서 흔히 볼 수 있는 나무를 파서 만든 변기인 마통(馬桶)이 생겼다. 이 변기는 낮에 사람들 눈에 잘 뜨이지 않는 곳에 보관되었다가 밤에 침실 옆에서 사용되었다. 호자가 주로 소변을 위해 쓰였다면 마통은 대소변을 겸용한 실내 변기인 셈이다.

마통은 일종의 항아리로서 조그만 생맥주통 같이 생겼으며 밖은 옻칠을 했다. 허리춤에는 구리로 띠를 둘렀고, 뚜껑은 몸통과 같이 옻칠을 한 것도 있지만 때때로 금색으로 장식된 것도 있다. 마(馬)라는 말에서 연상되듯이 마치 말 잔등에 탄 것처럼 앉아서 용무를 보게 되어 있다. 지금도 중국의 시골을 여행하다 보면 아침 일찍 아낙네들이 마통을 가까운 개울가로 가지고 가서 씻고 있는 모습을 볼 수 있다. 그들은 대나무를 잘게 썰어 만든 솔로 그 속을 씻어낸다.

단지 용변만을 보는 장소는 화장실이라 할 수 없다. 화장실은 세면과 목욕시설이 갖추어져야 한다. 중국의 옛 궁정에는 목욕탕 시설이 따로 마련된 곳이 없다. 서안의 남쪽에 있는 화청지(華清池)에는 당 현종과 양귀비가 온천물에 목욕했다는 대형 욕조가 있기는 하지만 이는 극히 예외적인 일이다. 과거 로마가 사치의 극으로 대형 목욕탕을 만들고는 귀족들이 그곳에서 휴식과 사교의 장소로 사용했던 것에 비하면 동방의 문화는 일본을 제외하고는 목욕문화가 발달하지 않은 것만은 분명하다.

● 공중변소는 반상회 장소

도시에는 공중변소가 보편적이다. 중국은 변소를 '측소(厠所)', 공중변소는 공측(公厠)이라 하며, 대도시 골목길에 어김없이 '厠所' 또는 '公厠'이라고 써 놓은 블록으로 된 5~7평 규모의 건물을 발견하게 된다. 우리도 재래식 화장실을 이와 유사한 측간(厠間)이란 용어를 사용한다. 빌딩 안에 있는 현대식 화장실을 중국은 세수간(洗手間) 또는 고상하게 관수실(盥漱室)[91]이라 한다. 따라서 측소는 단지 용변만 보는 곳을 말한다.

대부분의 중국 공중변소는 출입문이 없을 뿐만 아니라 칸막이도 없다. 설사 칸막이가 있다 하더라도 그 칸막이는 허리 정도의 높이일 뿐, 쪼그리고 앉으면 옆 칸 사람의 가슴 위가 다 보인다. 공중화장실에서 일을 보다가 옆 사람과 눈이 마주치는 것은 일상이다. 화장실에 누가 있는 지 노크

91) 관수실(盥漱室): 盥은 대야, 漱는 양치질을 말하는 것으로 대야에 물을 담아 세수를 하고 양치질을 하는 곳을 말함.

할 필요가 없고, 아침마다 만나기 때문에 자연 이웃의 안부를 알게 된다. 화장실에 앉아서 그날의 조간신문을 읽거나 서로 관심사를 토론한다. 마치 우리네의 반상회하는 것과 같다. 중국사회가 '단위'로 구획되어 있기 때문에 이웃에 사는 사람들 대부분이 같은 단위에 있는 경우가 많다. 공중변소가 활성화된 이유 가운데 하나가 재래식 가옥 가운데 화장실을 따로 둔 가옥이 드물기 때문이다. 중국, 특히 북경의 전통가옥은 사합원이며, 한 가족이 살도록 마련된 주거공간이다. 공산당 정권이 들어서면서 무산계급이 이 사합원을 무단 점거하여 한 사합원에 10가구가 살게 됨으로써 이곳이 자연 슬럼화 하여 주거환경도 열악해졌고, 공동 배설문제도 심각해졌다. 궁여지책으로 마련한 것이 동네마다 공중변소라는 것을 마련한 것이다.

▲ 도심 한가운데 있는 "공공(公共) 위생간(衛生間)", 즉 공중 화장실은 비교적 괜찮은 편이다.

공중변소에 칸막이를 제거한 것은 문화대혁명의 유산이다. 변소 같은 데서 은밀히 만나 밀모(密謀)를 하지 못하도록 하기 위해서다. 또 '반동분자'를 색출하기 위해서 세작(細作)이 변소에 은밀히 쭈그리고 앉아 남의 밀담을 엿듣고 당위원회 고자질을 했다고 한다. 이런 저런 사유로 해서 화장실의 문을 없앤 것은 중국역사의 산물이라 할 수 있다.

농경사회는 모두가 마찬가지이지만, 사람이나 짐승의 배설물은 바로 거름으로 사용되는 등 더불어 살기 때문에 그 자체가 아주 친숙하다. 따라서 중국사람들은 화장실을 "지저분하고 배설행위만 하는 곳"이 아니라 일종의 정보교환 장소로 알고 있다.

한국의 재래식 화장실도 사실은 거적으로 가려놓았을 뿐 그 속에 사람이 있는 것은 밖에서도 확인이 된다. 본래 노크는 서양식이고 우리는 헛기침으로 모든 걸 대변했다. 우리는 시아버지와 며느리가 같은 '장소'에서 마주치는 것을 피하기 위해 내측(內厠)과 외측(外厠)으로 나누어 놓았다. 그런데 중국은 이를 엄격히 가르지 않은데서 약간의 문화적 차이가 있다.

*7. '사회의 활력' 음주

● 중국에서 술이란?

중국사람들의 음주는 이들의 생활양식 중에서 중요한 위치를 차지하고 있다. 중국술의 기원은 오래다. 중국사람들은 하왕조(夏王朝) 시대 두강(杜康)이 최초로 술을 빚었다고 한다. 적어도 BC 2100년 전 쯤 된다. 중국인들은 고대에서부터 지금까지 사람을 사귀고 인격을 논함에 있어 술이 중요한 척도가 되어왔다.

중국사람들의 술자리는 주흥이 무르익으면 아주 시끄럽다. 그러나 무질서해 보이는 가운데서도 보이지 않는 술자리 예절이 있다. 특히 주의할 점은 술을 마실 때 상대방의 눈을 보며 같이 술잔에 입을 대고 같이 입을 떼야한다는 점이다. 상대방과 눈을 마주치지 않고 혼자 빨리 마시면 그 상대방과 대작하기 싫다는 의미가 되고, 체면을 세워주기 싫다는 의사표시도 되기 때문이다. 술잔에 술을 가득 따르는 것은 손님을 존경한다는 뜻으로 윗사람이 먼저 따르기 시작하며, 첨잔도 무방하다. 상대가 술을 권하는데 일언지하에 거절하면 존경하지 않는다는 의미이므로, 정 마시지 못할 경우 사전에 이야기하거나, 다른 동료에게 대신 마시도록 부탁하는 것이 좋다.

한국처럼 "잔 돌리기"는 없다. 끝까지 자기 잔으로 마신다.

술잔에 술이 반 이하로 내려가면 시중드는 소저(小姐)가 와서 가득 채운다. 만약 더 이상 마시기 싫지 않을 때는 1/3 이내로 마시고 그대로 두면 된다. 음료수잔도 마찬가지다.

잔을 서로 부딪칠 때는 언제나 자리에서 일어나 가볍게 오른손으로 하며, 윗사람과 할 때는 상대방 술잔보다 약간 낮은 위치에 부딪친다. 또한 술잔을 부딪친다[碰酒]는 것은 서로 잔을 비우자는 묵계가 성립된 것이므로 잔을 부딪친 후에는 통상 건배(乾杯)를 한다. 마신 후에는 서로 상대방에게 술잔의 바닥을 보여주며 다 마셨다는 것을 증명한다.

건배는 호탕한 성격의 표현으로 많이 하면 할수록 서로 의기투합되고 친구로 사귈만하다는 의미가 내포된다. 술 마시기 싫다고 술잔을 엎어놓아서는 안 되며, 정(情)이 있으면 모든 것이 술과 같다는 중국 속담처럼 하다못해 술잔에 물이라고 담아 마시는 것의 예의다.

酒朋知己千杯少(진정 술친구끼리는 천 잔도 적고),

話不投机半句多(말이 안 통하면 반 마디도 많다).

중국사람들과 처음 대면하는 술자리에서 주량을 자랑하는 것은 금물이다. 또 술을 너무 사양하는 것도 예의에 어긋난다. 특히 비즈니스 관계로 만나는 술자리라면 전쟁을 각오해야 한다. 보통 저녁 6시(중국사람들은 저녁을 일찍 먹는다)부터 시작하면 서너 시간 동안 만찬이 이어지고 술도 엄청 마시게 된다. 예전에는 이것으로 끝났는데 요즘은 한국과 일본의 밤 문화를 닮아서인지 2차를 가게 된다. 소위 샤오제[小姐]가 있는 곳으로 간다.

중국사람들은 어지간해서 술주정을 하지 않는데, 한국사람들 중에 이런 사람들이 더러 있어 "다된 밥에 코를 빠트리곤 한다."

중국에는 "무주불성례(無酒不成禮: 술이 없으면 예의가 아니다)"라는 말이 있다. 일상의 거의 모든 행사에 술이 등장하고, 오랜 세월이 지나면서 독특한 음주문화를 형성하여 왔다.

술에 관해 시중에 떠돌아다니는 해학적인 이야기 두 편.

革命小酒[92]天天醉, 喝壞黨風喝壞胃.

(혁명이란 이름의 술로 매일 취하니, 黨風도 버리고 위장도 나빠지네.)

喝得單位沒經費, 喝得老婆分床睡.

(단위경비로 마셔 내 돈은 안드니, 마누라와 잠자리는 따로 하네.)

群衆告到黨委會, 書記說: 有酒不喝也不對.

(군중이 黨위원회에 고발하자, 書記 하는 말: 술 있는 데 안 마시는 것도 역시 나쁘네.)

즉 술로 인해 몸도 버리고 가정도 파탄이 나나, 당에서는 이를 능청스럽게 용인한다는 이야기다.

<u>返老還童(젊어지다.)</u>

喝了第一杯酒, 他覺得自己年輕了十歲.

(첫 잔 술에 10년이 젊어지고)

喝了第二杯酒, 他仿佛又回青年時代.

(두 잔 술에 청춘이 돌아 온 것 같다.)

喝了第三杯酒下肚, 他便返老還童, 成了嬰兒,

(세째 잔을 배속에 넣으니 더욱 젊어져 어린애가 되어,)

他最終爬着回家去了.

(마침내 기어서 집으로 돌아오는 구나.)

---

92) 혁명소주(革命小酒)란, 革命小組와 발음이 비슷하며 아무 곳에나 '혁명'이란 말을 붙이고, 또 곳곳에 小組[일종의 태스크 포스]가 생기니 이를 빗대서 하는 말이다.

● 하얼빈[哈爾濱]의 술

하얼빈하면 빙떵제[氷燈節]가 연상되듯이 빙떵제[氷燈節]는 하얼빈 겨울의 화려한 '얼음 축제' 다. 하얼빈뿐만 아니라 흑룡강성의 전 지역이 겨울이면 냉동고가 된다. 중국에서 제일 추운 지역이다. 겨울 한낮의 온도가 영하 10도이하다. 밤 되면 보통 영하 30도로 내려가며, 북극에 가깝다 보니 밤의 길이는 엄청 길다.

아마 겨울 하얼빈에 빙떵제가 없었다면, 얼마나 살벌했을까? 그것 때문에 이 도시는 겨울이면 활기를 띈다. 하얼빈 중심에 松花江이 관통한다. 강의 크기는 정확한 수치를 대기는 곤란하지만 한강의 몇 배다. 큰 기선이 왔다 갔다 할 정도니까. 그런데 이 강이 수m의 강바닥까지 얼어버린다. 그리고 그 강은 거대한 하나의 氷道가 된다. 강은 길인 동시에 얼음축제의 장이 되기도 한다. 빙떵제에 온 관광객들에게 얼음으로 된 온갖 놀이 시설을 만들어 즐거움 선사해준다.

하얼빈은 중국에서도 독특한 문화를 지니고 있다. 그곳은 발해(渤海)와 금(金), 요(遼)의 발상지이고, 몽고족, 만주족 등 중국의 북방계 소수민족이 잡거하고 있는 곳이며, 러시아의 피를 살짝 받은 꾸냥들과 러시아 풍의 건축물 등이 중국 본류의 문화와 대비되고 있는 곳이다.

날씨만큼이나 거주민들의 성격은 대단히 거칠다. 말보다는 주먹이 앞서고, 주먹이 나가기 전 흉기가 있다면 흉기를 든다.

하얼빈에는 일제의 인체실험장소가 있다. 소위 악명 높은 '731부대'[93]가 주둔하던 장소다. 이 유적지는 하얼빈 남쪽 20km 지점의 평방참(平房站)이라는 곳에 위치하고 있다. 지금은 이 유적지가 기념관과 공원으로 조성되어 일제의 악랄함을 영원히 기억하도록 하고 있다. 1998년 겨울, 당시

---

93) 731부대: 제2차 세계대전 때 일본이 중국의 하얼빈에 주둔시켰던 세균전 부대다. 이 부대는 건강한 사람에 대한 세균 실험과 가스 실험을 실시했다.

는 그 유적지가 일제가 철수하면서 파괴한 상태로, 이후 지역 촌민들이 무차별 개발하고 허무는 바람에 흔적이 거의 사라진 상태로 있었다.

나는 이 유적지를 방문하기 위해 하얼빈시 민족사무위원회에서 내준 승용차를 타고 갔다. 동승한 사람은 중앙민족대학의 나의 스승인 김병호 교수 부부였다. 나를 태운 차는 하얼빈 시내를 무법 질주했다. 규정 속도란 아예 없었고, 신호등 무시, 역주행 등 모든 교통사고 유발 요인을 저지르면서 달렸다. 이런 총알 · 역주행 차는 장춘(長春)에서 하얼빈을 올 때 한 번 경험한 적이 있었다.

일이 결국은 터졌다. 교차로에서 좌회전하고 있는 차를 우측에서 앞질러 급하게 U턴 해버렸다. 나는 순간 등골이 오싹했다. '끽' 하는 급브레이크를 잡는 소리가 뒤쪽으로 들렸다. 내 차가 다음 교차로에서 신호대기 관계로 멈추었을 때, 티코만한 승용차가 내 차 옆에 대드니 군복 입은 상위가 내렸고, 그는 내차 운전석 문을 펄쩍 열고는 운전기사에게 연속으로 "원투 스트레이트"를 날리고는 문을 '꽝' 닫고 신호에 따라 횡 하니 달려가버렸다. 무법질주를 교통순경이 제지한 것이 아니라 젊은 군관이 했다. 정신없이 주먹세례를 받은 운전기사는 차안에서 한동안 '푸푸' 거리더니, 다시 차를 몰았다. 순식간에 일어난 일이라 나나 김병호 교수 부부나 모두 망연할 따름이었다. 단지 '메이셔얼 바[沒事兒吧: 괜찮지]?' 라고 물었고, "메이셔얼, 메이셔얼!"이란 말만 있었다. 나는 놀랐지만 그런 일은 항다반사(恒茶飯事)라고 역시 흑룡강 출신인 김병호 교수가 말했다. 실로 말보다 주먹이 앞섰다.

하얼빈 사람들은 술을 마시는 데도 그칠 것이 없었다. 북경사람들이 사용하는 빼갈 잔 보다는 엄청 큰 우리의 소주잔보다 큰 잔으로 열성주(熱性酒)를 맹물 마시듯 들이켰다.

하얼빈 사람들의 점심은 통상 11시부터 시작된다. 겨울, 날이 밝기 시작하는 것은 8시부터이고, 출근은 9시가 넘어야 되니, 그날 점심 약속이 있으면, 사무실에는 적당히 얼굴만 내밀고, 11시부터 약속된 음식점에 나타난다. 그 지역 음식점의 특성은 손님이 자리에 앉으면 우리나라 식당에서 물과 김치 등 밑반찬이 주문하든 안 하든 바로 나오듯이, 그곳도 소채(小菜)가 나오고, 또 손님들은 앉으면서 바로 술을 주문한다. 그러니 요리도 먹기 전에 술이 벌써 두 순배 정도 돈다. 점심은 보통 1시가 되어야 끝난다. 2시까지 집에서 오침을 하고 사무실에 잠간 들렀다가 5시면 다시 저녁 먹으로 모인다. 낮술이 아직 불콰해져 있는 상태다. 저녁은 5시에서 8시까지 이어지고 그날의 일과는 끝이 난다. 적어도 술을 마셔 얼굴이 화끈거릴 정도가 되어야 하얼빈의 겨울 밤바람을 견디어낼 수 있다. 만약 하얼빈 사람들이 남방사람들처럼 덥힌 소흥주(紹興酒)나 질금거리고 있다고 생각해 보라, 전혀 어울리지 않는다.

● 조선족 동포의 술

중국조선족 민족문제 학자들은 조선족 스스로를 한민족 가운데서 '상놈문화'를 고스란히 유지하고 있다고 공언한다. 사실 연변조선족자치주에 가보면 조선시대의 하층문화가 잘 간직되어 있음이 눈에 띈다. 그 중에 달갑지 않은 것 중의 하나는 조선족 특유의 음주문화다.

한족들은 술을 마시고 주정을 부리거나 길거리에서 비틀대지 않는다. 그런데 연길(延吉)에 가면 이런 광경을 종종 보게 된다. 그들은 십중팔구 조선족이다.

조선족의 평균수명은 이미 70세를 넘어서고 있다. 그런데 남자들의 평균수명은 이에 훨씬 못 미치고 있다. 거의가 50세를 조금 넘기면 알코올중독증세를 보이는 사람이 많다. 그래서 50중반에 과부가 되는 조선족 여성의 숫자가 늘어간다. 악성 음주버릇은 조선족 부녀자들이 한국이나 대도시에 취업을 나가고 남편들의 고향을 지키면서 더해 졌다. 그들은 임대받은 농토에 예전대로 농사를 짓지 않고 중국인들에게 대여해주고 연간 소작료를 얼마간 받고, 아내들이 외지에서 벌어다 주는 돈으로 밤낮없이 노름에 몰두하고 술에 찌들어 지낸다. 거기다 연변에 뿌리내리겠다는 '착근의식(着根意識)'이 부족해서다.

강제든 자의든 조선인이 만주지역에 이주할 당시는 모두 농업에 종사했다. 비옥한 땅에는 가꾸는 대로 소출이 생겨, 그곳은 뱃가죽이 늘 등에 붙어 지내던 조선보다는 훨씬 풍요로웠다. 해방된 후 한국(또는 북조선)으로 돌아가 봐야 별 볼일 없던 그들은 만주에 눌러앉아 중국국적을 받았고, 그렇게 해서 중국소수민족 중의 하나인 '중국조선족'이 되었다. 그러나 그들은 "성공하면 언젠가 돌아가겠다"는 연어의 회귀본능을 지니고 있다. 조선족 모두가 그렇다는 것이 아니다. 적어도 조선족 2대까지가 해당된다.

조선족의 직업 변천과정도 재밌다. 농사를 짓다가 개혁개방 되면서 택시운전사-관광가이드-웨이터와 '샤오제[小姐]'로 직업의 인기도가 점점 변화되었다. 본래 조선족의 터전은 이미 한족들에 의해서 서서히 점령되어지고 있다. 그러니 연변은 더 이상 중국조선족의 터전이 되지 않는다.

뿌리가 없어지니 의지하는 것은 술이다. 조선족의 술은 중국동북사람의 음주습관과 한국인의 음주습관 가운데서 못된 것만 가지고 있다. 열성주를 물마시듯 하고, 같이 마시던 사람들과 싸우고, 거리를 나와서는 비틀댄다. 술로 인해서 만주개척시대 때의 그 악착같던 근성은 사라져가고 있다.

*8.

갈수록 요란해지는 결혼

● 결혼 카퍼레이드

중국의 길일(吉日), 예를 들어 6월 6일, 8월 8일 10월 10일 등의 날이 되면 도시의 주요 간선도로는 교통체증을 일으킨다. 검은 세단 행렬이 길게 늘어 선 까닭이다. 결혼 카퍼레이드다. 선두에는 어김없이 봉고형의 차가 뒷문을 열어젖힌 채 무비카메라가 연신 차량행렬을 촬영한다. 그 뒤 온통 꽃으로 치장되고 본 네트 위에는 신랑신부의 인형이 장식된 차가 뒤따른다. 대열에 참가한 차들은 검정색 계통의 벤츠이거나 BMW, 아오디 등이다. 面子가 설려면 신랑신부가 탄 차는 적어도 캐딜락이거나 리무진이 되어야 한다. 가문의 위세는 동원된 차량의 질과 수에 따라 가시적으로 드러난다.

이들 차량들은 한대 시간당 1~2백원씩 세를 내고 빌린 것이다. 중국인 특유의 허례허식이다. 재력가나 고위층 자제라고 생각되나 이외로 노동자나 저학력, 저소득층들일 수가 많다. 고위층 자제는 오히려 국내에서는 간소하게 하고 남의 눈이 띄지 않는 신혼여행을 멋있게 보낸다.

개혁개방 된 뒤에 졸부가 속출하는 요즘, 대만에서나 봄직한, 호텔 결혼식이 북경에서도 버젓이 열리고 있다.

본래 중국공산당은 무산계급의 결혼식이라 하여, 이웃들과 어울려 국수나 만두를 나누어 먹고, 희탕(禧糖)이라 하여 사탕 몇 알씩을 돌리는 것이 고작이었다. 실제로 외사판공실 유종빈 상위는 결혼한 뒤 기념으로 사무실 동료들에게 사탕 몇 알씩을 돌렸다고 한다.

우리는 결혼식하면 대형 예식장에서 주례가 있고, 사회자의 호명에 따라 신랑이 입장하고, 아버지가 신부의 손을 잡고 입장한 후, 신랑에게 인계하는 너무나 고식적인 장면이 떠오른다. 그러나 중국은 이와는 다르다. 결혼식이란 별도로 없다. 신랑신부가 함께 가도판사처(街道辦事處: 동사무소)에 가서 혼인신고를 하고 결혼증을 받는 것으로 끝난다. 그전에 소위 온갖 복장을 하고 사진을 찍는다. 서양식 드레스에서 중국 전통의상인 치파오[旗袍]를 입고 각종 포즈를 취하면서 찍는다. 정영상, 동영상 모두 찍는다. 야외에서, 실내에서, 침실에서.

"염불에는 관심이 없고, 잿밥에 만 관심이 있다"는 말 대로 중국의 결혼식은 뒤풀이, 즉 잔치다. 80년대 초기 대만에서 유학하던 시절, 어느 날 아침부터 아파트 주변에 큰 차일이 쳐지고 원탁이 수십 개 차려졌다. 궁금해서 중국친구에게 물어본 즉 저녁에 결혼피로연이 있다는 것이었다. 신랑신부가 혼인신고 후, 잔치자리에 나타나 친지와 친구들에게 인사하고 음식을 대접한다. 잔치에 초대받은 동네사람들은 아침부터 애들을 굶긴다. 애들이 먹을 걸 달라고 보채면, "얘야 저녁에 잔치가 있다. 조금만 참아라"고 한다. 나오는 음식은 정말 푸짐하다.

● 결혼의 형태

계약결혼

중국에는 이혼이 아주 자유롭다. 합의이혼이면 쌍방간에 위자료라는 것이 없다. 법정 소송도 없다. 결혼할 때와 마찬가지로 두 명이 가도판사처에 가서 이혼서류에 서명만 하면 된다.

이런 세태를 잘 반영한 것이 계약결혼이다. 결혼관이 지극히 서구화 되어 있는 중국의 젊은이들은 설거지와 집안청소에서부터 재산관리, 이혼할 경우 양육권문제까지 아주 세세한 부분을 계약서로 작성해 결혼하는 것이 유행이다. 생활비도 소위 'AA제'라 하여 똑 같이 부담한다.

남자가 돈이 많고 여자가 빈한할 경우, 남자가 '얼나이[二奶: 세컨드]'를 두어도 본처는 어찌지 못한다. '얼나이'가 애를 낳으면 본처는 '얼나이'의 산후구완까지 한다. 그것이 싫으면 이혼해야 되니.

반대로 여자가 활동적이고 돈을 잘 벌면, 여자가 남자친구를 집으로 데리고 와서 거실에서 노닥거리고, 남자는 주방에 들어가서 "내여자의 남자친구"를 위해 주안상을 준비한다. 남자가 능력이 없으면 이혼도 못한다. 중국사람은 그런 면에서 아주 실리적이다.

국제결혼

국제결혼은 중국여자들에게 있어 일종의 신분 상승의 기회다. 특히 미국인이나 유럽인을 굉장히 선호한다.

주중무관부에서 데리고 있던 중국인 여비서가 있었다. 이름은 고하(高霞). 호남성 출신이며 호남대학 영문과를 졸업한 재원이다. 부친은 호남성 공안국장을 지냈다. 그녀가 미국인 영어강사와 결혼하였다. 그녀의 남편은 전처와 이혼하고 중국으로 와서 학원 영어강사를 했다. 우리나라도 그렇지만 중국에도 영어 광풍이 불고 있다. 미국인은 영어 하나만 가지고 온 세계를 돌아다니며 밥 벌어 먹고산다. 그녀의 남편도 그런 부류였다. 학력은 고교졸업. 高霞는 중국 남자친구보다는 미국인 영어강사를 택했다. 맞벌이 중국인 남편, 그녀에겐 희망이 없었을 것이다.

결혼 후 계획을 물었다.

"남편과 같이 미국 들어가서 대학원에 등록하여 공부할 거예요. 아기는 갖지 않을 거예요. 전처의 자식은 시부모가 키우고 있어요. 시민권이 나오면 다시 중국으로 나올 겁니다."

모두가 그런 것은 아니지만, 미국 시민권 획득이 목적인 여자들이 많다. 미국 시민권을 가진 사람이 중국에서 일자리를 구하면 보통 중국인의 10배를 받는다. 또 중국사회에서 중국인이면서 미국인 대접을 받는다. 문제가 있으면 중국정부가 아니라 미국대사관에서 관리해준다.

국제결혼에 대한 제3자의 시각도 상당히 개방적이다. 상대가 외국인이라도 서로 좋아하면 할 수 없지 않겠느냐는 입장이다. 그러나 특히 중년층의 경우 “절대 일본인과의 결혼만은 반대”라는 사람들이 많다.

“자오즈민은 한국사람과 결혼해서 괜찮지만, 허즈리(자오즈민과 동시대 활약했던 유명한 탁구선수)는 일본사람과 결혼해서 배신감을 느낀다.”

그러나 내가 아는 조선족 학자도 그의 맏딸이 일본인과 결혼했고, 그 딸 덕에 일본 구경도 자주한다고 자랑하고 있다.

북경의 거리는 하얀 사람, 노란 사람, 붉은 사람, 까만 사람이 북적거린다. 외국인들과 교제하는 중국여성이 갈수록 늘어난다. 길거리에서 포옹하고 입맞춤하는 것도 예사다. 그리고 그녀들의 어깨에는 힘이 들어가 있다.

현지처

북경에서 북대하로 가는 길목에 통현(通縣)이 있고 통현에서 하북성으로 접어드는 길목에 화당(華堂)이란 골프장이 있다. 홍콩식으로 골프장을 운영하고 있으며, 코스가 잘 설계되어 있고, 경치도 좋아 나는 기회 있으면 이용하곤 했다. 이곳을 이용하는 고객은 홍콩인이거나 대만인이 많았다. 대개가 기업가들이다. 그 골프장은 클럽하우스 바로 앞에 연습장을 마련하고있어 옷을 갈아입고 나오면 라운딩하기 전에 바로 잠시 동안 연습할 수 있다.

그 연습장의 명물은 짧은 바지나 치마를 입은 샤오졔들이 슬리퍼 또는 굽 높은 구두를 신고 클럽을 마구 휘두르는 것이다. 그녀들은 대개가 홍콩 또는 대만 기업가들의 현지처들이다. 계약남편들이 플레이를 하는 동안 연습장에서 헌 채를 하나 빌려 휘둘러보는 것이다. 자기 돈 안 들어가니 개발 새발 마구 때린다. 계약남편보다 더 낭비한다. 이유는 코스에서 플레이 하는 것보다 인도어장이 더 비싸기 때문이다. 보통 공 1개 치는데 1원이니 우리 돈으로 150원, 100개를 치면 15.000원이다. 그녀들은 100개 만 치는 것이 아니다. 순식간에 3~400개를 치고 만다. 관리자에게 연습공이 왜 그렇게 비싸냐 했더니, 코스에서는 100개미만으로 치고 500원(한화 7만원)인데 여기서는 100개 때리고 100원이면 얼마나 싼가? 그것도 힘들게 걷지 않는데. 중국사람 다운 궤변이다.

그녀들은 소위 젊음을 파는 것이다. 그녀들은 생활비를 제외하고 한 달에 평균 5~7천원 받는다. 서비스가 좋으면 특별히 선물도 받고, 여행도 같이 다닌다. 한 3년 같이 살아주면 우리 돈으로 3천만 원 정도 벌 수 있다. 중국 노동자 한 달 평균 임금이 천원이니, 비교할 바 안 되고, 얼굴이나 몸매만 예쁘면 되니 밑천이나 품이 안 든다.

한국인 기업인 중에서도 현지처를 두고 있는 사람들이 있다. 대개가 조선족 여자들로서 처음에는 가정부로 들어왔다가, 아예 눌러앉는다. 서울의 부인도 낌새는 채고 있지만 "객지에서 술 먹고 술집여자에게 바람피우는 것보다 낫겠지, 남편만 잘 돌봐준다면" 이란 단서를 달고 묵인하는 경우가 많다.

● 고대 중국의 혼례 절차

우리말에 "육례(六禮)를 치르고 맞이한 배필"이란 말이 있다. 본처라는 의미, 조강지처(糟糠之妻)라는 의미다. 중국에서도 결혼 시 이 '六禮'를 무척 중시했다.

결혼(結婚)이란 글자 중에서 혼(婚)은 고대에는 혼(昏: 어둡다)을 썼다. 이는 혼례의 마지막 단계인 친영이 황혼 무렵에 거행되었기 때문이다. 약탈혼의 습성이 남아서 그렇다고 한다. 땅거미가 질 무렵이 신부 감을 빼앗아 오기 가장 좋은 시각이므로 昏을 쓰다가 후에 계집 女변을 가하여 오늘의 婚이 되었다고 한다. 혼례는 단지 성인남녀의 결합이 아니라 씨족(氏

族)과 씨족의 연계이며 결속을 나타냄으로 아주 중요시한다.

납채(納采): 신랑 측이 신부 측에 중매쟁이를 넣어 동의를 구한 후, 여자 측에 보내는 기러기 선물이다. 이것은 신랑 측이 여자 집안에 보내는 정식 구혼 선물이다. 기러기는 철새이며 태양을 따르는 의미로 여자가 남자를 따름을 상징한다. 기러기는 암수가 짝짓기를 하면 평생을 같이하고, 짝을 잃으면 혼자 지내는 습성을 지니는 순정이 있다.

문명(問名): 신랑 측이 신부의 부친, 모친, 조부, 증조부의 이름과 관직, 재산상황, 그리고 배항(輩行) 및 생년월일을 묻는 것으로, 이를 토대로 혼사의 길흉과 양가의 정치적, 재정적 균형을 살폈다. 문명 때 묻는 중요한 부분은 나이 차이와 띠다. 일반적으로 남자의 나이가 여자보다 많아야 했으나, 대체로 나이차가 3,6,9인 것은 피한다. 홀수를 선호하는 우리와는 차이가 있다. 이렇게 되면 남자가 일찍 죽거나 죄를 지을 수도 있다는 금기 때문이다. 또 띠가 반드시 조화를 이루어야 한다.

납길(納吉): 납길은 문명 후에 혼례의 길일을 정하고 이를 예물과 함께 신부 집에 알리는 것이다. 예물의 수는 짝수를 썼는데 홀수는 상우(喪偶: 배우자를 잃는 다는 뜻)를 뜻하기 때문이다.

납징(納徵): 납징은 신랑 신부가 서로 보내는 채례(采禮)이다. 채례는 신랑 측에서는 재물, 신부 측에서는 혼수를 보낸다. 납징은 신랑 측의 재력을 과시할 수 있는 기회로 악대가 연주를 하고 폭죽을 터트리며 골목을 돌기도 한다. 납징 때 신랑 측이 꺼리는 물품으로는 신발이 있다. 이는 신부가 신고 달아난다는 속설 때문이다.

청기(請期): 청기는 신랑 측에서 길일을 정해 놓고 겸양을 보이며, 신부 측에 최종 날짜를 정하도록 청하는 것으로서, 신부 측의 여러 가지 심리적, 신체적 상황을 고려하여 최종 길일을 통보한다.

친영(親迎): 신랑이 신부 집에 가서 예식을 올리고 신부를 맞아오는 것을 말하며, 고례(古禮)와 속례(俗禮) 두 가지 절차가 있다. 고례는 신랑이 저녁 때 신부 집으로 가서 전안례(奠雁禮)만 올리고 신부를 자기 집으로 데리고 와서 교배례와 합근례를 올리고, 이미 마련한 신방에서 첫날을 보낸다. 그 다음날 아침에 시아버지와 시어미에게 폐백을 드리고, 친척들에게도 상하의 순서로 상호례를 나누고, 사흘 동안 시댁에서 보낸 뒤 일단 친정으로 돌아간다. 그 뒤 우귀(于歸) 또는 신행이라 하여 정식으로 날을 받아 신랑 집으로 돌아온다.

속례의 경우, 신랑과 신부 집의 거리나 기타 사정으로 신부 집에서 신랑 집으로 왔다 갔다 하는 과정을 생략하고 신부 집에서 모든 예식을 치른다. 첫날밤도 신부 집에서 보내고 계속 사흘간 머무르다가 신부를 데리고 신랑 집으로 돌아온다. 이때 신부는 시부모에게 드릴 폐백을 준비하여 현구고례(見舅姑禮)와 상호례를 한다.

우리의 육례(六禮)를 올리고 혼인을 하는 풍습은 중국에서 많이 배워왔음을 알 수 있다.

*9. '미의 척도' 전족(纏足)

● 전족의 유래

중국에서 인위적으로 여인의 발을 작게 만드는 것을 '전족(纏足)'이라 한다. 중국인은 수백 년 동안 이런 전통을 이어왔다. 중국인들의 '작은 발' 선호는 그 기원이 아주 오래다. 하왕조 우(禹) 임금의 처 또는 상왕조 달기(妲己) 역시 아주 작은 발이었다고 한다. 그러나 전족의 정설은 지금부터 천여 년 전, 남당(南唐) 후주(後主) 이욱(李煜)부터 시작되었다고 한다. 이

욱은 나약하고 무능한데다 용열하여 나라를 다시 찾을 야망도 없이 하루 종일 비빈들과 어울려 방탕하게 놀면서 멸망의 날 만 기다리고 있었고, 궁중의 비빈들은 그저 황제의 총애를 얻기 위해 수단 방법을 가리지 않았다. 그 중 어느 비빈이 자신의 발을 천으로 처매어 한 쌍의 삼촌금련(三寸金蓮)[94]으로 만들었다.

▲ 삼촌금련을 담는 앙징맞게 작은 신

그녀는 전족으로 인해 걸으면 "일요삼파(一搖三擺: 한번 걸을 때마다 궁둥이가 세 번 흔들리다)"하나, 아프기 때문에 양미간을 찡그렸다. 그러나 황제를 보자 억지로 웃는 그녀의 모습을 보고, 측은하고 가련해 보여 황제는 그녀를 특별히 총애하였으며, 후에 황후로 책봉하였다. 그 후 황제의 총애를 얻기 위해 발을 작게 하는 궁중의 풍속이 여염의 아낙네에게도 전파되었으며, 송을 거쳐 원 · 명 · 청왕조에서도 '작은 발' 을 숭배했다.

● 왜 발을 싸매느냐?

중국인들은 전족의 이유를 다음과 같이 말한다.

첫 번째는 도덕적인 이유에서다. 발이 활처럼 휘는 것은 보기에도 좋을

94) 三寸金蓮: 중국인들은 蓮花를 아름답고, 고결하며, 진귀 · 길상의 상징으로 여기고 있으며, 여자의 작은 발을 아름답게 표현하여 연화로 불렀다. '蓮' 자 앞에 '金' 을 붙인 것은 일종의 진귀하다는 표현이다. 뒤에 작은 발 메니아들은 발의 크기를 세분하여 三寸이내를 '金蓮', 四寸이내를 '銀蓮', 四寸보다 큰 발을 '鐵蓮' 이라고 불렀다. 소위 金蓮은 반드시 三寸 이내여야 한다. 뒤에 금련은 또 纏足靴를 의미하기도 해서 금련은 작은 발의 대명사가 되었다.

뿐만 아니라, 가볍게 집 바깥을 나다니지 못한다. "남자는 바깥, 여자는 안"이란 중국 전통 풍습에 따라 전족하게 되면 행동하는 데 많이 불편을 느끼게 된다. 바깥출입을 하려면, 차를 타거나 가마를 이용해야 한다. 중국인들은 원래 여인이 정결(貞潔)하려면 먼저 발이 작아야 한다는 생각을 가지고 있다.

다음 하나는 발을 싸매면 생육에 유리하다. 기형이 된 발이 땅에 닿으면 굉장한 통증이 온다. 이를 피하기 위하여 전신의 중량을 발뒤꿈치에 두어 걸으려면 반드시 허리뼈를 끌어당겨야 하며, 골반에 강한 자극을 준다. 이런 단련을 거치면 출생하는 자녀는 건강해진다.

세 번째는 남성들의 변태적인 성욕 때문이라 할 수 있다. 중국에는 "형태가 없을 정도로 야위면, 더욱더 연민의 정을 느끼게 하며, 뼈 없는 것 같이 부드러우면 더욱더 비비고 싶어 한다"는 말이 있다.

청나라 시절, 만주족(滿洲族)이 중원에 들어오면서, 최초에는 한족(漢族)들의 전족 풍속을 극력 반대하였다. 청조는 중국대륙을 지배하면서 남자들에게는 변발령(辮髮令), 여자들에게는 전족금지령을 내렸다. 무력통치 하에 남자들은 부득불 변발을 하지 않을 수 없었으나, 여자들의 전족은 어쩌지 못했고, 강희 7년(1668년) 청조는 전족금지령을 취소할 수밖에 없었다 여기서 '남항여불항(男降女不降)' 이란 말이 생겼다.

전족의 풍속은 청대에 들어오면서 최 전성기를 맞는다. 사회 각 계층의 여자, 빈부귀천을 막론하고 모두가 전족을 한다. 심지어 서북과 서남의 일부 소수민족에까지 전족이 유행했다. 여자의 일생에서 전족을 어떻게 하느냐는 중대사가 되었고, 여자의 미추(美醜) 기준이 되었다. 사회 각층은 아내를 얻는데 큰 발은 수치로 여겼고, 작은 발은 영광으로 여겼다. 삼촌금련(三寸金蓮)은 모든 사람의 꿈이었다. 발이 너무 작아 행동하는 데 불편한 여자까지 생겨났으며, 다른 사람이 안고 가야하는 "안고 다니는 아기씨"라는 말까지 생겨났다. 또 이런 여자가 당시는 상당히 환영을 받기도 했다.

● 전족 연령, 과정

여아가 탄생되면 걷기 시작하는 5~6세부터 발을 싸매기 시작한다. 너무 일찍 시작하면 통증은 덜 느끼나 걸음마를 배울 수 없으며, 조금 늦어 7~8세가 되면 관절이나 인대의 활동성이 높아 발을 작게 하기는 아주 곤란하다고 한다. 처음 시행하는 시기는 대개 가을 택한다.

전족 이전에 준비해야 될 물품도 많다.

① 길이 3m의 푸른색의 발싸개 천 6가닥.

② 바닥이 평평한 신발 5쌍. 신발 크기와 볼의 넓이는 전족과정에서 점점 작게 좁게 한다.

③ 잠잘 때 신는 신발 3쌍. 이때는 발싸개를 느슨하게 하고 잔다.

④ 바늘과 실. 발은 처맨 후, 천의 사이를 바느질로 찬찬히 뜸을 박는다.

⑤ 솜. 전족 시 발 뼈가 튀어나오는 부위에 솜을 대어 신발을 신는다.

⑥ 발 씻는 대야와 더운 물. 전족 전에 더운 물로 발을 깨끗이 씻는다.

⑦ 작은 가위. 발톱과 티눈을 제거하는 데 사용한다.

순서는 다음과 같다.

먼저 발을 뾰쪽하게 한다. 전족을 할 때, 엄지발가락을 제외하고 네 개의 발가락은 발뒤꿈치를 향하도록 발바닥에 밀착시키고, 인위적으로 관절이 굽도록 한다. 말할 수 없는 고통이 따르는 데도 일어나서 걷기를 종용함으로써, 관절이 완전히 안으로 굽어질 수 있도록 한다. 이로 인해 열이 나고 발이 붓는 것은 다반사요, 피부색깔까지 검붉게 변하며, 고통으로 잠을 못 이룬다.

다음은 발을 가늘게 만든다. 네 발가락을 발바닥에 붙도록 하는 과정에서 새끼발가락의 휨 정도가 가장 심하다. 새끼발가락이 굽어진 곳에 종양이 발생하여 부패할 때도 있다. 발싸개를 새로 갈 때, 고름이 천에 붙어 떼내기 힘들 정도다.

발이 가늘어진 이후는 발을 둥글게 만든다. 이는 발바닥이 오므려 옴폭패인 곳을 만드는 과정이다. 발의 양끝이 거의 붙게끔 찬찬히 차 맨다. 발이 구부러진 이후는 길이가 비로소 10cm 정도 된다. 이때 나이는 대개 열대여섯 살 정도다. 이렇게 되면 걸을 때는 이미 발바닥의 완충역할은 없어지고 무릎관절과 복사뼈 관절로 완충작용을 하며, 허벅지의 근육을 이용하기 때문에 허벅지가 발달하고 상대적으로 종아리의 근육은 점점 위축된다.

● '금련(金蓮)' 보존 방법

"노파 발싸개는 길면 길수록 더럽고 냄새난다"라는 말이 있다.

중국의 남방은 덥고 습하며, 북방은 춥고 건조하다. 따라서 남방사람들은 늘 발을 씻으나, 북방사람들은 며칠에 한번씩 씻는다. 전족한 여인들이 발을 며칠 씩 씻지 않았다고 가정해보라. 물론 중국사람들은 실내에서도 신을 벗지 않기 때문에 발 냄새를 맡지 못하지만 신을 벗었을 때는 그 냄새가 상상을 초월할 것이다. 하녀를 두고 있는 대갓집에서는 발싸개 천을 자주 갈지만 여염집 아낙네는 그럴 여유가 없기 때문에 위와 같은 속언이 생겨났을 것이다.

중국여인들은 전족하고 난 뒤, 다른 사람이 자신의 발을 보는 것을 가장 기피한다. 따라서 발을 씻을 때는 반드시 방문을 굳게 잠근다. 더운물과 세족용의 돌, 마른 천, 작은 가위, 명반(明礬)가루, 발싸개, 향분(香紛) 등을 준비하고 작은 의자에 앉아 신발을 벗고 싸맨 천을 천천히 푼다. 이때 천은 종기에서 흘러나온 고름과 피가 엉긴 채 살에 붙어 있어 이를 떼 내는 아픔은 말할 수 없다. 물은 뜨거울수록 좋으며, 기형으로 변한 발가락 하나하나 펴면서 구석구석 닦아낸다. 그런 연후에 티눈이나 살로 파고 들어간 발톱을 잘라내고, 굳은살을 베껴낸 후 마른 수건으로 닦고 발을 건조시킨다. 발싸개로 처매기 전에 명반가루를 뿌려 습기가 차지 않도록 한다.

어떤 때는 발싸개를 잠간 푼 사이 발이 불어 발을 쳐들고 몇 시간씩 있기도 한다. 발 씻는데 소요되는 시간은 보통1~2시간 걸린다고 한다.

● '작은 발은 여성 성감의 중심'

고라패(高羅佩)가 지은 〈중국염정(中國艶情)〉에 "작은 발은 여성 성감의 중심이며, 중국인의 성생활 가운데서 아주 중요한 역할을 한다"라고 표현했고, 이여진(李汝珍)이 지은 〈경화연(鏡花緣)〉에 "전족과 성도구가 무엇이 다른가?"라고 표현했다.

"귀여운 작은 발! 한손에 움켜쥘 수 있다는 상상만으로도 중국남성들의 넋을 빼곤 한다. '금련(金蓮)'을 가지고 노는 자는 정성스러워야 한다. 여인의 발을 씻겨주고, 발톱을 다듬어주고, 굳은살을 문지르고, 분을 바르고, 간간이 발가락 사이에 간지럼을 태우고, 작은 발을 손에 쥐는 그 재미." 이는 작은 발 예찬이다.

'금련'을 평가하는 7가지 기준은 "瘦[마르고], 小[작고], 尖[뾰쪽하고], 彎[굽었고], 香[향기가 나고], 軟[부드럽고], 正[바르고]"이라고 했다. '금련'을 쥐는 방법도 "正握, 反握, 順握, 逆握, 倒握, 側握, 斜握, 竪握, 横握, 前握, 後握" 등 11가지나 된다.

여인의 발은 어릴 때부터 속박되어 바깥에 드러나지 않고, 천속에 층층이 보호되고, 매일 정성들여 보습을 하여 살갗은 어린애와 같고, 신경은 아주 예민하다. 작은 발은 아프고 가렵고, 차고 더운 것에 지극히 민감하며, 가만히 만져주거나 부드러운 애무에는 전율한다. 전족한 후, 발의 뼈는 기형으로 퇴화하고 근육은 위축되지만, 신경은 반복되는 통증으로 인하여 아주 민감해진다. 따라서 전족한 여인은 작은 발을 통해 보통사람보다 몇 배나 자극을 받고, 그 열락으로 그동안의 간고(艱苦)를 충분히 보상받는다.

전족한 여인들은 종아리 근육이 퇴화되어 걸을 때 엉덩이와 허벅지 힘으로 걷게 되어 엉덩이와 허벅지 근육이 발달한다. 이로 인해 둔부는 동그랗게 올라붙어 성적 매력이 더해지고, 음부 근육의 수축력은 강해진다. 이런 것들이 남성을 자극하게 된다.

전족은 오늘 날의 관점에서 보면 일종의 "성 학대"다. '49년부터 공산당 정권이 들어선 중국대륙에서는 이제 전족한 여인을 거의 볼 수 없다. 그러나 '80년대 초 내가 대만에서 유학할 때는 중년부인들 가운데서 꽤나 많은 사람들이 전족한 것 보았다.

이상 중국 사회의 몇 가지 특징만을 열거했었는데, 이것을 이 "지대물박(地大物博), 인구중다(人口衆多), 역사유구(歷史悠久)"한 '신주'에 사는 '염황의 자손'들 모두에게 적용한다는 것은 난센스다. 이런 면도 있구나하고 참고만 하면 된다.

에·필·로·그

나는 중국에서 다년간 있었다는 이유로 아주 지엽적인 문제를 가지고 주저리주저리 이야기 했다. 중국의 주제를 "무관 눈으로 본 중국, 중국사회"로 한정했듯이 나의 위치에서 나의 짧은 식견으로 중국을 보고 소견을 말한 것이다. 나의 견해에 대해 많은 이견(異見)이 있을 것으로 생각된다.

글을 쓸 때, 100% 자신의 기억이나 기록에만 의존할 수 없다. 나는 어렴풋이 알고 있어 명확하지 않은 부분은 중국관련 서적이나, 인터넷 자료, 또는 중국전문가들의 조언을 통해 내용의 객관성과 정확성을 기하고자 했다. 다행스러운 것은 소수민족, 그중에서도 조선족에 관한 이야기는 내가 박사학위 논문을 준비하면서 현지고찰이나 자료를 통해서 검증할 수 있었기 때문에 비교적 정확한 논거를 제시했다고 자부한다. 아무리 그러해도 내 얘기는 전체의 20% 정도밖에 되지 않는다. 그러니 "아하! 이렇게 보는 면도 있구나. 네 단견으로는 이렇게 밖에 볼 수 없었구나"라고 너그럽게 이해하고 용서해주시기 바란다.

'중국 위협론', '중국 붕괴론', 심지어 '중국 멸망론'까지 대두되고, '중국의 한계'에 대해서 설파하는 논자의 말이나 관련 글들을 읽을 때면 나는 늘 "누구의 관점 또는 어느 면에서 그렇게 보느냐" 라고 반문한다. "정치가 생물"이라면서 늘 변하는 것과 같이 중국도 아주 덩치 큰 생물이다. 송사리같이, 하루살이같이 순식간에 변화하지는 않지만, 서서히 변한다. 그것이 진화적 변화냐, 퇴화적 변화냐의 차이가 있을 뿐. 그래서 국가의 장래를 점칠 때는 현상만을 보면 안 된다. 현재는 과거에서 미래로 가는 한 선상임으로 과거를 바탕으로 해야 한다. 또한 자신의 눈높이나 관점에서 농단해서도 안 된다. 분열되었다가 통합되고 왕조의 이름은 바뀌었지만, 중국이란 나라는 영속했다는 사실을 직시한다면 앞에서 거론했던, '붕괴론' 이니, '분열론' 등은 무의미해진다. 중국 못지않게 많은 문제를 안고 있는 미국에 대해서는 왜 '붕괴론' 과 '위협론' 이 없는가? 같은 시기에 개혁개방이라는 출발선상에 같이 섰던 소련과 중국 가운데 소련은 망하고 중국이 흥하고 있는 이유를 어떻게 설명할 것인가?

마지막 장인 '중국사회의 편견, 상식' 이란 글을 읽으면 중국사회가 마치 '관시' 와 '멘즈' 로 온통 도배된 것 같지만 "사람이 개를 물어야" 뉴스가 되듯이 한 단면을 집중 부각하다 보니 그렇게 되었다. 중국에는 수천 년을 이어온 철학과 도덕이 세계의 귀감이 되고, 인류의 보편적인 양식이 되고 있지 않는가?

중국 영도 층과 대화를 하다 보면

干不干工作是態度問題,(일을 하고 안 하고는 태도 문제이고,)

得好不好是能力問題.(잘 하고 못 하고는 능력의 문제다)라고 종종 말한다.

그들은 먼저 업무에 대해 적극성을 높이 평가하고, 다음에 능력을 평가한다. 바로 실용(實用)이다.

이 책을 끝까지 읽어 준 여러분께 충심으로 감사를 드립니다.

2008년 4월

최 경 식